KB267042

이단에
미혹된
성도,
어떻게 회심시킬 것인가?

이단에 미혹된 성도,

어떻게 회심시킬 것인가?

안명복 지음

한국학술정보㈜

권력과 리더십의 차이는 무엇일까? 정치 심리학자 라스웰에 의하면, 양자 간의 근본적 차이는 강제성과 자발성에 있다고 한다. 즉, 권력이 개인적 야망을 쟁취하기 위하여 억지로 정권을 잡는 것이라면, 리더십은 공동의 이익을 달성하기 위하여 자연스럽게 잡게 되는 것을 의미한다.

목사들에게는 하나님께서 주시는 신적 권위가 있다. 여기에 리더십이 더해졌을 때 더욱 신망 있는 목회자가 된다. 그래서 끊임없이 기도하고 자성하며 자기개발을 위하여 노력해야 한다. 여기에 필연적으로 혁신이 따르게 마련이다. 그렇다면 혁신이란 무엇일까?

에버릿 로저스는 그의 저서 『혁신 확산 이론』에서 "혁신이란 소비자에게 뭔가 새롭다고 여겨지는 제품이나 서비스"라고 했다. 이제 우리 목호회자들도 성도들에게 뭔가 혁신적인 것을 제공할 필요가 있다. 특히 그동안 방치에 가까운 이단에 대하여 무기력한 대응에서 좀 더 혁신적인 무언가가 있어야 한다.

한국교회가 세계 교회사에 유례없이 짧은 시간에 엄청난 부흥이 있었음을 자타가 공인한다. 그런데 한국 교단만큼이나 분열이 많았던 역사도 흔치 않다. 아니 없다고 해야 옳을 것이다. 그중에는 우리를 몹시 혼란스럽게 하는 이단들의 출현이 한몫을 한다. 이단의 생성과 소멸은 경이적이란 뜻이다. 그래서 결국 순진한 성도들만 유혹의 대상이 되어 혼란에 처해지곤 한다. 그럼에도 불구하고 기성교회에서는 뾰족한 대안이 없어 안타까워하고 있는 실정이다. 활기찬 이단의 활동에 속수무책이거나 무관심하듯 바라보면서 근심하는 정도이다. 물론 '이단 대책 연구소' 등의 이름으로 활동하는 단체가 있다지만 이단들의 활기찬 활동에 비하면 너무도 미미하여 명분에 그치지 않는다는 느낌이 들 정도이다. 바꾸어 말하면 건전한 그리스도인이 이단에 미혹되어 신앙을 잃고 배교하는 경우가 많지만 이단에서 구출되는 성도는 많지 않다는 뜻이다. 이러한 현상은 비단 개인만의 문제가 아니다. 정통 교회가 이단에 묻히거나(소멸되거나) 이단에 의하여 분열된 경우는 많지만 이단 집단이 정통교회의 반격에 무너진 경우가 많지 않다는 뜻이다.

현실이 이러함에도 정통교단에서는 숱한 이단들의 활동에 일일이 대응하기란 쉽지 않다는 이유로 '강 건너 불구경'하는 실정이다. 그렇지만 의식 있는 사람이라면 어떤 형태로든 원론적이고 일반적인 대안이라도 있어야 한다는 점에 동의할 것이다. 본서가 거기까지 영향을 미치지는 못하지만 기회가 되면 이 문제를 심각하게 고민해야 할 것이다. 따라서 본서에서는 '이단이 무엇이며, 어떤 종파를 이단으로 규정해야 하는가? 또, 그러한 이단에는 어떻게 대처해야 하는가?' 등의 언급은 최소화한다. 이러한 명제들은 기존에 연구되고 각종 지상과 매스컴을 통하여 발표된 문헌들을 근거로 「이단에 미혹된 성도들을 어떻게 회심시킬 것인가(신천지교회를 중심으로)」를 제시하기로 한다. 왜냐하면, 이미 이단으로 공인된 종파에 대하여 새삼 이단성을 규명할 필요가 없기 때문이다(이단에 미혹된 성도를 회심시키는 것은 이단을 대처하는 방법도 되기 때문에 본서의 필요성이 강조된다.)

이런 점에서 본서를 집필할 때 많은 선각자들의 옥고들이 크게 참고되어 많이 이용되었으며 각종 매체에 공개된 그들의 체험담이나 이론들을 인용하였다(예: 무료성경신학원, 이단 종파, 고도원의 아침편지, 한몸 기도편지, 중앙일보 칼럼 등). 이로써 하나님의 뜻을 이룸에 있어서 일심으로 동역하는 결과를 가져온다고 생각한다. 합력하여 선을 이루신다(롬8:28)는 말씀대로 이단에 미혹된 성도들이 회심하여 바른 진리에 서게 된다면 더할 수 없는 보람이라 하겠다. 또한 이단들이 득세하지 못하는 여건이 형성되길 소망한다.

저 유명한 프랑스 신비주의 철학자 블레이즈 파스칼은 그의 저서 『팡세』에서 말하기를 "이 땅은 진리의 보금자리가 아니라 알려지지 않은 채 그것은 사람들 사이에서 잃어버린바 되고 방황하고 있다"고 한다. 진리는 존재하지만 그 진리가 안착할 보금자리가 없다는 것이다. 뿐만 아니라 진리가 무엇인지조차 알지 못하여 "진리가 무엇이냐"(요18:38)고 반문하던 빌라도의 우둔함처럼 막혀버린 우리의 아집으로 인하여 진리가 소멸되듯 묻히기도 하고 잊혀지기도 한다는 것이다. 그의 말을 모두 인정하기는 힘들 것이나 어느 일면 수긍이 가기도 한다. 그래서 '(마 8:20) **여우도 굴이 있고 공중의 새도 거처가 있으되 오직 인자는 머리 둘 곳이 없다**'며 탄식하신 예수님의 말씀은 진리를 진리로 알지 못하는 이 세상을 파스칼로 하여금 예리하게 꿰뚫게 한다는 생각이 든다.

본서가 발표됨으로 향후 적지 않은 폭풍이 예상되지 않은 바는 아니지만 이단에 미혹된 영혼을 살리고 조금이나마 교계에 기여하는 길이 된다면, 그리고 하나님이 옳다고 인정만 하신다면 후폭풍은 순교자적 각오로 맞이해야 할 것이리라. 그리고 비록 바울의 뒤는 따를 수 없지만, 또 선배들의 순교 정신을 다 계승할 수도 없지만 흉내라도 낼 수 있다면 근접하려고 노력하리라.

샘마을 서재에서
저자 안명복

차 례

IV 이만희, 그는 과연 이단인가?

V

이단에 빠진 성도를 어떻게 회심시킬 것인가? 269

들어가는 말

1. 이 책을 꼭 읽어야 하는가?

'정통'과 '이단'이란 용어는 평신도와 비신학자들에게 있어서는 거의 사용되고 있지 않는다. 하지만 모든 그리스도인들은 이러한 문제에 대하여 교육을 받아 자기 안에 있는 신앙에 대해 다른 사람에게 그 이유를 제시할 수 있을 정도는 되어야 한다(벧전 3:15). 즉 자기가 그 종교를 신뢰하고 의지하는 이유를 제시할 수 있어야 한다.

신실한 성도라면, 그리고 지각 있는 사람이라면 자기를 지도하시는 분들의 가르침이 기독교회의 가르침을 철저하게 따르고 있으며, 교회를 변호하며, 전달의 의무를 다하는가, 지도자들이 오차 없는(적은) 방법으로 전하려고 최선을 다하고 있는가 등의 문제들이 궁금하기도 할 것이다.

한편, 가르침을 베푸는 사람들 입장에서는 자기가 가르친 성도들의 신앙생활이 기독교회의 교리와 어느 정도 일치를 이루고 있는지를 점검할 수 있어야 한다. 그래서 가르치는 자는 자기가 정도(正道)에 서서 가르치고 있는지 가늠할 수 있는 기준이 있어야 하지만, 성도들로서는 자기들이 양질의 꼴을 충분히 공급받고 있음을 확신할 수 있고, 그것이 자랑스러워야 한다. 그러므로 '정통'이 무엇이며, '이단'은 무엇을 말하는 것인가가 분명하게 제시되어야 할 필요가 있다.

우리나라에서 활동하는 이교(異敎)는 97여 종으로 나누어진다. 또한 우리나라에서 발생했거나 수입되어 활동하는 이단(異端)은 137여 종이 된다(2005년 봄 현재). 비전문가로써는 이들의 이름을 다 알 수도 없지만 알아야 할 이유도 별로 없다. 그럼에도 불구하고 몇몇 종교, 즉 여호와 증인, 통일교, 안식일교, 안산홍증인회 그리고 신천지예수교증거장막성전(신천지교회/시온기독교신학원/무료신학원) 등은 익히 알려져 있으며 저들의 적극적인 활동은 많은 사람들에게 소개되고 있다. 그중 최근 들어 '신천지교회'(교주: 이만희)의 활동이 전국적으로 크게 확산되고 있는 추세에 있다. 저들은 '무료 성경신학원', '시온기독교신학원' 등의 간판을 걸어 놓고 무료로 성경을 가르치고 있다. 그런데 여기에 함정이 있다. 즉 저들은 많은 정통교회 목사들과 장로연합회 등에서 후원하며 관계된 것처럼 가장하여 기성교인들을 미혹하고 있으나 실제로는 범교단적인 차원이 아니라 개인적인 자격으로 극소수의 사람들이 가입된 것으로 알려졌다. 또, 자기도 저들의 정체에 대하여 잘 모르는 상태에서 친구의 권유로 얼떨결에 한두 번 나간 것이 '등록'한 것으로 둔갑하여 나타나는 수도 있다.

한편, "지피지기(知彼知己)면 백전백승(百戰百勝)"란 말처럼 저들의 정체를 알기 위해 배움을 가장하여 등록한 교역자들이 더러 있는데 저들은 이것을 선전용으로 활용하고 있다. 즉 '00교단 000 목사님도 우리에게 배우고 있다'고 홍보하는 것이다. 물론 일부 교역자들이 부지중에 참여하는 경우도 더러 있기도 하다. 그들의 수는 극소수에 불과하지만 저들에게 큰 호재가 되어 악용되고 있는 것도 사실이다. 이러한 혼란으로 인하여 정통교회들의 피해가 날로 늘고 있다. 저들은 자신들의 교리를 드러내 놓고 가르치는 것이 아니라 암암리에 접촉한다. 따라서 성경에 대하여 밝지 못한 성도들로서는 미혹하기로 작정하고 접근하는 치밀하고 체계 있는 저들의 계획과 방법에 능동적으로 대처하기란 쉽지 않다. 특히 저들은 교리 책자나 설교 테이프 등을 자신들의 교리에 완전히 미혹된 사람들이 아니면 볼 수 없도록 보완을 유지하기 때문에 이 분야에 관심을 가지고 전문적으로 연구하지 않는 일반인으로써는 대책을 세우는 데 어려움이 클 것으로 사료된다.

제2차세계대전에서 독일은 스탈린그라드 전쟁에서 압도적 승리를 하고 있었지만 "나는 내가 태어난 모국(독일)을 사랑했다. 그러나 나는 이념의 조국(소련)을 더 사랑한다."라는 말을 남긴 조르게의 정보 누설로 패배하고 말았다. 이것은 결코 남의 이야기가 아닐 수 있다. 왜냐하면 신앙은 이념보다 강하기 때문이다.

주님께서는 "땅 끝까지 이르러 내 증인이 되라"(행 1:8), "모든 족속으로 제자를 삼으라."(마 28:19)고 하셨건만 우리의 입장은 그렇지 못한 것도 사실이다. 따라서 주님의 명령을 받은 그리스도인의 한 사람으로서 이단에 관심을 가져야 함은 물론 그에 미혹된 영들에 대하여 일말의 책임을 져야 한다고 본다. 그런데 우리 그리스도인들이 '오직 예수'신앙을 외치듯이 저들 또한 '저들의 신앙을 사수하려 한다.'는 점에서 우리는 강력한 도전을 받게 된다.

오늘날은 '말세'라고 하는데 다수의 사람들이 동의한다. 즉 지금은 '사탄의 최후의 발악기'라 할 수 있다. 어느 때보다도 순교적 신앙이 절대 필요한 현실이다. 그러나 아무리 그렇다 할지라도 저들과 미련하게 싸울 필요는 없다. 주님은 "너희는 뱀같이 지혜롭고 비둘기같이 순결하라."(마 10:16) 하셨고 "적을 알고 나를 알면 백전백승"이라

했으니 싸울 대상을 충분히 알아야 할 필요가 있다. 그리하여 잃은 양은 반드시 찾아야 하며, 저들에게 미혹되지 말아야 한다는 점에서 본서를 읽고 탐독할 이유가 충분하다.

로빈 샤르마는 그의 저서 ≪나를 발견한 하룻밤 인생수업≫중에서 "실수를 저지르는 것은 잘못이 아니지. 실수는 삶의 일부분이며 성장에 필수적이라네. '행복은 좋은 판단에서 나오고, 좋은 판단은 경험에서 나오며, 경험은 그릇된 판단에서 나온다'는 말이 있지. 하지만 같은 실수를 여러 번 반복하는 것은 아주 큰 잘못이지. 완전히 자각하지 못하고 있다는 증거니까. 인간과 동물을 구분하는 요소가 바로 자각 아닌가." 라고 한다. 실수도 재산이다. 때로는 좋은 약이 되기도 한다. 따라서 실수를 두려워하거나 위축될 필요는 없다. 그러나 가장 경계해야 할 것은 같은 실수를 되풀이하는 것이다. 한 때는 약이었던 실수도 다시 반복하는 순간, 무서운 독으로 변해 돌아온다. 그러므로 같은 실수를 되풀이 하지 않도록 일깨우기 위해서라도 이 책을 꼭 읽어야 한다. 사단은 우리를 언제든지 넘어뜨릴 기회만 엿보기에 우리가 실수 중에 '회심했다'고 할지라도 또 다른 기회를 엿보기 때문이다.

2. 이 책을 읽을 때 참고할 용어들

(1) 정 통

'정통' 기독교란 무엇인가? 그러면 '비정통' 기독교도 있단 말인가? 정통이란 단어는 희랍어에서 온 것인데 '옳은 믿음' 혹은 '옳은 의견'

이란 뜻을 지니고 있다. 그러나 신학적으로 말하는 '정통'이란 성경 (딛 1:9, 13; 딤전 1:3; 딤후 1:13)과 교회 신조에서 가르치고 있는 기독교 신앙을 성실하게 고수하는 것을 뜻한다. 이는 "올바른 가르침은 그리스도와 그의 제자들이 가르친 것과 사도들이 가르친 것이 일치해야 한다."(갈1:11-12)는 바울의 가르침에 따른 것이다. 따라서 예수님의 가르침과, 제자들의 가르침과, 오늘날 우리의 가르침은 동일해야 한다. 즉 '예수님의 가르침＝제자들의 가르침＝우리의 가르침'의 등식이 성립해야 '정통'이다. 다시 말하면 DNA가 같아야 한다. 내 아들인 줄 알고 애지중지 길러 놓고 보니 내 아들이 아니라면 어떻게 되겠는가? 마찬가지로 예수님의 DNA와 제자들의 DNA와 오늘날 우리가 말하고 있는 DNA가 일치한 교리, 일치한 성경, 일치한 진리여야 한다. 교회의 본질(DNA)이 일치한 교회를 정통교회라 한다. 왜냐하면 모든 성경은 하나님의 감동으로 기되었음으로(딤후 3:16) 그 참된 의미와 진리는 시간과 공간을 초월하여 같은 내용으로 역사해야 하기 때문이다. 여기서 주의할 것은 저들의 주장을 어떻게 이해하느냐에 따라 큰 차이가 있다는 점이다. 저들에 의하면

"정통(正統)은 바울같이 성경대로 하나님께 계시를 받아 전하는 것을 말한다.?"(계1:1-3, 갈1:11-12, 3:23, 고후12:1, 계10:1-11)

고 주장한다. 이 말은 얼핏 듣기엔 문제가 없어 보이지만 굉장한 문제를 안고 있는 미혹의 소리이다. 분명 미혹의 영이 하는 말이다. 문제가 없어 보이지만 이 말을 잘 분석해 보자.

‘**바울같이**’: 자기(교주)를 바울과 동등한 인물임을 강조하여 철장 권세를 가진 능력의 종으로 미혹한다.

‘**성경대로**’: 자기(교주)의 주장은 성경에 근거를 두고 있으니 하등의 문제가 없으며 도리어 이를 거부하는 것이 비성경적이라고 미혹한다.

‘**하나님께 계시를 받아**’: 요한이 계시를 받았던 것처럼 자기(교주)도 새로운 계시를 받았다는 것이다. 즉 자기(교주)는 세례 요한과 비견할 수 있다는 것이다.

이처럼 자기는 보혜사와 같은 능력의 존재라는 것을 말하기 위한 조치를 만들고 미혹하다.

‘**전하는 것**’: 이 말은 자기(교주)가 ‘두 증인’임을 말하기 위한 초석이다. 즉 자기가 대언의 영을 받은 ‘이긴 자’라는 것이다.

이러한 주장으로 미혹하고 있다.

결국 자기(교주)가 하는 말은 바울을 비롯한 사도들을 통하여 기록된 성경처럼 하나님의 뜻을 계시받아 말하며 기록한 하나님의 말씀이라는 것이다.

이렇게 되면 "인류를 구원하시겠다는 하나님의 뜻은 이미 우리에게 주어진 신·구약 성경 66권에 충분히 계시되었다."란 신학과 상충되는 것이다. 정통교회에서는 이미 주어진(계시된) 그 말씀(예수)만 믿고 의지하면 구원받는 데 문제가 없는 것이다(요1:1, 14).

그런데 어떤 사람이 나타나 우리가 구원받으려면 성경으로는 충분하지 않으며 ‘하나님께 계시를 받아 전하는 것’을 믿어야 한다. 이것을 믿지 않는 것이 이단이며 ‘정통(正統)’이 아니라 한다면 거기에는 많은 문제가 있다. 그 문제란,

첫째로, 우리가 구원받는 데 있어서 성경만으로는 안 되고 무엇인가 더 있어야 한다면 성경도 '하나의 진리'에 불과하며 '유일한 진리'는 아니라는 결론에 도달한다. 따라서 성경(하나님의 말씀)은 지금도 쓰여지고 있어야 하며 앞으로도 계속하여 쓰여지게 될 것이다. 그래서 몰몬경이니, 원리강론이니, 교황의 교지니, 계시록의 진상이니 하는 성경 외의 교재가 진리로 둔갑하여 정경이 될 것이다. 이렇게 되면 우리는 성경의 완전성을 거부하고 불완전한 경전 밑에서 애매한 고난만 받게 되는 꼴이 된다. 모든 성경은 하나님의 감동으로 된 것으로 우리를 구원하기에 부족함이 없다. 그러므로 구원을 위한 다른 책이 있어야 할 이유가 없다. 천하에 구원받을 만한 다른 이름을 우리에게 주신 바 없다(행4:12).

> (계 22:18) 내가 이 책의 예언의 말씀을 듣는 각인에게 증거 하노니 만일 누구든지 이것들 외에 더하면 하나님이 이 책에 기록된 재앙들을 그에게 더하실 터이요
>
> (계 22:19) 만일 누구든지 이 책의 예언의 말씀에서 제하여 버리면 하나님이 이 책에 기록된 생명나무와 및 거룩한 성에 참여함을 제하여 버리시리라

둘째로, 하나님께서는 인류 구원을 위하여 많은 선지자들을 보내셨고 마지막으로 예수님까지 보내시어 당신의 뜻을 계시하셨지만 그 계시가 완벽하지 못하여 이제는 누군가를 선택하여 그에게 더 깊은 계시를 더 많이 주실 필요가 있다는 문제가 생기기 때문이다. 정통기독교에서는 예수 외에 다른 구속자가 없으며 예수님은 어떤 죄도 사할 수 있는 사죄의 능력을 가지신 분이다. 그분만이 길이요 진리요 생명이 되신다(요14:6). 예수의 전능성을 거부하는 행위가 되는 다른

선지나 보혜사나 감람나무 등의 이름으로 구세주임을 자칭하는 것은 옳지 않다. 〈참고: 성령훼방죄는 사할받지 못한다(막3:29)는 것은 사할능력이 없다는 것이 아니라 사함을 베풀지 않는다는 뜻이다.〉

셋째로, 신비적인 말을 계속하여 도출해 내거나 이론을 제시해야 할 입장이 되기 때문이다. 성경 계시가 부족하여 또 다른 계시를 받아서 전해야 한다면 성경에 없는 말을 해야 할 것이다. 그래서 지극히 비유적이고 환상적인 말을 하게 되기 때문이다. 그러기에 영적 해석을 한답시고 괴변적인 이론을 전개하거나 황당한 비유로 말하고 있다. 성경에 비유가 없는 것은 아니로되 오리겐식 비유풀이는 이단이 되는 것이며, 그렇게 하기 위하여 또 다른 신학적 이론을 만들어야 하는 입장이 된다. 즉 비유를 풀기 위하여 또 다른 비유가 필요할 것이다.

저들이 스스로 말한 것처럼 '바울같이 성경대로' 신앙생활을 하고자 한다면 '하나님께 계시를 받아 전하다'는 오류가 없어야 한다. '하나님께 계시를 받아 전하는' 것이 '정통'이라는 사고에는 '하나님께 계시받은 사람'이 있어야 할 것이다. 그러나 하나님께서 인간을 구원하시기 위한 계시는 성경 66권에 충분히 말씀하셨다. 그런데 우리는 무엇이 부족하여 또 다른 계시를 받아야 한단 말인가?(행17:25). 저들은 은연중에 성경 유오를 주장하는 결과가 되고 말았다. 예수의 십자가의 보혈보다 더 능력 있고, 선지자들을 통하여 주신 계시보다 더 정확하고, 거울로 보는 것과 같은 희미한 그림자가 아니라 하나님의 얼굴을 직접 대면하듯 직통 계시를 받아 풍요로운 구원 계시를 전할 사람이 또 누가 있는 것처럼 말하면 곤란하다. 아마도 그는 꿈과 환상으로 더 계시를 받았다고 주장할 것이다. 그리고 '이기는 자'(계2:11, 26), '보혜사'(요14:16, 26; 15:26)가 되어 세례 요한 격인 어떤 사람을 암시하고자 할 것이다. 그리하여 교주가 받은 예언(계시)의 말씀이 우리가 믿는 성경과 동일 선상에서 권위를 갖게 하고자 함일 것이다.

그들은 이런 식으로 자기들의 입지를 구축할 것이다. 따라서 "정통(正統)은 바울 같이 성경대로 하나님께 계시를 받아 전하는 것을 말한다."(계1:1-3, 갈1:11-12, 3:23, 고후12:1, 계10:1-11)는 주장은 '성경에 밝지 못한 성도들을 세뇌하려는 첫 단계'라고 지적하지 않을 수 없기에 정통(正統)이란 무엇인지 분명하게 정의할 필요가 있다. 다시 말하거니와 '정통'이란 예수님의 가르침과, 제자들의 가르침과, 오늘날 우리의 가르침이 동일선상에서 전수되는 것을 말한다. "바울 같이 성경대로 하나님께 계시를 받아 전하는 것"은 문제있는 주장이다.

(2) 이단(αἵρησις)

'이단'이란 "어떤 종교집단 내부에서 정통이 아닌 칭호에 대하여 정통자 측에서 부르는 배타적인 호칭이다"라고 일반적으로 말하고 있다. 헬라어 '하이레시스'(αἵρησις)의 원뜻은 '선택' 혹은 '선택된 자'란 뜻이었으나 차차 '특정 철학파의 주의' 또는 '교의를 공포하는 자' 또는 '그의 집단'을 말하게 되었다. 즉 이 말은 본래 철학의 어떤 학파나 문학의 새로운 어떤 경향을 나타내는 데 쓰였다. 신약 성경에도 이 단어는 종종 '분파'란 뜻으로 사두개파, 바리새파 등에 적용되었다(행5:17; 15:5; 26:5). 그리고 나쁜 의미에서는 '파당', '편당'을 가리키기도 했다(고전11:19; 갈5:10). 즉 이단(cult)이라는 단어가 종교집단에 적용되면 좀더 한정된 의미를 지닌다. 다시 말하면, 이단 혹은 거짓이라고 간주되는 신앙을 가지고 있는 집단이나 거짓의 소수

종교 집단을 나타내고 있는 것이다. 이처럼 처음에는 파당을 짓는 그 행위를 이단적 행동이라 여겼던 것 같다(요일2:19). 이 말이 성경에서 사용될 때는 교회 안에서 당파를 만드는 사람들을 일컬었으며 '사두 개인의 당파(행5:17)'란 말을 쓸 때나 '나사렛 이단의 괴수(행24:5)'라는 말을 할 때도 사용되었다.

춘추시대(기원전 770-403년) 제(濟)나라가 막강한 군사력으로 노(魯)나라를 침공했을 때 노나라의 시백은 1, 2차 공격을 받으면서도 방어로 일관했다. 세 번째 공격을 받을 때 비로소 전군에 공격 명령을 내려 대승을 거두었다. 강한 적이 지치면 약한 아군이 우세를 점하는 방법을 택한 것이다.

교황 베네딕토 16세가 중국과 수교를 선포했다. 1951년 중국 공산당 정권과 단교한 후 56년 동안 중국의 인권과 종교자유를 말하더니 이젠 손을 잡을 때가 되었다고 판단한 것이다. 교황청이 중국과 수교하기 전에 먼저 대만과 단교해야 하므로 대만은 국제적 고립상태가 가속화될 것이다. 결국 영원한 적도 없고 영원한 아군도 없는 현실이 나타난 것이다.

이런 점에서 '정통'과 '이단'은 상호 교차될 가능성이 있을 것으로 여기기도 하지만 교회의 DNA가 예수님과 일치한다면 이단은 영원한 이단으로 남을 수밖에 없을 것이다. 출발이 분쟁에 근거를 둔 저들은 자연히 교회가 전통적으로 주장하는 교리에 반대함으로써 자신들의 논리를 체계화하며 다른 가르침을 가르쳤다.

성경에 처음 출현한 대표적인 이단은 요한일서 4:1-3에 나타난 가현설이다. 그 후 영지주의(Gnosticism), 군주신론(Monachiaanism), 아리우스주의(Arianism) 등이 교리적인 혼란을 가져왔다. 이러한 이단의 활동은 초대교회 이래 계속되어 왔으며 우리 한국 교계에서도 예외는 아니었다. 이단의 대체적인 모습은 기독교의 전통적인 교리 가운데 어떤 한 부분만을 강조하는 교리적인 이단, 강한 악마적인 힘을 배경으로 하는 영적인 이단, 잘못된 교리들을 엮어서 체계를 세운 혼합주의적 이단 등이 있다.

사도행전 24장 5절에서 바울의 대적자들은 그를 가리켜 '나사렛 이단의 괴수'라고 불러 기독교를 하나의 종파로 보았던 것처럼 '학파', '종파', '당파'를 말하는 것이 아니라 정통의 반대를 전제로 사용하는 말이다. 따라서 그와 같은 개념으로 고린도전서 11장 18, 19절이나 갈라디아서 5장 20절과 베드로후서 2장 1절에서처럼 '분파주의'라는 의미를 포함하여, 교리적으로나 조직상에서 '분열'되고 '나눔'이라는 의미와 '거짓 선지자'(벧후 2:1)라는 의미를 포함하여 사용되어야 한다(딛 3:10; 고전 1:10; 11:18; 12:5; 롬 16:17 참조). 이 용어는 이그나티우스가 그의 저서에서 최초로 사용했으며, 그리스도의 이름을 그릇되게 부르고 전통적인 가르침을 그르치는 교의를 이단으로 간주하고 있다. 그는 이단의 특징을 다음과 같이 정의한다.

첫째, 삼위일체, 예수 그리스도의 신성을 부인하고, 지상천국을 주장한다.

둘째, 자기들 외에는 구원이 없기 때문에 기성교회를 통해서는 구원이 불가능하다고 주장한다.

셋째, 성경 외에 다른 책을 강조한다.

넷째, 꿈에 보았다거나, 기도 중에 환상을 보았거나 하나님의 음성을 들었다고 한다.

다섯째, 예수님의 재림 날짜나, 재림 장소를 분명하게 지정하여 주장한다.

여섯째, 구원받는 일에 있어서 예수님을 '믿는 것' 외에 또 '다른 조건이 필요하다'고 한다.

일곱째, 성(聖)과 속(俗)에 대한 균형이 없어 지극히 금욕적이거나 세속적이거나 반문화적이다.

(3) 복음(εύαΥΥέλίοΥ)

하나님께서는 그리스도를 통해서만 구원을 허락하신다(막1:14). 따라서 어떤 교단이나 종파이든 다른 사람을 통한 구원을 주장할 수 없다(행4:12). 바울은 최고의 피조물인 천사라 하더라도 복음을 왜곡시키는 잘못을 범하면 결코 용서될 수 없다고 한다(갈1:8, 9). 그리스도의 복음의 핵심은 그리스도의 죽음이다(마26:1-5).

복음(εύαΥΥέλίοΥ)이란 좋은 소식이다. 하나님의 독생자이신 예수님께서 인간의 몸을 입고 이 땅에 오셨다는 좋은 소식을 말한다. 그분이 죄 없이 살면서 하나님의 나라를 전파하다가(막1:14) 우리의 죄를 대신하여 죄인처럼 죽으셨다는 좋은 소식을 말한다. 뿐만 아니라, 죽음에서 부활하시어 승천하셨고, 지금도 하늘 보좌 우편에 계시며, 자신의 죄를 회개하고 그를 믿는 자마다 죄의 벌과 권능으로부터 자유롭게 해줄 것을 약속하신 '좋은 소식'을 복음이라 한다.

이 복음은 땅 끝까지 전해져야 할 말씀이기에(행1:8), 이미 '그리스도의 이름을 부르는 곳'에는 다시 전해야 할 이유가 없는 것이다(롬15:20). 따라서 남의 터를 넘보는 것(이것은 이단의 공통적인 특징이다)은 옳지 않으며, 다른 교회 교인들을 미혹하는 것도 옳지 않다. 참다운 그리스도인은 복음을 이용하여 자기 욕심과 명예와 만족을 탐닉하는 자세를 포기해야 한다(막10:29). 이 땅에는 아직도 기쁨의 좋은 소식을 모르는 사람이 많이 있는데 어째서 남의 터 위에 집을 세우려 하는가? 남의 쌀독에서 쌀을 퍼오는 것은 도둑이다. 기존 교회의 성도들을 미혹하여 자기 양으로 삼으려는 것은 도둑이다.

릭 워렌목사는 "진실한 종은 자신의 목적을 위해 하나님을 이용하지 않는다. 하나님의 목적을 위해 자신을 내어드린다"고 한다. 우리는 우리 자신에 대해 많이 생각한다. 내가 무엇을 원하는지, 나에게 무엇이 필요한지 나의 고통과 실패, 직장과 가족을 어떻게 해야 할 것인지 연구한다. 그래서 우리에게는 신실한 청지기의 마음이 필요하다. 교회를 사교의 수단으로 여기거나, 종교를 교양으로 생각해서도 안 된다. 신앙생활을 사업 수단으로 생각해서도 안 된다.

교황청이 중국과 수교를 선포함으로써 중국으로서는 '중국엔 종교의 자유가 없다.'는 국제적 비난을 피할 수 있게 되었다. 아울러 교황청이 중국과 수교를 하면 교황청이 중국의 인권이나 종교자유를 거론할 때 신중해질 것이다. 그리고 중국과 교황청이 수교하기 전에 교황청은 대만과 단교해야 하므로 중국으로서는 '수교할 때가 되었다'란 교황의 말이 복음으로 들렸을 것이다. 이처럼 하나님의 말씀이 우리 모두에게 구원의 기쁜 소식이 될 때 '복음'이 되는 것이다.

(4) 거짓 선지자

하나님 외에 다른 신을 섬기도록 하는 선지자(신 13:1-4)를 포함하여, 사람들이 듣기 좋아하는 대로 말하는 사람(렘 5:31)과, 사람들을 미혹하는 사람(마 24:24; 막 13:22)을 통칭하여 일컫는 말이다. 즉 성경과 교리에서 그 해석과 적용이 정통에서 벗어난 사람들을 가리켜 거짓 선지자라 한다. 성경은 거짓 선지자들은 마귀와 함께 무저

32

갱에 갈 것이라고 말한다(계20:10). 사실 거짓 그리스도는 예루살렘 함락 이전에도 있었고(행5:36, 37: 8:9) 함락 이후에도 있었으니 오늘날도 그들은 존재함은 당연한 귀결이다. 이 세상 끝 날까지 이단은 우리 주변을 맴돌면서 우는 사자처럼 우리를 삼키려 할 것이다. 마찬가지로 거짓 선지자의 달콤한 미소도 떠나지 않을 것이다. 그렇다면 이러한 거짓 선지자들에게 미혹되지 않으려면 어찌해야 좋을까? 이 문제는 모든 독자들의 공통적인 궁금 사항일 것으로 사료되며 이 책을 읽는 동안 해결될 수 있으리라고 믿는다.

성경(특히 계시록)은 공산주의를 마귀로 말하고 있다. 미국 부시 대통령의 말처럼 '악의 축'이라 할 수 있다. 그런데 교황은 종교의 자유가 없다는 국제적 압력을 받고 있는 중국과 수교를 선언했으니 그는 중국의 종교적 방패막이가 되어 준 셈이다. 이 일로 인하여 13억 중국인에게 복음을 전할 수 있는 자유가 주어질 것인지 종교 다원주의를 말하는 거짓 선지자의 획책인지 두고 볼 일이다.

(5) 구 원

우리가 '왜 예수를 믿어야 하는가? 왜 교회에 다니는가?'라는 질문에 서슴없이 답하기를 '구원받기 위해서'라고 한다. 그렇다면 '구원이란 무엇인가?'란 질문에 명쾌한 답이 있어야 한다. 구약성경이나 신약성경의 총 주제가 되고 관심사가 되는 것은 하나님께서 인간을 그의 죄로부터 '구원하신다'는 사실이다. 이 구원은 역사적 사실 속에서 이미 이루어졌다. 예수님께서 이 땅에 오신 것 자체가 구원이기 때문이다. 이것은 장차 있을 구원의 예표, 또는 '전형'이다. 따라서 '구원'이란 아담 이래 죄에 빠진 인간들이 하나님의 아들이신 예수 그리스도가 이 땅에 오심으로 말미암아 죄로부터 해방되었고, 다시 오실 그리스도를 믿음으로 말미암아(롬 1:17; 히10:38) 하나님의 자녀가 되는 것(요 1:12)을 말한다. 그런데 이 구원은 진리를 믿음으로(살후 2:13), 즉 예수 그리스도를 믿음으로 받을 수 있는(롬3:10) 하나님의 선물이다(엡2:8). 따라서 잘나고 똑똑한 어떤 사람(인간)을 또는 꿈에 환상을 보았다고 주장하는 어떤 사람, 하나님과 직통으로 대화하며 계시를 받는다는 어떤 인간을 믿어야 한다고 주장하는 것은 이단이다. 아울러 '우리 교회에만 구원이 있다'는 식의 말을 하면 그것은 옳지 않은 것이다. 베드로는 그의 서신에서 이렇게 말하고 있다.

> (벧전 1:23) 너희가 거듭난 것이 썩어질 씨로 된 것이 아니요 썩지 아니할 씨로 된 것이니 하나님의 살아 있고 항상 있는 말씀으로 되었느니라

그럼에도 불구하고 다윗의 자손이 아닌 썩어질 씨로 된 아담의 후손이 나타나서 보혜사니, 이긴 자니, 세례 요한 격인 보혜사니, 두 증인이니라고 말한다면 그는 이단으로 정죄되어야 한다. 이 세상의 모든 사람은 다른 사람의 영혼을 구원할 수 있는 구원의 능동적 주체가 아니라 예수 그리스도의 도움으로 구원받아야 할 피조물이요, 죄인일 따름이다.

자기가 무엇입네 하고 주장하는 교주도 보혈의 능력을 힘입고 예수님을 통하여 구원받아야 할 죄 덩어리일 뿐이다. 결코 구원의 주체가 아니라 구원의 대상이다.

(6) 미 혹

사람을 설득하여 잘못된 길에서 바른 길로 인도하는 것은 마땅히 해야 할 사람의 도리이다. 그래서 아기가 태어나면 엄마는 아기에게 도리(道理)부터 가르치는 놀이를 한다. 그런데 이러한 숭고한 정신을 악용하는 무리가 있다. 자기들의 주장이 옳다는 집단이 있다. 서양 속담에 "내 집의 거위는 모두 백조다"란 말이 있다. 자기들의 일들은 모두 옳다는 주장이다. 도덕적으로 비난받을 일을 자행하면서도 그것이 구원의 도리에 속하는 양 호도하는 무리가 있다는 뜻이다.

'미혹'이란 사람을 설득하여 잘못이거나 거짓되거나 비논리적인 어떤 것을, 참이며 올바르고 논리적인 것이라고 믿게 하는 행위를 말한다. 그러므로 그럴듯하고 아첨하는 말(롬 16:18; 골 2:18; 벧후 2:14; 계 2:20), 거짓보고(살후 2:3), 공교한 말(골 2:4)을 포함한다. 예수님께서는 거짓 선지자들이 많이 일어나 사람들을 미혹할 것이니(마24:11) '미혹받지 않도록 주의하라'고 가르치셨다(마24:4). 다시 말하면 정통교회에 잘 다니고 있는 사람에게 접근하여 달콤하고 그럴듯한 말로 미혹하는 사람이 있다면 그야말로 미혹의 영을 받은(요일4:6) 거짓 선지자이므로 주의하라는 뜻이다.

(7) 신천지 예수교 증거장막성전

'신천지(계21:1) 예수교(계14:1-3) 증거장막성전(계15:2-5)'은 '대한예수교장로회 신천지교회(경기도 과천시 별양동 1-11 벽산빌딩 5층)'의 교파 명을 일컫는데, 일명 '무료성경신학원', '시온기독교신학원' 등으로 불리기도 하며, 이만희 씨를 교주로 한다. 이들은 대한예수교장로회 합동 측(1994년 제80회에서 이단으로 정죄됨)을 비롯하여, 예장 통합 측과 기독교대한성결교 등 일반적으로 한국 교계의 정통교단으로부터 '이단'으로 규정된 집단이다. 뿐만 아니라 많은 신학자들과 목회자들 및 언론인이나 관계인들로부터 기독교회의 이단으로 정죄된 종교집단이다.

(※ 필자는 이들의 판단을 존중하며 그들의 사고를 바탕으로 본서를 집필했다).

그들은 '신천지교회의 자부심'이란 제하에 다음과 같이 주장하고 있다.

첫째, 신천지교회는 성경의 예언대로 이룬 교회이다.

둘째, 신천지교회는 아무도 창설하지 못한 영적 새 이스라엘 열두 지파를 새 언약(눅22:20-22, 계7:, 히8:10-13)의 예언대로 창조하였다.

셋째, 신천지교회는 아무도 설립하지 못한 무료 봉사단체인 시온기독신학원을 성경대로(계22:17, 마10:8, 사55:1-3, 렘3:14) 온 세계에 창설하였다.

넷째, 신천지교회는 직접 계시받은 말씀을 해석한다.

다섯째, 신천지교회의 시온기독신학원은 예언의 말씀까지 포함한 성경 66권을 통달하였다.

여섯째, 시온기독신학원은 예수께서 장래에 이루신다고 약속하신 천국 비밀(마13:)까지 육하원칙으로 밝히 해석하고 있다(요16:25).

일곱째, 신천지교회 전 성도는 말씀으로 인을 맞았다.

여덟째, 신천지교회 성도는 언약의 말씀을 길로 삼고 받은바 계시(계1:1-3)의 믿음(갈 3:22-25)대로 행하고 있다.

아홉째, 신천지교회는 모든 재정이 투명하다.

열째, 진리의 성읍인 신천지교회 사명자들은 자원하여 무료로 봉사하고 있다.

열한째, 신천지교회는 성경대로 달마다 열매를 맺는다.

열두째, 신천지교회는 예수님의 계명대로 사랑을 실천하며 세상에 빛과 소금이 되기 위해 노력하고 있다.

신학을 전공한 사람 중에서도 그렇거니와 특히 신학을 전공하지 못한 성도들 중에는 정통과 이단이 서로 자기 쪽의 말이 옳다고 하니 누구의 주장이 옳은지 당혹스러울 때가 있을 것이다. 이쪽 말을 들으면 그것이 옳은 것 같고, 저쪽에서 들으면 저쪽 말이 옳은 것처럼 들리기도 한다. 그러나 옳고 그름이 사람의 판단 기준에 있다면 그것은 세상의 도덕이요, 윤리일 것이다. 세상의 학문은 이성으로 판단할 수 있다. 그러나 영적인 일은 영으로야 분별할 수 있다.(고전 5:3) 그리고 분명한 것은 이 세대의 아들들이 자기 시대에 있어서는 빛의 아들들보다 더 지혜롭다(눅16:8)는 사실이다. 따라서 달콤한 이론을 전개함에 있어서 더 지혜로울 수도 있다. 한번도 검증된 바 없는 새로운 논리가 역사적으로나 신학적으로, 또는 교회적으로나 사회적으로 검증된 정통교회의 이론보다 참신하게 들려지고, 과학적이고 이성적 합리성을 가지고 전개될 수도 있을 것이다. 그러나 주의하라! '인본주의적'인 사고 속에 함정이 있음을 알아야 한다.

3. 이 책을 읽으면 어떤 유익이 있을까?

모든 종교가 그렇게 표방하겠지만 특히 기독교는 구원의 종교이다. 그런데 요즈음 '종교 다원주의'를 비롯하여 많은 이단들이 '구원의 본질'이나 '구원의 도리'를 흐려 놓고 있음도 사실이다.

이단에게는 구원이 없음이 확실하지만 정통교단에서는 그들의 활동을 제어할 방도가 없어 "강 건너 불구경"만 해야 하는 입장이 되었다. 그래서 빼앗긴 양들을 찾기는 고사하고 더 이상 빼앗기지나 않으려는 '문단속'도 제대로 못하는 현실이 안타까울 뿐이다. 우리는 참진리를 가지고 있으면서도 많은 성도들이 이단에 빠져 허덕이고 있지만 적절한 대응을 못한다든가, 애써 외면한다든가, 무관심하는 것이다. 이것은 작은 일에 충성하지 못한 악하고 게으른 종이 아닐 수 없다(마 25:23). 죽도록 충성하지 못하는 전형적인 핑계에 불과하다는 것을 지적하지 않을 수 없다. 이에 필자는 이단에 대응할 적절한 방책을 강구하여 효율적이고 능동적인 대처를 통하여 하나님 나라를 확장하고 어린 양을 먹이라(요 21:15)는 예수님의 말씀을 이루고자 한다. 따라서 본서를 통하여 다음과 같은 유익을 얻을 수 있을 것이다.

본서는 성도를 바른 길로 인도하여 참다운 구원을 알게 하며, 성경적으로 정통교회를 오염시키지 않고, 성도들이 이단에게 미혹되지 않아 교회 성장에 기여하며, 지금까지 이단에 대한 안일한 대응방식에서 벗어나 좀더 적극적으로 대응할 수 있기에 목회에 활력소가 되며, 목회자 자신의 갱신에 기여할 것이라는 점에서 유익한 의의가 있다.

이단들이 미혹하는 수법 중의 하나를 예로 들어보면 저들은 다음과 같이 말하며 정통교단의 성도들을 미혹하고 있다.

"사랑하는 성도 여러분, 직접 와서 확인해 보기 바랍니다. 어디가 빛이고 어디가 어둠인지! 무료신학원에는 하늘의 신문고가 있습니다. 두드리십시오. 열립니다(마7:7-11)." 저들은 이와 같이 때로는 광명의 천사로 가장하여(고후11:14) 성도들을 미혹하고 있으며, 때로는 우는 사자처럼 삼킬 자를 찾아(벧전5:8) 끌어가고 있다. 이러한 이단의 손아귀에서 주께서 맡기신 어린 양(요21:15-17)을 돌봄이 정통교회의 목양이 되어야 한다.

저들이 정통교인을 미혹하는 방법을 정리하면 다음과 같은 세 가지로 요약된다.

먼저, 저들은 기적의 신비를 통하여 미혹한다는 점이다. 애급의 술객들도 지팡이가 뱀이 되는 이적을 보였었다(출7:11, 12). 또, 물을 피로 변하게 할 수도 있었다(출7:22). 그리고 개구리를 조종할 수도 있었다(출8:7). 바로는 술객들의 이러한 능력에 솔깃하여 참진리를 듣지 않았다(출7:13, 22:8:15). 저들은 지금 자기들이 가진 얄팍한 잔꾀가 결국 참진리에게 삼켜질 것(출7:12)을 잘 알고 있으면서도 끝까지 능력자로 행세한다. 결국 무저갱에 버려질 운명(눅8:31)이란 것을 잘 알기에 더욱 철저하고 악랄하게 미혹한다. 다시 말하면, 이단이나 거짓 선지자들도 이적과 기사를 행할 수 있으며 무지한 군중들은 그것에 현혹되어 표적과 기사를 추구하게 된다는 말이다. 그래서

(요 2:18) 이에 유대인들이 대답하여 예수께 말하기를 네가 이런 일을 행하니 무슨 표적을 우리에게 보이겠느뇨

하고 신비스런 표적을 요구한 것이다. 기적만 있으면 그것이 참진리이든 거짓 선지자의 미혹이든 분별하지 않고 추종하는 어리석음이 있기에 이단들이 뿌리를 내릴 수 있는 것이다. 그러나 하나님께서는 우리에게 분별력을 주셨다. 그것은 우리들로 하여금 비판하라는 의미가 아니라 그들을 위하여 중보하라는 뜻이다. 따라서 이단에 미혹된 성도들이 발견되거든 저들을 비판할 것이 아니라 도리어 저들을 위하여 중보하는 너그러움이 있어야 할 것이다.

다음으로, 이단들의 미혹하는 방법은 '친근감 활용'에 있다. 이단들

은 친척, 친구, 형제, 자매, 부모 등 신뢰에서 문제가 없는 친한 이웃들을 통하여 우리에게 접근해 온다는 점이다. '그 사람의 말이라면 믿을 수 있다'란 신뢰가 있을 경우 미혹될 확률도 그만큼 높아진다는 뜻이 된다. 이 말은 정통교회에서 '관계전도'란 이름으로 전도하는 수단이 되기도 한다.

끝으로, 환경을 통하여 미혹한다는 점이다. 모두가 외눈박이 사회에서는 두 눈을 가진 사람이 정상이 아니듯이 모두가 이단의 사회에서는 정통이 이단이 된다. 한 예로, 이단들이 모여 사는 '신0촌'에서는 정통교단을 가진 사람이 잘못된 것이다. 우리나라 종교계를 보라. '삼0회'니 어쩌니 하면서 구원을 덤핑처리 하고 있다. 관악산에 오르는 길은 여러 개이지만 결국 정상에서 만난다는 것이다. 그런 사람들은 미국에 갈 수 있는 방법이 다양하지만 입국할 수 있는 방법은 오직 여권과 비자를 가지고 출입국 통로를 통해야 한다는 것을 모르는 모양이다. 미국에 가려면 미국이 요구하는 서류와 방법으로 가야 한다. 마찬가지로 천국에 가려면 천국에서 요구하는 예수의 보혈이 있어야 한다. 그래서 길은 오직 하나뿐인 것이다(요14:6). 이름 모를 잡초 속에 파묻힌 한 송이 들국화라 할지라도 그 꽃을 알아보는 소녀의 해맑은 웃음이 있듯이 종교 다원주의 같은 이단들이 득세하는 세상에서도 가냘프게 피고 지는 정통의 줄기찬 모습이 이 책을 통하여 보일 것이다.

남들보다 좀 더 커 보이려고 모든 여성들이 다 하이힐을 신는다면 어떻게 될까? 모든 아가씨들이 골고루 커졌으니 남들보다 돋보이긴 글렀을 것이다. 공연장에서 무대를 좀 더 잘 보겠다고 모두가 자리에서 일어선다면 어떻게 될까? 시야는 나아질 게 없을 것이다.

마찬가지다. 좀 더 그럴싸한 교주가 되고 싶어 성경을 할퀴고 찍어

내고 잘라서 재구성한다면 다음 사람(새로운 교주 / 이단)은 더 많이 변화를 주게 될 것이다. 그리하여 본래의 성경 모습은 보이지 않을 것이다. 하나님의 본질은 사라질 것이다. 따라서 필자는 오직 일점일획도 변함이 없는 정통적인 성경만을 하나님이 주신 최고의 계시로 전제한다.

이런 점에서 이 책은 신학교의 목회학 석사 및 박사과정의 구원론, 전도학, 교회성장학 등 교육적 자원을 확충하는 데 기여할 것이며, 또한 세계 도처에 만연한 이단과의 투쟁에서 방법적, 이론적, 현실적 문제를 안고 있는 많은 목회자들을 훈련하는 자료로 사용될 수 있을 것이다. 특히, '이단문제'란 취급하기 쉽지 않은 주제이고 보니 참고할 자료가 적었으며, 지목된 이단들이 교재나 자료를 유출하지 않기 때문에 그들의 모순을 반박할 증빙 자료 수집에 적지 않은 문제 있었다. 따라서 이 책은 많은 연구자들에게 학문적 자료가 될 것이며 목회현장에서 참고할 교재로서 충분한 가치가 있다고 생각된다.

앞으로 전진 하자니 천국 문이 닫혀 있고 뒤로 돌아서자니 지옥의 형벌이 무서워 진퇴양난에 있는 사람에게 탈출구가 있다. 곧 옆으로 돌아가는 길이다. 그런데 우리는 앞으로도 못 가고, 뒤로도 물러설 수 없다고 자포자기하는데 큰 문제가 있다. 앞뒤를 살펴서 답이 나오지 않으면 좌우를 살펴봐야한다. 다른 각도에서 생각한다면 진퇴양난의 위기는 얼마든지 새로운 기회로 만들 수 있다. 「진퇴양난」이란 원래 존재하지 않는다. 왜냐하면 제3의 길, 곧 옆길이 있기 때문이다. 그 옆길이란 『예수를 믿는 길』이다. 그런데 우리가 예수를 믿고자 할 때 왜 그리 유혹이 많은지 숱한 이단들이 접근해 오고 있다. 그리하여 그 옆길마저 막힐 경우가 많다. 그럴 때면 잠시 멈춰서 기다려 보자. 묵상하고 기도하는 시간을 가져보자. 다만 결코 뒤로 돌아서지는 말자는 뜻이다. 우리에겐 포기가 없다. 용기를 가지고 도전하자. 그런데 그 용기란 것이 쉽게, 너무도 쉽사리 좌절된다. 무엇이 우리의 용기를 좌절시키는 것일까? 「망설임」이다. 우리의 삶에서 망설임은 용기를 좌절시키는 주범에 속한다. 그렇다면 무엇이 우리의 삶에서 망설이게 하는가? 그것은 「내일」이란 단어 때문이다. '내일부터 일하겠다.' '내일부터 영어 회화를 시작하겠다.' '내일부터 헬스를 시작하겠다.' '내일부터 교회를 가겠다.' 라는 식으로 내일을 주장하기 때문이다. 하지만 한 번 미룬 사람은 내일이 되면 다시 한 번 '내일 하겠다.'고 한다. 그러므로 우리의 생각을 실천할 수 있는 유일한 방법은 그냥 주어진 시간부터 실천하는 것이다. 그러니 망설이지 말라는 말이 있다. 망설이면 미루게 되고, 미루게 되면 놓쳐버리고 만다. 이런 습관이 반복되면 꼭 필요한 일, 옳은 일, 반드시 붙잡아야 할 사람도 영영 놓치게 된다. 망설이는 사람에게는 도전이 없고, 도전이 없으면 새로운 만남, 새로운 기회도 함께 없어진다. 세상을 바꾸는 지도자나 창조자의 자리는 꿈도 꾸지 못한다. 따라서 자기가 이단에 미혹되었거든 망설이지 말고 이 책을 잃고 일어서야 한다는 말이다. 당신이 이단에 미혹되었는지 어떤지 조차 식별이 되지 않거든 본서를 읽고 자신의 정체와 저들의 정체를 명확하게 알아야 한다. 그래서 본서를 꼭 읽어야 한다.

 누구나 넘어질 수 있다. 그러나 넘어진 모든 사람이 다시 일어설 수 있는 것은 아니다. 넘어졌지만 일어서기 위해서는 배전의 노력이 있어야 한다. 우리의 목표 지점은 아직 저 멀리 있지만 다시 달리기 시작했다는 사실만으로도 우리는 충분히 행복한 것이다. 세계적 명성을 얻은 박지성 선수의 정신력은 실망에서 일어서게 했다. 그는 축구

뿐 아니라 어떤 분야에서라도 그의 꿈을 이룰 수 있을 것이다. 우리가 지금 좌절에 빠져 있거나 이제 겨우 일어서기 시작한 상태라면 더 늦기 전에 달리기 시작해야 한다. 단순한 꿈을 가진 사람이 아니라 고도원 씨의 말대로 '꿈 너머 꿈'에까지 이르기까지 다시 힘차게 달려야 한다. 그래서 본서를 탐독해야 하는 것이다.

《행복한 사람, 타샤 튜더》에 의하면 누구든지 자신 있게 꿈을 향해 나아가고 상상해온 삶을 살려고 노력하는 사람이라면, 일상 속에서 예상치 못한 성공을 만날 것이라고 말한다. 정말 맞는 말이다. 멋진 그림은 밑그림에서 판가름이 나는 것이다. 인생의 멋진 그림도 '상상해온 삶'의 밑그림에서부터 시작된다. 한 번도 가보지 못한 마음속으로 그린 상상의 세계, 그 미지의 세계를 향해 자신 있게 가노라면 예상치 못한 성공이 기다리고 있을 것이다. 당신이 '상상해온 삶'은 어느덧 현실이 되어 내 앞에 이를 것이고, 또 다른 미래의 상상의 세계가 새롭게 그려질 것이다. 진짜 비전은 그 자체만으로도 힘을 준다. 왜냐하면 자신이 진정으로 원하는 것이라는 확신이 서기 때문이다. 비전을 세워놓고도 '이 길이 정말 내 길일까?' 하는 회의가 든다면 그것은 진짜 비전이 아니라고 한다. 믿음을 주지 않는 비전은 가짜 비전이란다. 진짜 비전은 두려움을 넘어설 용기를 준다. 시간이 지날수록 점점 더 간절해지고 뚜렷해지는 것이다.

고도원씨는 꿈은 영어로 Dream, 그 너머의 상위 개념이 비전(Vision)인데 그에 해당하는 우리말이 없는 것이 아쉬울 뿐이라고 한다. 그래서 '꿈 너머 꿈'이란 사전에도 없는 말을 사용하게 되었다고 한다. 처음엔 꿈이었을 뿐인데 나중엔 현실이 되고, 그 현실 너머의 또 다른 세상을 꿈꾸는 '꿈 너머 꿈'이 점점 더 간절해지고 뚜렷해진단다.

믿음의 길도 그렇지 않을까? 어설프게 시작한 신앙생활이었지만 어느덧 성숙한 모습으로 홀로 서 있는 자기를 발견하고 또 다른 지도자가 되어가고 있는 것이다. 그래서 더 성숙해지려고 애쓰다보니 이단에도 기웃거리게 되고 '이것이 그런가 하여 탐구하는 베뢰아 사람'이 되었을지도 모른다(행17:11).

본서를 주의 깊게 읽어보자 꿈 너머 꿈이 생기듯 한 단계 성숙하여 어느 덧 새로운 지도자가 되어 있는 자기 모습이 보일 것이다.

김남희의 ≪여자 혼자 떠나는 걷기 여행1≫을 빌어서 말하자면, 오늘도 벌떡 일어나 걷자(읽자). 거기에는 예기치 않았던 만남들이 기다리고 있을 것이다. 이 모든 만남은 걷고(읽고) 있을 때 찾아온다. 걷다(읽다)보면 생각은 담백해지고, 삶은 단순해진다. 아무 생각 없이, 걷는(읽는) 일에만 몰두하고, 걸(읽)으면서 만나는 것들에게 마음을 열고, 그러다 보면 어느새 길의 끝에 와 있는 것이다. 다시 말하면 이단을 탈출해 있을 것이다. '모든 만남은 걷고 있을 때 찾아온다.' 그러므로 걸어가는 길을 잘 선택해야 한다. 어떤 길을 걷느냐에 따라 만남이 달라지는 것이다. 어두운 골목길을 걸으면 아무래도 취객을 만나기가 쉽고 아름다운 호숫가를 거닐면 시인을 만나기 쉽다. 자신이 걷는 길을 어떻게 선택하느냐에 따라 만남도 갈리고 인생길도 갈린다. 엠마오의 두 제자는 걷다가 예수님을 만났다. 여리고로 가던 사람은 걷다가 강도를 만났다. 당신은 본서에서 걷다가 길이요, 진리요 빛 되신 예수님을 만나게 될 것이다. 그래서 읽어야 한다.

"'이 세상에 무엇 하러 왔는가?' 이 질문에 나는 망설임 없이 태어났을 때보다 조금은 더 훌륭한 인간이 되기 위해, 다시 말해 조금이라도 더 아름답고 숭고한 영혼을 가지고 죽기 위해서라고 대답할 것이다.”(이나모리 가즈오) 삶이란 선택의 연속이다. 아름다운 쪽이냐, 부끄럽고 추한 쪽이냐. 특히 인생의 계절이 깊어질수록 선택은 더 중요하다. 만추의 단풍처럼 나이가 들수록 아름다워지는 것, 노추(老醜)를 보이지 않고 잘 늙어가는 것이 아름답고 숭고한 영혼의 소유자이다.

“좋은 목수가 되어라. 인간이 아름다운 까닭은 스스로를 변화시킬 수 있기 때문이다. 인간의 의식은 어떤 모양으로도 만들어질 수 있는 재목이다. 목수가 집을 짓고 가구를 만들 듯, 우리도 마음만 먹으면 사랑, 지혜, 인내, 성실, 열정, 명랑함 같은 감정과 태도를 만들어 낼 수 있다.”(에크낫 이스워런의 『인생이 내게 말을 걸어왔다』) 같은 나무라도 사용하는 목수가 어떻게 깎고 다듬느냐에 따라 기둥도 되고 서까래도 된다. 목수가 누구냐에 따라 집의 모양과 품위가 달라진다. 단순한 건물에서 작품으로, 작품에서 예술로 올라선다. 인생의 집도 마찬가지다. 한 번뿐인 내 인생의 유일한 목수는 다름 아닌 나를 지배하는 예수님이다. 예수님의 목공정신을 이어받아 한 번의 망치질과 잠깐의 톱질과 대패질일지라도 혼을 담아야 좋은 목수가 될 수 있다. 내 인생의 목수되신 예수님이 내 인생에 성령의 불을 담아달라고 기도하는 삶이 나를 이 땅에 보내신 이의 뜻을 이루는 삶이다.

티베트 사람들은 죽음이 끝이 아니라고 생각한다. 또한 산 자와 죽은 자로 나뉘는 것이 근본적인 이별이라고 생각하지도 않는다. 그래서 장례식에서도 울지 않는다. 시신을 독수리에게 먹이로 주는 것은 '하늘로 돌려보낸다'고 생각하고 있다. 마찬가지로 졸업은 끝이 아니라 시작이다. 연말은 끝이 아니라 새해의 시작이다. 이러한 발상의 전환이 필요하다는 전제가 있을 때 삶의 방향이 개선된다. 마찬가지로 이단에 미혹된 성도를 회심시키려는 우리의 노력에도 발상의 전환이 필요하다. 그러나 신학적 중심은 분명해야 한다. 이런 점에서 이단에 미혹된 영혼을 구하는 일에 목숨 건 투쟁을 마다하지 않는 사람들의 양식이 될 것이다.

그리스도를 신뢰한다는 것은 우리 자신을 그분께 온전히 맡기고 육신의 정욕을 사로잡는 것들을 기꺼이 포기하는 것이다.(찰스 스탠리) 자기만족을 위하여 소란스런 세상에 뛰어들라는 유혹을 물리치고 하나님의 뜻에 복종하는 것이 하나님을 신뢰하는 것이다. 이러한 신뢰 속에서 버릴 것을 버리고 물리칠 것을 물리치는 삶이 있을 때 복음이 선포된다. 배와 그물을 버린 제자들처럼(마 4:20).

두 죄수가 창살 사이로 바깥을 내다보았다. 한 사람은 진흙탕이 된 땅바닥을 보았지만, 다른 사람은 별이 반짝이는 하늘을 보았다.(스티브 벤추라) 똑같은 상황에서도 한 사람은 절망의 바닥을 보았고, 다른 사람은 고개를 들어 밝은 희망을 보았다. 이와 같이 내 안에도 늘 두 죄수가 살고 있다. 이 죄수들을 다스리고 생각의 초점과 삶의 방향을 제시하는 것이 있어야 한다. 그것이 곧 정통적인 교의 신학이다. 리쳐드 포스터의 말대로 영적훈련은 내면적인 것이며 영적인 것이다. 따라서 마음의 자세는 영적 생활의 실현을 위한 방법들보다 훨씬 더 중대하다. 하나님이 기뻐하시는 삶은 종교적인 의무를 다하는 삶이 아니다. 하나님과 온전히 관계를 맺고 친밀하게 교제하는 일이다. 하나님과의 교제는 내면적이며 영적인 것이다. 내면세계의 질서를 갖추려면 건전한 교의 신학이 필요하다. 그래서 교의 신학을 역행하거나 악용하지 않는 정통적이고 건전한 교의 신학이 필요하다는 전제로 집필한다.

1. 성경이 말하는 이단

(1) 사도행전 24장 5절 주석

(행 24:5) 우리가 보니 이 사람은 염병이라 천하에 퍼진 유대인을
다 소요케 하는 자요 나사렛 이단의 괴수라

성경에서 최초로 '이단'(αἱρέσεις)이란 말이 쓰인 것은 사도행전 24장 5절에서 더둘로가 바울을 율법을 모독하는 자로 규탄할 때 사용한 말이다. 즉 유대인들이 기독교인들 배척하는 말로 사용되었다. 그래서 이 말을 역으로 해석해 보면 이단이란 무엇인가를 알 수 있다. 기독교를 매도했던 유대교인 더둘로에 의하면 바울을 염병으로 규정지으며 "천하에 퍼진 유대인을 다 소요케 하는 자요 나사렛 이단의 괴수"라고 매도하면서(행 24:5), "성전을 더럽게 하는 자"(행24:6)로 고소한다. 더둘로의 고소 내용을 분석하면 바울이 개인적으로는 '염병'에 해당하는 죄인이요, 정치적으로는 '소요케 하는 자'요, 종교적으로는 '성전을 더럽게 하는 자'인데 이를 종합하여 한마디로 표현하면

이단의 괴수라는 것이다.

그렇다면 과연 더둘로의 말대로 바울은 '염병'에 해당하는 유독한 존재인가? 더둘로가 바울을 '염병' 같은 존재로 규정하는 이유로는 바울이 '천하에 다니며 소요를 일으킨다.'는 죄목인데 실제로 소요를 일으킨 사람은 바울이 아니었다(행24:18). 오히려 무고한 바울을 송사하고, 암살 음모를 꾸미며 소요를 일으킨 사람은 유대인들이었다(행24:9). 그러므로 더둘로가 바울을 '염병 같은 이단'으로 정죄한 것은 잘못이다.

다음으로, 바울은 정치적으로 죄인인가? 더둘로는 당시 유대에는 스스로 '메시야'라 자처하며 반외세, 반로마를 외치며 민족혼을 일깨워 로마에 대항하게 하는 사람이 많이 있었는데, 바울도 스스로 왕이라 자처하다가 처형당한 나사렛 예수(마27:11)를 계승한 인물로서 유대인을 선동하여 로마에 반기를 든 사람이라는 것이다. 이것이 사실이라면 심각한 문제가 아닐 수 없다. 그러나 바울은 유대인을 선동한 바 없을뿐더러 예수님은 이 땅의 왕으로 군림하지도 않았으며, 왕으로 자처한 바도 없었으며, 탐내지도 아니했음을 로마의 총독 빌라도가 인정하였었다. 이것은 혹시나 하는 마음으로 예수를 심문했던 빌라도의 무죄선언으로 입증되었다(마27:23). 이로 보건대 바울이 선포한 복음의 중심이었던 예수는 정치적으로 문제가 있었던 사람이 아니었다. 또한, 당시 정치적으로 책임 있었던 아그립바와 베스도의 대화를 주목할 필요가 있다.

> (행 26:32) 이에 아그립바가 베스도더러 일러 가로되 이 사람이 만일 가이사에게 호소하지 아니하였더면 놓을 수 있을 뻔하였다 하니라

따라서 바울은 하나님 나라의 왕이신 예수님을 전한 것이지 이 세상의 왕 되신 예수님을 전한 것은 아니었다.

끝으로, 바울은 종교적으로 죄인인가 하는 문제이다. 더둘로에 의하면 바울은 '성전을 더럽힌 사람'이라는 것이다. 당시 로마는 종교의 자유를 주었기에 더둘로의 송사는 로마법에 의하면 별문제가 되지 않았다. 하지만 유대법(종교법)에 의하면 사형에 해당한다. 그러나 로마인들은 유대인의 종교에 관여하지 않았으며 유대인들이 종교적으로 사형언도를 내리면 이를 인준하는 정도로 그쳤다. 다시 말하면 예수가 사형수가 된 것은 합리적 사고를 지닌 로마인의 유권해석에 의한 것이 아니라 앙심과 질투로 뭉쳐진 유대인들의 비좁은 소견의 결과였다. 그런데 더둘로는 이러한 점에 근거하여 바울을 고발했던 것이다.

더둘로의 고발 내용을 정리하면 바울은 이단의 괴수인데 '이단'이란 "다른 사람에게 유독한 존재요, 반사회적이며 반국가적인 존재요, 성전을 모독하고 더럽히는 자"라고 할 수 있다. 그런데 바울이 이에 속하는 이단의 괴수라는 것이다. 더둘로가 바울을 이단이라고 고발한 것은 전혀 얼토당토아니한 헛소리였지만, 이단의 정의는 옳게 진술되었다고 인정한다. 그렇다면 지금도 어떤 사람이 더둘로가 세운 이단 정의의 범주에 속하면 그가 곧 이단이라고 할 수 있을 것이다. 따라서 우리는 더둘로의 송사 내용을 좀더 구체적으로 살펴볼 필요가 있다.

첫째, 바울은 '염병'(λοιμόν) 같은 존재라고 한다. 이것은 일종의 장티푸스 같은 질병으로서 전염성이 강하고 인간의 생명에 치명적인데 바울을 그러한 존재로 여겼던 것은 바울이 전파하는 복음이 유대인들뿐만 아니라 로마인들에게도 치명적인 악영향을 끼친다는 것을 강조한 것이다. 바울은 전도 여행 중에 여러 곳에서 유대인들과 빚은 갈등이 있었는데(행13:45-50; 14:1-7; 17:5-9; 18:12-17; 21:27-36; 22:22, 23) 더둘로는 이러한 사실에 근거하여 말했을 것이다. 이러한 더둘로의 고소는 예수님께서 유대인들에 당한 고소와 대동소이하다(눅 23: 1, 2, 5).

둘째, 바울은 '나사렛 이단'(Nazarene)의 주모자라는 것이다. '이단'(αἵρησίς)이란 '자력으로 취하다'(αἵρεομαι)는 말에서 파생된 것으로서 '종파'(Sect), '당파'(Party)를 가리킨다. 따라서 '나사렛 이단'이라 한 것은 그들이 볼 때 예수의 고향이 나사렛이었기 때문에 붙여진 이름이다(마2:23). '나사렛 예수를 따르는 사람들의 이단 집단'이라 말한 것은 비하하는 표현이다. 한편, '괴수'(πρωτοστάτη)라는 말은 '첫째'(πρώτο)란 말과 '서다'(ἵστημι)라는 말의 합성어로서 '주모자', '장본인'을 뜻한다. 그러므로 바울에 대한 더둘로의 '나사렛 이단의 괴수'라는 고소 내용은 일종의 종교적인 것을 문제 삼은 것이다. 이것은 예수님께서 유대인들에 친히 당하신 모함과도 대동소이하다(눅23:2).

셋째, '성전을 모독한다.'(행24:6)고 문제시한 것이다. 유대인들에게 있어서 성전 모독죄는 사형에 해당했다(행21:28, 29). 과거 예수님을 처형할 때도 대제사장들과 서기관들로 하여금 십자가형을 결심하게 한 것도 성전에서 일어난 사건 때문이었다(막11:15-19).

그러나 바울은 산헤드린 어떤 회원보다 자신이 구약의 가르침대로 믿는 정통 신앙인임을 주장하고 있다. 또한 바울은 더둘로가 이단이라 지적한 그 도를 믿고 있음을 자인하면서 그 도는 결코 이단이 아니며 유대교처럼 구약의 모든 정경과 하나님을 믿으며, 신약의 기초가 되는 예수님의 성육신, 동정녀탄생, 십자가의 고난, 부활/승천 등을 믿으며 이에 소망을 가진다고 한다.

이로 보건대 성경이 말하는 이단이란 구약을 무시하거나, 하나님을 믿지 않거나, 신약의 교리를 거부하며 분파를 형성하면 이단이라 할 수 있다. 다시 말하면, 성경이 말하는 이단이란 "어떤 종파의 교주와 그 집단을 말하는 것으로 그들의 번식력은 염병처럼 번져 치명적인 악영향을 미치며 하나님의 성전을 모독하고 자기들의 집단이 아닌 기성교회를 모독하는 자들"이라 할 수 있을 것이다. 이런 점에서 바울은 결코 이단이 아니었지만 오늘 관심은 '바울이 이단이냐 아니냐?'에 대한 것이 아니다. 하지만 만일 어떤 사람이 더둘로가 지적하는 것처럼 사회적 종교적으로 유독한 존재이거나, 분파를 형성하여 교주가 되거나, 정통교회와 사역자들을 모독하는 일을 자행하는 사람이 있다면 그는 이단으로 정죄되어야 마땅하다는 것을 말하고 있는 것이다. 우리 주변에서 누가 이러한 기준에 해당될까? 기성교회를 분열시키는 신흥교회일까 아니면 정통을 고수하는 기성교회가 이에 해당하는가? 성경에서 말하는 이단에 대하여 거부하는 강퍅한 마음이 없기를 바란다.

「나는 하나님의 밀이다. 그리스도의 것인 좋은 밀 빵이 될 때까지 나는 야수의 이빨에 으스러진다. 나의 정욕은 십자가에 못 박혔고, 그래서 내 육신에는 열기가 남아있지 않다. 내 안에는 시내가 흐르고 있다. 그것이 내안에 깊이 흐르면서 "아버지 앞으로 나아오라"고 말한다.」서기 107년 안디옥 이그나티우스가 순교하기 직전에 드린 기도이다. 우리의 육신이 야수의 이빨에 으스러지고 있다. 그러나 그것이 바로 영혼이 사는 방법이다. 우리의 정욕과 육신을 십자가에 못 박고 아버지 앞에 나아가야 한다. 그리하면 세상이 감당할 수 없는 그리스도인이 될 것이다. 우리는 성경이 말하는 이단이 아니라 성경이 말하는 이단을 무찌르는 용사들이다.

(2) 사도행전 24장 14절 주석

(행 24:14) 그러나 이것을 당신께 고백하리이다 나는 저희가 이단이
라 하는 도를 좇아 조상의 하나님을 섬기고 율법과 및
선지자들의 글에 기록된 것을 다 믿으며

본 절 역시 앞서 논한 대로 유대교인들이 기독교인을 공격할 때 이단이라 했다. 그렇다면 초대교회 사도들이 왜 이단으로 지목되었을까? 그들의 신앙의 특징을 분석하고 그와 상반된 현상을 분석하면 그것이 곧 '성경적으로 정되어야 할 이단'이라 말할 수 있을 것이다. 다시 말하면 이단으로 지목된 사람들의 입장과 이단이라 정죄한 사람의 입장을 분석하면 누가 성경적으로 이단인지를 식별할 수 있을 것이다.

흔히 사람들 중에는 '기독교인들은 너무 강압적이다. 예수 믿으라고 강요한다.'는 식으로 기독교인의 생기 있는 전도활동에 불만을 토로하는 사람이 있다.

사실 기독교 신앙은 고백(ὁμολογῶ)적인 증인들을 필요로 한다. 그것은 기독교 신앙 자체가 고백적이라는 것을 의미한다. 그래서 선교 신학자 J. M. Kane은 "기독교는 그 본성상 본래 선교적인 종교이다. 자유하게 하는 진리의 복음을 받아들인 자들은 모두 그것을 다른 사람들과 함께 나누려는 강렬한 내적 충동을 느끼게 되어 보고 들은 것을 증거 할 수밖에 없는 것이다."라고 했다. 초대교회 사도들의 전도 행적은 이러한 그의 주장에 힘을 실어 주고 있다. 또, 예수님께서 승천하시며 말씀하신 것도 모든 사람이 성령을 받게 될 것이며, 권능도 받고, 종내에는 땅 끝까지 이르러 주의 증인 되라는 것도 같은 고백적인 신앙의 결과일 것이다.

바울은 조상의 하나님을 섬긴다고 고백하고 있다. 그가 말하는 조상의 하나님이란 아브라함과 이삭과 야곱의 하나님(출3:15), 즉 홀로 하나이신 이스라엘의 하나님(왕하19:15) 그리고, 히브리인의 하나님을 말한다(출5:3). 바울은 이러한 하나님을 "청결한 양심으로 늘 감사하며 섬긴다."(딤후1:3)고 한다. 또한, "경건과 두려움으로 섬긴다."(히12:28)고 한다. 바울은 이어서 말하기를 "율법과 및 선지자들의 글에 기록된 것을 다 믿으며"라고 말한다. 다시 말하면 예수 그리스도에 대한 바울의 증거는 구약에 이미 예언되었고 기록된 말씀이었다는 것이다(행28:23). 바울이 '경건과 두려움'으로 섬기고 믿었던 '율법과 및 선지자들의 글'은 모두 하나님의 감동으로 기록된 것이었다는 말이다(딤후3:16). 이로 보건대 바울은 율법과 선지자들의 글에 근거하여 성령의 감동으로 예언된 진리만을 전했을 뿐이다. 그리고 그것을 문자로 남겨 우리들로 하여금 믿고 따르도록 했던 것이다. 즉 바울은 인간이 구원받음에 있어서 이미 기록되고 계시된 것만으로도 충분하다고 말하고 있으며 우리가 그것만 전해야 한다고 말한다.

따라서 성경에서 말하는 '이단'이란 '이미 계시되고 기록된 말씀'을 전하지 않고 자기의 감동으로, 자기 생각을 주장하거나 고백하면 이단이다. 또 구원에 관한 모든 것은 이미 계시되었으니 또 다른 환상이나 깨달음이나 부언이 필요 없다는 것이다. 다시 말하면 우리가 구원받음에 있어서 성경 외에 부교재가 필요 없다. 왜냐하면 구원에 대해서나, 예수에 대하여 더 이상의 환상이나 꿈이나 계시가 필요 없도록 하나님께서는 충분히 계시하셨기 때문이다. 그럼에도 불구하고 어떤 사람이 자기만이 특별한 계시를 받은 것처럼 말하거나 자기만이 특별한 깨달음을 받은 것처럼 말하며 성경 이외의 어떤 것을 말한다면 또, 자기만이 구원을 이룰 수 있고 자기 집단에 속해야만 구원을 받는다고 주장한다면 그리고 자기만이 예수님의 재림장소를 안다고 말한다면 그가 바로 성경이 말하는 이단에 해당하는 사람이다. "주님은 당신을 대리하기 위해 능력 있는 사람을 구하지 않는다. 오히려 약하고, 어리석고, 무시당하는 사람을 찾으신다. 주님은 그들 안에 주님 자신의 능력으로 거하신다."는 그래함 쿡의 말처럼 하나님은 "나는 아무것도 모르니 주의 뜻대로 인도하소서" 하고 고백하는 종들을 통하여 큰일을 하신다. 자기가 무엇이 된 것처럼 살면 이단이 될 수 있다.

C.S. 루이스 "그리스도인이 된다는 것은 용서할 수 없는 사람을 용서하는 것이다. 왜냐하면 하나님께서 용서받지 못할 우리를 용서하셨기 때문이다."고 한다. 용서는 우리의 것이 아니다. 용서는 하나님의 것이다. 그분 앞에서는 용서받지 못할 그 어떤 것도 없다. 우리가 하나님의 자녀라면 그 어떤 것도 용서할 수 있어야 한다. 이런 차원에서 비록 건전한 성도를 미혹시킨 이단이라 할지라도 또, 정통을 배신하고 이단을 추종하는 혼탁한 영혼일지라도 우리가 품어주고 감내해야 할 우리의 분깃이다. 우리 하나님이 우리에게 하셨듯이.

(3) 고린도전서 11장 18, 19절의 주석

(고전 11:18) 첫째는 너희가 교회에 모일 때에 너희 중에 분쟁이 있
　　　　　　　다 함을 듣고 대강 믿노니
(고전 11:19) 너희 중에 편당이 있어야 너희 중에 옳다 인정함을 받
　　　　　　　은 자들이 나타나게 되리라

고린도전서 1장 10절의 분쟁(σχίσμα)은 "옷감 따위를 찢는다."는 말로서(마9:16) 정신적으로는 "의견이 일치하지 않아 갈라서는 것"

또는 "감정으로 인해 분열하는 것"을 말한다(요7:43; 9:16). 그러나 고린도전서 1장 11절의 분쟁(ἔρις)은 고린도전서 1장 10절의 분쟁(σχίσμα)과는 다르다. 즉 10절의 분쟁은 완전히 분열한 상태를 가리키는 반면, 11절의 분쟁은 '언쟁', '다툼'으로 '악의에 찬 토론으로 갈라섬'이란 뜻을 가졌다. 이처럼 고린도 교회는 이론적으로는 분분했으나 아직 완전히 갈라서지 않은 상태이다. 즉 고린도교회는 갈라지기 직전의 상태에 있었던 것이다.

한편, 고린도전서 11장 18절의 분쟁은 1장의 분쟁과는 다르게 '단순히 나뉘어져 소란한 상태'를 말한다. 아마도 부자와 가난한 자의 계층적 대립 현상일 것이며 이것은 애찬에서 두르러지게 나타났던 것이다.

이로 보건대 고린도 교회에는 분쟁이 매우 심했으며 감정적 대립이 많았음을 알 수 있다. 그럼에도 불구하고 고린도 교회는 오늘날의 교회와 달리 예배 때마다 성찬예식을 거행했다. 즉 초대 교회에서는 성찬예식을 단순히 예수님의 죽으심을 상징하는 것으로 거행하지 않고 성도 간의 교제를 겸한 공동 식사 형태로 진행되었던 것이다. 물론 엄밀히 말하자면 그리스도의 죽음을 기념하는 '성찬'과 성도 간의 교제를 목표로 하는 '애찬'은 다르지만 일반적으로 함께 행해지고 있었다. 당시 애찬은 성도들 각자가 자기 집에서 준비해 온 음식을 함께 나누어 먹었었다. 그런데 여기에 문제가 있었다. 부자의 음식과 가난한 자의 음식이 달랐기 때문이다. 그러자 부자들은 가난한 사람이 오기 전에 먼저 배불리 먹고 취하는 형태가 되었다. 그리하여 가난한 자는 굶주리고 상처만 받았던 것이다. 그러다 보니 애찬을 나누면서 거행되었던 성찬예식도 소홀히 되었고 빈부의 그룹이 형성되었던 것이다.

오늘날 '누드핸드백'은 소위 명품족들이 자기들은 외형적인 겉만을 장식하는 것이 아니라 보이지 않는 자잘한 소지품까지도 명품을 사용하고 있다는 것을 알리는 과시와 낭비의 대명사로 이용하고 있다. 연예인·스포츠 스타·재벌2세들이 천문학적인 돈으로 타의 추종을 불허하며 다른 사람과 지위를 달리하는 방법으로 사용하고 있다. 그러나 우리나라가 풍요사회로 접어들면서 명품은 일부 특권층의 전용물이 아니라 웬만하면 명품족 대열에 서려는 욕구를 갖게 되었으며 그로 인하여 '명품의 대중화'가 형성된 것이다. 따라서 소비 계층의 표지가 불분명해지자 최상류층에서는 자기들만의 지위를 확보하는 방법으로 '반(反)소비'를 택하여 차별화하고 있다. 즉 최고의 부자들이 소형차를 타고 다니며 서민 식당에 드나드는 것이다.

이와 마찬가지로 초대교회에서도 부자와 가난한 자 사이에 보이지 않는 선이 분명했던 것이다. 그것이 가장 두드러지게 나타난 것 중의 하나가 친목과 교제(애찬)를 겸한 성찬예식이었다. 사실 성찬은 인간들끼리 먹고 마시며 즐기는 행사가 아니다. 예수 그리스도께서 자신의 살과 피를 희생 제물로 바치신 사건을 기념하는 엄숙하고 거룩한 예식이다(마26:26-28). 그럼에도 불구하고 그들은 자기 육신의 만족을 위하여 나누지 않고 먼저 먹어버린 것이다. 그리고 그러한 사람들끼리 당을 지어 그렇지 못한 사람들에게 상처를 준 것이다. 이러한 부자와 가난한 자의 분쟁은 확산되어 교회의 일치가 가장 완벽하게 나타나야 할 예배시간에도 영향을 주었던 것이다. 그래서 바울은 그들의 계층 간의 분쟁에 대하여 엄히 꾸짖었던 것이다. 교회 내의 편당은 교회를 파국으로 이끌기도 하지만 이러한 편당을 통하여 교회 내의 옳고 그름을 알게 되고 참신자와 그렇지 못한 사람이 구분된다는 점에서 유익한 부분도 있다(요일2:9). 그러나 그 편당이 오래도록 지속되거나 교회를 분열시키지 못하도록 쉽게 마무리되기를 바울은 기대했다. 따라서 바울은 편당을 원치 않고 있었던 것이다. '편당'(αἵρεσι)이란 본래 '선택'이란 뜻이었으나 점차 불화, 분쟁, 파당 등을 의미하게 되었다.

이로 보건대 '이단'(αἱρέσεις)이란 "자기들의 유익을 위하여 당을 짓고 분쟁을 일으키는 무리"들이라고 정의할 수 있을 것이다. 그러나 인간사회에 크고 작은 분쟁이 떠나지 않을 것인데 분쟁이 있다고 해서 모두 이단이라고 말하기는 어렵다. 그러므로 '이단'이라 함은 사탄(Satan=שָׂטָן)과 그의 사상을 개입시켜 사람들의 행복과 번영을 훼방하면 이단이라 할 수 있다. 예컨대 노아의 아들들에게 패역을 심어 놓은 것이라든가(창6:10-12), 요셉의 형제들로 하여금 요셉을 죽일 음모를 꾸미도록 한다든가(창37:20), 보디발의 처로 하여금 요셉을 유혹하도록 하는 것(창39:12) 등은 사탄이 개입하여 인간의 번영과 행복이 훼방받았던 경우이다. 따라서 만일 어떤 사람이 드다(행5:36)처럼 스스로 일어나 정통을 무시하고 "우리에게만 구원이 있다"라고 분열을 조장하거나, 고린도 교회처럼 소속 교회에 분쟁을 가져온다면 그야말로 사탄의 미혹을 받아 자기 유익을 위하여 당을 짓는 자요, 이단일 것이다.

이단의 지도자들에게는 기본적인 문제가 많다. 예를 들면, 프랑스어로 '노블리스 오블리제(noblesse oblige)'는 사회지도층의 도덕적 의무를 뜻한다. 정당한 대우를 받기 위해서는 자신이 누리는 '명예'(노블리스)만큼 '의무'(오블리제)를 다해야 한다는 뜻이다. 로마가 천년을 지탱하도록 받쳐 준 철학이 바로 이 정신이었다. 과거 로마가 세계를 지배할 때 로마의 귀족들은 평민보다 앞서서 절제된 행동과 납세의 의무를 다하여 국가의 초석을 놓았었다. 국가 전쟁 중이면 귀족들은 전쟁세를 신설하여 국가에 사재를 헌납하고 최전선에 나아가 피를 흘렸었다. 그러나 이단에게는 이러한 기본이 없다. 참전은 고사하고 군에 입대조차 거부한다. 소위 양심적 병역거부라는 명분으로 국방의무도 팽개친다. 그러한 이단의 생명과 권익을 위하여 또 다른 누군가는 땀 흘리고 피를 흘려야 한다. 이런 점에서 어떤 이단은 건전한 애국인의 피를 먹고 산다고 해야 할 것이다.

1982년 영국과 아르헨티나가 포클랜드의 주권을 놓고 전쟁을 할 때 영국왕자 앤드류는 헬기 조종사로 참전했다. 앤드류 왕자의 역할은 헬기로 아국의 전함 주위를 돌면서 전함으로 날아드는 미사일을 대신하여 맞는 일이었다. 많은 사람을 대신하여 자신이 죽겠다는 지도층의 책임감에서 나온 노블리스 오블리제 정신이었다. 남보다 더 높은 지위에 있거나 더 많은 것들을 소유하고 있다면 그것을 자신만이 누리려고 하지 말고 다른 이를 섬겨야 할 책임, 기부하고 자원봉사하려는 정신이 '노블리스 오블리제'가 아닐까? 이러한 정통적인 신앙이 있었기에 이단들도 덤으로 보호받고 살아가는지 모르겠다.

영국의 신학자요 주석가인 메튜 헨리는 "의인이 뿌린 슬픔의 눈물은 모두 진주가 되어 나온다."고 한다. 인간이 다른 동물과 다른 점은 눈물이 있다는 점이다. 사도 바울은 에베소교회의 장로들을 초청한 자리에서 삼 년이나 밤낮으로 쉬지 않고 눈물로 가르친 것을 생각하라고 한다. 부모가 자식을 위해 흘리는 눈물이나 바울의 눈물은 사랑과 긍휼의 눈물이었다. 방탕한 어거스틴을 위해 어머니 모니카는 수없는 세월을 눈물로 기도했다. 이 모습을 바라본 암브로스 감독은 눈물의 자식은 버림받지 않는다고까지 했다. 우리는 누구를 위하여 눈물로 기도하고 있는 것일까? 당신 주변에는 당신이 울어야 할 영혼이 없는가? 지옥 갈 영혼이 없는가? 진화론의 헛된 가르침과 하나님의 위대하신 사랑을 체험하지 못한 채 하루에도 160,000명이 죽어 가고 있다. 그리고 얼마나 많은 사람들이 이단의 미혹에서 허덕이는지 통계조차 없다.

(4) 갈라디아서 5장 20절 주석

(갈 5:20) 우상 숭배와 술수와 원수를 맺는 것과 분쟁과 시기와 분냄과 당 짓는 것과 분리함과 이단과

여기서 '이단 – 편당'(Heresy)이란 말은 고린도전서 11장 19절에서 인용되었던 것처럼 '불화'(Dissension)를 의미한다. 이 말의 교회법적 의미는 교회의 의견과 다른 의견을 선택하거나 성경과 배치되는 교리를 선택하는 것이다.

인간에게는 육체의 욕심을 따라 행하는 길과 성령을 좇아 행하는 길이 있다(갈5:16-18). 그러나 육체의 욕심을 따라 행했을 때의 결과(갈5:19-21)와 성령을 좇아 살았을 때의 결과(갈5:22, 23)가 어떻게 다른가를 생각할 필요가 있다. 이러한 말씀은 로마서 8장 1-17에서도 성도의 삶의 기준으로 제시되고 있다. 그리하여 성도는 그리스도와 연합하여 살면서 죄에 대하여 죽은 자로 살아야 함을 가르치고 있다. 즉 그리스도를 따르는 삶을 살아야 한다는 말이다. 따라서 악은 그 모양이라도 버려(살전5:22) 성령의 열매를 맺어야 한다. 열매 없는 나무가 죽은 것처럼 그리스도인이라 자처하며 성령의 열매가 없다면 살아계신 하나님의 자녀라 할 수 없을 것이다. 즉 행함으로 표현되지 않는 믿음은 죽은 것이다(약2:14-26; 3:12-18; 4:17).

그런데 우상 숭배와 술수는 하나님에 대한 불신앙의 죄악이며, 행

함 없는 믿음이다. '우상숭배'란 하나님을 유일신으로 인정하지 않고 우상을 만들어 숭배할 뿐 아니라 그들의 우상숭배 양식을 삶으로 반영하는 죄악을 말한다. 또 '술수'(φαρμαχεία)란 '약을 제조하다'란 말로서 우상숭배자들이 그 의식에 있어서 조작해 내는 마술이나 술책 등을 이용하여 병을 낫게 하는 행위에서 나온 말일 것이다. 결국 '귀신도 병을 낫게 할 수 있는가?'란 질문에 답을 하게 된 셈이다. 이러한 행위들은 예수님의 재림까지 계속될 것이다(계9:21; 18:23). 그리하여 '원수를 맺는 것과 분쟁과 시기와 분 냄'이 계속될 것인바 이에 대하여 살펴볼 필요가 있다.

'원수를 맺는 것'(ἔχθραι)이란 여러 사람과 집단들, 즉 민족이나 계층 사이에서 서로 적대감을 갖고 갈등을 야기한 것을 뜻한다. '분쟁'은 원수 맺는 일에서 생긴 당연한 결과이다. '시기'는 경건한 열정과 달리 육체의 정욕에 따라 형성되는 자기 이기심의 충족을 위한 열심을 말한다. 이러한 '시기'는 마침내 '분'으로 절정을 이룬다.

'당 짓는 것과 분리함과 이단'이란 '당 짓는 것'(ἐριθεῖαι)과 '삯꾼'(ἐριθος)이란 말에서 유래된 것으로 이는 어떤 논쟁의 객관성에는 관심 없이 자신의 이익을 위하여 무조건 어느 당파에 가입하는 것을 말한다. '분리'(διξοστασίαι)는 당 짓는 행동에 따른 결과이다. 이 말 속에는 '자기가 속해 있는 당파를 위해서는 분쟁을 일으킨다.'는 의미까지 포함되어 있다(롬16:17). 따라서 본 절에서 말하는 '이단'(αἱρέσεις)이란 단순히 정통 교리에 반대하는 특정집단이라는 교의적(敎義的) 의미보다는 문자적 의미 그대로 '자신들의 입장만을 옳다'고 주장하며 분쟁과 다툼을 일삼는 자들을 가리키는 말이다. 결국 이단은 분쟁, 분 냄, 투기, 당 짓는 것, 분리함과 더불어 원수 맺는 목록에 해당한다. 즉 사람들이 서로 갈라서서 불화가 만연한 상태를 말한다.

따라서 어떤 사람을 교주로 내세우며 '그에게만 구원이 있다'고 주장하거나, '그를 통해서만 성경해석이 가능하다'고 주장하거나, 예수님의 재림 장소를 자기네 집단만이 알고 있다는 주장은 분쟁을 조장하는 행위요, 정통 교리에 '분 냄'의 교리요, 그리스도를 투기하여 당을 짓는 행위요, 정통과 분리하여 원수 맺는 마귀의 짓이다. 그것이 바로 성경이 말하는 이단에 해당된다. 하나님은 "최선의 기도는 삶 전체를 표현하는 것입니다. 우리의 삶을 이끌고 가는 힘만큼 기도할 수 있습니다."라고 말하는 A. W. 토우저처럼 기도하는 사람을 통하여 일하신다. 우리는 한국 교계와 인류를 위해서 무엇을 하려는 자세보다 주님을 만나는 일이 우선이다. 「1864년 현재, 나는 어떤 축복을 생각하고 하나님께서 그것을 주시기를 기다리며 19년 6개월 동안 하루도 빠짐없이 그것을 위해 기도해 왔습니다. 어떤 사람들의 회심을 위한 것인데, 하지만 아직 충분한 응답을 받지 못했습니다. 그러나 그것을 놓고 기도하는 동안, 무수히 많은 기도 응답을 받았습니다. 어떤 사람을 위해서는 10년 동안 하루도 빠짐없이 기도 했고, 다른 사람들을 위해서는 6년 내지 7년을 기도했습니다. 사람에 따라 4년, 3년, 2년을 기도했습니다.

사랑하는 그리스도인 여러분! 용기를 내어 새로운 열심을 품고 기도에 전념하십시오. 당신이 구하는 내용이 하나님의 영광을 위한 것이라는 확신만 있다면 그렇게 하십시오.- 조지 뮬러」

중보기도의 거장인 죠지 뮬러는 다섯 명의 친구를 위해 기도하기 시작했는데 5년 후에 그들 중 한 명이 주님께로 돌아왔다. 10년이 지났을 때 두 명이 거듭났다. 뮬러는 쉬지 않고 25년 동안 기도했을 때 네 번째 사람이 구원을 받았다. 나머지 한 명을 위해 뮬러는 임종의 순간까지 기도했고 그 친구는 뮬러가 죽은 뒤 두세 달 후에 주님께로 돌아왔다. 뮬러가 친구를 구원하려고 기도 시작하여 52년이 지났을 때, 그리고 뮬러가 죽어 이 땅에 없을 때 그의 기도가 응답된 것이다. 마치 기도가 아무 소용없는 것처럼 느껴질 때가 있다. 그리하여 결국 낙담하여 기도를 멈추게 할 수만 있다면, 우리가 며칠을 기도하든, 또는 몇 주간 심지어 몇 달 동안 기도에 힘쓸지라도 사단은 신경 쓰지 않을 것이다. 결국 더딘 응답에 「낙담」하여 스스로 포기할 테니까. 그래서 우리는 무엇을 하려는 생각보다 주님을 만나는 것이 우선인 것이다.

비록 지금은 이단에 미혹되어 정통 교회에 대하여 '분 냄'을 가진 사람이라 할지라도 언젠가 돌아올 그날이 있을 것이다.

(5) 디모데전서 4장 1절－5절 주석

(딤전 4:1) 그러나 성령이 밝히 말씀하시기를 후일에 어떤 사람들이
　　　　　믿음에서 떠나 미혹케 하는 영과 귀신의 가르침을 좇으
　　　　　리라 하셨으니
(딤전 4:2) 자기 양심이 화인 맞아서 외식함으로 거짓말하는 자들이라
(딤전 4:3) 혼인을 금하고 식물을 폐하라 할 터이나 식물은 하나님
　　　　　이 지으신 바니 믿는 자들과 진리를 아는 자들이 감사
　　　　　함으로 받을 것이니라
(딤전 4:4) 하나님의 지으신 모든 것이 선하매 감사함으로 받으면
　　　　　버릴 것이 없나니
(딤전 4:5) 하나님의 말씀과 기도로 거룩하여짐이니라

초대교회 당시 에베소 교회가 직면하고 있었던 주요 목회적 현안과 관련하여 신학적이고 원리적인 측면에서 목회지침을 제공했던 (1:3-3:13) 바울은 교회 존립에 크게 위협이 되고 있는 이단 사상을

가진 거짓 교사들과 그들의 거짓 가르침을 엄히 경계한 바 있다(딤전1:3-11). 그런데 현세에서는 하나님께 도전하여 타락한 사단이 인류의 시조인 아담을 유혹하여 타락시켰던 것처럼 하나님의 자녀들을 끊임없이 유혹하여 죄를 범케 하려고 권세를 부릴 것이다. 사단의 배후 조종으로 복음의 바른 진리를 거슬리고 혼란케 하는 이단은 비단 초대 교회 당시뿐 아니라 2,000년 교회사에 오늘날까지 계속되고 있다. 그러나 하나님께서는 마침내 그들을 심판하사 하나님의 자녀와 사단의 자녀를 구분하게 될 것이다.

이단의 그릇된 교훈에 대한 경계는 구속사의 최종 마감을 앞둔 현 세상에 대한 구속사적 인식을 새롭게 하며 이러한 시대에 살고 있는 성도들이 어떠해야 할지 생각하게 한다. 바울은 말세에 있을 배교 현상을 예언하며 디모데전서 1장 3절부터 11절에서 이단에 대한 신학 원리적인 측면에서 경계한바 있었다. 그러나 본 절에서는 말세에 흔히 있는 배도에 대하여 예언한 후 그러한 배도를 주도하는 이단의 그릇된 가르침을 말하고 있는 데 그들의 가르침이 곧 「금욕적인 삶」이다(골2:20-23). 즉, 저들은 '혼인하거나 음식을 즐기는 것은 잘못'이라고 한다. 그러나 바울은 '저들의 혼인이나 음식물에 대한 금욕주의적인 가르침은 잘못된 것'이라고 말하고 있다. 따라서 필자는 바울의 주장을 근거로 논한다.

먼저, 혼인문제에 대하여 논하고자 한다. 저들에 의하면 하나님을 보다 잘 섬기기 위하여 육체적 쾌락은 없어야 한다는 것이다. 그래서 혼인을 무조건 죄로 여겨 혼인을 금지하는 것은 영지 주의적 금욕이란 것이다. 이러한 영지 주의적 금욕은 잘못이란 것이다. 바울은 이 혼인 문제에 대하여 고린도 전서 7장에서 자세히 말하고 있다. 즉, 혼인은 결코 죄가 아니며 육체적인 쾌락만을 위한 수단이 아니란 것이다. 혼인은 '생육하고 번성하라'(창1:28)는 하나님의 창조원리에 부응하는 수단이란 것이다.

같은 사안이라도 보는 이의 시각에 따라 다르게 보인다. 그래서 같은 직장에서 일상적으로 일어날 수 있는 일일지라도 남녀에 따라 시각 차이가 크다. 예를 들면, 사장님에게 남자 사원이 점심 식사를 초대받을 경우, 곧 승진할 것으로 알고 부러워하는데 여자 사원이 초대받으면 불륜관계를 상상하게 된다. 또, 남자들이 해외출장을 가게 되면 좋은 경험이 될 거라며 격려하지만, 여직원들이 가게 되면 남편과 아이들을 팽개치고 어딜 가느냐고 한다. 또, 근무 시간에 옆 사람과 소곤거리면 남자들의 대화는 무엇인가 업무에 대해서 진지하게 의논한다고 생각하는데, 여자 사원들이 소곤거리면 수다 떨고 있다고 못마땅하게 생각한다. 뿐만 아니라 남자 사원이 회사를 그만두면 옮길 곳이 준비된 것으로 이해하고 여자 사원들이 그만 두면 '여자들은 다 그런 거지' 하고 조롱받게 된다. 부정적인 시각으로 보면 모든 것이 절망뿐이다. 육신의 눈으로 비극적인 현실만 보지 말고 믿음의 눈으로 하나님을 바라봐야 한다. 이단이나 이단에 미혹된 눈으로 보면 이처럼 정통교회의 가르침이 문제로밖에 보이지 않는다. 그러므로 시각의 기준이 있어야 한다. 그 기준이 곧 '말씀'이 되어야 한다.

다음으로, 음식문제에 대하여 생각해보기로 하자. 구약 율법 중 레위기 11장에서 가르친 대로 '부정하다고 규정한 짐승을 먹을 수 없다'고 주장하는데 이것은 유대 주의적 금욕주의라는 것이다.

음식은 그 자체가 선도 아니고 악도 아니란 것이다. 다만 그 음식을 대하는 마음 자세에 있다는 것이다. 따라서 자유롭게 음식을 대할 것이나 자신 보다 믿음이 약하거나 이에 대한 지식이 부족하여 잘 알지 못하는 형제에게 시험거리가 될 것으로 판단되거든 자기 입장만을 주장하지 말고 그들을 위하여 삼가라는 것이다. 이와 같은 먹고 마시는 음식문제에 대해서는 고린도 전서 8장에서 자세히 언급하고 있다.

그리스도가 없는 곳에는 희망도 없다(찰스 스펄전)는 말처럼 말씀이 없는 곳에는 음식도 자유로울 수 없다. 그러므로 우리는 정통의 말씀을 희망으로 선물해야 한다. 주님이 우리에게 생명을 주신 것처럼 우리가 세상에게 줄 수 있는 최고의 선물은 복음을 전하는 것이다. 세상이 타락했다고 사람들이 악하다고 비판만 하기 전에 우리가 소금의 역할과 빛의 역할을 제대로 하지 못했기 때문이란 자성이 있어야 한다. 세상을 변화시켜야 할 크리스천들이 자기 삶에 바빠 허덕이고 있을 때 우리의 원수 마귀는 한 영혼 한 영혼을 자기 백성으로 만들고 있다. 우리는 일어나야 한다. 외쳐야 한다. 세상의 희망이 바로 여기에 있다고. 미혹된 영혼을 위하여 외쳐야 한다.

하나님으로 인한 상처는 치료되나 죄의 입맞춤은 죽음을 가져온다.(윌리암 거널) 죄의 입맞춤은 달콤하다. 그 달콤함을 즐기는 것은 자신과 타인 그리고 사회 모두를 파멸로 이끈다. 그리스도께서 흘리신 보혈만이 우리를 회복시키고 속죄할 수 있다. 주님을 바라보자. 그분의 용서를 구하자. 그리하면 생명을 얻게 되는 자유를 누릴 수 있다. 희망을 꽃피울 수 있다. 미혹에서 해방될 수 있다.

마지막으로, 의식법에 관한 문제이다. 레위기 11장에 언급한 의식법이 말하는 의미는 그리스도의 구속 사역으로 이미 성취되었고, 또 그것의 영적 교훈들은 신약의 예수 그리스도의 교훈으로 계승되고 승화되었다는 것이다. 따라서 레위기 11장에서 언급된 의식법은 예수 그리스도의 출현과 그의 가르침을 통하여 폐지되었다는 것이다(히 8:13). 따라서 오늘날의 성도들은 더 이상 구약의 의식법에 매일 필요가 없다. 그러므로 우리는 그리스도의 구속사역으로 폐해진 것을 다시 지키도록 하는 이단에 의하여 미혹되지 말아야 한다. 하나님께 서는 구약의 의식법보다 우리 몸을 거룩한 산제사로 드리기 원하고 계신다(롬12:2). 따라서 예수 그리스도의 구속사역의 은혜를 약화시 키고 우리를 구약의 율법에 옭아 두려는 사람들은 이단이다.

"영적인 삶에서 오직 한 가지만이 진정한 기쁨을 낳는다. 그것은 바로 순종이다."란 리처드 포스터의 말처럼 전통적으로 가르쳐진 말 씀에 순종하는 것도 이단의 분쟁과 의문을 조장하는 불신앙적 태도 에 비하여 권장할 만하다.

"이조판서 최명길이 말했다. '제발 예판은 길, 길 하지 마시오. 길 이란 땅바닥에 있는 것이오. 가면 길이고 가지 않으면 땅바닥인 것이 오.' 그러자 예조판서 김상헌이 목청을 높였다. '내 말이 그 말이오. 갈 수 없는 길은 길이 아니란 말이오.'(김훈의 남한산성)" 조선의 인 조가 걸어간 삼전도(三田渡) 항복의 길을 놓고 두 충신이 격돌하는 장면이다. 그 치욕의 길을 놓고 신하들의 갑론을박이 치열하다. 이것 은 결코 옛날 일로만 흘려버릴 수 없는 이야기이다. 역사의 길은 언 제나 여러 갈래가 있다. 그렇지만 자기 우물 안에 갇혀 바깥세상을 보지 못하면 새 길을 낼 수 없고, 새 길을 내지 못하면 부끄러운 역 사의 옛길을 다시 밟게 될 것이다. 이미 이루어진 의식법에 매이면 열려진 새 길이 보이지 않는다. 이단의 미혹에서 벗어나야 보일 것이 다. 아니 새 길이 보여야 이단의 미혹에서 벗어날지 모른다. 그래서 기도가 필요하고 말씀의 가르침이 필요하다. 효과적인 기도는 하나님 과의 관계에서 나온 열매이지 축복을 얻기 위한 기술이 아니다.(카 슨) 하나님과 오랜 시간을 보내면 하나님을 닮은 사람이 된다. 다른 지름길은 없다.

기도는 독백이 아니라 대화이다. 나의 기도에 응답하시는 하나님의 음성은 기도의 가장 본질적인 부분이다.(앤드류 머레이) 누군가와 서로 사랑할 때 그는 혼자 떠들지 않는다. 서로를 느끼며 함께 대화한다. 마찬가지다. 하나님도 우리와 대화하길 원하신다. 그것이 곧 우리의 기도에 응답하는 형태로 나타난다. 그러나 우리는 귀를 막고, 마음에는 다른 것들로 가득 채운 체, 일방적으로 하나님께 떠들고 있는지도 모른다. 성도의 가장 큰 기쁨은 하나님의 임재를 느끼며 나에게 말씀하시는 하나님의 음성을 듣는 것이다. 우리는 지금 하나님과 대화하는 환희를 누리는 것이 중요한 일이지 의식법에 매여 율법을 행함에 있지 않다. 우리를 율법에 옭아매는 자들은 이단이요, 그것을 지지하는 것은 미혹된 자들에 속한다.

(6) 디도서 3장 10절 주석

(딛 3:10) 이단에 속한 사람을 한두 번 훈계한 후에 멀리 하라

사도의 바른 교훈을 무시하고 특별한 목적에 의하여 자기 교리를 만드는 것을 이단이라 정의할 수 있는데 본 절에서 말하는 '이단'(αἱρεσις)이란 용어는 신약에서 본 절에서만 나타난다. 이 단어의 원래의 의미는 '스스로 선택한 것' 혹은 '견해'를 의미했다. 그러나 차츰 '어떤 견해를 지지하는 무리'라는 뜻으로 사용되다가 점차 '학파'와 '당파'와 '파벌'을 가리키게 된 것으로 보인다(행5:17; 24:5; 28:22). 본 절에서 '이단에 속한 사람'이란 사도의 바른 교훈을 거부한 채 특별한 목적 아래 자신이 만든 어떤 교리를 가지고 분파를 만드는 사람과 그 추종자들을 총칭하여 일컫는 말이다. 이들에 대하여 바울은 다

른 불신 이웃과 동일하게 선대하기는 하되 그들과는 어떠한 변론도 무익하므로 결코 변론하지 말고 한두 번 훈계한 후에 관계를 멀리하라(딛3:10)고 한다. 이는 이단에 속한 이웃과의 관계는 다른 이웃과의 관계와는 달리 그들과의 교제가 신앙에 지대한 악영향을 끼칠 수 있기 때문에 멀리하라고 한 것이다. 이는 바울이 (고후 6:14) "너희는 믿지 않는 자와 멍에를 같이하지 말라 의와 불법이 어찌 함께하며 빛과 어두움이 어찌 사귀며"라는 말과 상통하는 것이다. 바울의 이러한 가르침은 마태복음 18:15-17절에 나오는 예수님의 교훈에 근거한 것이다. 예수님의 가르침에 따르면 형제가 범죄 할 경우 혼자서 그 사람을 권면하고, 만일 듣지 않을 경우 한두 사람을 데리고 가서 같이 권면하고, 만일 그들의 말도 듣지 않으면 교회를 통해 권면하고 그래도 듣지 않거든 이방인과 세리와 같이 여길 것을 말씀하셨다(마 18:17). 물론 이러한 징계에는 사랑을 전제로 한 부득이한 조치임을 명심해야 한다. 심프슨은 이러한 사람을 "자기의 고집으로 의견 다툼을 초래하는 의견 선동자"라고 했다. 자기 고집을 계속 내세울 때, 이것은 이단의 무리를 형성하는 결과만 된다는 것이다.

에바브라가 골로새교회에 스며들어 교회의 질서를 위협하는 이단적인 가르침의 현황에 대한 소식을 갖고 로마에 왔는데(골1:8) 이들의 가르침의 특징을 살펴보면 다음과 같았다.

1) 바울은 이 이단을 "철학과 헛된 속임수"(골2:8)라고 규정했으며, 모울턴(Moulton)은 이를 "신비한 것을 장난삼아 거론하는 것"이라고 한다.

2) 형식주의적인 할례, 음식의 금기, 그리고 성일(聖日)의 준수(골 2:11, 14, 16, 17)에 대해 지나치게 강요한다.

3) 이 거짓 가르침은 세상의 창조와 구원의 전 과정에 '다양한 초

자연적인 능력들이 중간에 개입되었다'고 주장하면서 "이러한 신비적인 능력들을 거슬리지 않고 숭배해야 한다."고 한다(골2:15, 18, 19). 결국 골로새교인들에게 보인 그리스도는 나약한 존재가 되었다.

4) 금욕주의자들이(골2:20-23) 있었는데, 이들은 "육신은 악하기 때문에 원수로 여겨야 한다."고 말한다.

5) 이 거짓 가르침을 믿는 자들은 그리스도인들의 선생임을 자칭했다(골2:3-10).

이러한 것을 근거로 하여 골로새 교회의 이단 사상을 다음과 같이 요약할 수 있다.

첫째로, 율법주의, 형식주의, 그리고 성일 준수를 강요했는데, 이것은 유대교적 요소를 말한다.

둘째로, 철학적인 특성, 곧 천사를 숭배한다든가 금욕주의적인 경향이 있었다. 이것은 이방인적인 요소이다.

셋째로, 골로새 교인 중에 있었던 폐단 중에는 기독교적인 요소도 있었다. 즉 중심은 유대교와 이방 사상으로 가득하면서도 외형만 기독교의 탈을 쓴 무리가 있었다는 말이다. 그리하여 그리스도를 부인하지 않으면서도 그를 격하시키고, 그리스도에게 자리를 주면서도 지존의 자리는 주지 않는 것을 말한다.

따라서 철학과 헛된 속임수(골2:8)를 말하거나 신비한 것을 거론하는 자는 이단이다. 또한, 형식주의적인 할례, 음식의 금기, 그리고 성일(聖日)의 준수에 대해 지나치게 강요하거나, 세상의 창조와 구원의 전 과정에 '다양한 초자연적인 능력이 개입되었다'고 주장하며 또, '이러한 신비적인 능력들을 숭배해야 한다.'고 하며 그리스도를 약화시키면 이단이다. 그리고 금욕주의자들처럼(골2:20-23) "육신은 악하기 때문에 원수로 여겨야 한다."고 말하거나, 자기가 예수니, 보혜사니, 이긴 자니, 두 증인이니 하며 그리스도인들의 선생임을 자칭하는 자들은 성경이 말하는 이단이다(골2:3-10).

제자도가 없는 기독교는 언제나 그리스도가 빠진 기독교인 것처럼.(디트리히 본훼퍼) 만약 내게 다른 사람을 사랑하는 마음이 없고, 다른 사람을 섬기고 싶은 마음도 없다면, 예수님이 내 삶 속에 계시는 것인가 반문해 보아야 한다.(릭 워렌) 예수님을 믿는다고 하면서도 다른 사람을 돌아보지 아니한다면 그 속에 참된 주님의 영이 함께하시는지 반문해 보아야 한다는 뜻이다. 우리는 예수님의 제자이기 때문에 예수님처럼, 그리고 예수님께서 명하신 대로 참진리 되신 주님을 전해야 한다. 그리고 믿지 않는 이들을 섬겨야 한다. 다른 사람의 선생으로 자임해서는 안 된다. 그래서 "내 형제들아 너희는 선생 된 우리가 더 큰 심판받을 줄을 알고 많이 선생이 되지 말라"(약3:1) 하신 주님의 뜻을 알아야 한다.

(7) 베드로후서 2장 1절 주석

(벧후 2:1) 그러나 민간에 또한 거짓 선지자들이 일어났었나니 이와 같이 너희 중에도 거짓 선생들이 있으리라 저희는 멸망케 할 이단을 가만히 끌어들여 자기들을 사신 주를 부인하고 임박한 멸망을 스스로 취하는 자들이라

본 절에서 말하는 이단의 정체는 무엇일까? 첫째, 베드로후서 2장 1절에서 '거짓 선지자'와 '이단'이 서로 구별되는 것처럼 말하고 있으나 사실 동일한 부류이며 다만 거짓 교사들은 마치 밭의 가라지처럼(마13:24-30) 언젠지 모르게 교회 안에 들어와 표면적으로는 성도들

과 동일한 신앙생활을 하며 성도들을 가르치기도 하는 자를 말한다. 둘째, 그리스도의 구속교리를 부인함으로써 스스로 임박한 진노를 자초하는 자들이다(벧후2:1). 이들의 속성은 도덕적으로 특히 성적으로 극도의 타락한 행위를 일삼으며(벧후2:2) 자신들의 탐심을 채우기 위하여 사설(邪說)로 성도들을 미혹한다(벧후2:3). 즉 베드로는 살아 계신 주님을 부인하고 멸망을 자초하는 자를 이단이라 한다(벧후 2:1). 로마 황제 네로(Nero, A.D.554-68)는 로마의 방화사건 혐의를 그리스도인에게 씌웠기에 그리스도인들은 불신자들에게 범죄자로 낙인찍혔다. 뿐만 아니라 집권 말기에 이르러 네로의 폭정이 심해졌고 사회는 혼란스러웠는데, 이러한 혼란의 책임을 그리스도인에게 지우는 로마 정부의 학정을 견디다 못한 일부 그리스도인들은 불신자들과 타협하며 도덕적으로 탈선하게 되었다. 그러한 초대교회에 거짓 교사들(이단=Heresy)이 침투하여 종교적, 도덕적 탈선을 조장하였다. 즉 이신득의(以信得義)의 교리를 오해하도록 하였다. 다시 말하면, 이단들은 율법의 정죄로부터 자유(롬8:1)를 도덕적 방종으로 오해하도록 가르치고 탈선을 조장하는 데 악용하게 했고(벧후2:19), 그리스도의 재림을 부인하게 했다(벧후3:4).

당시 초대교회 성도들은 사도들로부터 예수 그리스도는 반드시 다시 오실 것이며, 그때 성도들은 그리스도의 영광에 참여하게 될 것인즉 재림에 대한 소망을 가지라고 가르침을 받았다. 그리고 그것은 사도들의 생애 중에 성취될 것으로 믿고 있었다. 그러나 그리스도의 재림은 교회의 첫 세대가 다 지나도록 이루어지지 않았을 뿐 아니라 종말 사상으로 살아가면 오히려 핍박만 받았기에 성도들의 신앙은 약화되고 있었다. 이 틈을 타서 거짓 교사들은 자기들의 입장을 맹렬하게 전하고 있었다. 그것은 그리스도의 재림에 대한 구약의 예언은 선지자들이 만들어낸 헛된 이야기에 불과하며(벧후1:16), 사도들의 가르침도 거짓이라는 것이다. 천지창조 이후 세상이 불변했던 것처럼 앞으로도 합리적인 원칙 아래 움직일 것이니 '심판은 없다'(벧후3:4)고 선전했던 것이다. 이로 보건대 예수님의 재림을 부인하거나 심판이 없다고 하거나 예수님은 이미 오셨다고 한다면 이것이 바로 성경이 말하는 이단이다.

서양에서는 「거짓말쟁이」가 최고의 욕이다. 중국에는 '세 사람이 짜고 거짓말을 하면 저잣거리에 호랑이가 나타났다'고 하면 그 말이 사실화된다는 삼인성호(三人成虎)가 있다. 미국의 초대 대통령 조지 워싱턴이 그의 아버지가 아끼는 벚나무에 상처 냈을 때 아버지는 '누구 짓이냐'며 크게 화를 냈다. 그때 화내시는 아버지에게 자기의 소행이라고 고백하여 꾸중보다 오히려 칭찬을 받았다는 이야기가 있다. 그러나 이것은 워싱턴의 전기를 많이 팔기 위한 어느 목사의 거짓말이었다. 이런 경우 '선의의 거짓말', '하얀 거짓말'이라 한다. 이와같이 예수의 죽음이나 부활이나 천국과 지옥 등도 사실은 없는 것들인데 선의의 거짓말로 꾸며진 하얀 거짓말이 아니다.

지금 당신은 이단문제로 혼란스러운가? 교리나 성경에 대하여 약한가? 신앙생활에 지쳐있는가? 예수의 부활과 재림이 혼란스러운가? 최후의 심판이 걱정스러운가? 이단으로부터 압력을 받고 있는가?

그렇다면 지금 하나님과의 관계는 어떤가? 하나님이 당신의 삶과 생각의 최우선순위에 있는가?

필자가 확실하게 조언해 줄 있다면 압력이 크면 클수록 홀로 주님과 만나는 시간이 더 많이 필요하다는 사실이다. "여호와는 나의 목자시니" 지금 삶에 짓눌려 있다면 걱정과 불안, 고통 속에 있다면 목자 되신 주님과 함께 하라. 양은 목자와 함께 있을 때 평안한 것이다.

먹이를 찾기 위해 지쳐있지 않아도 되고 늑대의 소리에 떨지 않아도 되며 내일을 불안해하지 않아도 된다. 목자 되신 주님과 함께 하라.

금쪽같은 시간을 내어 깊숙한 골방에서 그분 안에 거하라. 그분과 독대하며 밀애를 나누라. 그리하면 이단의 미혹에서 해방되리라.

(8) 지금까지의 내용을 요약하면

이상과 같은 말씀에 근거하면 성경이 말하는 이단의 특성을 다음과 같이 요약할 수 있다.

1) 구약성경을 무시하거나 하나님의 믿지 않거나 부활에 대한 소망이 없을 경우 이단이라 한다(행24:5).

2) '이미 계시되고 기록된 말씀 외의 것'을 전하고 고백하면 이단이라 한다(행24:14).

3) 어떤 사람이 스스로 일어나 정통을 무시하고 '우리에게만 구원이 있다'는 식으로 분열과 분쟁을 조장하면 이단이라 한다(고전11:18, 19).

4) 어떤 사람을 교주로 내세우며 '그에게만 구원이 있다'고 주장하거나 '그를 통해서만 성경해석이 가능하다'고 주장하는 것은 이단이다(갈5:20).

5) 율법주의, 형식주의, 천사숭배, 금욕주의, 그리스도인처럼 보이나 그리스도를 격하시키고 그리스도께 지존의 자리를 주지 않는 경우에 이단이라 한다(딛3:10).

6) 도덕적으로 특히 성적으로 극도의 타락한 행위를 일삼으며(벧후2:2) 자신들의 탐심을 채우기 위하여 사설(邪說)로 성도들을 미혹하면 성경적으로 이단이라 한다(벧후2:3).

2. 이단 연구소 및 교의 신학자들이 말하는 이단

(1) 한국기독교 이단종파 연구소의 분석

(레 19:36) 공평한 저울과 공평한 추와 공평한 에바와 공평한 힌을
사용하라
나는 너희를 인도하여 애굽 땅에서 나오게 한 너희 하
나님 여호와니라

공의로우신 하나님께서는 모든 일에 정확한 기준을 요구하신다. 우
리는 기준이 잘못되면 어떤 결과가 오는지 말하지 않아도 알 수 있
다. 특히 종교에서 더욱 그러하다. 신학적으로나 신앙적인 기준이 분
명해야 한다. 만일 그러하지 않고 이현령비현령(耳懸鈴鼻懸鈴)식의
기준은 혼란만 초래할 뿐이다. 한국 교단에 많은 이단들이 우후죽순
처럼 자라고 있으며 활동하는 요인 중의 하나는 기준이 모호하다는
데 있다. 개인의 신앙이란 지극히 주관적인 것이다 보니 각자의 의견
과 편견이 있어 분쟁과 분파가 끊어지지 않는다.

오늘날 이단으로 널리 알려진 신천지교회에서 주관하는 무료 성경
신학원 초등교재 7호에 「나무가 예수님이면 그 가지는 제자들이요,
잎과 열매는 백성이 된다.」라고 말하고 있다. 요한복음 15장 5절을
근거로 하는 말이다. 맞는 말이다. 그렇다면 '가지'는 가지로서의 역
할이 있는 것이지 가지가 절대로 몸통(나무)이 될 수 없다. 하나님
(=예수님)이 생명의 근원이신 몸통(나무)이라면 '너희'(당시 예수님
의 제자들)는 가지가 되는 것이며 그 가지를 통하여 말씀을 전해 듣
고 받아들인 우리(나)는 잎과 열매로 비유되어도 무리가 없을 것이
다. 그런 점에서 마땅히 가지여야 할 사람(인간)이 '이긴 자, 두 증

인, 세례요한 격인 보혜사' 등을 운운한다면 가지가 몸통 되려는 야릇한 현상이 되고 만다. 따라서 성경말씀을 어디까지 상징으로 볼 것이며, 어디까지를 문자적으로 해석해야 할 것인지 명확한 기준이 필요하다. 자칫하면 해석자의 주관에 따라 문자적인 해석을 할 때도 있고 상징적인 해석을 할 때도 있어 혼란이 가중되기 되기 때문이다. 그런데 그 「기준」이란 것을 설정하기가 쉽지 않으며 설령 기준이 마련되었다 할지라도 육적이고 현세적인 유익에 급급한 몇몇 무리들에게는 받아들여 지지 않기 때문에 여전히 이단은 출현할 것이다. 누가복음 16장 8절에 의하면 '이 세대의 아들들이 자기 시대에 있어서는 빛의 아들들보다 더 지혜롭다' 했으니 저들의 잔꾀가 선량한 그리스도인들을 미혹하기에 충분할 것이다. 그러므로 악인도 악한 날에 적당하게 하신 하나님의 섭리를 인정해야 한다(잠 16:4). 그래서 우리는 하나님의 전신갑주를 입어야 한다. 왜냐하면 악한 날에 저들을 능히 대적하기 위함이다(엡6:13). 그러므로 공인된 신학자들의 연구를 인정하고 공통점을 도출해야 한다.

한국기독교 이단종파 연구소에서 발행하는 계간지 『異端宗派(이단종파)』에 의하면 이렇게 말하고 있다. "일부 기독교회의 지도자들과 성도들은 이단(異端)이란 용어를 자기 입장에 편리한 대로 사용하였던 것이다. 가령 지 교회, 노회, 총회를 보면, 자기 뜻과 맞지 않거나 노회와 총회의 노선이 다르면, 상대 쪽을 향해서 우리는 정통(正統)이고, 너희는 이단(異端)이라고 주장해 왔던 것이다. 그렇기에 '지금은 우리가 이단일지 모르지만 훗날에는 우리가 정통일 것이다'라고 하는 것이다"라고 말하고 있다. 이 말대로라면 '이단(異端)이란 집안 싸움일 수도 있고, 교세(敎勢) 싸움일 수도 있고, 정치적으로 결정될 수도 있다'는 말이 된다.

그러나 기독교회의 이단에 대한 성경적 정의를 박영관 목사가 발행하는 「이단종파」에서는 다음과 같이 말하고 있다.

① 성경을 가감하면 기독교회의 이단이다(계22:18-19)

성경은 삼위일체 하나님의 말씀으로서, 66권으로 된 하나의 책으로서 완전 영감된 것이며, 하나님의 택한 백성들에게 있어서 유일한 신앙과 생활의 규범인 것이다. 그리고 성경이 하나님의 말씀인 것은 성경 자체가 자증하고 성경의 내적인 역사로 입증되는 것이다. 역사적 교회는 초대교회로부터 오늘에 이르기까지 성경을 가감하면 기독교회의 이단으로 엄단하여 왔다. 왜냐하면 성경 외에는 하나님의 특별계시와 영감으로 기록된 하나님의 말씀이 없기 때문이다.
예를 들면, 문선명 집단의 「원리강론」, 박태선 집단의 「오묘」, 김백문의 「근본원리」, 이유성의 「말세비밀」, 양도천의 「영약」, 몰몬교의 「몰몬경」, 토요일교의 「교리문답집」, 크리스찬 싸이언스의 「과학과 건강」, 여호와증인의 「세계번역성경」, 로마 카토릭의 「성경」 등등이다.

그런데 이단들은 성경을 가감하거나 성경에 버금가는 권위를 가진 또 다른 책을 가진다는 점에 문제가 있다. 그러므로 정통교단에서 그들을 이단으로 정죄하는 것은 당연한 귀결이 되는 것이다. 주님은 말씀하신다.

(계 22:18) 내가 이 책의 예언의 말씀을 듣는 각인에게 증거 하노니
만일 누구든지 이것들 외에 더하면 하나님이 이 책에
기록된 재앙들을 그에게 더하실 터이요
(계 22:19) 만일 누구든지 이 책의 예언의 말씀에서 제하여 버리면
하나님이 이 책에 기록된 생명나무와 및 거룩한 성에
참여함을 제하여 버리시리라

구원에 관한한 주님은 다른 책을 필요로 하지 않는다. 성경에 충분히 명시한 것이다. 이에서 벗어나면 이단이 된다. 오직 성경만이 우리 행동의 규범이요, 생각의 틀이요, 판단의 기준이 되는 것이다. 따라서 어떤 형태로든, 어떤 이유에서든 성경을 가감하면 이단이다.

1962년 아홉 살의 나이에 프로 바둑기사로 입단한 조훈현은 일본 세고에 겐사쿠 9단의 문하생으로 들어갔다. 한국의 신동을 제자로 받은 센고에는 마당에 쌓인 눈 쓸기 등 허드렛일을 시키고 바둑을 가르치지 않았다. 참다못한 조훈현 아버지는 항의 편지를 보냈다. 그러자 "바둑은 예(禮)이며 도(道)입니다. 큰 바둑을 담기 위해선 먼저 큰 그릇을 만들어야 합니다. 그러기 위해선 인격도야가 우선입니다"라고 답했다고 한다. 훗날 조훈현의 부친은 "그런 센고에의 가르침이 훈현이를 크게 만들었다"고 회고했다. 우리는 말씀을 수용할 수 있는 큰 그릇이 되게 해달라고 기도할 필요가 있다. 하나님의 말씀을 자기중심에서 보려 하므로 기복 신앙이 되고 이단이 된다.

1900년에 창간된 『미슐랭 가이드북』은 1895년 공기주입식 타이어를 발명하고 이용자들이 수리받을 수 있는 공장을 안내하는 무료 책자였다. 그렇게 창간되었으나 20년 후 유료화되면서 세계 각국의 호텔을 별의 숫자로 등급을 먹였다. 별 한 개는 '그 분야에서 특히 맛있는 음식을 제공하는 곳' 별 둘은 '먼 곳에서라도 방문할 가치가 있는 훌륭한 곳' 별 셋은 '일부러 그 가게에 찾아갈 필요가 있는 탁월한 곳'으로 나뉜다. 현재 심사 대상 16,150개의 레스토랑 중에서 별이 하나라도 붙은 곳은 1606곳(9.9%)이고, 별 셋은 56곳(0.3%)밖에 안 된다. 혹시 무료 성경신학원도 언젠가 이러한 장사치의 근성이 나오지 않을까 기우에 젖어본다.

② 예수 그리스도의 구속사역(救贖事役)을 제한하거나 부인하면
기독교회의 이단이다(행4:12).

삼위일체 하나님께서는 영원 전에 그리스도 안에서 자기 백성을 택하셨고, 그들은 성령의 감동을 받아 죄를 깨닫고 회개하여 예수 그리스도를 구세주로 믿으면 인격적 구원을 받는 것이다. 이에서 벗어나면 이단으로 정죄한다.

예를 들면, 문선명은 '재림주', 박태선은 '천부', 김백문은 '대제사장', 양도천은 '하나님', 정명석은 '엠 에스', 조희성은 '정도령', 요셉 스미스 2세는 '예언자', 엘렌지 화이트는 '말세의 여종', 에디 부인은 '어머니', 찰스 타제 럿셀은 '여호와의 종' 등등이다.

도무지 부인할 수 없는 명백한 기독교의 교리를 왜곡하는 것이나 부인하는 것은 옳지 않다. 즉 우리가 구원받음에 있어서 예수 그리스도 외의 어떤 존재가 있어야 가능한 것처럼 말하는 것은 예수 그리스도의 구속사역을 약화시키거나 부인하는 결과가 된다. 따라서 그들은 성경이 말하는 기독교의 이단이다. 주님은 다음과 같이 말씀하셨다.

(요 14:6) 예수께서 가라사대 내가 곧 길이요 진리요 생명이니 나로
말미암지 않고는 아버지께로 올 자가 없느니라

이 말씀을 배웠던 바울은 "다른 이로서는 구원을 얻을 수 없나니 천하 인간에 구원을 얻을 만한 다른 이름을 우리에게 주신 일이 없음이니라 하였더라(행 4:12)"고 외쳤던 것이다. 그런데도 일부 이단들은 자기들이 구원의 중매자인 것처럼 말하기도 하고 심지어 자기가 구세주인 것처럼 말하는 것은 언어도단이라 아니 할 수 없다. 영

과 육의 세계가 있고, 천국과 지옥이 있는 것이 확실한 사실이며, 머지않아 종말이 다가오는 것이 확실한 사실이듯 영혼 구원에 있어서 자기가 무엇이 된 것처럼 말하는 사람들은 이단이 확실하다.

"질레트라는 면도기 회사가 일회용 면도기를 만들기로 결단했던 때, 포드 자동차가 근로자들에게 파격적인 일당을 지급키로 결단했던 때, 인텔사의 CEO 앤디 크로브가 자기 스스로를 해고하고 메모리 사업에서 마이크로프로세서 사업으로 전환할 것을 결단했던 때 등은 한순간의 결정으로 인해 비즈니스의 역사가 뒤바뀐 장면들이다. 이는 연속적인 시간(time)보다 의미 있는 때(timing)의 중요성을 일깨워준다."「김석년의 '변화'」 아무리 엄청난 특종기사도 때를 놓치면 아이스크림처럼 녹아버린다. 홈런도 야구방망이와 공의 타이밍에서 결정된다고 한다. 누구든 결단해야 할 때 결단하지 않으면 녹은 아이스크림이 되고 만다. 그리스도의 구속 사역은 확실한데 그것을 의심함으로 인하여 영원한 지옥 불을 면치 못하는 경우가 될 것이다. 지금 이 글 읽는 순간이 결단의 때이다. 이단으로부터 해방되고 그리스도의 구원 사역에 동참할 때이다.

③ 지금도 계속 계시(Revelation)와 영감(Inspiration)을 주장하면 기독교회의 이단이다(딤후 3:16-17)

우리는 이미 계시와 영감으로 기록된 하나님의 말씀을 가졌으며 그것으로 인해 신앙생활에 충족함을 갖는 것이다. 그러므로 성경은 우리에게 더 이상의 계시와 영감을 주신다고 말씀하지 않으셨으며, 이제는 주어진 계시를 성령의 조명(illumination)을 통해서 깨닫게 하고 자기 백성에게 역사하시는 것이다. 그러므로 하나님으로부터 계속적으로 계시와 영감을 직접 받는다고 하면, 기독교회는 이단으로 정죄했다.

예를 들면, 삼각산, 청계산, 한얼산, 보현산, 용문산, 무등산, 팔영산 등에서 계시를 받았다든지, 또는 제주도, 울릉도, 그 외에 외딴 섬에서 영감을 받아 사도행전 후편이나, 요한계시록 속편을 썼다는 것 등이다.

우리는 성경으로 구원에 관한 모든 계시를 완벽하게 받았다. 부족함도 없고 더 함도 없다. 따라서 더 이상의 어떤 원리나 교리를 원치 않는다. 그런데 지금도 인간 구원을 위한 어떤 계시를 받았다고 한다거나 또는, 구원의 계시를 계속하여 받아야 한다고 주장하면 성경이 말하는 이단이다. 그는 반기독교적이며 반하나님적이라 할 수 있다. 구원의 계시가 지금도 계속되는 것처럼 말하는 것은 우리에게 주어진 '성경이 불완전하다'는 역설적인 표현이요, 성경의 가치를 훼손하려는 마귀의 농간이다. 하나님의 속성은 사랑이시고, 하나님은 인간을 사랑하시되 세상 끝까지 변함없이 사랑하신다(요13:1). 하지만 마지막 심판 때는 하나님의 자비와 긍휼이 없다. 하나님께서는 오직 각자가 행한 대로 갚으실 뿐이다(겔16:59; 마16:27; 딤후4:14). 따라서 육신의 정욕에 따라서 과도한 주장으로 이단의 괴수가 된 사람들은 사랑 없는 심판, 긍휼 없는 최후, 피할 수 없는 말세를 향하여 달려가는 브레이크 파열된 자동차에 불과하다. 지금 당분간은 세상을 압도하듯 멋진 드라이브가 되어 흥미진진할 수도 있다. 또 많은 사람의 박수갈채를 받고 영광될 수도 있다. 그러나 때늦은 후회로 눈물짓게 될 것이다.

"대통령직 못해 먹겠다. 깜도 안 되는 의혹, 소설 같은 느낌, 왜 서두르냐 하면 임기 안에 말뚝을 박고 대못을 박아 두고 싶어서" 등의 설화(舌禍)는 마치 필자의 모습과도 같다. 필자도 본서를 통하여 어떤 실수가 지적될까 그리고 필자로 인하여 상처받은 사람이 없을까 두렵기조차 하다.

당송 팔대가의 한 사람인 한유는 "세상에 백락(중국 주나라 때 말 (馬) 감식의 명인)이 있고 그다음에 천리마가 있다. 천리마는 항상 있지만 백락은 항상 있지는 않다"고 했다. 인재는 늘 있지만 백락의 눈을 가진 지도자는 많지 않다는 뜻이다. 이 땅에 하나님의 신실한 종으로 헌신하는 많은 인재들이 있다. 그 인재들을 알아보는 눈도 많기를 원한다. 굳이 새로운 계시를 받아 구원의 길을 새롭게 열었다는 이단에서 고개를 돌리기 원한다. 인재를 알아보는 백락의 눈보다 더 밝은 불꽃같은 하나님의 눈이 있어 이단을 색출하고 있다. 학자들의 호소에도 귀를 기울였으면 한다.

④ 비윤리적(非倫理的)이요, 반사회적(反社會的)이며 반국가적 (反國家的)인 집단은 기독교회의 이단이다(마24:12-13)

역사적 기독교회는 이 땅 위에서 성경적인 윤리와 도덕을 가지며, 더 나아가서 일반 은총에 의한 사회와 국가에 대해서 올바른 인식을 가져 그들에 대한 철저한 의무와 책임을 감당하는 것이다. 그럼에도 불구하고 신앙적 원리를 주장하면서, 퇴폐적이고, 세속적이며 부도덕한 윤리를 조장하거나, 사회의 혼란을 초래하고 국가에 대한 정당한 의무와 책임을 지지 않은 신앙집단은 이단으로 규정하는 것이다.

예를 들면, 문선명 집단의 합동결혼식, 박태선의 신앙촌, 양도천, 이유성의 계룡산, 물몬교의 유타주 쏠트레이크, 여호와의 증인의 피 수혈과 집총 거부 등등이다.

성경에 기록된 명백한 진리와, 사회통념상 허용되는 여러 가지 사항들이나, 사회적으로 통용되는 불문법의 규제들이 자신들의 권익에 의하여 좌우될 수 없다. 정통 기독교회의 건전한 신앙은 이를 역행하며 괴상한 이론으로 집총을 거부하는 것을 용납하지 않는다. 또, 피가름을 하거나 수혈을 거부하며 이것들을 지켜야 구원받을 수 있다고 주장하는 것은 성경이 말하는 이단이다. 하나님은 이러한 율법에 근거하여 우리를 구원하시는 것이 아니다. '구원'이란 하나님의 은혜로 주시는 선물이다. 예수 그리스도의 보혈의 능력이다. 이에서 벗어난 주장은 하나님의 은혜를 훼손하려는 마귀의 술책이요, 예수 그리스도의 보혈의 능력을 약화시키려는 음모에 불과하다.

(마 24:12) 불법이 성하므로 많은 사람의 사랑이 식어지리라
(마 24:13) 그러나 끝까지 견디는 자는 구원을 얻으리라

호랑이 기름을 팔아 세계적인 부호의 반열에 선 싱가포르의 후이후나 그의 부인(일본인) 아키고에게는 일본 정계의 거물들이 북적인다고 한다. 그녀의 집에 찾아오는 세계 각국의 유명 인사를 소개받기 위해서란다. 이처럼 권력과 부를 잡고 있는 그녀가 "사회에 봉사하지 않는 부자는 진정한 부자가 아니다"며 봉사정신을 강조하고 있다. "부자 소리를 들으려면 먼저 돈 쓰는 방법부터 배워라"며 기업인들의 사회공헌을 촉구하고 나섰다. 우리나라 모 재벌도 적잖은 사재를 출연하여 사회에 기부하겠다고 한다. 이것은 윤리적이요, 사회적이며, 국가적인 견지의 결단이라 생각된다. 우리 사회를 이끈 '태풍의 눈'이 4·19세대, 유신세대, 광주항쟁세대, 그리고 시민운동으로 대표되는 '운동 세대'였다. 1884년 이 땅에 기독교가 전래되기 시작할 때는 기독교가 개혁 사회의 중심이 되었지만 오늘날에는 정치는 물론 교육, 의료, 봉사 등 여러 면에서 뒷전으로 밀려났다. 기독교 선교 분야에서 세계 2위 국가로 부상하는가 싶더니 아프가니스탄 피랍사태로 얼

룩지고 말았다. 무엇 하나 제대로 하는 것이 없을 정도이다. 우리 기독교는 자성이 필요한 때이다. 이러한 시점에서 비윤리적이요, 반사회적이며, 반국가적인 교리로 성도들의 혼란을 가중시키고 그 책임을 묻는 하나님 앞에서 뭐라 대답할 것인지 심히 걱정스럽다.

⑤ 혹세무민(惑世誣民)을 주장하면 기독교회의 이단이다.

역사적 기독교회는 재림의 주님을 기다리며, 성경적인 올바른 종말론을 갖고 있는 것이다. 그런데도 불구하고 세상을 어지럽게 하고, 백성들을 미혹하여 천재지변과 말세적 징조를 강조하여 성도들과 백성들을 유혹하는 혹세무민의 원리를 부르짖는 집단을 기독교회는 이단으로 정죄한다. 대부분의 이단종파들은 잘못된 종말론에서 출발하여, 비성경적 종말론에서 꽃을 피우고 끝내는 혹세무민의 종말론에서 말썽을 빚어 스스로 자멸을 초래하고 있는 것이다.

예를 들면, 계룡산과 지리산, 삼각산과 용문산 등이 도피성이라든가, 아니면 박명호와 안산홍, 이장림과 박옥수, 박문수와 류광수 등과 같이 자기 집단화의 울타리를 쌓고 있는 것이다.

자기들이 주장하는 일정한 장소에 구원이 있다거나, 자기들이 알고 있는 일정한 시기에 종말이 온다는 것 등으로 미혹하는 것은 옳지 않다. 즉 자기들의 목적달성을 위하여 만든 집단촌에 와야만 구원 얻을 수 있다고 주장하는 것은 성경이 말하는 이단이다. 구원은 공간적으로 제약을 받거나 시간적으로 제한되지 않는다.

이상에서 알 수 있는 바와 같이 성경을 가감(加減)하거나, 예수 그리스도의 구속사역을 제한 혹은 부인(否認)한다든지, 또 하나님으로부터 계시와 영감을 직접 받는다고 하면, 기독교회의 이단인 것이다. 아울러 비윤리적이요, 반사회적이요, 반국가적인 집단과 혹세무민을 주장하면 이단이다. 일반 사람들이 성경에 대하여 잘 알지 못한다는 점을 악용하여 자기들이 원하는 쪽으로 유도하는 행위도 칭찬받을 일은 아니다. 사회적으로 지탄받을 수 있는 성적타락의 교리나 언행에도 문제가 있다. 자기 신앙을 빙자하여 국가의 안위를 무시하고, 개인의 영달을 위하여 집총을 거부한다면 기생충에 불과하다. 왜냐하면 그가 집총을 거부해도 잘 살 수 있는 평화의 나라를 누군가 건설해주고 있으며, 수혈과 집총을 거부하는 그들의 안위를 위하여 누군가 밤잠을 설치며 목숨을 걸고 있기 때문이다. 다른 사람이야 죽든 살든 상관없이 '나는 내 신앙에 의하여 집총을 거부하겠다.'는 심산은 다른 사람에게 빌붙어 살아가는 '인간 기생충'에 불과하다. 따라서 이들은 명백한 이단으로서 사회나 국가로부터도 어떠한 보호도 받을 수 없어야 한다. 왜냐하면, 그들은 '신앙적 양심'을 내세워 인격과 양심을 포기한 사람들이기 때문이다.

베이징 근처의 노구교(盧構橋)는 마르코폴로가 1299년 완성한 「동방견문록」에 "세계 어디를 가도 이에 견줄 만한 것을 찾기 힘들다"라고 되어 있다. 다리 난간 마다 각기 다른 모습으로 새겨진 수 백 개의 돌사자 상이 그렇고, 청나라 건륭제가 달 구경하고 비석을 세워 칭찬했다는 명소로서도 그렇다. 그런 평화롭고 운치 있는 곳에서 1937년 7월 7일 오후 10시 40분, 일본군이 야간 훈련 중에 몇 발의 총성이 들리더니 급기야 중·일 전쟁으로 확산되어 8년간의 전쟁과정에서 일본군은 난징 대학살 사건으로 인류 역사에 오점을 남기고 말았다. 평화와 전쟁, 운치와 학살, 기념비와 오점 모두 상반된 결과들의 만남인 것처럼 혹세무민을 주장하는 저들은 천사로 가장한 사단일 것이다(고후11:14).

하나님의 말씀을 일점일획이라도 가감될 성질의 말씀이 아니다(계

22:18, 19). 왜냐하면 그 일점일획이라도 반드시 그대로 이루어지기 때문이다(마 5:18). 자기 교권을 유지하기 위한 도구로 쓰여서도 안 된다. 모든 성경의 중심에 그리스도를 모시고 풀어야 한다.

지난 1996년 1월 선거를 앞둔 토니 블레어 전 영국 총리가 노동당 당수 시절 일본을 방문했을 때의 일이다. 한 일본 기업인이 환영만찬에서 "우리 일본 국민들은 당신의 발기(發起=erection)가 잘되기를 고대하고 있습니다."고 했다. 사실 '선거(election)에서 이기라'는 뜻으로 사용한 말인데 알(r)과 엘(l) 발음을 제대로 구분하지 못했던 것이다. 그래서 '큰 성기'라는 뜻으로 발음을 했던 것이다. 덕분에 장내는 폭소 바다를 이루었다지만 스펠링 하나, 발음 하나의 차이가 엄청난 결과를 가져온 것을 알 수 있다. 이와 같이 문자는 물론이거니와 발음도 잘못되면 문제가 생긴다. 하나님 말씀에 익숙하지 않은 불특정 다수의 군중들을 미혹한 대가는 충분히 받게 될 것이다.

한편, '이단이란 무엇인가?' 하는 것도 중요하지만 그보다도 '왜 성도들은 물론 성직자들까지도 이단에 현혹되는가?' 하는 것이 더 큰 문제이며, '그들을 어떻게 회심시킬 것인가?' 하는 점이 풀어야 할 과제인 것이다.

(2) 두란노서원의 이단분석

두란노서원의 월간지 「생명의 삶」에서는 '이단의 특징과 분별 기준'에 대한 사항들을 다음과 같이 제시하고, 이에 대한 정확한 분별 기준과 대처 방안을 토론하도록 되어 있다.

1) 이단종파의 교리적 특징
　① 기성교회 비난
　② 시한부 종말사상
　③ 선민사상
　④ 열광주의
　⑤ 무속적 혼합주의
　⑥ 교주숭배

2) 이단종파의 분별기준
　① 사도신경에 근거한 신앙고백: 성부, 성자, 성령(삼위일체),
　　죄 사함, 부활, 영생을 부인
　② 예수 그리스도의 십자가에 의한 속죄 사역
　③ 정경(正經)에 대한 견해
　④ 지도자에 대한 신격화
　⑤ 성경 해석에 대한 오류

"고난과 고통이 없는 삶이 최상의 삶이라고 생각하면 오산이다. 가장 훌륭한 삶은 다양한 경험을 통해 하나님의 은혜를 좀 더 깊이 알고 깨닫는 데서 비롯된다."고 외치는 찰스 스탠리의 말처럼 이 세상에 살면서 고난이 없는 삶을 추구하는 것은 올바른 생각이 아니다. 고난을 통해 하나님께서 우리를 가르치시고, 인도하시며, 영광스런 백성으로 변화시키신다. 하나님이 주시는 고난을 통과해 하나님이 원하시는 도구로 사용되는 삶이 가장 훌륭한 삶이라 할 수 있을 것이다. 고난이 없는 삶이 없다고 하듯이 이 땅에는 이단이 없을 수는 없다. 그래서 주님은 "실족게 하는 일들이 있음으로 인하여 세상에 화가 있도다. 실족게 하는 일이 없을 수는 없으나 실족게 하는 그 사람에게는 화가 있도다."(마 18:7)고 하신 것이다. 문제는 다른 사람을 실족게 한 그 사람만 화를 당하는 것이 아니라 둘 다 구덩이에 빠진 다는 데 문제의 심각성이 있다(마 15:14).

요르겐 외르스트룀 몰러(코펜하겐 비니니스 스쿨 부교수) 교수에 의하면 우리는 지구 온난화, 식량 가격의 상승, 식수 부족, 원자재 가 격 상승의 위기에서 살아가고 있다고 한다. 그러나 그보다 더 큰 위 기는 이단들이 득시글거리는데 예수님의 재림은 가까이 오고 있다는 현실이다.

(3) 기독교대한성결교 본부 이단 분석

기독교대한성결교 본부에서는 「구원이 있는가? 2」라는 저서를 통하 여 "교회는 역사적으로 복음을 전하여 사람을 구원하는 일과 함께 이 단으로부터 교회를 지키기 위해 힘을 다해 왔습니다"고 말하고 있다.

그렇다면 기독교대한성결교 본부에서 말하는 '이단'(αἱρεσίς)이란 무엇일까? 그들에 의하면 이단이란 말은 무엇인가를 '선택한다.'(αἱρέ ω)는 말에서 비롯되어 분파, 당파, 분쟁, 불화의 뜻으로 사용되고 있다.

'이단'(αἱρεσίς)이란 말을 성경에서는 '교회(ἐκκλησία)를 분열시키 고 교회에 거짓교리를 가져오는 집단'을 뜻하는 말로 쓰이고 있으며, 역사적으로는 '정통(Orthodoxy)에서 이탈한 집단'(Here)을 가리키는 말로 쓰여 왔다. 즉 사도 바울이 '편당'(고전11:19)이라 한 것이나, 갈라디아 교회에 보내는 편지에서 '이단'(갈5:20)이란 말은 "성도들 로 하여금 바른 신앙에서 벗어나게 하는 집단이나 거짓 교리"를 나 타내는 단어였다. 바울은 그들을 "멀리하라"(딛3:10)고 하였고, 베드 로 사도는 "멸망케 할 이단"(벤후2:1)이라는 표현을 사용하며 경계 의 대상으로 소개하고 있다. 익나티우스(Ignatitus)는 이단의 특징을

"이들은 거짓 이야기꾼들이며 그리스도의 이름으로 속이는 자들이다"고 한다.

월터 마틴(Walter Martin)은 이단에 대하여 신학적 기준과 사회심리학적 측면을 고려하여 "어떤 특정인의 그릇된 성서 해석을 중심으로 형성된 집단"이라 정의하고 있다.

지금도 성도들을 미혹하는 수많은 이단들이 우리 주위를 맴돌고 있다. '왜 이렇게 이단 집단이 많이 생기는 것일까?' 이단이 많이 생기는 요인은 정치적 불안, 사회적 혼란, 경제적 파탄, 가치관의 몰락, 기성 종교의 무력함, 민중의 무지 등 외적 요인이 있을 뿐만 아니라, 기성교회의 부패와 분열, 신학적 빈곤 등의 교회 내적인 원인도 적지 않다.

그리고 목회자들의 설교나 성경 해석에도 적잖은 문제가 있다. '성도들이 좋아하는 설교', '성도들이 은혜받는 설교', '전통적으로 전해지고 익숙한 설교'를 구사하다 보니 다분히 주관적이고 기복적인 설교를 중심으로 선포했다. '말씀을 선포한다.'라는 차원에서 피상적이고 관념적인 내용이 주를 이루고 있다. 따라서 성경 구절에 누구를 대입하든, 무엇을 대입하든 청중은 설교자의 주관적인 횡포(?)에 끌려 다니게 되어 있다는 것이다. 예를 든다면,

> (벧후 2:19) 저희에게 자유를 준다 하여도 자기는 멸망의 종들이
> 니 누구든지 진 자는 이긴 자의 종이 됨이니라

는 말씀의 '이긴 자'에 누구를 대입해도 가령 '예수님'을 대입하거나 '유대인'을 대입하거나 '베드로'를 대입하거나 어느 집단의 '교주'를 대입한대도 설교자의 주관적인 사고에 수긍하는 피동적인 성도로 훈련이 되었다는 사실이다. 다분히 혹세무민으로 가르쳐 왔다는 것을

지적하지 않을 수 없다. 이것은 한국 기독교 짧은 역사라는 탓도 있겠지만 반드시 그렇지도 않다. 목사들의 설교 패턴에 문제가 적지 않다. 즉 구약의 어떤 본문일지라도 오실 예수를 말하는 내용으로 설교해야 하는데 그렇지 못하고 야곱, 모세, 아브라함 등 등장인물을 중심으로 분석하고 파헤쳐 그 속에서만 교훈을 찾고, 취할 점과 버려야 할 점을 찾고, 그 사건을 통하여 율법적으로 무엇을 어떻게 적용해야 하는지를 말하는 정도의 설교를 하고 있다는 점이다. 본문의 사건을 당시 윤리와 사회통념에서 어떻게 말하고 있는가를 말하는 정도로 그친다는 것을 지적하지 않을 수 없다. 결국, 교훈적인 설교가 되는 것이며, 율법적이고 행함을 강조하는 윤리 도덕에 치중한 교양강좌에 불과한 설교를 하는 것이다. 그 속에는 있어야 할 예수가 없고 고난도 없고 십자가의 헌신과 사랑도 전해지지 않고 있으니 설교하는 것 같지만 사실은 복음과는 거리가 먼 여성회관 교양강좌에 불과한 것이다. 그래서 필자는 목사의 설교 패턴을 5장 9절에서 별도로 취급할 예정이다.

또한, 교회의 지도자들이 이단에 대하여 무지하거나, 적시에 적극적으로 대처하지 못하여 성도들을 잃고 있다는 지적을 면할 수 없다. 뿐만 아니라 이단에 대한 무관심이 더 큰 요인일 수 있다. 커다란 연못이 있는데 불법 낚시꾼이 와서 고기 몇 마리 잡아가는 정도로 여기는 무관심이 문제다. 개척교회는 한 명의 성도가 아쉽고 귀하기에 행여나 이단의 낚시에 물리지 않을까 전전긍긍하는데 대형 교회에서는 몇 명쯤이야 이탈해도 전혀 문제가 없다는 경영자적 자세가 문제인 것이다. 대형교회 성도들은 댐 속의 물고기라면, 중형교회 성도들은 정원에 있는 연못 속의 물고기일 것이다. 그러나 개척교회 성도들은 어항 속의 물고기라서 한 마리만 없어도 빈자리가 너무 크게 느

꺼지고 환하게 들여다보인다. 그래서 이단에 미혹된 성도들에 대한 안타까움이 대형교회 목회자들보다 개척교회 목회자들이 안타까워할 것이다. 사실 이단에 미혹된 성도에게 쏟는 정성과 노력에 비하여 실질적인 소득은 많지 않기 때문일 것이다.

이에 대한 성결교회 이단사이비대책위원회에는 「구원이 있는가? 2」란 저서를 통하여 예수께서 목숨을 내어 주시기까지 사랑하신 성도들의 참된 신앙과, 그분의 피로 세우신 교회를 지키는 데 귀하게 쓰이도록 하고 있다.

워렌 위어스비는 "믿음은 항상 세 가지 이유로 시험을 받는다. 우리의 믿음이 진짜인지 증명하기 위해, 또한 우리의 믿음이 자라도록 돕기 위해 그리고 주님께 영광 돌리기 위해다."고 한다. 그렇다면 이단에 미혹되는 것도 우리의 믿음을 시험하는 과정일지도 모른다.

"나의 가는 길을 오직 그가 아시나니 그가 나를 단련하신 후에는 내가 정금같이 나오리라"(욥 23:10)는 욥의 고백처럼 시련으로 인해 우리의 믿음이 더욱 정금같이 단련될 수 있음에 감사하며 미혹으로부터 해방되어야 할 것이다.

살아간다는 것은 책임질 일이 늘어난다는 것을 의미하기도 한다. 많은 사람을 만나 가면서 인연을 맺고 그들에 대한 자신의 존재를 책임져야 하는 것이다. 「한상복의 배려」 사람들을 만나서 하는 모든 언행이 결국은 나에 대한 평가로 이어지게 된다. 나 하나의 실수가, 하나의 잘못된 행동이 그렇게 만든다. 그러므로 나에 대한 평가는 내가 만들어 가는 것이다. 미혹당하는 것도 따지고 보면 내가 책임져야 할 일인지도 모른다. 사람은 자신의 영혼을 위하여 자신에게 배려해야 한다. 적어도 영혼을 가진 자라면 가진 것에 대한 책임과 의무가 있어야 한다. 가진 것에 대한 감사와 존재성도 인정받아야 한다.

삼국지에 나오는 주연은 음악에 뛰어난 장수이다. 그는 누가 연주하든 경청했고 틀린 부분이 있으면 아무 말 없이 고개만 돌려 쳐다보았다. 고곡(顧曲＝누구의 잘못을 고개만 돌려 쳐다본다는 뜻)이란 말이 여기서 유래되었다. 남의 잘못을 가만히 바라만 보는 여유가 배려일 것이다.

요즈음 여성의 경제력과 사회적 지위향상, 희생적 삶을 감내하지 않겠다는 자세, 성적 욕망 드러내기, 개인주의 확산, 이혼에 대한 사회적 시선의 변화, 이혼 아내의 재산권 보호 등이 이혼을 부추기고 있다. 그래서인지 결혼 26년 된 잉꼬로 소문난 탤런트 부부가 이혼하며 "특별한 계기는 없다. 서로를 자유롭게 놓아주고 싶어서, 더 좋은 관계를 유지하기 위해 결정했다"고 한다. 이것도 배려일까? 그들에게는 하나님이 주신 결혼의 신성함도 이혼의 죄악상도 없이 그저 '나'만 있을 뿐이다. 이기주의는 사회는 물론 가정까지 파탄키고 있다. 이처럼 불행이 온 세상에 가득할 때 맞서 싸울 무기는 '소망'뿐이다. 진리뿐이다. 예수가 진리이고 예수가 소망이다. 그래서 이단의 미혹으로부터 탈출하려는 노력이 필요하다.

3. 신학자들이 말하는 이단

본 절에서는 기독교회의 이단과 이교에 대한 개혁주의 신앙과 신학적인 입장에서 분석하고자 한다. 왜냐하면, 기독교회의 복음은 언제 어디서나 불변하지만, 그 현실성은 역사와 시대와 문화에 따라 그 가치관이 변화를 가져오기 때문이다.

교회의 이단 종파들도 그 양상이나 내용에 있어서 20세기와 21세기는 많은 차이를 두고 있을 것이다. 한편, 교회가 저들을 「이단」이라 정죄할 경우 교회의 입장과 예수 그리스도를 믿는 신앙적 견지에서 정죄한 것이 사실이다. 즉, 역사적 기독교회의 상황과 그리스도를 중심을 하는 다소 주관적인 신앙에 판단 기준이 있었던 것이란 말이다. 그러나 지금부터 어떤 집단이나 개인을 막론하고 「이단」이라 정죄할 경우에는 삼위일체 하나님을 중심으로 판단할 필요가 있다. 따라서 신학자들이 신학적으로도 기독교회의 이단에 대한 입장을 정의해야 할 것이다. 다시 말하면, 교회론적인 입장에서만 정죄하거나, 기득권에 대한 도전적인 세력을 제거하거나 기득권을 유지하기 위한 방패로서의 정죄가 아니라 신학적인 면에서 정당한 이론을 제시할 필요가 있다.

도쿄에서 에스컬레이터 탈 때는 왼쪽에 서야 하지만 오사카에서는 오른쪽에 서야 한다. 400년 전 동군과 서군으로 나뉘어 싸우던 경쟁이 지금까지 작용하는 탓이라고 한다. 그러나 우리나라처럼 망국적인 지방색은 없다. 지금부터 신학자들이 말하는 이단에 대하여 논하고자 한다. 신학자들의 날카로운 지적을 살피면서 좌로나 우로 치우치지 않은 학문적 견지에서 보이기 원한다.

(1) 무신론(無神論)은 기독교회의 이단이다(시10:4)

기독교회의 이단은 유일신(唯一神) 하나님을 부인하는 무신론의 신앙과 집단들이다. 구체적으로 말하자면, '하나님은 죽었다'고 무신론 철학을 제창한 니체(Friedrich Wilhelm Nietzsche), 무신론 복음을 말한 알티저(Thomas J. J. Altizer)와 하밀톤(William Hamilton), 공산주의를 부르짖은 칼 마르크스(Karl Marx)와 진화론을 내세운 찰스 다윈(Charles Robert Darwin) 등이다. 그들은 모든 사상에서 하나님이 없다고 하는 사람들이며, 주의(Ism)이며, 집단이다. 그러나 성경은 말한다.

(시 10:4) 악인은 그 교만한 얼굴로 말하기를 여호와께서 이를 감찰치 아니 하신다 하며 그 모든 사상에 하나님이 없다 하나이다

기독교는 신의 존재를 증명하는 종교가 아니고 하나님은 이미 자존하시는데, 그 자존하신 여호와께서 우리에게 어떤 일을 하셨으며, 그분과 인간은 어떤 관계인가를 발견하고 섬기는 종교인 것이다. 따라서 이에 반하는 어떤 개인이나 단체는 모두 이단이다. 즉 신이 없다는 주장은 이단이다. 다시 말하거니와 기독교는 '신은 존재한다.'는 사실에서부터 출발한다.

1960년대 미국의 연쇄 살인 사건에서 언론들은 '범인들은 동성애자'란 추측을 했다. 그런데 지난해 아카데미 작품상은 동성애 영화 「브로크 백 마운틴」이 수상했다. 우리나라에서는 「왕의 남자」가 동성애 코드였다. 게이 커플이 나오는 「후회하지 않아」는 독립장편 영화로는 최고 흥행 기록을 세웠다. MBC 드라마 「커피프린스 1호점」 동성애에서 벗어나지 못했다. 동성애에 대한 선호도는 남성(16%)보다 여성(25%)이 더 많다고 한다(07.8.18 중앙). 자기들이 좋아 하는 '오빠'를 다른 여성에게 빼앗기는 자괴감보다 차라리 '오빠'들끼리 사랑하길 바라는 심산일 것이다. 이러한 유치한 문화가 10대들을 중심으로 확산되어 가고 있다. 아직은 동성애에 대하여 '비호감'이 많다지만 머지않아 기독교의 강력한 적대세력이 될 것이다. 종교다원주의가 대두하여 기독교를 코너에 몬 것처럼 동성애가 도전하여 기독교는 휘청거릴 것이다. 그들에게는 신이 없다. 아니 있다 하더라도 죽은 신에 불과하다. 그런데도 교회에서는 얄팍한 기복주의에 연연하고 감정

에 호소하여(청중의 요구에 아부하여) 교인 숫자나 늘리고 헌금이나 높이는 것을 목회성공으로 평가하는 현실이 안타까울 뿐이다.

(2) 악령적(惡靈的) 신앙과 생활은 기독교회의 이단이다
(살후2:9-10)

기독교회의 이단은 악령적 신앙을 가지고 생활을 하는 무리들과 집단을 말한다. 구체적으로 말하면, 엔돌의 접신녀(삼상28:7), 아나니아의 행위(행5:3), 광명한 천사로 가장하는 것(고후11:14) 등이다. 우리나라 무속신앙으로서는 '신내림'을 주장하는 무당들이 이에 속한다. 그리고 유럽과 미국을 비롯한 서구 사회에는 사단적 교회가 더러 있다. 이들을 기독교회의 이단이라 할 수 있다.

동양권에서는 미신적인 신앙이 많은 부분을 차지한다. 특히 '토착화'란 명분으로 민속 신앙과 어우러진 종교가 있으니 이런 것들은 성경이 말하는 이단이다.

정통교회의 특징은 민속 신앙적 요소를 제거하려는 노력이 현저한 반면 이단에서는 종교의 '상황화, 일반화, 토착화' 등의 명분을 내세워 '잡신화'를 구사하고 있다.

그러나 성경은 말한다.

(살후 2:9, 10) 악한 자의 임함은 사단의 역사를 따라 모든 능력과 표적과 거짓 기적과 불의의 모든 속임으로 멸망하는 자들에게 임하리니 이는 저희가 진리의 사랑을 받지 아니하여 구원함을 얻지 못함이니라

상황화, 토착화, 일반화 등은 선교에 필요한 방법론적인 말이다. 선

교학적으로는 필수한 요인들이다. 그러나 그것이 악용되어 이단에게 발붙일 빌미도 제공하고 있음을 참고해야 할 것이다. 따라서 상황화의 한계가 그려져야 한다. 어디까지가 허용적인 상황인지, 어디까지가 견제할 이단적 요소인지를 학문적으로 말할 수 있어야 할 것이다.

'하나님은 너무 친절하시고 사랑이 넘치셔서 당연히 그분은 우리를 용서하실 것이다'는 생각은 신약성경 어느 곳에서도 찾을 수 없는 지극히 감성적인 접근이다. 하나님께서 우리를 용서하실 수 있는 유일한 기초는 그리스도의 십자가의 엄청난 비극에 있다. 그 기초 이외의 어떠한 용서의 조건도 부지불식간의 신성모독이다.(오스왈드 챔버스) '신앙생활에서 가장 어려운 것이 무엇이냐?'고 묻는다면 필자의 경우 "나에게 해를 끼친 사람을 온전히 용서하는 것"이라 말하겠다. 진정한 용서는 인간적인 정서의 문제가 아니라 불가능한 것을 가능케 하는 신적인 요소이다.

기독교는 바로 그 신적 요소인 예수의 십자가 사건을 기초로 세워진 엄청난 사랑의 종교이다. 그러므로 용서 못하는 삶은 정서 장애의 비극이지만 용서하는 삶은 현세의 천국을 사는 것이란 말에 동의한다. 그런데 그 가해자는 광명의 천사로 접근한다는 것에 문제가 있다. 그리고 우리 신앙에 잠식된 미신과 잡신적인 요소들이 많다. 이러한 고정관념에 고착된 신관이나 우상적 요소는 이단들의 정화되지 못한 모습이다.

(3) 광적신비주의(狂的神秘主義)는 기독교회의 이단이다
(왕상18:28)

기독교는 광신적인 것을 배제한다. 따라서 광적 신비주의 신앙과 집단들은 이단으로 규정한다. 구체적으로 말하면, 바알의 선지자들처럼 자해를 서슴지 않는 광신적인 것을 이단으로 규정한다(왕상 18:28). 또 종교적 열성에 의하여 스데반을 돌로 쳐 죽인 유대인들처럼 위해적인 신앙을 가졌거나 그 집단을 이단이라 한다(행7:57). 그리고 자기들의 교권을 유지하기 위하여 예수님을 십자가에 못 박게 한 유대교의 대제사장들(요19:15)이다. 이들은 단일관념주의자들로서 광적 신비주의이다.

기독교인들 중에는 '성령 충만'이란 명분으로 '예수 무당'화된 사람이 있다. 소위 예언 기도란 것을 통하여 성도들의 삶을 '예언'하고 있다. 그들은 '예언'이란 말을 앞세워 현혹하는 미신적 행위를 자행하고 있다. 자기의 말이 신령한 효험이 있는 것처럼 권위를 두고자 한다. 자기 말속에 신적 능력이 있는 양 포장한다. 그래서 언어도 괴상하게 변조하여 반말이나 낮춤말을 사용한다. 마치 무속인의 사주팔자와 다름이 없는 것이다.

> (삼상 28:15) 사무엘이 사울에게 이르되 네가 어찌하여 나를 불러 올려서 나로 분요케 하느냐 사울이 대답하되 나는 심히 군급하니이다 블레셋 사람은 나를 향하여 군대를 일으켰고 하나님은 나를 떠나서 다시는 선지자로도, 꿈으로도 내게 대답지 아니하시기로 나의 행할 일을 배우려고 당신을 불러 올렸나이다

이상에서 알 수 있는바 사울은 죽은 사무엘에게 조언을 청하고 있다. 그리고 실제적으로 사무엘이 나타난 것처럼 보인다. 하지만 사실은 악령의 속임수에 불과하며 정통 기독교에서는 이러한 광신적 행위를 배재한다. 이런 것들은 예수님을 빙자한 광적신비주의이며 성경이 말하는 이단이다. 즉 악령이 사무엘의 영으로 둔갑하여 사울을 속

이고 있는 것이다. 마귀는 거짓말하는 자의 아비이다(사30:9). 마귀의 조정을 받고 사는 그 졸개들은 거짓말에 속고 거짓말을 하게 된다. 거짓말을 초월적인 사건화하면 신비하게 된다. 광적인 신비주의는 여기서 출발한다. 사람들을 현혹하고 사람들에게 신비함을 주기 위하여 신비는 계속하여 창조될 것이다. 이것이 광적 신비주의라 할 수 있다. 하나님은 광적신비주의를 찾지 않으시고 말씀에 순종하는 사람을 찾으신다.

다른 사람들이 고통당하고 있을 때, 우리는 '악의 문제'라는 이론을 가지고 씨름한다. 우리는 "왜 선하신 하나님께서 선한 사람들에게 나쁜 일을 허락하시는가?"라는 문제에 대해 질문한다.

그러나 내가 고통당하는 당사자가 되었을 때 그 질문은 변화된다. 더 이상 철학적인 논쟁에 관심이 없어진다. 우리의 아픔은 더 많은 개인적인 질문들을 하도록 발전된다. 우리가 정말 알고 싶은 것은 다음과 같은 것이다. "하나님은 내게 나쁜 일이 발생했을 때 정말 돌보아주시는가? 하나님은 여전히 나를 사랑하시는가? 하나님은 내가 겪고 있는 것을 아시는가? 하나님은 나를 잊으셨는가? 하나님은 내가 얼마나 심각하게 고난을 당하는지 아시는가? 이 모든 질문들에 대한 대답은 '예스'이다.(데이브 얼리)"고 한다. 그러므로 내게 고통이 올 때 '예스'로 대답해야 한다. 그런데 광신적이어서는 안 된다는 것이다. 어디까지가 믿음의 응답이요, 어디까지가 광신적이고 맹목적인 신앙이라 할 수 있을까? 이 문제는 한마디로 요약하기 쉽지 않으나 하나님의 말씀을 근거로 찾아야 한다. 기독교는 신비한 종교임은 틀림없지만 신비주의는 아니다. 꿈을 존중하되 의지하지는 않는다. 그러므로 성령의 인도하심에 민감해야 한다.

(4) 맘몬(物神)은 기독교회의 이단이다(딤전6:10)

기독교는 금욕주의도 아니지만 물신주의는 더욱 배제한다. 물신주의 자들은 하나님보다 물질과 돈을 목표로 삼고, 오직 황금만 추구하는 신앙과 집단들이다. 하나님의 교회와 성도들은 하나님과 제물을 함께 섬기지 못하는 것이다(마6:24). 그럼에도 불구하고 바리새인들은 돈을 좋아했다(눅16:14). 그들에게 있어서 그들의 배는 신이 되고 만 것이다(빌3:19)

돈(물질)은 필요한 것이로되 하나님을 찬양하고 섬기는 데 방해가 되면 그것은 우상에 가깝다. 따라서 하나님보다 재물을 더 사랑하는 것은 황금만능주의 이단이다. 일부 광신주의자들은 자기의 삶을 저속한 민속신앙에 의존하는 경우가 더러 있다. 이들의 우매함에 합세한 옳지 못한 종교지도자들이 그들에게 엉터리 '예언'을 해 주고 적당한 사례를 받거나 감사 헌금이란 명분으로 돈 거래를 상용화하는 경우가 많다. 이런 것들은 예수님을 빙자하여 호구지책으로 살아가는 광적신비주의요, 우매함이요, 물질만을 우선하는 이단이다. 예수를 빙자하여 사리사욕을 채우는 사람들, 성령을 빙자하여 치부하려는 사람들을 이단이라 말한다. 도리어 바울처럼 자급자족하는 형태를 취하는 편이 낫다. 그렇게 말하면 '요즈음 목회자들이 교회에서 생활비를 받고 있으니 옳지 않은 것 아니냐?'고 따질 수도 있을 것이다. 그러나 그렇지 않다. 하나님을 섬기는 일이 생업이 된 레위인(제사장)의 생계는 '종교'란 이름으로 책임져야 한다. 따라서 하나님을 섬기는 일이 부업이 되어서는 안 된다. 자기 직업을 가진 사람이 교회에서 어떤 분야의 일을 하고 사례를 받는 것은 교회 사역을 부업의 수단으로 삼는 것과 같다. 이것은 좋은 현상이 아니라고 말할 수 있다. 또, 자기 교회의 성장을 위하여 남의 교인을 흡수하려는 생각과 시도는 옳지 않다.

예를 들면, 어느 교회에 새 신자가 등록했다. 알고 보니 어느 학교 음악선생이었다. 마침 교회 찬양대(성가대)의 지휘자가 사표를 냈던 터라 그 성도를 지휘자로 임명했다면 그 성도에게 사례비(생활비) 지출해야 하는가? 오늘날 많은 교회에서 지출하고 있다. 왜 그럴까?

* 전문 지식을 가진 사람이라서 그럴까? 만일 '전공한 사람'이라서 그의 헌신을 돈으로 환산하여 헌금을 지출해야 한다면 문제가 있다. 즉, 주일 학교 교사로 봉사하는 다른 성도들 중에는 학교 선생님들이 많다. 그들도 교대를 졸업했거나 사대를 졸업한 전문인이다. 국가가 인정하는 현직 선생님들이 많다. 유치부를 맡은 선생님들 중에는 유아교육을 전공한 전문인들이 많다. 따라서 그들에게도 마땅히 지출해야 할 것이 아닌가? 그런데 교육학을 전공하고 주일학교에서 봉사하는 성도에게는 전공을 인정하지 않는 이유가 무엇인가?

* 만일, 예배시간에 다른 사람보다 일(봉사)을 많이 하기 때문에 그것이 고마워 수고비를 지출하는가? 그렇다면 그 성도는 예배드리기 위하여 교회에 오는 것이 아니라 일하고 노동의 대가를 원하여 (부업하려) 교회에 다닌 꼴이 된다. 성도의 순수한 헌신을 돈으로 사려는 자세는 성령을 돈으로 사려는 것(행8:20)과 무엇이 다른가? 교회는 내가 몸 드리고 물질 드려 헌신하는 곳이지 부업하는 돈벌이 장소가 아니다. 그 사람은 예배가 끝나면 '오늘 부업 끝!' 하며 환호하겠는가? 교회는 성도의 신앙생활을 「아르바이트」로 전락시키지 말아야 한다.

* 과거에 사례비를 지출했으니 지금도 그 전통을 답습하는 것인가? 그렇다면 우리 개신교는 천주교로 회귀해야 한다. 개신교의 뿌리

는 거기서 찾아야 하기 때문이다. 천주교의 잘못된 전통과 신앙행태가 싫어서 종교를 개혁했다면 우리는 지금도 부단히 개혁해야 하지 않을까?

  * 그것도 아니라면 도대체 지휘자 반주자(어느 교회는 솔리스트 또는 관현악단에게까지도)에게 헌금을 지출하는 이유가 무엇인가? 「교회란 돈 거둬들여서 자기들 끼리 먹고 마시는 곳」이 되어선 안 된다.

  과거 음악 하는 사람이 많지 않았을 때 도심의 교회는 음악을 전공하신 분이 더러 계신데 시골이나 변두리에 위치한 교회들은 음악을 전공한 사람들이 없었다. 지금도 그러하겠지만 성도들은 음악(찬송가)을 잘 모르는데 예배 시간에 찬양은 필수이고 보니 누군가가 가르쳐 주면 목사님 예배인도에 도움이 되겠고 성도들 신앙 향상에 도움이 될 것 같은데 적당한 인재가 없는 시절이 있었다. 그래서 인재가 없는 교회에서는 인재가 많이 있는 큰 교회에서 사역하시는 친구 목사님께 적임자를 보내달라고 부탁했다. 그러자 '가서 도와주고 싶지만 교통비가 문제'라는 안타까운 답변을 듣고 '그럼 교통비를 부담하지'라며 인적자원을 지원받았다. 그래서 지휘자나 반주자에게 사례비를 지급했던 것이 오늘날에 와서는 당연히 지출해야 하는 『월급』이 되고 말았다. 따라서 음악을 전공하면 직장에서 월급 받고 교회에서 부업하는 결과를 가져온 것이다. 과연 오늘날 교통비가 없어서 봉사할 수 없으니 교회 헌금으로 지원받아야만 될 형편인가? 자기가 등록하여 적을 둔 교회가 아니라 남의 교회에서 헌신적으로 봉사하는데 그 교회에서 고마움의 표시로 교통비를 지급해 준 것인가? 아니면 「본 교회」라고 하면서 '당연히 받아야 할 나의 몫'이라고 생각지나 않는가? 또는 돈을 더 주는 교회로 자리를 옮기는 '알바 꾼'이 아닌가? 교회에서는 남아도는 헌금으로 인심 쓰고 있지나 않은가?

내가 능력껏 벌여 들여서 마음껏 쓰는 것이 교회의 헌금은 아니리라.

한국 교계의 대형교회에 속하는 모 목사님은 당신네 교회의 70-80%가 다른 교회에서 온 사람들이라고 말하고 있다. 그래서 이제부터는 받지 않겠다고 한다. 먹을 만큼 먹었으니 배가 부른 모양이다. 동물의 왕국이란 TV프로를 보라. 숲 속의 왕자 사자도, 먹을 만큼 먹고 나면 다른 종들이 와서 먹을 수 있도록 남겨두고 떠난다. 굳이 목사가 아닐지라도 자기가 만족하면 주변에게 후해진다. 언제까지 자기만족을 위한 맘몬은 계속될 것인가?

맘몬으로부터 해방되어야 한다. 맘몬은 기독교회의 이단이다. 왜냐하면 거저 받았으니 거저 주는 것은 성경에서 말하는 베풂의 원리인데(마10:8) 맘몬은 이 말씀을 무시하는 것이기 때문이다. 그리고 하나님은 맘몬을 섬기라 하지 않고 보이지 않는 당신을 섬기라고 했기 때문이다.

(5) 창조세계의 파괴(破壞)는 기독교회의 이단이다(느9:6)

태초에 하나님께서 천지를 창조하셨다(창1:1). 그리고 인간을 에덴동산에 두시며 생육하고 번성하고 다스리게 하셨다(창1:26). 그런데 인간들은 인공위성으로 우주공간을 무모하게 더럽히고, 자기만의 유익을 위하여 지구환경을 파괴하고, 현실적 편의만을 위하여 공기와 물, 땅과 바다를 오염시키는 것을 볼 수 있다. 이것은 삼위일체 하나님의 창조사역과 목적을 위배하는 것이기에 배제한다. 따라서 하나님의 창조세계를 파괴하는 자를 이단이라 한다. 즉 하나님의 창조 질서를 파괴하는 행위는 이단에 속한다.

태초에 하나님께서 창조하신 천지는 아름다웠다. 모든 것이 조화롭고 평화로웠기에 안식할 수 있었다. 무엇하나 부족함이 없고 공해와 기근이 없었다. 선악을 알게 하는 나무 외에는 인간의 삶을 방해하는 독소조항이 없었다. 이렇게 완벽하게 지은 하나님의 걸작품을 인간들에게 관리하게 하신 것은 은혜요 축복이다. 그럼에도 불구하고 인간들은 선한 청지기가 되지 못하고 자연을 파괴하거나 오염시키는 것은 맡은 자로서의 할 일이 아니다. "맡은 자들에게 구할 것은 충성이니라"(고전 4:2)는 말씀대로 충성스럽게 관리하지 못하면 "악하고 게으른 종이"(마25:26) 되어 바깥 어두운 데서 슬피 우는 이단이 되고 말 것이다. 즉 하나님께서 심혈을 기울여 창조하신 천지를 하찮게 여기고 파괴하는 행위는 하나님에 대한 도전이다. 인간이 하나님께 도전한다면 어찌 이단이라 하지 않겠는가?

이로 보건대 21세기의 교회와 성도들은 '자기의 신앙과 자기의 생활 범주에서 벗어났다'는 이유에서 서로가 이단으로 정죄할 것이 아니라 정확한 신학적 기준에 의하여 정죄되어야 할 것이다. 사람은 누구나 자기 마음에 자(기준)가 있다. 그 자로서 사람도 재어보고 평가한다. 꽃도 재어 보고 '밉다 곱다'로 판정한다. 그러나 정작 자신에게는 적용하지 않는다. 어떤 교단을 '이단'이라 정죄하기 전에 자기의 자를 자신에게 들이댈 수 있어야 한다. 그래서 우리는 신학자들이 학문적으로 말하는 이단에 대해서도 귀를 기울여야 한다.

> (느 9:6) 오직 주는 여호와시라 하늘과 하늘들의 하늘과 일월성신과
> 땅과 땅 위의 만물과 바다와 그 가운데 모든 것을 지으시
> 고 다 보존하시오니 모든 천군이 주께 경배하나이다

하나님이 우리를 이 땅에 보내신 목적, 즉 창조의 목적이 무엇일까? "우리는 우리 자신을 위해 지음받은 것이 아니라 다만 하나님을 위해서 지음받았다. 또한 우리는 하나님을 섬기라고 지음받은 것이

아니라 다만 하나님을 위해서 지음받았다."(오스왈드 챔버스)는 말처럼 우리가 아버지를 위해 할 수 있는 것은 다만 그분 안에서 기뻐하는 것밖에 없다. 우리의 행위와 가진 것으로 아버지를 기쁘시게 하는 것이 아니다. 하나님은 우리가 존재하는 그 자체로 기뻐하신다. 이 창조 질서가 어떤 교리나 집단에 의하여 파괴되면 문제가 있다. 가령 자살을 유도하여 생명을 경시하는 사상이거나 동성애를 허용하여 생육하고 번성하는 결혼의 신성을 부인하거나 집총을 거부하여 하나님의 권위를 무시하는 것은 이단이다. 우리는 주님 한 분만으로 만족해야 한다. 따라서 인간이 세운 어떤 것들에 매이지 않기를 원한다.

4. 지금까지의 내용을 요약하면

본 장에서는 성경에서 말하는 이단에 대한 관련 성구를 주석하여 거기서 파생된 이단의 특성을 논했다. 또한 이단에 대한 교의 신학자들의 입장과 국내에서 활동하고 있는 이단 연구소에서 발표한 내용 등을 정리하여 고찰했다. 그 결과 이단을 성경적으로 정의하면 다음과 같다.

1) 구약성경을 무시하거나 하나님의 믿지 않거나 부활에 대한 소망이 없을 경우 이단이라 한다(행24:5).

2) 성경이 말하는 '이단'이란 '이미 계시되고 기록된 말씀 외의 것'을 전하고 고백하면 이단이라 한다(행24:14).

3) 어떤 사람이 스스로 일어나 정통을 무시하고 '우리에게만 구원이 있다'라고 분열과 분쟁을 조장하면 이단이라 한다(고전 11:18, 19).

4) 어떤 사람을 교주로 내세우며 '그에게만 구원이 있다'고 주장하

거나 '그를 통해서만 성경해석이 가능하다'고 주장하는 것은 이단이다(갈5:20).

5) 율법에 근거한 금욕주의적인 자는 이단이다.

6) 율법주의, 형식주의, 천사숭배, 금욕주의, 그리스도인처럼 보이나 그리스도를 격하시키고 그리스도께 지존의 자리를 내어 주지 않는 경우에 이단이라 한다(딛3:10).

7) 도덕적으로 특히 성적으로 극도의 타락한 행위를 일삼으며(벧후2:2) 자신들의 탐심을 채우기 위하여 사설(邪說)로 성도들을 미혹한다(벧후2:3).

이단을 연구소 및 교의 신학자들의 정의를 종합하면 다음과 같다.

1. 성경을 가감하면 기독교회의 이단이다(계22:18-19)

2. 예수 그리스도의 구속사역(救贖事役)을 제한하거나 부인하면 기독교회의 이단이다(행4:12).

3. 지금도 계속 계시(Revelation)와 영감(Inspiration)을 주장하면 기독교회의 이단이다(딤후3:16-17).

4. 비윤리적(非倫理的)이요, 반사회적(反社會的)이며 반국가적(反國家的)인 집단은 기독교회의 이단이다(마24:12-13).

5. 혹세무민(惑世誣民)을 주장하면 기독교회의 이단이다.

이단을 신학적으로 정의하면 다음과 같다.

(1) 무신론(無神論)은 기독교회의 이단이다(시10:4).

(2) 악령적(惡靈的) 신앙과 생활은 기독교회의 이단이다(살후2:9-10).

(3) 광적신비주의(狂的神秘主義)는 기독교회의 이단이다(왕상18:28).

(4) 맘몬(物神)은 기독교회의 이단이다(딤전6:10).

(5) 창조세계의 파괴(破壞)는 기독교회의 이단이다(느9:6).

따라서 어떤 집단이나 개인을 이단으로 정죄함에 있어서 기득권을 유지하려는 몸부림으로 다른 사람을 이단으로 정죄하여 매장하려는 것은 옳지 않다. 또, 신앙생활 양식에서 오는 차이를 인정하지 못하고 자기들만의 행위를 정통이라 절대화하는 것도 옳지 않다. 성경적인 다름은 본질의 문제이다. 신학적인 다름은 학문의 문제이다. 목회적인 다름은 문화적인 문제이다. 따라서 어떤 집단이나 개인을 '이단'으로 정죄하기 위해서는 본질(성경)에 근거하여 학문적(신학) 검토가 있어야 할 것이로되 문화적(목회) 삶이 참고되어 정죄되어야 할 것이다. 그러므로 현재 이단으로 정죄된 사람 중에도 이의가 없지 않을 것이다. 하지만 한 개인이 이단으로 정죄한 것이 아니라 범교단적으로 충분히 연구 검토한 결과 모두가 이단이라고 지목당하는 종교집단은 바른 충고를 수용하는 자세도 있어야 한다. 자기의 유익보다 정확한 기준에 평가되어야 한다. '아멘'으로 수용하는 폭넓은 신앙이 아쉬워진다.

여기서 '하나님은 왜 이단들이 흥행하도록 두시는가?'란 질문을 가질 수도 있다. 좋은 질문인 것 같으나 다음 말씀을 이해하면 하나님께서 이단들을 허용하시는 이유를 알게 될 것으로 생각된다.

> (마 13:29) 주인이 가로되 가만 두어라 가라지를 뽑다가 곡식까지 뽑을까 염려하노라
> (마 13:30) 둘 다 추수 때까지 함께 자라게 두어라 추수 때에 내가 추수꾼들에게 말하기를 가라지는 먼저 거두어 불사르게 단으로 묶고 곡식은 모아 내 곳간에 넣으라 하리라

그러므로 우리가 할 수 있는 일은 이단에 미혹된 성도들을 회심시키기 위하여 최선을 다하는 일이 우리가 할 수 있는 일이다. 그래서

주님은 말씀하셨다.

> (마 18:7) 실족케 하는 일들이 있음을 인하여 세상에 화가 있도다
> 실족케 하는 일이 없을 수는 없으나 실족케 하는 그 사
> 람에게는 화가 있도다

악한 때에는 악인도 쓰임받을 것이다. 그러나 세상 끝 날에는 천사들을 시켜 저들을 갈라낼 것이다(마13:49). 참된 성도가 이 땅을 살아가는 동안 이방인이나 세리와 같이 여길 사람도 있다(마18:17). '사랑'을 빙자하여 하나님의 의도를 왜곡해서는 안 된다. 그래서 주님은 말씀하셨다.

> (요이 1:10) 누구든지 이 교훈을 가지지 않고 너희에게 나아가거든
> 그를 집에 들이지도 말고 인사도 말라

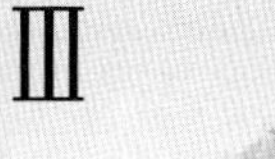

이만희의 역사와 그 영향

1. 이만희와 신천지교회 및 무료성경신학원에 대하여

(1) 이만희, 그는 누구인가

이만희 씨는 1931년 9월 15일 경북 청도군 풍각면 현리 702번지에서 이재문(74세에 작고) 씨와 고상금 씨 사이에서 태어났다. 그가 어렸을 때는 이렇다 할 특징을 보이지 못했지만 17세가 되었을 때 성동구 금호동 형님 집에 거하며 건축업계에 뛰어들면서부터 두각을 나타내기 시작했다.

그는 어느 날 집 앞에 사는 한 전도사에 끌려 창경원 앞에 있는 천막교회에서 침례를 받게 되었다. 그 당시 이 씨는 이렇다 할 신앙 체험 없이 고향으로 내려가 풍각 장로교회를 출석하면서 본격적인 신앙생활을 시작했다. 그러던 중 1957년경 집에서 '박 군의 심령(요한복음)'과 '학생문장 독본'이란 서적을 탐독하여 종교에 눈이 뜨이기 시작했다. 그 무렵 그는 신비한 체험을 하게 되었다고 한다. 이 무렵까지 기도하는 방법을 자세히 몰랐던 이 씨는 집 뒤 들판에서 하늘을 향해 눈을 뜨고 기도하던 중 갑자기 별이 머리 위만큼 가까이 내

려와 헬리콥터마냥 돌고 있었다고 한다. 깜짝 놀란 이 씨는 취침 중인 부친을 황급히 깨워

> "아버지! 별 구경하시오"라고 외쳤다. 이를 본 그의 부친은 "옛날에도 인재가 나타나면 별이 이렇게 보였다는데 우리나라에 인재가 나올려나 보다"(탁명환 2003. 378).

고 말했다고 한다. 그 후 별들은 3일 동안 같은 현상으로 보였었다고 한다. 이처럼 그의 신앙은 광신적이고, 토속 신앙적이고, 신비적인 사건으로부터 출발한 것이다. 이런 일이 있은 후 이 씨 집안에는 환란이 심하게 닥쳐왔다. 그러자 이 씨는 "더러운 세상! 살기 싫다"면서 자살을 결심하고 산으로 가던 도중 환상을 체험했다고 한다. 환상 속에서 하얀 옷차림의 건장한 사내가 나타난 것이다. 이 씨는 그를 보는 순간 바닥에 엎드렸다. 그러자 그 사내는 "오늘부터 내가 너를 인도할 것이니 나를 따르라"고 말하기에 자살을 포기하고 그 길로 하산했다고 한다.

여기서 이 씨는 사도 바울의 다메섹 도상에서 있었던 일을 흉내 내어 조작한 이야기로 들려지게 한다. 성경에 대하여 우매한 사람(지적으로는 탁월할지라도 영적으로 우매할 수 있음)들을 현혹시키기 위한 술책이란 생각이 드는 것은 웬일일까?

그 후 어느 날, 이 씨는 물통과 삽을 가지고 냇가로 소를 끌고 가다가 다시 한 번 냇가에서 신비한 체험을 했다는데 그의 술회를 들어보자.

> "고기를 잡고 싶은 충동이 일어 집에서 물통과 삽을 가지고 냇가로 다시 갔습니다. 지금 같아서는 정신이상자라고 할 것입니다. 거센

물살을 막으려고 흙 한 삽을 뜨는 순간 그렇게도 거세던 물결이 일
순간에 멈추고 하류에 있는 저수지의 물이 몽땅 증발하여 고기 떼가
표면에 팔딱거리며 그대로 노출되어 버렸습니다”

이런 상황에서 그가 꿈인지 생시인지 멍하니 서 있는데 어디선가
40대의 여자 한 사람과 10대 미만으로 보이는 7명의 어린이가 나타
나 물통에 고기를 잡아서 그에게 건네주는 신비적인 체험을 했다는
것이다. 이때 이 씨는 너무도 두려워

“하나님! 나를 인도해 주신다고 했는데 어떻게 하시려고……”

라며 몇 시간을 울었는지 모른다고 한다. 이것은 모세가 홍해를 건너
는 사건을 연상하도록 조작한 이야기로 들려지는 것은 무리일까? 이
런 말을 하는 것은 자기는 모세처럼 하나님의 인도(계시)를 받는
특별한 존재임을 강조하기 위한 포석이 아닐지! 여기서 그가 광적
신비주의에 몰입했음을 알고도 남음이 있다고 말한다면 안 되는 것
일까?

그 후, 이 씨는 다시 서울로 상경하여 전도관 박태선의 신앙촌에
머물다가 1969년 당시 18세의 어린 종으로 설교를 잘한다고 소문이
났던 유재열 씨의 집회에 참석하게 되어 유재열 씨와 첫 만남이 이
루어진 것이다. 유재열 씨의 설교에 감동한 이 씨는 식음을 전폐하고
성경을 통독하기 시작했는데 이때 '진리를 쫓아가라'는 내용의 하나
님의 음성을 들었다고 하는데 이것이 유재열 장막성전에 등록하게
된 결정적 동기가 되었다고 한다. 그 후, 이만희 씨는 유재열 씨에게
서 이탈하여 80년도부터 자기 입장을 설파해 온 것이 오늘날의 무료
성경신학원의 모태가 된 것이다.

이처럼 이 씨는 신앙생활의 근간을 '말씀'에 두지 않고 '신비'에 두고 있는 것을 미루어볼 때 그가 장차 어떤 주장을 하게 될지 자명하다. 이처럼 신비스런 말을 하는 것은 교주의 신격화를 위한 정지 작업으로서 꾸며 낸 이야기일 수 있을 것이다. 이러한 신비가 근간을 이루어야 종교적으로 범접할 수 없는 이긴 자, 보혜사, 세례 요한 격인 사람으로 추앙받을 수 있기 때문일 것이라고 말하면 근거 없는 핍박이 될까? 1990년대 중국 허난성은 가짜와 사기로 유명하다. 어느 날 베이징에서 중국의 인민대회를 할 때 국가 주석에게 각 성의 성주를 소개했다. 주석은 한 사람씩 소개를 받으며 성주와 악수를 나누고 있었다. "이 분은 허난성 성주입니다"라 소개하자 주석은 안경을 근시용 돋보기로 바꾸어 쓰고 성주의 위아래와 앞뒤를 한참 살피더니 "음, 이것은 가짜가 아니군!" 하더란 농담이 있다. 그 외에도 만리장성에 타일 입히기, 우주공간에 에어컨 달기, 히말라야 산맥을 평지로 만들기, 지구 전 지역에 붉은 페인트칠하기 등 중국인의 가짜와 허풍은 세계적이다. 그러나 우리도 이에 못지않다. 우선 생명과학자의 허풍이 세계를 들썩이게 했고, 미모의 젊은 여성이 가짜 학위로 놀라게 한 것이라든가 예수님의 구원 사역마저 자기 공으로 둔갑시켜 자기가 '이긴 자, 보혜사, 세례요한 격인 능력의 사람'으로 군림하고 있는 실정이다. 그의 허풍과 가짜는 우리나라에 국한되지 않고 세계 각국으로 번지고 있다 하니 중국인의 허풍에 못지않다는 느낌이 든다. 이제는 예수님의 부활이나 재림마저 가짜로 둔갑할까 염려스럽다. 하기야 오스왈드 J. 스미스의 말대로 우리는 주님의 재림을 이야기하지만, 세상의 반은 주님의 초림조차 듣지 못했다. 그럼에도 불구하고 우리는 다시 오실 주님을 기다려야 한다. 동시에, 2000년 전에 오신 초림의 주님을 전해야 한다.

요즈음 정체 모를 사기성 전화를 많이 받아 본 사람은 그럴싸한 그들의 사기 수법에 놀랄 것이다. 현직 법원장이 당하고, 교수가 당하는 것은 무엇 때문인가? 사기 치려는 그들의 수법이 그만큼 치밀했다는 이야기가 아닌가? 이단의 괴수가 되는 것도 쉬운 일이 아닐 것이다. 남다른 명석함으로 철저한 준비가 되어야 했을 것이다. "이 세대의 아들들이 자기 시대에 있어서는 빛의 아들들보다 더 지혜롭다(눅 16:8)."란 주님의 말씀처럼 뱀처럼 지혜로운 머리로 미꾸리처럼 빠져나가는 슬기가 있는 사람이라야 이단의 괴수가 될 수 있을 것이다. 또한, 이 씨의 본격적이고 절대적인 영향을 미친 신앙생활의 출발을 고려할 필요가 있다. 즉 이 씨는 당시 가장 젊은 나이로 이단의 교주가 되었다고 알려진 '어린 종' 유재열(장막성전, 이삭교회) 단체의 신도였다는 점이다. 정통교단에서 성실하게 지도를 받은 것이 아니라 이단에 속하여 이단에게서 이단 사상을 배웠던 것이다. 그 후, '어린 종'에게서 이탈하여 신천지 안양교회를 세우고 「천국비밀, 계시록의 진상」 등을 저술하여 유재열 씨를 신랄하게 비판하는 인물이 된 것이다.

영국의 민법학자 제임스 브라이스 경(卿)이 1888년 '훌륭한 인물은 왜 대통령이 되지 못하는가?'라고 제기하면서 그 가장 큰 이유를 정당체제를 들었다. 정당체제에서는 능력이 탁월할수록 견제하는 적이 많고, 까마귀 싸움판에 백로가 뛰어들 수 없기 때문이라고 한다. 좋은 머리로 종교의 분파를 형성하여 교주가 되려는 사람은 차라리 '훌륭한 사람'으로 자리매김하면서 '교단 대열에 끼어들지 않겠다.'는 의연함을 보여주기를 바란다면 욕심일까?

(벧후 2:3) 저희가 탐심을 인하여 지은 말을 가지고 너희로 이를 삼

으니 저희 심판은 옛적부터 지체하지 아니하며 저희 멸망은 자지 아
니하느니라

(2) 이만희의 저서

이만희 씨의 저서는 무료성경신학원의 강의 교재로 쓰이는데 「천
국비밀/계시록의 진상」, 「계시록의 실상」, 「계시록의 완전해설」, 「계
시록의 완전해설도」, 「성도와 천국」, 「종교세계의 관심사」, 「신천지소
식」, 「기독소식」, 「감추었던 만나」 등 다수의 책을 냈으며, 김건남/김
병희 공저 「신탄(神誕)」라는 교리서도 있다. 이러한 책들은 주로 교
주 이만희를 신격화한 내용들이고 특히 「신탄(神誕)」이란 교리서는
통일교 이탈자 변찬린 씨가 쓴 「성경의 원리」 및 「원리강론」과 유사
하다. 이만희 씨는 그의 저서 「계시록의 완전해설」 머리말에서 자신
을 이렇게 소개하고 있다.

> "나 저자는 1957년 5월 10일 속세를 떠나 입산수도 길에서 성령체
> 를 만나 혈서로 충성을 맹세한 후 00교회로 인도되었고 3년 후 본교
> 회로부터 버림받아 다시 시골 농민이 되었습니다. 그 후 1980년 봄,
> '고기를 잡고 싶은 충동이 일어 집에서 물통과 삽을 가지고 냇가로
> 다시 갔습니다. 지금 같아서는 정신이상자라고 할 것입니다. 거센 물
> 살을 막으려고 흙 한 삽을 뜨는 순간 그렇게도 거세던 물결이 일순
> 간에 멈추고 하류에 있는 저수지의 물이 몽땅 증발하여 고기 떼가
> 표면에 팔딱거리며 그대로 노출되어 버렸습니다.'"

이 씨는 자기가 책을 쓴 동기를 다음과 같이 신비한 사건의 일환
으로 합리화하고 있으니

"성령체에게 안수를 받고 책과 지팡이를 받게 되었으며 성령에 이
끌리어 가서 책에 기록된 말씀의 실체 곧 하나님의 사자들의 조직의
비밀과 사단의 사자들 조직의 비밀을 보여주시며 책에 써서 교회들
에게 보내라는 성령의 지시를 따라서 기록한 것이므로 이 책은 사람
의 고안이나 지식과 연구로 낸 것이 아니다"

라고 말하며 자신의 책이 하나님의 말씀을 기록한 것이라고 주장하
고 있다. 이로써 그는

(계 22:18) 내가 이 책의 예언의 말씀을 듣는 각인에게 증거 하노니
         만일 누구든지 이것들 외에 더하면 하나님이 이 책에 기
         록된 재앙들을 그에게 더하실 터이요
(계 22:19) 만일 누구든지 이 책의 예언의 말씀에서 제하여 버리면
         하나님이 이 책에 기록된 생명나무와 및 거룩한 성에
         참여함을 제하여 버리시리라

라고 하시는 주님의 말씀에 정면으로 도전하는 이단의 길을 가게 된
것이다. 누구든지 아무리 자기의 이론이 탁월하고 논리가 이성적이고
과학적이라 하더라도, 그래서 사람들에게 존경받는 책을 저술했다 할
지라도 성경과 견주고자 하는 것은

(렘 51:53) 가령 바벨론이 하늘까지 솟아오른다 하자 그 성을 높이
         어 견고히 한다 하자 멸망시킬 자가 내게서부터 그들에
         게 임하리라 여호와의 말이니라

는 하나님의 말씀을 귀담아들어야 한다. 사람은 1:2:3의 법칙을 잘 적
용해야 한다. 이것은 사람이 말을 할 때는 하나밖에 없는 입으로 적게

하고, 듣기는 두 개의 귀로 경청하고, 다른 사람을 격려하고 사랑하기에는 눈과 귀와 입을 동원하여 최선을 다하는 법칙이라 하지 않던가?

우리나라에서는 고등학교를 졸업하고 82%가 대학에 진학한다. 우리나라 학력수준은 세계적이다(일본 47%, 유럽은 대부분 50%, 미국 66%). 인재 면에서도 그렇다. 2007년 국제 생물 올림피아드에서 1위, 물리부분에서 2위라고 한다. 또 세계적인 명사가 많다. 발레의 강수진, 피겨스케이팅에 김연아, 야구에 박찬호, 골프에 박세리, 최경주, 김미현 등 세계적인 거목이 많다. 그래서 그런지 사기에도 세계적이다. 황 교수의 줄기세포가 세계의 학계를 놀라게 했고, 신 씨의 가짜 학위가 예술계를 실색케 했다. 종교계는 어떤가? '몇 년·몇 월·며칠·몇 시·몇 분에 구원받았느냐?'고 구원을 인간의 인지력에 호소하는 사람이 있다. 또, 피가름으로 세계를 누비는 섹마(?)에 이어 새 하늘과 새 땅으로 소위 '이긴 자'가 나타나 세계를 향하고 있지 않은가? 그래서 우리 영혼을 훔쳐 가기에 알맞은 책들을 많이 쓴 사람도 있다. 그 책들에게 내 영혼이 도둑맞지 않도록 깨어 근신해야 한다.

"기억하라. 당신의 간구가 내 것일 수 없고 나의 간구가 당신의 것일 수 없지만 성령님께서 우리를 위해 간구해 주시며, 이 간구가 없다면 누군가가 연약해질 것이다. 우리가 성도로 부르심을 받은 것이 얼마나 깊고 높고 엄숙한 일인지 기억하라." 오스왈드 챔버스의 말대로 영혼을 훔쳐 가기 위한 책들에게 도움을 청할 것이 아니라 성령의 도우심을 간구해야 한다. 성령님께서 우리를 위해서 간구해 주시며 성령님께서 우리와 함께하신다. 하나님의 모든 충만하신 것으로 우리 안에 충만하기를 위하여 기도해야 할 것이다.

(3) 이만희의 신앙적 계보

지난 70년대 초 '어린 양'이라 추앙받던 장막성전의 교주 유재열 씨는 사기사건으로 5년의 집행유예를 선고받았었다. 그 후 심경의 변화를 일으켜 이단의 교주를 회개하고 미국으로 유학을 떠나면서 기성교단의 목회자들에게 교회개혁을 위임하였다. 그리하여 장막성전은 이삭교회로 개칭되었고 오평호 목사를 당회장으로 개혁 작업에 박차를 가했다. 하지만 일부 적응하지 못하던 사람들이 흩어지면서 많은 이단종파들이 생겨났다. 그중 이만희 씨는 홍종효 씨와 함께 안양에 신천지교회를 세웠고, 구인회 씨(사망)는 자칭 재림 예수라면서 천국복음전도회를 세웠다.

한편, 보혜사로 자처하며 봉천동에서 활동하던 김풍일 씨는 실로등대교회를, 영명 솔로몬으로 통하던 백만봉 씨는 새창조교회 등의 분파를 형성하면서 독자적인 활동을 펼치게 되었다. 이들 중 안양 신천지교회의 이만희 씨가 무료성경신학원을 앞세워 가장 활발하게 활동을 펼치고 있다. '두 증인' 중의 한 사람이던 홍종효 씨는 1980년 종로구 홍제동에 자신의 교회가 '셋째하늘'이라며 증거장막성전을 세웠고, 심재권 씨는 1989년에 안양시 비산동에 무지개 증거장막성전을, 영명 사무엘로 통하던 정창래 씨는 성남에 성남 성막성전을 각각 설립해 활동 중이다. 그런데 이만희 씨와 홍종효 씨 간에 오고간 편지의 내용을 보면

> "첫 장막에서 갈라져 나간 일곱 천사 중 6명이 현재 예수라고 주장하고 있고 신천지에서 나간 자 중 5명이 서로 예수라고 현재 주장하고 있다"

고 적혀 있다. 이로 보건대 초창기의 분파가 장막성전 사람들로 이루어졌다면, 90년대 들어서는 장막성전(유재열)과 하등의 관련이 없던 신천지교회의 무료성경신학원(이만희)을 통해 이만희 씨를 추종하던 사람들이 이탈하여 분파를 만들어 활동을 펼치고 있는 것으로 알려지고 있다. 이처럼 세월이 흐름에 따라 많은 '예수'가 우후죽순처럼 솟아나고 있으나 다수의 성실한 그리스도인들은 저들에게 미혹되지 않고 있다. 하지만 최근 들어 크게 번창하는 이만희 씨의 신앙적 계보를 알아보기로 한다.

필자가 고등학교에 재직할 때 학생들 미술 작품이 너무 하찮아(?)도 '하찮다'고 표현할 수 없어 "야! 걸작이군."(걸레 같은 작품) 하고자 자신의 감정을 추스른 바 있었다. 그런데 몇 년 후 그 말이 신조어가 되어 대학가에서 유행하는 것을 보고 '나도 신조어 창조자로군!' 하며 자위한 바 있다.

입시철을 맞은 일본에서는 "나, '아베' 해버릴까?"란 시조어가 유행한다. 돌출 행동으로 총리를 사임한 것을 빗대어 '포기'를 뜻하는 말이다. 우리나라 국립국어원에서 '놈현스럽다'(기대를 저버리고 실망을 주는 데가 있다)란 말을 신조어 사전에 수록했다가 청와대의 된서리를 맞은 바 있다. 우리는 전목헌(전도에 목숨 걸고 헌신한다), 기목헌(기도에 목숨 걸고 헌신한다), 찬목헌(찬양에 목숨 걸고 헌신하다)으로 충성하면 안 될까? 전기찬(전도·기도·찬송)의 헌신자가 된다면 우후죽순처럼 고개 내민 이단의 미혹에도 빠지지 않을 수 있고 미혹된 성도들을 구할 수도 있지 않을까? 그래서 이단의 출현을 말하기에 앞서 전기찬 헌신자가 더 많아지길 노루목으로 기다려 본다.

1) 유재열의 출현

"여러분! 나는 이 땅 위에 온 말세 마지막 하나님의 종 선지자입
니다. 내 나이 비록 어려도 하나님께서는 나를 통해 역사하십니다.
심판은 얼마 남지 않았습니다. 이 청계산에는 환란 날에 숨을 수 있
는 피난처가 있는데 그곳은 나 외에는 아무도 모릅니다. 어서 속히
내 말을 듣고 머뭇거리지 말고 이곳으로 이사해 오십시오."

이것은 1969년 봄, 당시 경기도 시흥군 막계리 청계산 저수지 안에
자리 잡고 있던 대한 기독교 장막성전의 교주 유재열(柳在裂) 씨가
신도를 향해 외친 말이다. 한국 기독교 이단 사상 가운데 가장 어린
교주로 꼽히는 이 스무 살 교주의 설교에 여기저기서 여신도들의 통
곡이 쏟아져 나왔다.

유재열 씨는 17세 때 자칭 '어린 종'으로 교주가 되어 7천사, 24장
로, 48집사, 72문도 등 각급 조직을 두고 수천 명의 교인들을 이끌었
었다. 그러던 그가 1980년 10월 이단의 교주를 접고 미국으로 도피하
기까지 청계산 저수지 윗동네는 제2의 신앙촌이라 불릴 만큼 장막성
전 신도들의 집단 취락이 형성되고 있었다. 그러나 이단은 반드시 그
실체가 드러나는 법인지라 결국 유재열 씨가 퇴진하여 미국으로 유
학길을 떠나면서 교회를 기성교회에로 인계하게 되었다. 이로서 이단
의 활동이 끝나는 듯했으나 이제는 장막성전이라는 외형을 버리고
여러 개로 분파를 이루어 기성교회에 도전하고 있는 것이다. 그중의
하나가 이만희 씨가 이끄는 신천지 장막성전(무료성경신학원)이다.
그러므로 필자는 독자의 이해를 돕기 위하여 신천지 장막성전의 전
신(과천소재 유재열의 장막성전)부터 고찰하고자 한다.

2) 유재열 장막성전의 설립

장막성전의 교주 유재열 씨는 1942년 2월 1일 충북 청주시 북문로에서 유인구 씨와 신종순 씨 사이의 장남으로 태어났다. 그의 부친 유인구 씨는 납북된 동생 유인수 씨의 의사 면허증을 가지고 인천에서 병원을 개업하여 불법의료 행위를 하다가 신의 계시를 받았다면서 경기도 과천 삼거리로 이사하여 여전히 납북된 아우 유인수로 행세하며 병원을 개업했다. 이 무렵 유재열 씨의 모친 신종순 씨는 처녀 시절에 꿈을 꾸었는데 한 신령이 나타나 보자기에 싼 두루마기 책 두 권을 주기에 남편 될 사람과 아들에게 한 권씩 주었다는 것이다. 그러므로 유인구·유재열 씨 부자를 성경에 나타난 '두 증인', '두 감람나무'라는 것이다. 이로써 돌팔이 의사의 불법 의료 사기 행각이나, 다분히 주관적인 꿈을 들고 나와 신비를 강조하는 것이나 전형적인 광신도요, 무속적임을 알 수 있다. 즉 이들의 신앙은 출발에 있어서 신비와 왜곡으로 가득했던 것이다.

우리나라 지방자치단체 청소직에 대졸 출신이 대거 몰려든다. 청소는 대학을 나오지 않더라도 할 수 있는 일거리인데 기어이 부모님 허리를 휘게 만들고야 청소직에 취업하게 되었다. 그들도 학창 시절의 꿈이 청소직은 아니었으리라. 그러나 '꿈'이란 명분으로 하나님이 주신 각자의 달란트를 외면하지나 않았는지 냉철한 자성이 필요하다. 즉 앞에서도 소개한 바와 같이 우리나라 고등학교 졸업생 82%가 꿈을 갖고 대학에 진학한다. 그런데 일본의 경우 47%, 유럽은 대부분 50%, 미국 66%가 대학에 진학한다. 그렇다면 나머지 학생들은 꿈이 없단 말인가? 아니다. 꿈이 다를 뿐이다. 그들에게는 대학에 가지 않아도 되는 꿈이 있다. 그들은 대학에 진학하지 않더라도 자기 달란트를 개발할 수 있는 적합한 꿈을 일찍 발견했을 뿐이다. 필자의 논지가 여기에 있다. 대학을 가지 않아도 꿈을 이룰 수 있는 달란트를 빨리 발견하고 개발하자는 것이다. 그래서 우리가 주안에서 부모를 순종해야 하듯 하나님이 주신 달란트를 인정하고 하나님의 섭리 속에서 꿈을 키워야 한다. 꿈이 크더라도 작은 것에서부터 시작되어 한다. "한번에 바다를 만들려 하지 말라. 우선 작은 강부터 만들지 않으면 안 된다. 갑자기 바다를 만드는 것은 신만이 가능한 일이다. 인간이 바다를 만들고자 하면 우선 작은 강부터 만들어야 한다."(윈 클럽의 『부자가 되는 습관』)는 말처럼 우리 꿈은 작은 것에서 출발해야 한다. 요즘 현대인들 상당수가 한꺼번에 뭔가를 이루는 '대박'을 꿈꾸고 살아간다. 노력은 하지 않고 한꺼번에 큰 것을 바라는 것은 남의 마음을 훔치는 것과 같다는 생각이다. 시냇물이 모여 강물이 되고, 이 강물이 모여 바닷물이 되는 것처럼 작은 일에 최선을 다하다 보면 큰일도 잘되어지리라 믿는다. '천리 길도 한걸음부터'란 속담처럼 작은 것부터 시작되어야 한다. 그래서 주님은 작은 일에 충성하라(마 25:21)고 하셨던 것이다. 그런데 유재열 씨는 왜곡된 꿈으로 시작했다는 데 문제가 있다. 납북된 동생의 의사 면허증으로 병원을 개업하는 파렴치한 사람이다. 그런 사람이 '두 증인의 반열에 선다.'는 것을 어떻게 생각하는가? 어머니의 꿈에 신령이 나타나 두 권의 책을 주었는데 그것을 남편과 아들에게 나누어 주었다는 여인의 말이 거짓인지 참인지 알 수 없지만 참이라 하더라도 그것을 믿고 유인구 · 유재열 씨 부자를 '두 증인', '감람나무'로 섬겨야 하겠는가?

하여튼, 유재열 씨는 1964년(당시 15세)부터 동작구 상도동에 있는 신비주의 집단인 호생기도원에 드나들었는데 그가 성남고 기계 체조 선수로서 원정 시합을 앞두고 일본어 방언을 받기 위한 것이었다. 그러던 어느 날 호생기도원으로 가던 중 갑자기 눈앞이 캄캄해지더니 예수의 환상이 보였다고 한다. 이 사건은 성도들이 바울사도의 다메섹 사건을 연상할 수 있도록 꾸며낸 이야기로 추정된다. 이만희 씨는 이와 비슷한 사건으로 '물고기'사건과 '별'사건을 말하고 있는데, 스승 유재열 씨나 그의 제자였던 이만희 씨는 모두 신비한 사건 속에서 '하나님의 부르심'을 확인하고 있는 것이다. 이처럼 이단의 특징은 '신비함'에서 진리를 추구하고 있다는 점을 참고해야 할 것이다.

그 후, 유재열 씨는 학교를 중퇴하고 적극적으로 호생기도원에 출입하는데 호생기도원 원장 김종규 씨가 과천으로 이사를 가자 그곳까지 따라가 신앙생활을 하게 되었다. 그러던 어느 날 신도 유재열 씨는 원장 김종규 씨의 불륜을 알게 되어 기도원을 이탈하게 된다. 이때 함께 나온 20여 명의 신도와 함께 과천 삼거리에 있는 유재열 씨의 아버지 유인구 씨의 집에서 집회를 갖게 된다. 이것이 장막성전의 시작이다. 그들은 청계산에 들어가 6개월 동안 기도한 후 본격적으로 전도활동을 하기 시작한다.

> "기성교회는 구원이 없고 목사들은 삯꾼 목자 거짓 목자이며 진정한 구원을 얻으려면 이곳에 와야 된다."

라고 주장하는 '유재열 시대'를 열어간 것이다. 즉 유재열 씨는 하나님이 보내신 보혜사요, 진리의 성령이며, 영생할 알곡을 거두는 자이고, 하나님께서 인을 가지는 자로 삼으신 사자이며, 하나님의 계시를 받고, 일곱 인으로 봉함된 책을 먹었고, 열방 선지자로 만민에 기호로 삼은 종이라는 것이 그들 교리의 핵심이 된다. 유재열 씨의 아버지 유인구 씨는 장막성전에서 '원장님'으로 불렸는데 그는 매우 엄격하고 간섭이 심했으며 가끔 아들의 말대구에 손찌검을 했다. 그러자

신도들도 유재열 씨를 지지하는 쪽과 유인구 씨를 따르는 파로 갈라졌다. 호주의 다섯 살짜리 세이지 베인이란 여자 아이가 미국의 유명 장난감 회사의 '어린이 임원'으로 발탁되었다. 그의 그림 솜씨와 무엇이든 잘 만드는 손재주를 인정받았다고 한다. 주변의 어른들은 물론 그의 부모에게도 부러움의 대상이 될 지경이다. 유인구 씨도 유재열 씨와 그런 관계인지도 모른다. 아버지가 원장이었으나 아들에게 더 많은 재주가 있었던 것이다. 그래서 두 사람 사이엔 틈이 있었고 서로 지지 세력을 넓혀 가던 중 1967년 유인구 씨는 아들 유재열 씨에 의하여 축출되고 만다. 유재열 씨는 그 부친을 축출할 때 이렇게 말한다.

"나의 계시와 아버지의 계시가 전에는 같았으나 이제는 같지 않음을 보니 아버지가 사탄의 계시를 받고 있음에 틀림없다"

고 말하며 분쟁을 정당화했다. 즉 유재열 씨는 완전한 교주가 되기 위하여 자기 아버지까지도 악령에 사로잡힌 자로 몰아세워 쫓아낸 것이다. 아버지의 왕위가 탐나서 반란을 일으킨 압살롬이나(삼하15장). 교권이 탐나서 아버지를 추출한 유재열씨는 대동소이한 모습이다. 이들을 추종하는 사람들을 무엇이라 평가해야 옳을까? 주님은 말씀하시기를

(눅 12:52) 이후부터 한 집에 다섯 사람이 있어 분쟁하되 셋이 둘과, 둘이 셋과 하리니
(눅 12:53) 아비가 아들과, 아들이 아비와, 어미가 딸과, 딸이 어미와, 시어미가 며느리와, 며느리가 시어미와 분쟁하리라 하시니라

라 하셨으니 그대로 이루어지고 있는 것이다.

그 후 2년 만에 다시 장막성전에 돌아온 아버지 유인구 씨는 계시나 환상을 보지 못하고 있었으며, 죽은 신세로 전락했음에도 불구하고 아들 유재열 씨는 여전히 자기 부친과 자신이 계시록에 기록된 두 증인이라고 주장했다. 아마도 계시록 11장 3절의 말씀 "내가 나의 두 증인에게 권세를 주리니 저희가 굵은 베옷을 입고 일천이백육십 일을 예언하리라"라는 말씀을 성립하기 위한 불가피한 조치였을 것이다.

장막성전에는 많은 계급이 있어서 은 배지를 달고 있는 7천사, 흰색 배지의 24장로, 붉은색 배지의 48집사, 푸른색 배지의 70문도 등으로 계급이 차등화되어 있으며, 일반 신도는 검은색 배지를 착용했다. 특히 유재열의 외삼촌 신종환 씨는 '모세 장로'라 불리며 제사장 노릇을 하는데, 은색에 하얀 사기 바탕을 한 배치를 달고 다녔다. 또 직분에 따라 임명장이 있었는데, 이것이 바로 '천당행표'로 통했다. 그들이 천당행표로 여기는 사령장 뒷면에 7천사의 동맥을 면도칼로 잘라 흘린 피로 십자가를 그려 주었다고 하는데 감정결과 '돼지 피였다'는 설도 있다.

1975년 9월 서울 지검 영등포 지청은 대한 기독교 장막성전의 교주 유재열(당시 26세) 씨와 부교주 김창도(당시 41세) 씨를 비롯한 집사, 교주의 비서 등 4명을 사기, 공갈, 폭력행위 등 처벌에 관한 법률 위반 및 무고 등 혐의로 구속했다. 검찰에 의하면 교주 유재열 씨는 사이비 종교 집단을 만들어 2천여 명의 신도들을 이주시키고, 장막성전 건축 및 자신의 호화스런 주택 건축에 신도들의 헌금과 노역을 남용했으며, 신도들의 가옥, 농장, 논 등을 근저당 설정해 가로챘을 뿐만 아니라 폭력으로 신도의 공장을 빼앗고 여신도들을 강제로 능욕했다는 것이다.

사실 유재열 씨가 구속되기 전 장막성전은 이미 쇠퇴기에 접어들었다. 이무렵 경북 청도군 출신 이만희 씨가 장막성전에 재산을 다 털리고 사기당했다며 1967년 이탈했다. 또 7천사 중 한 명이었던 솔로몬 천사는 애인을 놓고 교주 유재열 씨와 삼각관계로 인하여 갈등을 일으키다가 장막성전에서 빠져나온 후 7천사가 해체되었고, 1969년 11월에 마지막 심판이 있을 것이라는 유재열의 예언이 빗나가자 많은 신도들이 이탈했다.

유재열 씨는 두루마리 성경을 먹었다고 하는 소위 '두루마리 계시'를 받았다는 1966년 3월 1일로부터 1260일이면 세상은 불바다가 된다고 가르쳐 왔던 것이다. 그래서 1969년 11월 1일이 세상의 종말이 될 것이라고 주장했다. 그는 사람들이 이 환란에서 살아남기 위해서는 장막성전에 들어와야 한다고 가르쳐 왔던 것이다. 그런데 아이러니하게도 바로 그 무렵이 장막성전의 전성기였으며 그 후부터 신도들이 급격히 감소하게 되었다.

이런저런 이유로 교주 유재열 씨는 1980년 10월 장막성전을 떠나게 되었고 오평호 목사가 후임이 되어 개혁을 시도했다. 때마침 서울대공원 계획에 의하여 막계리 장막성전은 철거되고 과천면 문원리에 새 부지를 불하받아 교회당을 건립하게 되었다.

이 무렵 예장 합동 비주류 청담동 측에서는 이들의 전향을 위해 노력하게 되었고 그 결과 대한예수교장로회 이삭교회가 창립되었다. 그러나 20여 년 동안 이단의 교리로 세뇌된 신도들까지 개혁시키기에는 역부족이었다. 그리하여 유재열 씨가 미국에서 돌아오자 오평호 목사를 해임하여 추방시킨 것이다. 또한 합동 비주류 측에서 탈퇴하여 독자적인 대한예수교장로회 이삭교회 총회를 조직하게 되었으니 새로운 교단인 형성된 것이다. 이런 와중에 이만희 씨는 경기도 안양시 비산동에 유재열 씨의 장막성전 이탈자들을 결집하여 '신천지 안양교회'를 세우게 된다. 이만희 씨는 「계시록의 진상」이란 책자를 통하여 장막성전 유재열 씨에 대해 신랄하게 비판하고 특히 요한계시록을 엉뚱하게 해석하고 있는 것으로 널리 알려진 인물이다. 그는 1971년 40여 개 항목으로 유재열 씨를 고소할 정도로 깊숙한 앙금이 있었던 터라 계시록을 통해 이만희 씨에 대한 복수심은 불태우고 있다는 것이 일반적인 견해이다.

한편, 장막성전을 통하여 많은 분파가 형성되었는데 '재림 예수'로 자칭하던 구인희(천국복음전도회), 자칭 '보혜사 성령'이라는 김풍일(실로등대중앙교회), 신천지 안양교회에서 탈퇴하여 자신을 '예수요, 보혜사'라고 주장하는 홍종효(증거장막성전) 씨 등이 그것이다. 이 중 신천지 장막성전을 세운 이만희 씨가 가장 활발하게 활동하고 있다. 그러나 '유재열의 각종 신비스러운 사건을 믿기 어렵다'면서 장막성전을 뛰어나와 '새 하늘 새 땅=신천지'의 교주가 된 이만희는 과연 어떤 사람인가? 그도 역시 '물고기', '별'사건 등을 내세우며 교주가 된 신비주의자였다.

"복음전도의 추수는 항상 긴급하다. 인간과 국가의 운명이 끊임없이 결정되어지기 때문이다. 우리는 지나간 세대에 대한 책임은 없다. 또한 다가올 세대에 대한 전적인 책임도 없다. 그러나 우리는 우리의 현 세대에 대한 책임이 있다. 하나님께서는 우리가 얼마나 책임감 있게 이 세대를 잘 완성하는지 그리고 우리의 기회들을 얼마나 잘 이용하는지 지켜보실 것이다."고 역설하는 빌리 그래함의 말처럼 유재열 씨의 장막 성전이나 이만희 씨의 신천지교회도 따지고 보면 이 세대를 살아가는 우리들이 하나님 앞에서 할 일을 못다 한 결과일지도 모른다.

3) 장막성전 교주 유재열과 이만희의 만남

이만희(李萬熙) 씨는 그의 조부의 꿈에 해, 달, 별이 떨어져 어두워진 후에 다시 하늘이 열리더니 빛이 나와서 이 씨의 어머니에게 비치는 것을 보고 손자의 이름을 만희(萬熙)라 했다고 한다. 이처럼 출생 이야기부터 범상치 않은 아이로 둔갑한 것인지 아니면 사실로 태몽이 그러했는지 알 수 없으나 이만희 씨의 이야기는 신비함으로 시작된다.

이만희 씨와 함께 신천지 안양교회를 창설했던 홍종효 씨에 의하면 이만희 씨는 그 후 서울로 상경하여 박태선 씨의 신앙촌에 있다가 1969년 당시 설교를 잘한다고 소문이 난 유재열 씨의 집회에 참석하게 되었다. 유재열 씨의 설교를 듣고 난 이만희 씨는 크게 감동하여 집에 돌아와 식음을 전폐하다시피 하며 성경을 통독하며 연구하게 되었는데 '진리를 좇아 가거라'라는 하나님의 음성이 들려 왔다는 것이다. 그리하여 이만희 씨는 본격적으로 장막성전에 발을 딛게 되었다고 한다. 그리하여 이만희 씨는 장막성전의 미장일을 보는 역군으로 있으며 '할렐루야'라는 별명을 받을 정도로 신앙생활에 열심이었다. 그러나 유재열 씨가 심경의 변화를 일으켜 목회를 포기하고 기성교회인 합동보수 측에 장막성전을 위임하자 이만희 씨는 이에 반발하여 홍종효, 신종환 씨 등과 함께 1980년 경기도 안양시 비산동에 신천지 안양교회를 세웠다. 그는 호생기도원, 신앙촌, 장막성전(계룡산의 구룡정사) 등지를 전전긍긍하다가 드디어 자기 왕국을 건설할 수 있을 만큼 성장한 것이다.

말뚝 박기란 미국의 서부 개척기에 국유지를 개인에게 불하하는 방법으로 정부에서 지정된 말뚝을 나누어 주고 일정한 시간 동안 말을 달리며 말뚝을 박게 하여 개인 소유로 인정하게 된 데서부터 유래되었다. 그런데 이만희 씨는 1931년에 태어나 1957년에 종교에 심취하기 시작하여 1980년에 안양에서 신천지교회를 설립하므로 말뚝을 박은 것이다. 그리고 지경을 넓히기 시작한 것이다. 어딘가 말뚝을 박고 터를 닦기 시작하면 꿈은 이루어지기 시작한다.

한편, 무료성경신학원의 신천지 24장로 직분의 간부 출신인 박 모 목사는 이만희 씨가 신천지 안양교회를 설립하게 된 계기가 다른 데 있다고 한다. 즉 박 목사에 의하면 이만희 씨가 충남 계룡산의 '차선녀'란 무당의 암자인 구룡정사에서 40일 기도 중에 신 내림을 받은 사건이라고 주장하고 있다. 박 목사는 이만희 씨가 자신을 구룡정사 및 구룡정사 근처의 기도하던 바위까지 직접 데려가 구경시켰다고 한다. 이것이 사실이라면 이만희 씨는 무당을 스승으로 모셨으나 신통치 않자 이단의 교주로 변신한 무당에 불과하다.

4) 장막성전 교주 유재열과 이만희의 분열과 신천지교회의 태동

유재열 씨가 심경의 변화를 일으킨 동기는 앞서 논한 대로 각종 사건에 연유되었기 때문이기도 하지만 대한예수교장로회 보수 측(청담동)의 노력도 적지 않았다. 그리하여 유재열 씨가 장막성전을 포기하고 교회를 떠나자 심한 배신감을 느낀 이만희 씨는 홍종효 씨를 비롯한 추종자들과 함께 신천지 안양교회를 설립하여 독립하게 되었다. 그 후 신천지 안양교회 사람들은 유재열 씨와 장막성전을 비방하는 편지들을 발송했다가 장막성전 교회 관계자들로부터 명예훼손으로 고소당해 수감되어 100일 만에 집행유예로 풀려났다. 무료성경신학원 측에서는 이 사건을 마태복음 12장 40절의 말씀과 연계하고 있다. 즉

> (마 12:40) 요나가 밤낮 사흘을 큰 물고기 뱃속에 있었던 것같이 인자도 밤낮 사흘을 땅 속에 있으리라

이 말씀처럼 자기들도 그러한 고난이 있어야 한다는 식으로 말하고 있다. 또한, 요한계시록 11장 11절에서 "삼 일 반 후에 하나님께로부터 생기가 저희 속에 들어가매 저희가 발로 일어서니 구경하는 자들이 크게 두려워하더라."에서 '두 증인'의 '삼 일 반 동안의 죽음'과 연관시키고 있다. 즉 자기들이 명예 훼손죄로 구류처분받게 된 것을 하나님의 종으로서 추수할 일꾼들의 고난으로 둔갑시킨 것이다.

신천지 안양교회 초기에는 이만희 씨와 홍종효 씨가 '두 증인', '모세와 아론'이 되어 설교와 사회·기도를 각각 담당하다가 사소한 문제로 다툼이 있어 1987년 결별하고 홍종효 씨는 홍제동에 증거장막성전을 세우고 자신만이 진짜 '예수'라고 주장하고 있다. 그 후 이만희 씨는 1990년 6월 12일 서울 서초구 방배 2동에 신학교육원(현 사당 신학교육관)을 설립하고 무료성경신학원을 시작하게 되었다.

하여튼, 저들이 주장하는 대로 저들이 '이긴 자'이든, '두 증인'이든, 진짜 '예수'든 간에 범상치 않은 '영적 사람임에 틀림없다'면 사소한 일로 분열하여 갈라선다니 마가의 일로 바울과 바나바가 심히 다툰 것(행 15:39)을 흉내 내고 있는가? 그렇다면 종국에는 저들도 화해의 모습을 보여야 할 것인데 현재의 정황으로 볼 때 이해가 곤란한 대목이다.

유영만은 그의 저서 『용기』 중에서 "물은 100도에 이르지 않으면

결코 끓지 않습니다. 증기기관차는 수증기 게이지가 212도를 가리켜야 움직입니다. 99도, 211도에서는 절대로 변화가 일어나지 않습니다. 고작 1도 차이일 뿐인데도 말입니다. 용기는 집요함을 요구합니다. 마지막 1퍼센트의 인내가 인생의 성패를 좌우합니다."라고 한다. 시험도 1점 차이로 합격과 불합격이 갈린다. 올림픽은 더해서 불과 0.01초 차이로 메달 순위가 바뀐다. 다 끝났다 싶을 때 한 번 더 살펴보고, 더 이상 길이 없다 싶을 때 한 걸음 더 나가야 '변화'가 온다. 마지막으로 한 번 더! 한 걸음만 더! 여기에 성공의 비결이 있다. 우리가 이만희 씨를 비롯한 각종 이단이 들끓는 세상에 유혹받고 있지만 1도의 차이만 다를 수 있다면 저들의 미혹에 빠져들지 않을 수 있다. 1도의 틈바구니만 생기면 미혹된 저들을 회심시켜 구원할 수 있다. 저들의 행태가 범상치 않을 때가 우리는 진리의 나팔을 불어야 할 때이다.

5) 신천지교회의 조직

이들은 전국의 지 교회와 신학원을 12지파로 분류하여 144,000명만이 구원을 받는다고 주장하고 있는데 그 지파의 명칭은 다음과 같다.

본　부: 유다 · 요한지파
영등포: 시므온 · 시몬지파
인　천: 스불론 · 바들로매지파
부　평: 레위 · 마태지파
성　북: 잇사갈 · 야고보지파
불　광: 베냐민 · 도마지파

대　전: 므낫세·맛디아지파

강　원: 납달리·빌립지파

대　구: 아셀·다대오지파

광　주: 요셉·바벨론지파

부　산: 르우벤·야고보지파

여명(부산): 갓·안드레지파

이들의 교세는 신학원생과 신천지교회의 교인을 합하면 약 2만 정도로 추산된다.

6) 이만희 씨의 신앙적 계보

이만희 씨의 신앙적 계보를 도표로 보면 다음과 같다.

〈표 1〉 이만희 씨의 신앙적 계보

황국주, 김백문 ⇒ 문선명, 박태선 ⇒ 호생기도원(김종규) ⇒ 장막성전(유재열)

▶장막성전 (유재열 1966년 창립/경기도 과천면 막계2리)

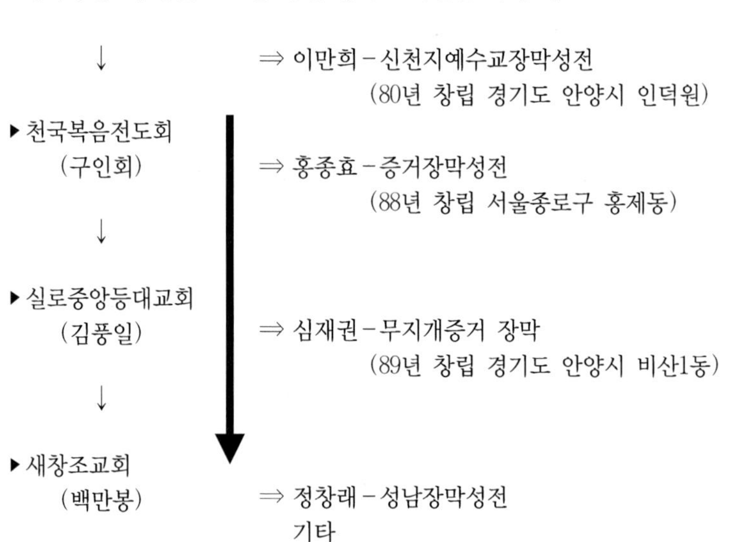

현재는 과천새소망교회로 개칭 대한예수교장로회(개혁국제)/장현승 목사가 담임하고 있으며 과천지역교회연합회에서도 가입을 검토하고 있다.

〈박형택 www.whapyung.org〉

7) 무료성경신학원의 연락처

〈표 2〉 무료성경신학원의 연락처

지역	신학원	전화번호	신학원	전화번호	신학원	전화번호
서울	강남	02-567-9169	강동	02-484-0896	광화문	02-732-0909
	광명	02-2617-7422	경동	02-957-1362	대방	02-826-2133
	돈암	02-923-2873	불광	02-388-6462	사당	02-586-6135
	송파	02-421-0966	신림	02-874-9524	신촌	02-716-2536
	영등포	02-2631-9068	은평	02-382-1020	창동	02-995-6694
	화곡	02-694-7202	홍제	02-395-9440	서울역	02-771-2430
경기	동수원	031-234-9040	수원	031-251-9040	성남	031-731-4546
	일산	031-922-6462	의정부	031-848-1440	안양	031-442-6322
	안산	031-410-0692	분당	031-715-5790	원당	031-966-3376
	화정	032-973-1155				
인천	간석	032-427-8295	부평	032-515-0373	석남	032-575-6395
	석암	032-431-2117	주안	032-874-9320		
광주, 전라	광주	062-525-5519	군산	063-463-5590	금암동	063-275-8679
	대인	062-227-0900	목포	061-279-0073	백운	062-671-5108
	순천	061-742-2728	여수	061-662-6564	익산	063-856-5176
	전주	063-283-7383				
부산, 경남, 제주	광안	051-759-4849	김해	055-337-5280	덕천	051-343-2841
	동래	051-555-0357	마산	055-299-4759	방어진	052-233-6449
	범일	051-633-7348	사상	051-314-1274	서면	051-818-4424
	신정	052-269-3927	양정	051-867-3442	연제	051-853-7370
	중앙	051-255-1984	진주	055-747-5133	진해	055-545-3508
	창원	055-267-6092	제주	064-749-3927		
대전, 충청	용문동	042-527-8901	중동	042-222-2528	중리동	042-622-3487
	천안	041-557-3005	청주	043-258-3008	충주	043-847-8970
대구, 경북	대구	053-72-0805	동대구	053-959-7680	포항	054-281-7867
강원	강릉	033-647-3867	동해	033-533-7479	속초	033-635-1254
	원주	033-765-0477	춘천	033-261-1778		

(4) 신천지교회와 무료성경신학원의 활동

무료성경신학원은 1993년 전국에 15개 정도의 무료성경신학원을 개설했는데 현재 전국적으로 80여 곳이 있을 뿐 아니라 미국, 일본, 독일, 이태리, 중국 등지에 25개 정도의 신학원을 세웠으며 그중 15개 정도는 중국에 있다.

현재 국내에서 활동하는 정진실, 이충직 씨가 많은 집회를 인도하는데 정진실(본명 정해동) 씨는 고신대 기독교 교육학과 81학번(88년 졸업)이나 고신 대학원을 중퇴하고 이만희 씨를 만나 무료성경신학원 교리에 빠져 정영복이란 가명으로 신천지교회의 부산 경남 지역을 대표하던 여명교회(안드레교회)를 담임하면서 99년에는 300명까지 교세를 확장시켰던 인물이다. 현재는 부평 무료성경신학원을 책임지고 있다.

그는 출신 성향을 잘 활용하는 인물인데 정통 기독교 신앙과 이만희 씨의 주장을 비교하여 무료성경신학원의 교리를 가르치고 있기 때문에 무료성경신학원의 교리에 약한 기성교회에서는 각별한 주의가 필요하다.

그들은 수많은 이름을 사용하며 성도들을 현혹하는데 과거에는 '시온기독교신학원', '무료성경신학원', '평신도 성경신학원' 등의 신학원을 강조했으나 근래에는 '대한예수교교역자선교협의회', '세계교역자연합선교회', '세계복음화선교협의회' 등의 단체 이름을 앞세워 기성교인들을 미혹하고 있다. 이처럼 '신천지 장막성전'을 당당하게 앞세우지 못하는 이유는 자기들의 근본이 유재열계열의 분파가 아닌 듯이 위장하기 위함이거나, 기성교회 단체처럼 보이기 위한 전술일 수도 있을 것이다. 무료성경신학원은 기독교 신학교육원(원장 조시일)이 실시한 것으로 자의적 성경해석을 통해 정통신학에 배치되는 내용으로 일관되어 문제가 있다. 이들은 '성경을 무료로 가르친다'며 전철역과 아파트단지 등에서 수강생을 모집하는 전단지를 배포하여 사람들을 모은다. 특히 이들이 전단지를 국민일보 지국을 통해서도 전국적으로 배포하면서 마치 정통인 양 위장술을 쓰고 있다. '무료'라는 문구에 현혹된 수강생들의 대부분은 '무료성경신학원'의 실체를 모르고 잘못된 공부를 하고 있어 교계 차원의 조직적인 대응이 촉구된다.

이곳을 찾는 수강생들은 대부분 기성교회의 충실한 사람들로서 성경을 좀더 자세히 알고자 하는 열망으로 찾아왔는데 엉뚱한 교리를 배우는 결과를 초래하고 있는 것이다.

이 신학원은 전국 주요 도시 30여 곳에 산재해 있으며 서울지역(원조: 방배 2동/T. 586-6135)에만도 6개소가 있다. 무료성경신학원을 졸업한 학생 수는 수천에 이를 것으로 추산된다.

이 기독교신학교육원의 원장 조시일(=조일래) 씨는 자칭 '보혜사'라고 하는 실로등대중앙교회(서울봉천동 소재)의 김풍일 씨와 함께 사역을 했던 사람이다. 조 원장은 안양에서 사역하는 이복용 장로를 대표 격으로 하여 일했던 것으로 알려져 있다.

이들 신학원은 '전국 원로장로협의회'라는 모임의 후원으로 운영되고 있는데, 상당수가 일반 교회에 출석하고 있는 장로들이라는 점에서 한국교회의 허점이 노출되고 있는 실정이다.

'전국 원로장로협의회'라는 모임은 이만희 씨의 영향을 강하게 받은 사람들로 구성된 것으로 알려졌다. 이만희 씨의 저서 「계시록의 진상」 내용 중 '비유와 짝' 등이 담긴 비디오테이프와 카세트테이프가 전국에 배포되고 있는데 이 씨가 부흥회를 인도하자 그의 설교를 들은 자들이 감명을 받고 모였다고 주장한다.

무료성경신학원 강사들은 대부분 신학원이 세워질 때 수강했던 사람들로서 수강 직후 시험을 치르고 자기들이 세운 자격요건에 맞으면 강사로 활동하게 된다고 한다. 이것은 잘못된 신학공부를 한 사람에 의하여 잘못된 신학이 전파되고 있음을 짐작하게 하는 대목이다. 즉 기성교회의 목사는 대부분 4년제 일반 대학을 졸업하고 다시 신학대학원에 들어가 3년을 공부한 후 각종 고시를 거쳐 합격한 자라야 목사 안수를 받는 점을 고려할 때 학벌이 없거나 속성을 좋아하는 일부 사람들의 파렴치한 '강사자격'이라 할 수 있다.

무료성경신학원의 교육과정은 초등(2개월), 고등(2개월), 실습(1개월)으로 구분되어 주 4일간 실시되고 있다. 이 중 초등과정이 가장 중요한 교리를 담고 있는데 그 내용은 비유풀이, 구·신약 개론, 역사서, 교훈서, 예언서 등이다. 그들은 이러한 과정을 가르치는 동안 성경에 나오는 장막성전이 마치 지상의 특정 장소에 존재한다는 식으로 말하고 있다. 따라서 장막성전에 들어가야만 구원받을 수 있는 것처럼 성도들을 미혹하고 있다.

최근 무료성경신학원에서 초등과정을 수료한 한 성도의 경험담에 의하면 '약속한 목자와 성전'이란 제하에서 교육하던 강사가 "일곱 교회의 사자에게 편지한 자요, 하늘에서 온 책을 받은 자요, 계시를 받아 증거 하는 자이다. 그러므로 이 목자가 증거 하는 성전이 곧 약속의 증거장막성전이며 신천지의 목자이다"라고 말했다는 것이다. 그들은 이처럼 성경 말씀을 인용하여 이만희 씨와 그의 교회가 마치 약속의 목자요, 성전이라는 식의 뉘앙스를 풍김으로써 성도들이 현혹되게 하고 있다. 그리하여 무료성경신학원을 수료한 학생들을 안양의 이만희 씨의 교회로 안내하여 예배를 드리게 함으로써 그들의 교육

목적을 달성해 가고 있다.

한편, 무료성경신학원은 대학 캠퍼스에도 활개를 치고 있다. 그 예로서 전남대에서는 신입생 원서 접수 기간 동안에 전남대 기독연합회 및 선교단체들이 신입생을 대상으로 설문지를 돌렸는데 정체불명의 사람들이 나타나 조직적으로 전남대학교 기독연합회를 비방하며 설문지 조사를 받는 신입생들에게 불신과 두려움을 심어준 것은 물론 3일째 되는 날에는 5명의 험상궂은 사람들까지 동원하여 학생들을 협박하며 소란을 피우다가 싸움이 벌어지기도 했는데 학생들에 의하면 정체불명의 사람들은 신천지교회 사람들인 것으로 밝혀졌다고 한다. 그러나 신천지교회는 전남대에 선교단체가 아닌 '봉사단체 동아리'로 등록하여 활동하고 있다.

마르코 폴로와 쇼팽, 아인슈타인과 피카소의 공통점은 모두 조국을 떠나 활동한 천재들이라는 점이다. 마르코 폴로는 쿠빌라이칸 치하의 원나라에서 17년 동안 활약했다. 그러나 폴란드의 쇼팽과 스페인의 피카소는 각각 시기는 다르지만 프랑스의 파리에서 활동했던 예술가들이다. 또한, 아인슈타인은 독일에서 태어났지만 미국에서 활동하며 미국인으로 살았다. 그렇다면 장막성전을 세우고 '어린 종'이라 불리던 유재열 씨와, 무료성경신학원(신천지교회)을 개설하고 '두 증인' 등이란 이만희 씨와, 홍제동에 증거장막성전을 세우고 진짜 '예수'라는 홍종효 씨와, 봉천동에 실로등대중앙교회를 설립하고 '보혜사'라고 주장하는 김풍일 씨 등의 공통점은 무엇일까?

'하나님께서 다른 사람의 결점을 우리에게 보여주실 때 저들을 비난하기보다는 중보의 자세로 직면해야 한다.'고 오스왈드 챔버스는 역설한다. 다른 사람의 약점에 대해 다음과 같은 부정적 반응이 있을 수 있다. 평소에 남의 약점 찾기를 즐기는 경우가 있고, 자신과 비교하여 자신의 장점을 자랑하는 경우가 있고, 나랑 상관없다고 무관심하거나, 대놓고 비난하며 욕하기, 뒤에서 비방하고 손가락질하기, 마음으로 평가하고 미워하기 등 여러 가지 부정적인 방법이 있을 수 있다. 그러나 긍정적인 반응도 있다. '그럴 수도 있지' 하며 덮어준다든가 상대방의 입장에서 이해한다든가 무조건 감싸준다든가 약점대신 강점을 찾아 말하는 경우 등이 있을 수 있다. 그런데 한걸음 더 나아가 그의 약점을 품고 하나님 앞의 중보하는 자리까지 나아가는 것이 크리스천의 본분일 것이다. 우리 주변에서 호시탐탐 우리의 영혼을 노리는 저들을 어찌할까? 저들에게 부정적이든 긍정적이든 앞서 말한 대로 인본주의적 이성에 의하여 대해야 할 것인지, 발에 먼지라도 떨어버려야 할지 혼란스러울 수도 있다. 그러나 우리는 이성대로 사는 사람들이 아니라 말씀대로 사는 사람들임을 명심해야 한다.

(딛 3:10) 이단에 속한 사람을 한두 번 훈계한 후에 멀리 하라

2. 신천지교회에 대한 정통교단의 입장은 무엇인가?

(1) 대한예수교장로회 합동 측의 견해

1994년 총회에서 이재영 목사를 위원장으로 소위 '무료신학원'에 대한 조사위원회를 구성하여 조사한 결과 위원회의 보고를 유인물(보고서 p.405-414)대로 받기로 가결했다. 보고서에 따르면

1. 무료성경신학원의 실체와 이단성 규명 결론

1) 무료성경신학원은 성경을 임의적으로 해석하여 전통적 성경해석 원리를 근본적으로 무시한 자들이다.
2) 그들은 성경을 비유적 개념으로만 풀어 나가려고 하는 매우 무지한 소지를 취하고 있는 자들이다.
3) 그곳에서 가르치는 자들은 정상적인 신학수업을 받지 못한 자들이기에 신학적 기반이 없으므로 지도자로 나서기에는 매우 위험스러운 자들이다.
4) 일정한 그들의 기준에 도달한 자만이 그들의 교회 및 단체에 관여케 하는 비밀 집단 체제 방법을 갖고 있다.
5) 종말론을 강조하면서 기성교회와의 괴리를 시도하며 기성성도들을 위협하고 있다.
6) 건전한 기독단체인 것처럼 위장전술을 사용하고 있다.
7) 일고의 신학적 신앙적 가치가 없는 집단으로 밝혀지고 있다.

라고 밝히고 있다. 뿐만 아니라 이들의 침투를 막기 위하여 교단적으로는 물론 개 교회에서 어떻게 해야 할 것인지를 구체적으로 대안을 제시하고 있다.

2. 이들의 침투를 막기 위해서는
1) 건전한 성경교육과 종말관을 개 교회에서 일반 성도들에게 가르쳐야 할 것으로 사료된다.
2) 개 교회는 좀더 적극적으로 성도들을 관리함으로써 이들 세력에 오염되지 않도록 방지한 것이 좋을 것으로 사료된다.
3) 개 교회 안에서 건전한 공동체의식을 갖고 소외되는 자가 없도록 노력해야 할 것으로 사료된다.
4) 이들의 실체를 좀더 교단 내에 알리어 사전 예방하는 것이 시급한 것으로 사료된다.
5) 이들의 계속적인 활동 상황에 대한 조사 연구는 이단대책연구위원회에서 계속하여 대책을 마련해야 할 것으로 사료된다.

대한예수교장로회 합동 측에서는 이상과 같은 이만희 5인 조사위원회의 조사결과를 1995년 80회 총회에서 채택하고 "이만희의 무료성경신학원은 신학적, 신앙적으로 일고의 가치가 없다."는 결론을 내림으로써 신천지교회(무료성경신학원)를 이단으로 정죄하고 있다. 그러나 무료신학원 대책위원회에서 제시한 5개항의 '이단의 침투를 막기 위해서는' 지금 어떻게 활용되고 있는지 알 수 없다.

"성경은 죄에서 당신을 지킨다. 그러나 죄는 성경에서 당신을 지킨다."는 D. L. 무디의 말처럼 말씀 안에 거할 때 우리는 죄를 가까이 할 수 없으나 죄 안에 거할 때 우리는 말씀을 가까이 할 수 없다. 이단의 침투를 막기 위해선 말씀 안에 거하는 수밖에 없다. 친일파 송병준은 일본에 나라 팔아먹었던 사람으로 알려졌다. 그런데 그의 증손자 송 모 씨는 부평에 있는 국방부 소유의 땅을 자신의 땅이라고 속여 2억 2천여 만 원을 챙겼다. 죄는 또 다른 죄를 낳는다. 공신력 있는 교단에서 정죄할 때 정중하게 받는 것도 회개의 길이 된다. 길이 있음에도 길로 보지 못하는 우둔함은 죄에 시달린 영혼의 상처 때문이리라.

(2) 대한예수교장로회 통합 측의 견해

대한예수교장로회 통합 측에서는 이만희(신천지교회, 무료성경신학원) 씨에 대하여 다음과 같이 말하고 있다.

> 이만희 씨는 장막성전(당시 교주 유재열, 현 이삭교회)에서 이탈하여 안양에 신천지교회(신천지예수교증거장막성전)란 것을 세웠다. 이 씨는 '도서출판 신천지'를 통해서 [영원한 복음 새 노래 계시록 이 씨], [천국비밀 계시록의 진상], [하늘에서 온 책의 비밀 계시록

의 진상 2] 등의 책을 폈는데, 이 책들은 장막성전에서 일어난 일을
말세의 사건으로 보고 거기에 맞추어 성경을 억지로 해석한 반기독
교적인 책들이다. 또한, 무료성경신학원(또는 기독교신학원)이란 곳
에서는 무료로 성경을 가르쳐 준다고 선전함으로써 성도들을 미혹하
고 있는데, 여기에서 사용되는 교재들은 이만희 씨가 저술한 책들과
그의 사상을 토대로 만들어진 것들이다.

라고 말하며 이 씨의 반기독교적인 점을 지적하면서 다음과 같은 연
구 결론을 맺고 있다.

> "이만희 씨는 장막성전(당시 교주 유재열) 계열로서, 그가 가르치
> 고 있는 계시론, 신론, 기독론, 구원론, 종말론 등 대부분의 교리는
> 도저히 기독교적이라고 볼 수 없는 이단이다. 따라서 이런 이 씨의
> 교리나 주장을 가르치고 있는 신천지교회(신천지예수교증거장막성
> 전)나 무료성경신학원(기독교신학원)에 우리 총회 산하 교인들이 가
> 는 것을 금해야 한다."

조지 워싱턴의 판단력, 제퍼슨의 총명함, 링컨의 천재, 루즈벨트의
정치적 지혜, 케네디의 젊음과 용기를 다 갖춘 슈퍼스타가 이 땅에는
없다. 그런데 이긴 자, 두 증인, 세례 요한 격인 보혜사 등으로 자처
하면서 그렇게 불리기를 좋아하는 것에는 무리가 있는 것 같다.
"짧은 시간에 기온이 급격하게 올라갈 것이 예상되므로 자동차 운
전이나 부부싸움에 주의하시기 바랍니다." 지난 4월 하순 일본 기상
협회 홋카이도 지사가 내린 정식 일기예보이다. 한 시간에 3−5도씩
급격히 온도가 올라가는 '푄현상'이 사람의 심신에 미치는 악영향을
경고한 것이다. '어깨가 쑤시는 걸 보니 비올 모양이구먼!' 하는 노인
네의 말이 없어도 뇌출혈, 협심증, 심근경색, 천식은 물론 심지어 맹

장염도 날씨와 관계가 있다고 한다. 머지않아 일기예보와 동시에 "오늘은 이런 저런 병에 주의하십시오."란 기상병 예보를 들으며 출근하게 될지도 모른다. 말세의 징조로 '처처에 기근과 재난'(마 24:7)이 있을 것인데 기후의 변화는 많은 위기를 동반한다. 이렇게 징조가 보임에도 아직도 징조를 징조로 여기지 못하는 딱한 사람들이 있다. 그러나 그보다 더 큰 위기는 넘실대는 이단들의 미혹이다. 이단에 미혹되어 흔들리는 영혼에 대한 책임을 연약한 신도들에게 묻기 전에 공신력 있는 교단에서 적절한 대응으로 지원하지 못한 종교지도자들의 방심도 간과되어선 안 될 것이다.

(3) 합동신학의 견해

"신천지예수교 이만희 씨는 자신을 신격화시키고 성경을 왜곡하여 신천지예수교에만 구원이 있다고 선전하고 예수 십자가의 대속을 믿는 믿음으로는 구원을 얻을 수가 없으며 자기에게 와야 구원을 얻는다고 선전하는 이단으로서 전도관의 박태선, 통일교의 문선명의 아류이며 ,영생교의 조희성, 새일교의 이유성과 같이 자신을 구세주로 믿게 하여 수많은 영혼을 유린하는 이단임이 확실하다.

따라서 우리 교단도 신천지예수교 이만희를 이단으로 규정하고 공포하여 미혹을 방지해야 한다고 믿는다. 그가 쓴 요한계시록에 대한 글도 전도관, 통일교에 교리를 전수한 김백문의 「성신신학」과 「기독교근본원리」 그리고 새일교 이유성의 「요한계시록 해설」 변찬린의 「원리강론」 등에서 가져다가 혼합한 것이다"

라고 2003년 9월 23-25일 역삼동 소재 화평교회에서 열린 합동신학 88회 총회에서 이만희 씨를 이단으로 정죄했다. 자기의 뚜렷한 이론도 없이 남의 것을 가져다 짜깁기한 교리로서 잡탕을 이룬 것은 "원님 덕에 나팔 부는" 이단일 것이다.

"작가가 되고 싶다면 두 가지 일을 반드시 해야 한다. 많이 읽고 많이 쓰는 것이다. 이 두 가지를 피해 갈 수 있는 방법은 없다. 지름 길도 없다."(스티븐 킹) 작가뿐만이 아니다. 지름길을 찾는 사람에게 서 프로는 탄생되지 않는다. 지겨운 반복! 피나는 반복! 그것이 프로 들이 가는 길이다. 지름길은 정녕 없다. 세상(육적인 일)의 일도 그 렇거늘 하물며 하늘의 일(영적인 일)은 일러서 무엇하랴! 남들의 이 론을 짜깁기하여 교리를 세우고 종교를 만들어 본들 밝혀지지 않을 것인가? 짜깁기로 누더기가 된 교리가 사람들이 눈에도 이토록 처량 하거늘 하나님의 눈에는 어떻게 보일 것인가?

(4) 기독교대한성결교의 견해

기독교대한성결교 이단사이비대책위원회에서 2001년에 발행한 「구 원은 있는가? 2」란 책 p.115-128에는 다음과 같이 되어 있다.

  * "무료성경신학원 또는 시온기독신학원은 무료로 성경을 가르치는
    신학원으로 가장하여 기성 신자들을 미혹하는 조직이다"
  * "이 집단의 뿌리는 유재열의 장막성전이다"
  * "신천지 안양교회는 이만희를 비롯한 장막성전 이탈자들이 세운
    것이다"
  * "이만희는 자칭 '하나님', '인치는 자', '보혜사 성령', '재림주', '어
    린 양'으로 호칭하는 전형적인 이단이다"
  * "이만희 집단은 윤회 교리를 주장한다"

라고 서문에서 말하면서 다음과 같이 결론을 맺는다.

"이만희 씨는 장막성전(당시 교주 유재열)계열로서, 그가 가르치고 있는 계시론, 신론, 기독론, 구원론, 종말론 등 대부분의 교리는 도저히 기독교적이라고 볼 수 없는 이단이다. 따라서 이런 이 씨의 교리나 주장을 가르치고 따르고 있는 신천지교회(신천지예수교증거장막성전)나 무료성경신학원(기독교신학원)에 우리 총회 산하 교인들이 가는 것을 금해야 한다."

이러한 견해대로 기독교적이라 할 수 없는 교리를 가졌다면 차라리 기독교를 표방하지 말고 새로운 종교를 창시함이 어떨까? 반기독교적이면서도 기독교란 이름을 사용하고자 하는 것은 얻을 수 있는 득이 '이단'으로 낙인찍히는 것보다 크기 때문이 아닐까?

만일 그것이 사실이라면 언젠가 반드시 망할 것이다(마12:25). 저들의 전신인 최연소 이단의 교주였던 유 씨의 망함을 생각해 보라. 저들도 반드시 망할 것이다.

> (롬 16:17) 형제들아 내가 너희를 권하노니 너희 교훈을 거스려 분쟁을 일으키고 거치게 하는 자들을 살피고 저희에게서 떠나라

는 말씀대로 저들에게 미혹된 사람은 저들에게서 떠나야 할 것이다. 그리하여 사도들의 가르침을 귀담아들어야 한다.

> (고전 1:10) 형제들아 내가 우리 주 예수 그리스도의 이름으로 너희를 권하노니 다 같은 말을 하고 너희 가운데 분쟁이 없이 같은 마음과 같은 뜻으로 온전히 합하라

만일 이 말을 듣고도 듣지 않는 자는 육에 속한 자일 것이다(고전3:3)

제나라에 왕을 위해 큰 공을 세운 삼총사가 있었다. 그들은 임금을 구한 공을 믿고 안하무인으로 행동하여 국가의 질서를 어지럽게 만들었다. 그러자 지혜로운 재상 안영은 임금의 묵인 아래 이들을 제거하기로 했다. 마침 좋은 기회가 왔으니 초나라 왕의 국빈 방문이었다. 동맹국왕의 방문이고 보니 제나라에서는 크게 주연상을 베풀었다. 취기가 오를 무렵 왕은 정원에서 가장 좋은 복숭아 다섯 개를 따오도록 했다. 복숭아 다섯 개를 두 왕이 하나씩 집어 들었다. 그리고 초나라와의 외교를 성사시킨 안영에게 하나를 주었다. 이제 복숭아는 두 개가 남았다. 그러자 복숭아를 탐내던 삼총사 중의 전개강이 자기의 공을 내세우며 하나를 차지했고 이에 질세라 고야자도 자기의 공을 내세우며 남은 복숭아 하나를 집어 들었다. 그러자 복숭아를 차지하지 못한 공손접은 "내 공로를 인정받지 못하다니 억울하다"며 그 자리에서 자결하고 말았다. 이것을 본 두 용사도 '내가 복숭아에 눈이 어두웠다.'며 자결하고 말았다. 이리하여 안영의 지혜로운 재치는 복숭아 두 개로 용사 셋을 죽였던 것이다.

지금이 바로 이러한 지혜가 필요한 때다. 통일교, 여호와의 증인, 신천지교회 등 안하무인격인 이단들이 판을 치고 있다. 이러한 이단들을 일격에 무찌를 수 있는 지혜가 있었으면 좋겠다는 생각이 든다. 사람의 힘으로는 불가능한 일이다. 그래서 엎드리는 것이다.

엘머 타운즈의 말대로 주님은 전화를 기다리고 계신다. 이제 우리는 주와 이야기하기 위해 수화기를 집어 들어야 한다. 사랑하는 사람에게 전화를 걸어야 한다. 이단에 미혹된 영혼에게 전화를 걸어야 한다. 그리고 사랑하는 사람(이단에 미혹된 사람)의 전화를 기다려야 한다. 마치, 사랑하는 사람들의 전화처럼 주님은 우리의 전화를 기다리고 계신다. 설렘으로 기다리신다. 기도의 수화기를 들고 "하나님!

안녕하세요?"라고 말하며 전화하자. 이단에 미혹된 영혼이 있다고 알려드려야 한다. 하나님이 모르실리 없지만 안타까운 우리의 심정을 고백해 보자.

 "믿음은 불신에서 멀리 있지 않으며, 사랑은 미움에서 멀리 있지 않습니다. 희망은 의심에서 조금 떨어진 곳에 있으며, 기쁨은 항상 눈물 곁에 있습니다."라는 스태니슬라우스 케네디의 하소연처럼 기쁨의 눈물을 기대하며 전화하자. '하나님의 우물'에는 빛과 그림자가 함께 있다. 퍼 올린 두레박에 고통의 그림자만 담겨 있다고 낙심하지 말라. 그림자를 있게 한 빛줄기가 그 안에 가득하다. 실패와 고통 속에 성공과 영광의 빛줄기가, 미움 안에 사랑이, 절망 중에 희망이, 눈물 속에 기쁨이 함께 있다. 마찬가지다. 이단이 있다는 것은 정통진리가 함께 있다는 증거이다. 비진리가 있다는 것은 진리가 있다는 말과 같다. 가짜가 있다는 것은 어딘가 진짜가 있다는 것을 반증하는 것이다. 이단이 보인다는 것은 정통에 거한다는 증거이다. 빛이 있는 곳에는 그림자도 함께 있다. 구하자 어둡고 캄캄한 그림자에 가려진 영혼들을.

3. 신천지교회가 미친 영향은 무엇인가?

(1) 캠퍼스에 미친 영향 사례

 합동신학의 박형택 목사는 본 교단으로부터 이단대책연구위원으로 위촉받아 연구한 결과를 88회 교단 총회에 다음과 같이 보고했다.

신천지에 대한 피해 상황은 통계가 나오지 않았으나 특히 전남지역에서 피해가 심하고 광주에서는 대학에서 기독동아리가 신천지 사람들의 공격을 받아 어려움에 처한 경우도 있다. 현재 대학가에서 활동적으로 움직이는 이단, 사이비 동아리들은 대표적으로 안상홍 증인회, 이만희 계열, JMS(현, 기독교복음선교회), 구원파, CBA 등이 있다. 특히 이들 중에는 자신들의 이단성을 감추기 위해 사회봉사단체, 인형극 공연 단체 등으로 위장하여 캠퍼스로 침투하는 경우도 종종 발견된다.

신천지교회(이만희 측) -행정조직 장악으로 캠퍼스 내 침투-(신문 기사 일부)

광주 전남지역 대학가는 이단 문제로 심한 몸살을 앓는 중이다. C.C.C.의 이관우 간사(서울 북동지구 대표간사)는 "서울지역 캠퍼스는 이단문제가 그렇게 심각한 양상을 보이진 않으나 광주·전남 지역의 대학가는 신학기가 되면 신천지교회 등 이단 단체와 해마다 '전쟁'을 치른다."고 말할 정도다.

특히 전남대는 최근 신천지교회의 활동으로 큰 어려움을 겪는 실정이다. 전남대기독인연합의 한 관계자는 "신천지교회는 기존의 이단단체들이 개인적인 접근을 보인 것과 달리 행정조직을 장악하는 방법으로 캠퍼스를 파고든다."고 지적했다.

총학생회에 출마를 하는가 하면 지금까지 '운동권의 오른팔 격'으로 불리던 동아리연합회장에 출마를 하는 경우도 있었다고 전한다. 이들은 기존의 총학생회가 사회참여에 집중하며 해 주지 못했던 '학내 동아리의 복지문제'를 실제적으로 해결하며 학내에서 인정받는 세력으로 자리매김한다는 것이다. 전남대 동아리 연합회를 맡았던 현재의 17대는 물론 16대도 임원 중에 이만희 측 단체 출신들이 있다는 의견이 학내의 지배적인 의견이다.

전남대에서 40년 동안 캠퍼스의 복음화를 위해 헌신한 C.C.C. 등이 어렵지 않게 제명된 배후에는 신천지교회와 관계된 임원들이 포진한 것 아니냐는 의혹이 증폭된다.

지금도 가장 많은 이단 상담이 들어오는 단체는 신천지 이만희와 안상홍 증인회이다. 필자에게 문의를 해 온 것만도 수십 건에 달하는데 그중에 부인 가출문제로 상담해 온 건수도 여럿이다. 현대종교나 교회와 신앙에서도 가장 많은 상담 건수를 기록하고 있다.

이것은 이단의 활동 방향이 감수성이 예민한 학생들에게 먼저 집중되고 있음을 말해 주는 대목이다. 또한, 학생들은 장래의 지도자라는 점에서 장기적인 전술로 보인다.

우리가 관심을 갖고 이단에 대처해야 한다. 하우석은 그의 저서 『뜨거운 관심』에서 '뜨거운 관심'을 갖기 위한 세 가지 조건을 제시하고 있다. 먼저, 존중의 마음이 있어야 한다. 다음으로, 상대의 입장을 먼저 고려해야 한다. 그리고 지속적이어야 한다는 것이다. 맞는 말이다. 그러나 이론적이고 추상적인 것만으로 뜨거운 관심을 가졌다고 할 수 없다. 하나 더 있다. 역동성이다. 움직이는 것이다. 행동과 실천이 뒤따르지 않으면, 겉만 '뜨거운' 관심일 뿐이다. 정말 뜨거운 관심은 함께 가는 것이다. 더 깊게, 더 넓게, 더 멀리 바라보며 함께 웃고 함께 우는 것이다. 관심에는 의견을 개진하는 방법과 경청하는 방법이 있다. 이단에 미혹된 영혼들을 위하여 열렬하게 의견을 개진하여 회심시키려 노력을 하든지 그들의 아픔에 동침하여 함께 울고 함께 아파하든지 해야 할 것이다. 이단에 미혹된 영혼들을 향하여 무관심하지 말자. 그들은 이단에게라도 관심을 받고 싶어 하는 굶주린 영혼임을 잊지 말자.

(2) 개인에 미친 영향 사례

〈표 3〉 무료성경신학원 수강생모집광고

> 초등·중등 반 2개월, 고등 반 2개월 실습 1개월로 '성경완성' 재정
> 및 시간의 제약으로 신학 공부의 기회를 가지지 못한 분을 위해
> 자격: 연령 남녀 관계없음
> 주최: 전국 원로목사/원로장로협의회

이것은 무료성경신학원에서 세력을 확산하기 위하여 성도들을 모으는 광고문이다. 그들은 이러한 광고문을 지하철 입구나 주택가 등 전국적으로 살포하고 심지어는 교계의 대표적인 일간지인 K일보에까지 끼워 넣고 있다.

많은 신학자와 목회자들이 성경 한 구절을 해석하기 위하여 많은 시간을 투자하며 때로는 수년을 고민하는데 단 5개월 만에 성경을 통달하게 한다는 것이다. 공부할 자격에도 제한 없고, 수강료도 무료라는 특전이 있으며, 주최도 대외적으로 존경받고 인정할 수 있는 전국 원로목사연합회와 원로장로연합회에서 한다니 평소 신앙에 열의가 있는 사람이라면 누구라도 한 번쯤 호기심을 가질 것이다〈참고: 원로 목사 및 장로회란 목사와 장로의 정년이 70세인데 정년을 마치고 은퇴(퇴임)한 목사와 장로들의 모임을 일컫는다.〉

이것은 필자의 집에 그러한 광고가 전달되었을 때 가졌던 심경이기도 하다.

이 전단지를 믿고 찾아간 어떤 성도가 무료성경신학원에서 교육과정을 수료하면 '전도사가 될 수 있다.'는 저들의 말에 다니던 직장을 사직하고 가출하여 그 집단에 들어가 허드렛일을 하고 있다고 한

다. 그는 여동생을 구할 수 없겠느냐며 호소한다는데 '이러한 가족이 적지 않다'고 심우영 기자는 말한다. 그리고 덧붙이기를

> "이단의 뿌리(유재열의 장막성전)에서 시작, 무지몽매한 성경 지식과 아전인수식의 해석으로 자신을 합리화하고 한 걸음 나아가 신격화하고 있는 이만희의 신천지교회는 그만큼 잘못된 곳임을 쉽게 알 수 있다"

라고 말하고 있다. 즉 신천지교회(무료 성경신학원)의 전도 활동은 기성교회 교인을 대상으로 하고 있다는 것이다. 저들은 좀더 잘 알고 싶어서 좀더 잘 믿고 싶어서 갈급해하는 성도를 대상으로 미혹하고 있다는 것이다. 저들은 참다운 진리를 믿지 않는 불신자들에게 선포하여 영혼을 구원하고자 함이 아니라 자신들의 교세 확장 수단이라는 것이다. 만일 그렇다면 우선 하나님 말씀의 실현에 문제가 있음을 알 수 있다. 즉

> (롬 15:20) 또 내가 그리스도의 이름을 부르는 곳에는 복음을 전하지 않기로 힘썼노니 이는 남의 터 위에 건축하지 아니하려 함이라

는 바울 사도의 말부터 알아야 하리라. 그런데 저들은 자기들의 주장에 대하여 스스로 어떻게 생각하고 있느냐는 것이다. 즉 저들이 생각하기를 정말로 자기들의 주장이 옳다고 생각하여 주장할 수도 있다. 그런 경우 제대로 된 생각이 아니므로 '미친 것'에 것에 가까울 것이요, 반대로 저들이 생각하기를 자기들이 생각해 봐도 자기들의 주장에 문제가 있지만 대내·외적인 상황이 그렇게 주장할 수밖에 없는

처지가 되어 가고 있기 때문에 어쩔 수 없이 자기들의 왜곡된 주장을 굽히지 않는다면 이것은 '사기'에 가까울 것이다. 문제는 자기 스스로 믿고 있든지, 타의에 의하여 끌려가든지 간에 자기들의 주장이 '참다운 진리'라고 말하는 데 있다. 그러므로 정통교회에서는 그들이 어떤 오류를 범하고 있는지를 분명하게 가르쳐야 할 필요가 있다. 즉 무조건 '그들은 이단이므로 가지 마라'는 식의 가르침으로는 수준 있는 성도들의 지적 욕구를 충족시킬 수 없다. 구체적으로 무엇이 왜 잘못인지를 세밀하게 제시할 필요가 있다. 성도들이 저들의 집회에 출석한 다음에는 회심시키기가 쉽지 않음으로 거기에 가지 않아도 될 수 있도록 사전에 교육할 필요가 있다. 저들은 개인적으로 생업과 가정의 평화를 해치고 있으며, 판단력을 흐리게 미혹함으로써 분별력을 상실하게 하는 암적 요소가 있음을 교육해야 한다.

그리스도의 가르침 가운데 가장 명백한 교훈은 행복은 소유하고 얻는 것에 있지 않고 다만 주는 것에 있다.(헨리 드러몬드) 그런데 사람을 파멸의 길로 안내하며 평화를 말할 수는 없다. 우리가 가진 신앙지식도 미혹된 영혼에게 나누어야 한다. 그래서 우리가 먼저 나눔의 행복을 느껴야 한다. 주님을 알지 못하는 사람들조차도 이웃을 위해 기부와 봉사를 하는데 하물며 우리는 목숨까지 아끼지 아니하시고 우리를 사랑하시는 주님의 사랑을 소유한 자들이니 무엇인들 나누지 못할 소냐? 신앙적 지식은 물론 물질과 시간, 그리고 정신까지도 미혹된 영혼을 위하여 나누어야 한다. 다윗처럼 자기가 가진 것만을 세어보려 하므로 문제가 된다(대상 21:1-8). 내게 있는 것으로 나누어 줄 것이 얼마인지 세어보자. 무엇이 나눔의 품목에 속할 수 있을지 세어보자.

(3) 가정에 미친 영향 사례

월간 현대종교 이동길 기자는 '말 많은 무료성경신학원 어떻게 가르치나?'라는 제하의 글에서 이렇게 말하고 있다.

본지 상담실에 최근 들어 유난히 신천지교회(대표 이만희)의 교육장인 무료성경신학원의 정체를 문의하는 전화와 가족이 이곳에 미혹되어 상담을 요청하는 사람들이 부쩍 늘어나고 있다. 문제의 주된 내용은 같은 교회 교인이 무료성경신학원에 다니고 있어서 이곳의 성격을 묻는 이들로부터 무료성경신학원의 홍보지를 신문 간지로 넣어도 되는지를 물어보는 일간지 보급소의 문의까지 다양하다. 이 가운데 가족 중 한 명이 무료성경신학원에 다니면서부터 이전과 전혀 다른 사람이 되어 나머지 가족 모두가 신앙적으로, 정신적으로 많은 어려움을 겪고 있으며 이로 인해 가정불화가 심각할 지경에 이르렀다고 호소하는 사례도 다수를 이루고 있다. 그리고 심각한 것은 가족들을 도와 미혹된 사람들의 신앙을 회복시켜 줄 만한 사람들이 이들 가족 주변에 전무한 상태란 것이다. 그동안 본지에서는 이 같은 무료성경신학원 폐해를 파악하고 수차례 이들의 실체와 허무맹랑한 교리를 분석 비판하여 게재하였었다. 그러나 기회 있을 때마다 카멜레온처럼 이름을 바꾸는 것은 물론 마치 자신들이 정통 기독교 단체인 양 대대적인 홍보와 함께 공공장소에서 공개 세미나를 개최하는 전략으로 이들에게 미혹된 기성교인들의 수가 줄어들지 않고 있다.
　또한, "성경신학원에서 교육과정을 수료하여 전도사가 될 수 있다는 그들의 말에 따라 직장을 사직하고 가출하여 집단에 들어가 허드렛일을 하는 여동생을 구할 수 없겠느냐" 하고 호소하는 가정이 적지 않다.

고 한다. 이단의 활동은 개인적인 문제로 그치지 않고 가정에까지 지

대한 영향을 주고 있다는 것이다. 우리 성도들은 이러한 피해로부터 마땅히 보호되어야 할 것이다. 뿐만 아니라 목회자들은 성도들의 지적 욕구를 충족시켜야 할 의무가 있다는 점에서 책임을 피할 수 없을 것이다. 하나님께서 천지를 창조하실 때 가정 제도를 함께 이루셨다. 그리하여 아담과 하와를 통하여 가정을 이루게 하신 것이다. 이로 보건대 어떤 의미에서 교회보다 가정이 우선일 수도 있다. 이렇게 고귀한 가정의 평화와 안정에 심각한 문제를 일으키고 분열을 조장하는 행위가 있다면 분명 문제가 있다고 해야 할 것이다.

"주님의 때에 주님의 일을 하라. 하나님께서 들으실 때 기도하고, 하나님께서 말씀하실 때에 듣고, 하나님께서 약속하실 때에 믿고, 하나님께서 명령하실 때 순종하라"는 존 메이슨의 충고가 없대도 선한 일에 충성해야 한다. 우리는 주님과 동행할 때 그분의 생각과 그분의 계획을 알 수 있다. 깊이 있게 주님과 교제하길 원하는가? 성령님을 구해야 한다. 성령님께서는 우리의 생각과 마음을 우리 자신으로부터 주님께로 향할 수 있도록 이끄신다. 주님과 연합된 영성으로 가정을 파괴하는 이단의 미혹에서 허덕이는 영혼을 구해야 한다.

북방 수나라 양견이 남방의 진을 패망시킬 때의 일이다. 남편과 금실 좋았던 공주 진정은 거울을 반쪽으로 갈라서(파경) 남편에게 주며 "해마다 정월 대보름이 되면 이 거울을 들고 서로 만나자"고 다짐하며 끌려갔다. 공주 진정은 포로가 되어 수나라에 끌려갔다. 그리고 대장군의 첩이 되었다. 그러나 남편과의 약속은 잊지 않고 있었다. 포로의 몸으로 수나라 대장군의 첩이 되어 처음 맞이하는 대보름날. 진정은 하인을 시켜 반쪽짜리 거울을 저잣거리에 팔려고 내놓았다. 그러나 그 거울은 반쪽으로 깨진 거울인데다 시중 가격보다 워낙 비싸서 팔리지 않았다. 진정은 남편을 찾으려는 생각에서 일부러 터무니없이 비싸게 내놓은 것이다. 2년을 그렇게 했으나 기다리던 남편은 나타나지 않았다. 3년째 되는 해, 웬 남자가 깨진 거울을 비싼 가격에 판다는 소문을 들은 진정은 남편임을 알아보고 찾아가 그들은 다시 만나게 되었다. 이들 부부의 애틋한 사연을 들었던 수나라 대장군은 진정을 돌려보냈다. 이처럼 전쟁포로일지라도 가정을 지키도록 해 주는 것이 인지상정이거늘 하물며 영혼구원을 전재로 하는 종교 공동체에서 깨지는 가정을 보고만 있다든가 파경을 조장한다면 그것은 분명 이단이다.

(4) 교회에 미친 영향 사례

'무료성경신학원 피해사례 갈수록 심각'이라는 제하에서 심우영 기자는 다음과 같이 말하고 있다.

> "무료성경신학원의 주된 주장은 기성교회의 긍정적인 면은 접어둔 채 부정적인 면만을 들추어 내 비하시키고 기성교회 목사들에 대해 무능하다는 비판은 물론 사이비로 몰아세우는 것 등이다. 그로 인해 신학원에 찾아온 성도들에게 교회와 목회자에 대한 불신을 조장케 함으로써 교회를 이탈하게 하는 등 결과적으로 교회 내에 분열을 조장하는 것이다."

무료성경신학원을 찾은 사람들은 무엇인가 더 배우고, 더 잘 알고, 더 잘 섬기기 위하여 성경을 배우기로 시작했기에 그 누구보다도 열정적이며 헌신적으로 배우고 공부한다. 마치 자기의 생업을 중단하고 기도원에 올라가 작정 기도하는 사람은 그 어느 때보다도 처절하게 기도한다. 시간마다 열리는 모든 집회에 참석하여 은혜받고자 하는 열망이 그 어느 때보다도 간절하다. 따라서 우리에게 간절히 부르짖으라(렘33:3)고 말씀하시는 하나님께서 응답하실 수밖에 없도록 엎드리고 구하는 이치와 같은 것이다.

그러나 무료성경신학원에 발을 들여 놓은 성도들은 웬만큼 믿음이 신실하고 해박한 성경지식이 없으면 저들의 근거 없는 잘못된 비유 해석을 진리인 양 곧이곧대로 받아들이게 된다는 데 문제가 있다. 그리하여 기존에 교회에서 배운 것들이 쓰레기처럼 버려질 무가치한 것으로 전락하고 만다. 실제로 무료성경신학원으로부터 피해를 당하고 상담을 요구하는 대부분이 개척교회 목사들이라고 하니 저들의 활동이 교회에 미치는 영향이 적지 않음을 알 수 있다. 교회를 잘 나오던 성도가 어느 날부턴가 집회 참석에 뜸하고, 목사의 설교에 비판적이고, 말씀을 알려 주면 고개를 갸웃거리며, 엉뚱한 비유를 말하고, 계시록을 들추며 목사를 공박하는가 하면 교인들을 선동하여 다른 곳으로 성경공부를 하러 가자고 부추기든가 무엇이 다른지 비교해 보자는 식으로 유도하는 것은 무료성경신학원에 물든 사람의 공통적인 태도이다.

교회는 사람이 모여서 하나님의 말씀(예수님)을 통하여 구원을 받고자 모이는 곳이다. 목회자 역시 하나님의 말씀을 올바르게 전하려고 노력하는 사람들이 모인 곳에서 생활한다. 따라서 교회도 사람들의 모임이기에 잘못도 있을 수 있고 실수도 있을 수 있다. 하나님 말씀을 적용하고 실천하는 과정에서, 또는 해석하고 교육하는 과정에서 사람에 따라 또는 환경에 따라 인본주의적인 사고로 풀이 될 때도 있을 수 있다. 그러나 그것은 하나님 말씀이 잘못되거나 하나님 말씀에 오류가 있어서가 아니다. 말씀을 적용하고 인용하는 사람의 잘못이다. 그러므로 종교 자체를 거부하거나 신을 부인해서는 안 된다. 따라서 새로운 종교를 만들 필요 없이 지도자를 비롯하여 관계자들이 말씀으로 돌아가면 그만이다. 회개하여 바른 길로 가면 그만이다. 종교를 창시하거나 새로운 길을 모색하여 이단이 되어야 할 필요가 전혀 없다. 그러므로 이러한 문제들은 성경에 근거하여 올바른 태도를 가짐으로써 해결해 나가야 할 신앙적 과제이기도 하다. 분열과 분파는 옳지 않다. 그러므로 교회의 분열과 파괴를 조장하는 이단들이 기생할 수 없게 해야 할 것이다. 즉 교회를 혼란스럽게 하고 다른 성도와 함께 떠나버리는 이단들의 침투는 교회의 분열만 조장할 뿐이다.

예를 들면, 과천소망교회의 피해는 적지 않다는 지적이다. 복음적인 정통교회를 훼파하는 신천지교회 측의 1차 공격목표로 정해진 과천소망교회는 과천시 소재 교회들 중 가장 피해가 심각하다고 한다.

10여 년 전에 무료성경신학원에서 교육을 받은 경험이 있는 한 목회자는 현재 경기도 모처에서 무료성경신학원 피해자들을 위해 목회하고 있는데 그에 따르면 "대형교회들이 교인이 많기 때문에 몇십 명 정도 빠져나가는 것에 대해서는 크게 경각심을 가지지 않는 것"이라며 "기성교회에서 비유나 예언에 관한 성경 말씀에 대한 갈급함을 온전히 채우지 못하기 때문에 교인들이 무료성경신학원에 많이 빠진다."며 한국교회가 교인들 교육에 더욱 힘써야 할 것이라고 힘주어 말한다. 기성교회에서 충족 못하는 지적 욕구와 성경 말씀의 오묘함을 이단의 신비함에서 찾으려는 성도들의 안타까운 심정도 이해가 되어야 할 것이다. 따라서 정통교회에서는 오리겐의 알레고리를 배제하되 비유 자체를 죄악시하거나 등한히 해서는 안 될 것이다. 가령 창세기 38장은 시아버지 유다와 며느리 다말의 불륜사건을 다룬 것이다. 이것이 성경말씀(하나님의 뜻)이라면(틀림없는 사실이지만) 반드시 성도들에게 가르쳐야 할 의무가 있는데 어떻게 설교하여 이해시킬 수 있을 것인가? 그 사건을 문자대로 해석하여 '우리는 유다를 타산지석으로 삼아 그러한 죄를 범하지 맙시다.' 하는 식의 교훈적 설교로 마칠 것인가? 아니면 하나님께서 그 사건을 주신 본문의 의도를 새로운 각도에서 발견하고 전할 것인가? 만일 후자라면 비유가 없이는 해석이 불가능할 것이다. 이단에서는 그 점을 이용하여 성도들을 미혹하고 있다. 이단들에 의하여 교회적으로 피해를 봤다고 하소연만 할 것이 아니라 비유의 장점을 저들에게 선점당하는 우리의 우매함에도 가슴 아파해야 할 것이다.

(5) 경제적 피해사례

무료성경신학원의 구심체는 안양에 있는 신천지교회이고 이를 이끄는 사람은 교주인 이만희 씨이다. 그는 '신천지교회'라는 독자 교회 조직과 함께 무료성경신학원을 전면에 내세워 교세 확장에 열을 올리고 있는데 이만희 씨는 평소 자기가 '보혜사'라고 외치고 있다. 따라서 무료성경신학원에서는 이만희 씨를 가리켜 일곱 교회의 사자에게 편지한 자요, 하늘에서 온 책을 받은 자요, 계시를 받아 증거 하는 약속된 목자라고 가르치고 있다. 그러므로 이 목자가 증거 하는 성전이 곧 성경에 약속된 '증거장막성전'이라는 것이다(계15:5). 그리고 이만희 씨가 약속한 목자요, 그의 안양 신천지교회가 성전이라고 가르친다. 만일 이만희 씨가 '보혜사'라면 보혜사의 수명은 길어야 100년일 것 같다. 왜냐하면 그도 죽어야 하기 때문이다(히9:27). 즉 이만희 씨가 죽으면 보혜사도 죽을 것이기 때문이다. 이 글을 읽는 독자 중에는 '그렇다면 기성교회에서 말하는 성자 예수는 33년 만에 죽었으니 성자의 수명은 33년인가?'라는 질문을 할 수도 있다. 그러나 이 경우는 자칭

'보혜사 이만희' 씨가 주장하는 것과 다르다. 왜냐하면 성자 예수님은 부활하시어 지금도 살아계시므로 정통교회에서 말하는 성부, 성자, 성령에게는 생의 한계가 없다. 그러므로 이만희 씨의 주장대로 그가 보혜사가 되기 위해서는 죽음이 없어야 하지만 어떤 이론으로 죽음의 과정이 필요하다면 그에게도 '부활'이란 초자연적 사건이 있어야 할 것이다. 그래서 영생이 보장되어야 한다. 만일 보혜사 이만희 씨가 죽음으로 끝나고 부활이 없다면 '바둑이의 수명이 20년이듯 저들이 말하는 보혜사의 수명은 100년'이라 해야 할 것이다. 그러나 생각해 보라. 숱한 이단들이 죽었지만 부활했다는 소식을 들어봤는가?

유재열 씨 계열로서 이만희 씨와 대동소이했던 사람 중에 자기가 '재림예수'라고 자처하며 천국복음전도회를 조직했던 구인회 씨가 있었다. 지금은 고인이 되었는데 그는 부활하지 못했으니 그가 이 땅에서 사는 동안에는 재림 예수였을지 몰라도 사후 관리, 즉 '영생'에는 문제가 있었던 것이다. 그는 구세주도 아니고 하나님도 아니고 재림예수도 아니었던 것이다. 따라서 그를 따르던 성도들이 가엾지 않은가? 또, 그는 분명 하나님과 불협화음 속에서 죽었을 것인즉 그의 영은 어디로 갔겠는가? 이단에 미혹된 사람도 문제려니와 이단적인 주장을 하거나 이단이 된 사람은 더욱 큰 문제가 아닌가?

하여튼, 이만희 씨 자신이 자기의 재산을 자발적으로 헌금했을 테지만 어떤 계기가 있었을 때는 '전 재산을 유재열 씨의 증거장막성전에 털렸다'고 사기죄로 고소했던 것처럼, 신천지교회에 매료되어 자기 월세방을 무료성경신학원 등에 받치는 사람이 있는가 하면 직장을 등한히 함으로 인하여 가족의 생계가 위협을 받고 있는 사람도 있다 하니 심각한 문제가 아닐 수 없다. 이처럼 이만희 씨 스스로가 재산상의 피해를 입은 사람으로 고백했듯이 이단에 심취하면 경제적

손실이 크다는 것을 알 수 있다.

　이상에서 보는 바와 같이 이단으로부터 출발한 사람은 이단의 틀을 벗어나기 힘든 모양이다. 즉 이단은 또 다른 이단을 낳게 된 것이다. 이단들은 자기들의 목적달성을 위하여 온갖 수단이 동원되기에 성도들을 집단으로 이주시켜 신앙촌을 만들기도 했으며, 과천에는 제2의 신앙촌이라 일컬어지는 집단 이주 촌이 형성되었던 것이다. 이런 점에서 이단에 빠지면 적지 않은 경제적 피해를 보게 된다.

4. 지금까지의 내용을 요약하면

　이만희 씨는 1931년 9월 15일 경북 청도군 풍각면 현리 702번지에서 이재문(74세에 작고) 씨와 고상금 씨 사이에서 태어났다. 1957년경 '박 군의 심령(요한복음)'과 '학생문장 독본'이란 서적을 탐독한 후 어느 날인가 저녁 무렵에 신비한 체험을 했다고 한다.

　그의 저서로 「천국비밀/계시록의 진상」, 「계시록의 실상」, 「계시록의 완전해설」, 「계시록의 완전해설도」, 「성도와 천국」, 「종교세계의 관심사」, 「신천지소식」, 「기독소식」, 「감추었던 만나」 등 다수가 있으며 이것들은 무료성경신학원의 강의 교재로 사용된다. 교재 중에는 김건남/김병희 공저 「신탄(神誕)」이라는 교리서도 있는데 주로 교주 이만희를 신격화한 내용들이고 특히 「신탄(神誕)」이란 교리서는 통일교 이탈자 변찬린 씨가 쓴 「성경의 원리」 및 「원리강론」과 유사하다고 한다.

　지난 70년대 초 '어린 양'이라 추앙받던 장막성전의 교주 유재열 씨가 심경의 변화를 일으켜 오평호 목사에게 교회를 위임하여 개혁에 돌입하자 일부 적응하지 못하던 사람들이 흩어지면서 많은 이단 종파들이 생겨났다. 그중 구인회 씨(사망)는 자칭 재림 예수라면서 천국복음전도회를, 보혜사로 자처하며 봉천동에서 활동하던 김풍일 씨는 실로등대교회를, 영명 솔로몬으로 통하던 백만봉 씨는 새창조교회 등의 분파를 형성하면서 독자적인 활동을 펼치고 있다. 두 증인 중의 한 사람이던 홍종효 씨는 1980년 종로구 홍제동에 자신의 교회가 셋째 하늘이라며 증거장막성전을 세웠고, 심재권 씨는 1989년에 안양시 비산동에 무지개 증거장막성전을, 영명 사무엘로 통하던 정창래 씨는 성남에 성남 성막성전을 각각 설립해 활동 중이다. 저들 중 안양 신천지교회의 이만희 씨가 무료성경신학원을 앞세워 가장 활발하게 활동을 펼치고 있다.

저들은 전국의 지 교회와 신학원을 12지파로 분류하여 144,000명만이 구원을 받는다고 주장하고 있으며, 무료성경신학원은 1993년 전국에 15개 정도의 무료성경신학원을 두고 있는데 현재 전국적으로 80여 곳이 있을 뿐 아니라 미국, 일본, 독일, 이태리, 중국 등지에 25개 정도의 신학원을 세웠으며 그중 15개 정도는 중국에 있다.

신천지증거장막성전(무료성경신학원)에 대한 정통교단의 입장을 보면 예수교장로회 합동 측에서는 1995년 80회 총회에서, 예장 통합 측에서는 80회 총회에서, 합신 측에서는 2003년 88회 총회에서, 기독교대한성결교에서는 2001년 발행된 「구원은 있는가 2」에서 각각 이단으로 정죄하고 있다.

본 장에서는 신천지교회의 설립과 교주 및 무료성경신학원의 정체를 밝히기 위하여 이만희 씨의 개인적인 실체를 분석하고 그의 저서를 통하여 무엇을 주장하고 있는지를 분석하여 이해를 도왔다. 또한 신천지 안양교회가 어떻게 태동했으며 그 전신인 장막성전과는 어떤 관계인지를 고찰하여 변천과정을 이해하며 저들의 활동 사항과 피해 사례를 들어 말했다. 그리고 저들에 대한 정통교단의 입장과 저들이 대학가, 교회, 개인 등에게 미친 경제적, 정신적 피해사례를 지적했다.

순드라 싱은 "기도는 우리가 원하는 모든 것을 하나님께 구하는 것을 의미하지 않는다. 기도는 오히려 유일한 생명의 공급자이신 하나님 그분을 소망하는 것이다."라고 한다.

'네가 하나님의 선물을 알고, 또 너에게 물을 달라는 사람이 누구인지를 알았더라면, 도리어 네가 그에게 청하였을 것이고, 그는 너에게 생수를 주었을 것이다.' 우리가 주님을 더욱 알수록 우리의 간구는 우리의 원함에서 벗어나 주님을 더욱 소유하기를 소망하게 될 것이다. 주님은 이단에 미혹된 영혼에 지대한 관심을 갖고 계신다. 아흔아홉의 양을 들에 두고 한 마리의 양을 찾아 나선 주님의 심정을 알겠는가? 지금 당신 곁에는 이단에 미혹된 길 잃은 양이 없는가? 나의 소원은 편안히 쉬길 원하겠지만 주님을 깊이 만날수록 주님의 관심에 신경 쓰인다. 그래서 미혹된 영혼들의 부르짖음이 들리는 것이다.

(창 4:10) 가라사대 네가 무엇을 하였느냐 네 아우의 핏 소리가 땅에서부터 내게 호소하느니라

아벨의 핏 소리가 땅에서 호소하듯 이단에 미혹된 영들의 호소 소리가 들여오지 않는가?

이만희, 그는 과연 이단인가?

1. 성경해석 및 적용에서 오는 문제 분석

(1) 한국교회 지도자님들께 드리는 글에서

대한예수교장로회 통합 측 이단연구위원회에서 신천지교회(무료성
경신학원) 이만희 씨의 이단성에 대하여 연구한 결과를 1994년 제80
회 총회에 보고한 바 있다. 이에 통합 측 총회에서는 이만희 씨를 이
단으로 정죄하고 교단 세미나에서 발표했다. 그러자 신천지교회 이만
희 씨는 기독교 신문 2003년 3월 23일 15면에 '한국교회 지도자님들
께 드리는 글'이란 광고문을 통하여 통합 측의 주장이 '위증'이라며
'반증문'을 게재하였다. 필자는 이만희 씨의 '반증문'을 근거로 이만희
씨의 주장에 문제가 있다고 말하고자 한다. 〈참고: 여기서 '위증'이라
함은 '통합 측의 주장이 옳지 않다'는 신천지교회(무료성경신학원)
측의 평가(주장)를 뜻하고, '반증'이라 함은 '통합 측의 평가'에 대한
신천지교회(무료성경연구원) 측의 공격(주장)을 말한다. 그리고 '비
판'이라 함은 필자의 견해를 언급한 것이다.〉

1) 무료성경교육에 대하여

위증 1. 무료로 성경을 가르쳐 준다고 선전함으로 성도들을 미혹하고 있다.

반증 – 성경대로 무료로 말씀을 전하는 것이 미혹하는 방법이라면 값없이 복음을 전해 주신 예수님과 선지자들과 사도들도 다 미혹자가 아니겠는가? 무료로 성경공부를 가르치는 것이 성경에 반하는 것이 아닐진대, 대한예수교장로회 통합 측이 '무료'를 문제 삼는 이유는 적절하지 않다.

비판: 필자는 이러한 주장에 대하여 조소를 금하지 못한다. 왜냐하면, 어떤 사람이 성경을 가르침에 있어서 '무료냐, 유료냐?'가 이단을 판가름하는 기준이 될 수 없기 때문이다. 미루어 생각건대, 통합 측의 주장은 교육비가 '무료인가? 유료인가?'를 문제 삼은 것이 아니라 신천지증거장막성전(무료성경신학원)에서 '무료성경교육'을 내세워 '비진리를 가르치기 위하여 미혹한다.'라는 뜻으로 말했을 것이라 이해된다. 본질이 아닌 문제로 언어플레이를 하는 듯한 인상을 지울 수 없다.

유명한 문명충돌론자인 미국의 새뮤엘 헌팅턴은 문화의 중요성을 강조하며 한국과 아프리카 가나를 비교하곤 했다. 국민 1인당 총생산량(GNP)은 똑같았고 1차(농업), 2차(제조업), 3차(서비스업)산업의 비중 등 산업구조가 흡사하다는 것이다. 또, 제대로 된 생산품이 없고 외국의 경제 원조에 의존하는 상황도 같다는 것이다.

하지만 40년이 지난 지금 한국은 세계 13위의 경제 대국으로 발전했으나 가나는 1인당 GNP 450달러(2006년)의 저개발국가로 남아 있다고 한다. 이런 차이는 근면 · 교육열 · 검약 · 조직 · 기강 등 문화적 차이였다고 한다. 문화가 경제로 연결된 것이다.

마찬가지로 성경을 가르칠 때 무료로 교육하건 유료 교육이건 문제시 될 게 없다. '문제는 무료'라는 방법을 사용해서라도 비진리를 진리인양 호도하며 교육하는 것에 있다는 의미로 말했을 것이다. 이러한 단순논리를 성명서까지 발표하며 문제시한다는 것을 믿지 않는 사람들이 들을 때는 가소롭지 않을까?

2) 새 언약에 대하여

위증 2. 이 씨는 마태복음 24장과 요한계시록만 새 언약이라고 한다. [하늘에서 온 책의 비밀 계시록의 진상2 p.522] (p.177)

반증: 대한예수교장로회 통합 측에서 인용했다고 주장하는 [하늘에서……]의 원문은 아래와 같다.

"예수님께서 피로 유월절날밤 제자들과 새 언약을 세우셨으니 그 말씀이 곧 계시록 말씀이요 마태24장의 말씀이며 이것이 저희와의 세운 새 언약이다."

통합 측에서 말한 '만'이라는 단어는 찾아볼래야 찾아볼 수가 없다. 대한예수교장로회 통합 측 이단사이비대책위원회는 '만'이라는 단어를 의도적으로 넣어 우리 교단을 마치 성경전체를 부인하는 단체로 오인받게 하는 등 의도적으로 왜곡했다. 우리가 말한 것은 다만, 마태24장과 요한계시록이 새 언약에 포함된다는 사실이다.

비판: 새 언약에 대한 필자의 견해는 짐승의 피로 세운 모세의 율법(출24:8)과는 전혀 다른 예수 그리스도의 피로 세워지는 하나님과 그의 백성들 간의 새로운 언약을 의미하는 것으로 이해한다. 왜냐하면 이 새 언약에 대해서는 예레미야 선지자가 예언하기를

"나 여호와가 말하노라 보라 날이 이르리니 내가 이스라엘 집과 유다 집에 새 언약을 세우리라. 나 여호와가 말하노라 이 언약은 내가 그들의 열조의 손을 잡고 애굽 땅에서 인도하여 내던 날에 세운 것과 같지 아니할 것은 내가 그들의 남편이 되었어도 그들이 내 언약을 파하였음이니라. 나 여호와가 말하노라 그러나 그 날 후에 내가 이스라엘 집에 세울 언약은 이러하니 곧 내가 나의 법을 그들의 속에 두며 그 마음에 기록하여 나는 그들의 하나님이 되고 그들은 내 백성이 될 것이라. 그들이 다시는 각기 이웃과 형제를 가리켜 이르기를 너는 여호와를 알라 하지 아니하리니 이는 작은 자로부터 큰 자까지 다 나를 앎이니라 내가 그들의 죄악을 사하고 다시는 그 죄를 기억치 아니 하리라 여호와의 말이니라(렘31:31-34).

라고 했으며, 이 예언의 말씀은 예수 그리스도의 죽으심으로 성취되었기 때문이다. 따라서 모세의 언약(옛 언약)과 새 언약의 차이점을 다음과 같이 말한 것에 동의한다.

> 첫째, 새 언약에서의 성도들은 돌비에 새겨진 모세의 율법이 아닌 성도의 심비에 새겨진 성령의 법을 따라 살아가게 된다.
> 둘째, 옛 언약이 하나님과 이스라엘 백성들과의 언약이라면 새 언약은 하나님과 영적 이스라엘, 즉 민족을 초월하여 예수 그리스도를 믿는 모든 사람과 맺어진 어약이다(롬10:12, 13)
> 셋째, 옛 언약은 짐승의 피로 말미암았으나 새 언약은 하나님의 아들의 피로 말미암았다.
> 넷째, 옛 언약은 율법을 행함으로 구원받지만 새 언약은 믿음으로 구원받는 것이다(롬1:17)

이처럼 옛 언약은 새 언약에 비해 그 가치나 효력 면에서 비교되지 못하며 그림자에 불과하다. 따라서 이와 같은 본질에서의 왜곡이

아니라면 '새 언약'의 범주를 제한할 이유가 없다고 본다. 즉

> (요 14:6) 예수께서 가라사대 내가 곧 길이요 진리요 생명이니 나로
> 말미암지 않고는 아버지께로 올 자가 없느니라

는 말씀은 새 언약의 기준이 될 수 있으며 이에서 벗어나 어떤 교주가 보혜사 성령이니, 예수니, 하나님이니, 이긴 자니 하는 것들은 배제되어야 한다.

우리가 하나님을 알고 하나님을 사랑하는 것은 우리에게 가장 큰 특권이다. 하나님이 우리를 아시고 우리를 사랑하시는 것은 하나님께 가장 큰 기쁨이다.(릭 워렌) 하나님은 우리를 사랑하시는 일을 가장 큰 보람과 낙으로 아신다는 것이다. 그래서 우리는 '주님! 사람이 무엇이 관대 주께서 저를 생각하시나이까?'(시 8:4) 하고 고백해야 한다. 우리는 모든 이해를 초월하여 오직 믿음으로만 주님의 사랑을 받아들일 수 있다. 당신이 우리를 깊이 사랑하시는 것을 우리로 하여금 분명히 알게 해야 한다. 물고기가 물속에 살기에 물의 귀함을 모르고 사람이 대기 속에 살기에 공기의 소중함을 느끼지 못하듯 우리가 하나님의 사랑 속에 거하기에 하나님의 사랑을 몸소 체험하지 못한다. 미혹된 영혼들처럼 방황하게 되면 하나님의 작은 속삭임도 들려질 것이다.

3) 신약과 구약은 무효하다고 한다는 것에 대하여

위증 3. 신약과 구약은 무효라고 한다.
[영원한 복음 새 노래 계시록 완전 해설 p.27, p.177
반증: 본 교단 이만희 총회장은 신약과 구약이 무효라고 말하지

않았다. 다만, 언약을 지키지 않는 사람에게는 무효라고 했다.

대한예수교장로회 통합 측에서 인용한 [영원한……]의 원문은 다음과 같다.

"약속은 말로도 하고 글로써도 한다. 사람이 사람과의 언약을 지킬진대 하물며 하나님과의 언약은 더더욱 지켜야만 한다. 그러나 지키지 아니하면 그 언약은 무효가 되고 만다."

통합 측은 본 교단을 이단이라고 정죄하고자 위 글을 의도적으로 조작한 것으로 보인다.

"……지키지 아니하면"이란 조건부를 빼고, "신약과 구약은 무효라고 한다."라고 했기 때문이다. 이는 기독교계에 엄청난 오해를 불러일으키는 표현으로 일반인들로 하여금 본 교단을 성경을 무시하는 곳으로 인식하게끔 변개한 불법행위가 분명하다.

비판: 필자는 그리스도의 죽으심으로 맺어진 새 언약의 효력이 "(인간이) 지키지 아니하면 그 언약은 무효가 되고 만다."라는 말에는 동의하기 곤란하다. 왜냐하면 새 언약의 효력(그리스도의 피의 효능)은 인간의 결단이나 의지에 달려 있지 않고 하나님의 은총에 있기 때문이다. 이런 식으로 '언약의 무효성'을 선언함으로써 성도들로 하여금 또 다른 '유효한 보혜사'를 기다리게 하는 '미혹'이라는 생각을 지울 수 없다. 아울러 '행위 구원'을 주장하기 위한 시금석을 놓는 과정으로 여겨지기 때문이다. 인간 측에서 지키지 못하면 보혈의 능력이 무효가 되는 것이 아니라 '그럼에도 불구하고' 여전히 사랑하시는 하나님의 사랑을 이해해야 할 것이다. 가령, 인간 측에서 "종말이란 없는 것이다"고 믿으면 그 믿음대로 종말은 없는 것인가? 또, "예수님의 재림이란 있을 수 없는 일이다"라고 믿으면 그분의 재림은 이루어지지 않는가? 내가 무엇이라 믿고 어떻게 행하든지 역사의 수레바퀴는 굴러가듯이 하나님의 섭리는 이루어지고 있는 것이다. 따라

서 인간 측에서 하나님의 언약을 지키든 아니 지키든 하나님의 언약은 유효한 것이다. 즉, 그분이 제시한 구원의 길을 순종하며 따르든지 거부하든지 우리의 선택이나 행함과는 관계없이 신약과 구약의 모든 언약은 유효한 것이다. 그러므로 예수님은 길이요 진리요 생명이 되는 것이며 천하에 구원받을 만한 다른 이름을 주신일이 없다는 것은 새 언약이 될 수 있다.

당신의 아이가 창문에서 떨어진다. 자연의 법칙대로라면 당연히 그 아이는 죽을 것이다. 그런데 아이가 "아빠! 아빠!" 하고 울부짖는다. 그 소리를 듣고 달려가 당신은 두 팔로 아이를 받는다. 당신의 아이는 생명을 구하였다. 자연의 법칙대로라면 그 아이는 죽었겠지만, 아버지인 당신이 개입하여 기적도 없이 아이를 구하였다. 하물며 만유의 아버지께서 이 땅의 아버지가 하는 것만큼 하지 못하시겠는가?(뉴먼 홀) 사람들은 자연 법칙이 변하지 않는다고 강조한다. 이 법칙을 정하신 분이 이 법칙을 사용하시어 자기 백성의 기도에 응답해 주실 수 없다고, 누가 감히 주장할 수 있겠는가?(윌리엄 테일러) 문제의 해답은 우리에게 있는 것이 아니다. 어떠한 방법으로든 응답하시는 하나님께 기도하며 우리는 잠잠히 기다려야 한다. 침묵의 장고 속에 감추어진 비밀이 그리스도의 성육신과 예수 신성을 노래하는 중에 발견되어지기 때문이다.

4) 성육신과 신성에 대하여

위증 4. 이만희 씨에 의하면 예수님은 성육신뿐만 아니라 예수님의 신성까지 부인된다. 그의 책에 따르면 예수님은 육신을 입고 오신 하나님이 아니라 성령이 인간 예수의 육체에 임하심으로 하나님의 아들이 되었다고 한다. [하늘에서 온 책의 비밀 계시록의 진상2

p.40](p.177)

반증: 신천지에서는 아래 원문과 같이 성경대로 예수님께 성령이 임하셨음을 가르쳤을 뿐 자의로 말한 것은 없다.

"구약에서 구름 타고 오신다고 약속하신 하나님은 육체로 예수님에게 오심이 아니라 성령으로 예수님께 오신다.(마3:16)"

성경대로 말하는 것이 신성부인이라면 성경대로 말하지 않아야 신성이 인정되는가? 대한예수교장로회 통합 측의 말처럼 예수님이 곧 하나님이라면 하나님께서 예수님을 택하셨다는 말씀(눅9:35)과 예수님 안에 하나님이 계시다는 말씀(요14:11)을 어떻게 이해해야 하는가? 아버지와 아들이 하나라는 말은 하나님이 곧 예수님이란 뜻이 아니다. 아들이 아버지께서 하시는 말씀을 그대로 대언하고 행했기 때문에 하나라고 말한 것이다(요5:17-20, 14:24).

아들은 분명히 아버지와 다르다. 아버지와 아들이 같다는 대한예수교장로회 통합 측 족보는 과연 누구의 족보인가? 대한예수교장로회 통합 측은 하나님께서 예수님에게 오늘날 내가 너를 낳았다고 하신 말씀과 예수님이 하나님의 우편에 앉아 계시다는 말씀을 과연 바르게 이해하기나 하는가?

비판: 이만희 씨는 "아버지와 아들이 같다는 대한예수교장로회 통합 측 족보는 과연 누구의 족보인가?"라고 반문하고 있다. 이에 필자는 '그것은 하나님의 족보'라고 일러두고자 한다. 왜냐하면

첫째로, 하나님께서 다윗에게 '아버지'라 부를 수 있도록 알려 주셨고(시89:26), 이스라엘 백성들에게 '아버지'라 부를 수 있도록 허락하셨으며(렘3:19),

둘째로, 예수님께서도 우리에게 하나님을 '아버지'라 부를 수 있도록 알려 주셨으며(마5:16, 45, 48; 6:1, 6, 9),

셋째로, 사도 바울도 말하기를 "(롬 8:15) 너희는 다시 무서워하는 종의 영을 받지 아니하였고 양자의 영을 받았으므로 아바 아버지라

부르짖느니라"라고 함으로써 동서고금을 통하여 오고 올 모든 그리스도인들이 하나님을 '아버지'라 부를 수 있도록 하셨기 때문이다. 그 외에도 이사야 선지자도 하나님을 '아버지'라 부르게 했으며(사9:6), 하나님은 고아와 과부의 '아버지'라 불렸으며(시68:5), 회개한 이스라엘 백성들에게 '아버지'라 부르게 하셨으며(렘3:4), 말라기선지는 우리 모두가 한 아버지를 가지고 있다고 강조하고 있기 때문이다(말 2:10). 이로써 "하나님은 만민의 '아버지가 되신다.'"는 것을 알 수 있다.

하나님을 인간의 족보체계 속에 가두어 두려는 것은 인본주의 신앙이요, 하나님의 족보체계를 인간의 두뇌로 분석하려 하는 것은 "(롬 11:33) 깊도다 하나님의 지혜와 지식의 부요함이여, 그의 판단은 측량치 못할 것이며 그의 길은 찾지 못할 것이로다."라는 바울보다 우선하려는 교만이요, 이만희 씨의 말대로 마귀가 주관하는 이단이다.

필자의 견해로는 '삼위일체'에 대한 양측의 견해가 확연한 차이가 있다고 본다. 요한복음 10장 30절의 '아버지와 아들은 하나'란 말씀을 이만희 씨는 이렇게 설명하고 있다. "아버지와 아들이 하나라는 말은 하나님이 곧 예수님이란 뜻이 아니다. 아들이 아버지께서 하시는 말씀을 그대로 대언하고 행했기 때문에 하나라고 말한 것이다(요 5:17-20, 14:24)"고 한다. 이로 보건대, 이만희 씨는 '아버지와 아들은 하나'란 말씀을 사역적 측면(하시는 일)에서 이해하고 '하나'라 말하고 있다. 반면, 대한예수교장로회 통합 측에서는 본질적 측면에서 '하나'라 말하고 있으니 서로의 입장차가 작지 않음을 알 수 있다. 하지만, 헨드릭슨을 비롯한 정통적인 주석가와 건전한 그리스도인이라면 후자를 선택하고 있다는 점에서 지지를 얻는다. 또, "성경은 삼위일체 하나님의 말씀……"이라 했으니 '삼위일체'를 부인하면 이단이다. 필자는 이만희 씨의 경우 성경의 많은 부분(거의 대부분의 중요하고 민감한 사항)을 비유와 비사로이해하고 풀이하는 것으로 알고 있다. 그런데 "아버지와 아들이 같다는 대한 예수교 장로회 통합측 족보는 과연 누구의 족보인가?"라는 원색적인 질문으로 '아버지와 아들이 하나'란 말을 문자적으로 해석하도록 강조하는 것처럼 보인다. 도대체 비유(상징)와 문자의 경계선은 어디인가? 어디서 어디까지가 비유로 해석되어야 하고 어디까지를 여자적으로 해석해야 하는가? 궁금하기도 하다. 만일 자기의 주의나 주장을 앞세우기에 편한 쪽으로 치우친다면 바른 성경해석이 아닐 것이다.

5) 사도 요한적 사명자와 구원에 대하여

위증 5. 이 씨는 예수를 믿음으로써 구원을 얻는 것이 아니라 사도 요한적인 사명자를 만나야 한다고 한다.[하늘에서……p.52](p.177)

반증: 우리는 '예수님을 믿음으로 구원을 얻는 것이 아니다'라고 말한 적이 없다.[하늘에서……] 52쪽 원문을 직접 확인해 보라.

"그러므로 아들과 또 아들로 말미암아 참하나님과 예수님을 알게 되니 영생을 얻게 된다.(마11:27, 요17:3)"

우리도 예수님을 믿음으로 구원에 이른다는 말씀을 확실히 믿는다. 그러나 예수님을 믿으려면 예수님을 알아야 하고 예수님을 알려면 예수 그리스도의 계시를 받아야 한다(마11:27). 계시록에는 분명히 사도 요한 격인 사명자가 예수님의 계시를 받는다고 기록되어 있다(계1:1?3). 왜 성경을 부인하는가?

비판: "(마 11:27)……아들의 소원대로 계시를 받는 자 외에는 아버지를 아는 자가 없느니라."는 말씀은 오직 아버지만이 아들을 아시

는 것처럼 아들만이 아버지를 아신다는 뜻이다. 오직 아들만이 아버지를 아시기 때문에 아들만이 아버지를 나타내실 수 있다(요1:18: 6:46: 14:8-11). 즉 내 아들은 나를 잘 안다. 그러므로 내 아들을 잘 알면 나를 잘 알 수 있다. 같은 논리로 누구든지 아들을 모르면 아버지도 알 수 없다. 그리고 아들을 아는 것은 아버지께서 알려 주셔야 한다(마16:17). 따라서 '아들의 소원대로 계시를 받은 자'란 '아들이 계시해 주려고 택한 사람'을 뜻한다.

그러므로 '아들의 소원대로 계시를 받은 자'란 어떤 특정한 개인일 수 없고 구원받을 모든 사람에게 하나님을 계시하시는 예수님의 은총이다. 즉 '아들의 소원대로 계시를 받은 자'란 '하나님의 자녀의 구원은 사람이 아닌 단지 계시에만 의존되어 있다'는 것을 뜻한다. 이로 보건대 천국의 비밀인 인간의 구원은 예수 그리스도를 통해서만 주어진다. 따라서 '아들의 소원대로 계시를 받은 자'란 말을 빌미 삼아 어떤 특정인이 '그자'인 것처럼 암시하며, 그러한 내용을 책에서는 말하지 않고 숨겼다가 강의 시간에 슬그머니 말하며, 자기가 '계시받은 자'라고 한다면 또, 자기가 계시를 받았으니 전해야 할 '사명자'인 것처럼 부각시키고 건전한 정통 그리스도인들을 미혹하면 정죄되어야 마땅할 것이다. 다시 말하면, "그러므로 아들과 또 아들로 말미암아 참하나님과 예수님을 알게 되니 영생을 얻게 된다(마11:27, 요17:3)"는 말은 아들, 하나님, 예수님을 각각 독립된 개체로 성도들에게 이해시키고 하나님과 예수님을 알게 하는 '아들'이 별도로 존재하는 것처럼 말하는 것은 곤란하다. 이 논리대로라면 그 '아들'이 '누구를 지칭하느냐'는 의혹을 지울 수 없다. 즉 어떤 특정 집단의 교주를 지칭하기 위한 포석이 아닐까? 분명한 것은 인간 구원을 위한 하나님의 뜻은 이미 성경 66권으로 충분히 계시 되었으며, 성경으로 계시된 이외의 계시를 말하는 것은 바른 신앙이 아니란 사실이다.

페이스메이커는 자신이 1등 하기 위해서 달리는 것이 아니라 누군가를 1등 만들기 위해서 달리는 사람이다. 마찬가지로 우리는 내가 높아지기 위하여 일하는 것이 아니라 하나님을 높여들기 위하여 일한다. 마찬가지로 우리가 이웃을 섬기는 것은 그보다 높아지기 위해서가 아니라 그를 세우기 위해서이다. 그러므로 이웃을 섬기는 것은 그에게 양보하는 것이다. 전철에서 자리를 양보하여 섬기고 약자에게 베풀어서 섬기는 것이다. 섬김은 내가 높아지는 방법이다. 참으로 하나님의 아들이 되고 싶거든 섬김을 받으려 말고 섬겨야 할 것이다.

6) 자신을 보혜사로 암시함에 대하여

위증 6. 자신을 아담, 노아, 아브라함, 모세, 예수와 동등한 대언자 또는 사도 요한 격인 보혜사로 암시하고 있다. [영원한 복음……] p.46(p.178)

반증: [영원한……]46쪽에는 대한예수교장로회 통합 측이 지적한 내용의 문구는 눈을 씻고 찾아봐도 없다. 어디서 그런 유추를 했는지 이해가 되지 않을뿐더러 이는 악의적인 왜곡의 적나라한 증거다.

비판: 이만희 씨는 "……사도 요한 격인 보혜사로 암시하고 있다"란 대한예수교장로회 통합 측의 주장에 대하여 위증이라면서 "[영원한……]46쪽에는 대한예수교장로회 통합 측이 지적한 내용의 문구는 눈을 씻고 찾아봐도 없다. 어디서 그런 유추를 했는지 이해가 되지 않을뿐더러 이는 악의적인 왜곡의 적나라한 증거다"라고 말하는데 "어디서 그런 유추를 했는지 이해가 되지 않(는다)"란 말에 도움을 주기 위하여 이만희 VS 진용식의 공개토론 모음집 「무료성경신학원

이단논쟁」에서 인용하고자 한다.

> "그러므로 성령은 다 같은 성령이 아니요 보혜사 성령이 있음같이 목자도 일반 목자가 있는가 하면 약속의 목자(계10:10-11)가 있음을 알아야 한다. 또한 교회도 일반 교회도 있고 약속의 성전이(계15:5) 있음을 알기 바란다."

고 한다. 성령에도 일반 성령과 보혜사 성령이 있고, 성전에도 일반 성전과 장막성전이 있다면, 그래서 못가에게도 등급이 있다면, 사람도 누군가 상위등급의 사람이 있다는 것이 아닌가?

설마하니 필자(안명복)를 상위 등급에 올려놓고 한 말은 아닐 것이다. 그렇다면 누구를 의식하고 계급적인 말을 했을까? 어느 교회를 상위성전이라 하고 싶어서 교회에 등급을 매겼을까? 특정인을 의식하고 한 말이거나 특정교회를 염두에 두고 한 말이라면 "자신을 아담, 노아, 아브라함, 모세, 예수와 동등한 대언자 또는 사도 요한 격인 보혜사로 암시하고 있다."란 말에 설득력이 있다고 본다.

또한

> "천사는 하나님의 대언의 사자(영)요 전장의 사건을 듣고 본 사도 요한은 예수님의 대언의 목자(육체)이다. 계시록은 사도 요한이 약 2,000년 전 환상으로 보고 들은 장래사를 기록한 예언이다. 이 예언이 육신이 되어 실상으로 이루어질 때에는 사도 요한 격인 목자(이만희를 말함)에게 옛날 그 천사가 다시 와서 실상으로 이루어진 전장의 사건을 보여주며 지시하게 된다. 천사로부터 보고 들은 사도 요한 격인 그는 2,000년 전에 예언한 계시록의 말씀대로 이룬 실상을 보고 들은 대로 종들에게 증거 하게 된다"

라 말하고 있으니 "이 씨의 주장대로라면 예수님이 보혜사였고 대언의 영을 받은 사도 요한도 보혜사가 되어야 한다. 이 씨의 주장을 요약하면 예수님＝영＋육체(보혜사), 사도 요한＝영＋육체(보혜사), 이만희＝영＝육체(보혜사)라는 말이다. 그러나 성경 어느 곳에도 사도 요한을 보혜사라고 하지 않았다. 또한 그러한 암시조차도 기록한 곳이 없다. 사도 요한이 보혜사가 아니라면 스스로 사도 요한 격이라고 주장하는 이만희가 어떻게 보혜사가 될 수 있다는 말인가?"라고 의문을 제기하는 것은 타당성이 있다고 본다. 그리고 대한예수교장로회 통합 측에서 제기했던 "(이만희 씨는) 자신을 아담, 노아, 아브라함, 모세, 예수와 동등한 대언자 또는 사도 요한 격안 보혜사로 암시하고 있다"란 말은 옳은 지적이라 생각된다.

이한수/마르크스 터너는 그의 저서 「그리스도인과 성령」에서 "누가의 성령세례 개념(행1:5)은 구원론적 경험이 아니고 그리스도의 구속사역을 계속 실현시키게 하는 성령의 능력의 경험, 즉 요엘이 약속한 예언의 영의 경험이며, 바울이 말하는 성령세례는 처음 회심/구원 경험과 관련되었다"고 한다. 이 말은 누가가 말하는 성령 세례경험은 그리스도의 구속사역을 계속할 수 있도록 하는 '사역적 측면에서의 성령'을 말하는 것이고, 바울이 말하는 성령은 '구원을 위한 성령'을 말하는 것이다.

그렇다면, 이만희 씨가 자신을 보혜사라고 주장할 수도 없지만 만일 주장할지라도 이한수/막스 터너의 말대로 '사역자로서의 보혜사인가? 구원자로서의 보혜사인가? 아니면 두 기능을 종합한 보혜사인가?'라는 문제도 있어야 할 것이다.

요즈음 자동차들은 스페어타이어를 쓸 때 새것을 쓰지 두 번이나 펑크 난 것을 때워 쓰진 않는다. 펑크 난 것을 때워 쓰던 시절은 지났다는 말이다. 우리는 하나님을 나의 스페어로 두지 말고 내가 하나님의 스페어가 되어야 한다. 세상을 향해 구멍 난 스페어가 아니라 중심이 하나님께 있는 스페어가 되어야 한다. 성령임을 스페어로 두지 말고, 보혜사를 스페어로 두지 말아야 한다. 보혜사가 따로 있는데 자기는 스페어로 준비되었다고 자부하는 것도 욕된 일이다. 그래서 세례요한 격인 스페어 보혜사가 있는 것처럼 가르치는 것은 옳지 못하다. 그것은 미혹하는 영이다. 자기가 만든 자기중심적인 이단이다.

7) 삼위일체론에 대하여

위증 7. 이 씨는 구약의 아브라함과 이삭과 야곱을 삼위일체에 비유하여 "성령이신 성부(아브라함)는 성자예수(이삭)를 낳았고 성령이신 예수(이삭)는 성자(야곱)를 낳으셨으니 이것이 삼위이다.[하늘에서……p.37]라고 하는데 이는 성령이 예수와 하나 되신 후에 다시 그 성령과 하나 된 예수의 영이 지상의 사명자 육체에 임하므로 삼위일체가 이루어지는 것이 된다는 말이다.[천국비밀 계시록의 진상] p.306

반증: 본 교단 이만희총회장은 아브라함, 이삭, 야곱을 빙자하여 하나님. 예수님. 보혜사라는 '삼위(三位)만'을 말했다. 그런데 왜 '삼위일체'를 말했다고 거짓말을 지어내는가? 대한예수교장로회 통합측은 삼위와 일체를 모르는 것이 분명하다. 아래 [천국비밀 계시록의 진상] 306쪽을 직접 확인해 보기 바란다.

"성령이신 성부(아브라함)는 성자 예수(이삭)를 낳았고 예수(이삭)는 성자 보혜사(야곱)를 낳으셨으니 이것이 삼위이다(눅13:28). 그래서 아브라함의 하나님이요, 이삭의 하나님이요, 야곱의 하나님이라고 한다. 그러므로 오실 보혜사는 야곱＝이스라엘의 위로 오시게 된다." (「천국비밀 계시록의 진상」, p.306)

비판: 이만희 씨 말대로 '삼위일체'가 아니라 '삼위(三位)만 있다' 면 "삼신론(三神論)을 말하고자 함인가?"라는 의구심이 생긴다. 삼위 가 각각 독립된 개체적 존재라면 "자기도 '그중에 하나'란 말이 아닌 가? 여럿 중에 하나 되고자 '징검다리'를 놓은 것이 아닌가?" 하는 의혹을 버릴 수 없다. 즉 하나님(아브라함)도 신이요, 성자 예수님 (이삭)도 신이요, 성자(성령?)(야곱)도 신이니 결국, 아브라함, 이삭, 야곱이 신이 것처럼 자기도 '신'이란 말을 하고 싶은 것이 아닌가? 따라서 "이만희 씨는 '삼위일체'에 대하여 어떤 견해를 가졌을까?" 하는 의문점이 생기는 것은 당연한 귀결이라 생각된다. 예수교장로회 통합 측에서 말하는 아니 정통교단에서 말하는 '삼위일체'에 대하여 명확한 입장을 표명해야 하지 않을까?

나폴레옹은 "1%의 가능성이 나의 길이다"고 했으며, 에디슨은 "천 재는 1%의 영감과 99%의 노력에서 나온다."고 했다. 여기서 1%는 무시해도 좋을 만큼 극히 작다는 것을 강조한 것이다.

그러나 끊어질 확률이 1%밖에 안 되는 고리 100개를 모아두면 끊 어질 확률은 63%나 된다고 한다. 1%의 위험일지라도 여럿이 결합되 면 전체를 파멸시킬 수 있다는 뜻이다. 1%의 우수한 두뇌가 99%를 먹여 살리는 힘이 있다. 마찬가지로 1%의 흑심으로 성도들을 지도한 다면 파멸의 길을 재촉하는 죽음의 사자가 아닌가?

8) 범신론적 신관에 대하여

위증 8. '보혜사'를 성령(하나님)이 아닌 '대언자로서의 인간'이라 고 하므로 그의 신관은 범신론이라 할 수밖에 없다.

반증: 우리는 보혜사가 성령이 아닌 '대언자로서의 인간이라고만' 주장한 적이 없다. 보혜사는 영의 보혜사인 진리의 성령(요14:17,

26)과 영의 보혜사가 함께하는 육의 보혜사가 있다. 영은 육을 들어 역사하기 때문에 영의 보혜사가 함께하는 사람도 함께하는 그 영으로 말미암아 보혜사라 부른다. 이는 하나님의 대언자인 예수님을 보혜사라 한 것과 같은 이치이다(참고－요일2:1 난하주).

'범신론'이란 자연과 신의 대립을 인정하지 않고 일체의 자연은 곧 신이며 신은 곧 일체의 자연이라고 생각하는 종교관이다. 인도의 우파니샤드 사상, 불교 철학, 그리스 철학 등이 이에 속한다. 즉 범신론은 유일신인 하나님을 부인하는 것이다.

위와 같이 엉터리 보혜사론에 대해 들먹거리며 우리와는 전혀 상관없는 범신론을 결부시키는 것은 본 교단을 억지로 이단으로 만들기 위한 계략이 확실하다.

비판: "영은 육을 들어 역사하기 때문에 영의 보혜사가 함께하는 사람도 함께하는 그 영으로 말미암아 보혜사라 부른다. 이는 하나님의 대언자인 예수님을 보혜사라 한 것과 같은 이치이다."라고 주장하는 이만희 씨의 반증에는 문제가 있다. 왜냐하면 '영은 육을 들어 역사하는 것'에는 동의한다. 하지만 '영의 보혜사가 함께하는 사람도……보혜사라 부른다'면 우리 모두(성령받은 그리스도인 모두)는 보혜사 되어야 하기 때문이다. 왜냐하면 다음과 같은 말씀이 우리를 지배하시기 때문이다.

첫째로, 우리는 영의 사람이기 때문이다(고전 3:16; 6:19; 딤후 1:14).

둘째로, 우리는 성령받은 사람이기 때문이다(고전 12:3; 고후 1:22; 딤후 1:14).

셋째로, 우리는 하나님으로부터 성령을 받은 사람이기 때문이다(고후 1:22; 고후5:5; 갈 3:5; 딛 3:6).

넷째로, 하나님이 내 안에 계시기 때문이다(요일 3:24; 요일 4:13).

이만희 씨의 말대로 '보혜사가 함께하는 사람을 보혜사라 부른다'면 필자도(안명복) 보혜사 성령이 함께하시므로 나도 보혜사이다(요 14:16, 16:7). 그러나 미혹케 하는 영과 귀신의 영을 받은 사람들이 있어 그것들의 가르침을 좇는 사람들도 있다 했은즉(딤전 4:1) 그들은 자기가 '보혜사'라 주장하며, '자기들에게만 구원이 있다'고 주장하며, '특정 장소에 구원이 있다'고 주장하며, 사람을 신격화하고, 성경이 아닌 것을 성경의 권위만큼 높이는 사람들로서 "이 사람들은 당을 짓는 자며 육에 속한 자며 성령은 없는 자(유1:19)"라고 말하는 것이 옳을 것이다. 저들의 논리대로라면 독자들도 성령받아 하나님을 아바 아버지라 부를 수 있음으로 우리 모두 보혜사가 되는 것이다(롬8:15: 갈4:6).

더 잘살기 위해서 여행을 한다고 바로 무언가가 남는 건 아니다. 하지만 시간이 흐르고 흘러 여행하던 날들을 되돌아보면, 낯선 거리를 헤매고 다니던 시간은 평생 웃음 지을 수 있는 기억이 된다. 떠나고 싶다는 생각을 하는 것은 사치가 아니다. 왜 꿈만 꾸고 있는가. 한번은 떠나야 한다. 떠나는 건 일상을 버리는 게 아니다. 돌아와 일상 속에서 더 잘살기 위해서다.(박준의 카오산 로드에서 만난 사람들) 그렇다. 남보다 더 부자로 사는 것, 남보다 호의호식하는 것이 더 잘사는 것은 아니다. 더 잘사는 것에는 물질의 풍요도 물론 중요한 요소가 된다. 그러나 그게 전부는 아니다. 일상을 벗어나 한 걸음 더 멀리 더 깊게 세상을 바라다보면 물질의 풍요보다도 마음의 풍요로움이 사람을 진정으로 더 잘살게 해 주는 길임을 새삼 깨닫게 될 것이다. 남보다 더 잘살기 위하여 보혜사가 되는 것은 옳지 않다. 본인은 범신론적 신관이 아니라 하지만 많은 사람을 범신론으로 안내하고 있는 것이라고 생각된다.

9) 이단으로 정죄함에 대하여

위증 9. 이만희 씨가 가르치고 있는 계시론, 신론, 기독론, 구원론, 종말론 등 대부분의 교리는 도저히 기독교적이라고 볼 수 없는 이단이다.(p.179)

반증: 이만희 씨가 반기독교적인 교리를 가르치고 있다고 판단하려면 하나님과 예수님과 성경을 부인한 증거가 있어야 한다. 그러나 우리는 하나님과 예수님과 성경을 믿고 있으며 본장에서 반증한 바와 같이 반기독교적이라고 비판을 받을 내용이 하나도 없다. 시온기독교신학원을 이단으로 만들기 위해 거짓말을 지어낸 것이 도리어 자신들이 마귀라는 것(요8:44)을 알게 하는 증거가 되었다.

비판: 필자는 "이만희 씨가 반기독교적인 교리를 가르치고 있다고 판단하려면 하나님과 예수님과 성경을 부인한 증거가 있어야 한다."란 반증에 동의한다. 그리고 반기독교적인 교리를 가르친 일이 없다고 주장하는 '반증'에 대하여 '그렇지 않다'란 비판을 가했다. 그러나 이만희 씨가 반기독교적인 교리를 가르치고 있었음을 덧붙여 말하기 위하여 필자는 월간 현대종교 96년 10월 p.90-99와 월간 현대종교 96년 11월 p.106-115에서 말하는 원문호 목사(임마누엘 제자성장 연구원 원장, 성경해석학, 신약신학, 구약신학 교수)의 특별 기고에서 발췌하고자 한다. 본 비판을 통하여 이만희 씨가 반기독교적 교리를 가르치고 있다는 것을 제시하고자 하는 것은 저들을 정죄하기 위한 목적이 아니요, 성도들로 하여금 깨어 근신하며 미혹되지 말라는 의미도 아니요, 오직 당사자가 자기의 오류를 뉘우치고 바른 진리의 길로 돌아오기를 기다리는 심정에서 지적하고 있음을 밝혀둔다.

> 그는(이만희) 「계시록의 진상」. 21p에 "성경에 맞지 아니하면 거짓
> 말이요 흑암 속에 빨려 들어가는 결과를 초래한다."고 했다. 이 씨는
> "무료성경신학원에서 교재로 사용하는 자신의 교리서를 한국교회에 내
> 놓고 공식비판을 받고 싶다"라고 현대종교 1993년 1월호 39p에 기록한
> 다. 이 씨의 말대로 미리 결론을 짓는다면 그의 저술은 자의적 짜집기
> 성경해석으로 사실과 어긋나게 억지로 풀며, 지상천국 건설을 지향유
> 도 하는 '유토피아(utopia)'적 망상으로 가득하다. 이 씨를 이단 유형에
> 적용하면 '자칭 재림주 선지자 피난처형' 지상천국론자이다.

라고 말하며 다음과 같이 비판하고 있다.

① 이 씨의 성경론(벧후1:20, 21; 3:16-18; 계1:18, 19; 잠30:6;
　 신12:32)

이 씨는 자신의 글 표지에

> 「계시록의 진상」이 직통계시를 받은 것을 기록한 책이며 듣지도
> 보지도 못한 새 일이요 천국의 비밀이다. 이 책은 인류 역사상 제일
> 의 책이요 만국을 다스릴 철장권세이다. 천국에 소망을 둔 자라면
> 한 번은 꼭 읽고 깨달을 영원한 복음이다

라고 주장한다. 하나님의 '직통계시를 받아 기록된 책이 있다'면 그것
은 성경이다. '인류 역사상 제일의 책'은 성경뿐이다. '만국을 다스릴
철장권세를 가진 책이 있다'면 그것은 성경이다. '영원한 복음이 있
다'면 그것은 어떤 사람이 교주가 되고 싶어서 만들어낸 책이 아니라
성경뿐이라고 생각한다. 따라서 성경의 모든 권위와 동등한 아니 성
경의 권위를 가로챈 것은 명백한 범죄 행위요, 이단으로 정죄되어야

할 배신이다. 그러므로 "(이만희 씨가) 반기독교적인 교리를 가르치고 있다고 판단하려면 하나님과 예수님과 성경을 부인한 증거가 있어야 한다."는 신천지교회 측의 항변에 대한 답이 될 것으로 생각된다. 그러므로

한마디로 말해서 그는 성경 66권의 최종적 권위와 성경계시의 완성을 파괴하는 자이며 신비로운 체험을 문서화하여 영원한 복음으로 절대화 시키는 이단이다.

라고 비판하는 원문호 목사의 주장에 대하여 주목할 필요가 있다.

② 이 씨의 구원론(갈1:7-10; 2:16; 3:5, 6; 고후11:4, 13-15)

이 씨는 다음과 같이 구원론을 주장하고 있다.

가장 환하게 빛나는 별은 무엇일까? "우리는 북극성이 가장 환하게 빛나는 별일 거라고 생각하지만 사실 북극성은 대표적으로 흐린 별 가운데 하나야. 북극성은 모두가 바라는 위치에 있지만 자신을 드러내지 않아. 오히려 자신의 빛을 낮추고 다른 별들이 돋보일 수 있도록 도와주지." 박태현은 그의 저서 『소통』에서 이렇게 말하고 있다.

마찬가지로 성경은 부동의 위치에서 우리에게 구원의 길을 제시하고 있지만 수많은 이단 서적에게 도전을 받고 있다. 그러면서도 말없이 저들을 쳐다만 보고 있다. 저들에게 숱한 난도질을 당하면서.

천국에 들어가려면 육하원칙으로 꼭 알아야 하는 비밀 몇 가지가 있다. 「계시록의 진상」 20p
계시록의 영원한 복음 새 노래를 배워야 거듭나고 영생에 이른다.

「계시록의 진상」 538p

오늘날도 주의 이름으로 오시는 이(이만희를 지칭함-필자 주)를 믿지 않고는 구원이 없음을 밝히는 바이다. 「계시록완전해설 道」 225p

이 책(계시록완전해설 道-필자 주)의 저자는 예수님의 성령과 대언자 요한이요, 이 요한으로 말미암지 않고는 예수님께 올 자가 없으며, 요한을 보내 주신 예수와 보냄을 받은 요한을 아는 것이 영생이다. 「계시록완전해설 道」 70p

라고 주장하는 이 씨의 구원론에 대하여 원문호 목사는

하나님의 자녀 되는 것은 예수님을 영접 그 이름을 믿는 자들에게 자녀 되는 권세를 주신다(요1:12). 이 씨의 구원은 참으로 가소롭다. 웃지 못할 노릇이다. 구원의 조건은 오직 예수님을 믿는 것이다.(롬8:37-39)

라고 외친다. 이 씨는 "(행 4:12) 다른 이로서는 구원을 얻을 수 없나니 천하 인간에 구원을 얻을 만한 다른 이름을 우리에게 주신 일이 없음이니라 하였더라"는 말씀을 어떻게 해석하는지 궁금하다. 이렇게 명백한 진리의 말씀이 있음에도 불구하고 다른 사람을 소개하려 하는가? "(요 14:6) 예수께서 가라사대 내가 곧 길이요 진리요 생명이니 나로 말미암지 않고는 아버지께로 올 자가 없느니라"고 밝히 말하고 있는데 왜

오늘날도 주의 이름으로 오시는 이(이만희를 지칭함- 필자 주)를 믿지 않고는 구원이 없음을 밝히는 바이다. 「계시록완전해설 道」 225p

라는 다른 길을 제시하는가? 구원의 길은 오직 하나로 충분하다.

> 이 책(계시록완전해설 道-필자 주)의 저자는 예수님의 성령과 대
> 언자 요한이요, 이 요한으로 말미암지 않고는 예수님께 올 자가 없
> 으며, 요한을 보내 주신 예수와 보냄을 받은 요한을 아는 것이 영생
> 이다. 「계시록완전해설 道」 70p

라는 주장은 얼마나 위험천만한 주장인가? 이렇게 엉터리 주장을 하
고 있음에도 불구하고

> (이만희 씨가) 반기독교적인 교리를 가르치고 있다고 판단하려면
> 하나님과 예수님과 성경을 부인한 증거가 있어야 한다.

라고 말하는 신천지교회 측의 주장은 어떻게 된 것일까?
이에 대한 성경의 답변을 들어 보자.

> (요일 2:22) 거짓말하는 자가 누구뇨 예수께서 그리스도이심을 부인
> 하는 자가 아니뇨 아버지와 아들을 부인하는 그가 적그
> 리스도니

미국에 가려면 배를 타고 갈 수도 있고 비행기를 탈 수도 있을 것이
다. 어떤 수단으로 가든지 결국 여권과 비자가 있어야 입국할 수
있다. 이것이 미국에 들어갈 수 있는 길이다. 다른 길은 전혀 없다.
만일 다른 길로 안내하면 안내자나 따르는 자나 모두 도둑이 된다.
불순한 일을 하기 위한 도적이다(요10:10). 성경 말씀을 부인하는 범
죄는 지탄받아 당연하다.

후회는 꼭 뒤늦게 찾아온다. 지나간 순간순간이 내 삶의 '노다지'였
음을 한참 뒤에야 깨닫는다. 그때 '더 열심히 파고들고, 더 열심히 귀
기울이고, 더 열심히 사랑할 걸' 뉘우쳐도 흘러간 시간은 다시 오지

않는다. 그나마 늦게라도 깨달았으니, 이 또한 얼마나 다행인가.(고두현의 시 읽는 CEO) 우리가 살면서 후회할 일이 어찌 없겠는가? 그러나 반드시 경계해야 할 것이 있다. 훗날 후회할 일임을 빤히 알면서도 게을러서, 무심해서, 차일피일 미루느라 후회할 일을 거듭하는 것이다. 거듭하다 보면 습관이 되고, 습관이 행동이 되고, 행동은 열매가 된다. 열매가 되어버리면 그땐 후회도 깨달음도 소용이 없다. 성경을 더 이상 괴롭히지 말자.

③ 이 씨의 신론

성령은 신랑이요 택한 육체는 신부요 땅이다. 둘이 합하여야 천국 아들로 탄생되며 열매를 맺는다. 「성도와 천국」 제2집 4p
구름은 성령을, 비는 말씀을 말함이요, 「성도와 천국」 제2집 62p
예수는 아버지 안에 하나님은 예수 안에 예수는 우리 안에 우리는 예수 안에 있어 성부·성자·성신 일체를 이루시니 삼위일체다. 「성도와 천국」 제2집 63p
구름을 타고 오신다는 것은 구름은 성령이다. 예수는 아버지의 이름으로 오셨고 요한(보혜사)은 예수의 이름으로 오게 되는 것이다. 하나님=아브라함, 예수=이삭, 보혜사(요한)=야곱의 상징으로 오시니 오늘날 우리가 요한의 입장에서 사명자를 만나야 한다. 「계시록 완전해설 道」 72p
성령은 일반 성령이 있고 진리의 성령 보혜사가 있다. 「성도와 천국」 227p

이 씨는 성령님을 신랑, 구름, 보혜사(요한)=야곱, 일반성령이라 한다. 아버지+예수+우리(보혜사/요한)식의 주장은 삼위일체가 아니다. '우리'라는 주장은 이 씨를 다른 보혜사로 귀결시키는 거짓논리이다. 피조물은 삼위일체 하나님일 수 없으며, 양태론 주장은 더 말할 이유가 없으며, 성령이 신랑이라는 표현은 없다. 이 씨가 말하고 싶은 해괴한 요지는 자신을 성경에 계시적 인물로 대입하여 다른 보혜사로 신격화하기 위한 것이며, 성령은 신랑이요, 택한 육체(이 씨)는 땅이라 함은……자기만을 통하여 구원을 받아 하나님의 백성을 만드는 거짓논법이다.

라고 지적한다. 그리고 "(엡 4:4-6)……성령이 하나이니……주도 하나이요……하나님도 하나이시니 곧 만유의 아버지시라"고 말하며 "이 씨는 성령님을 모독하고 있다. 이 씨의 신론은 삼위일체에 무지한 적용이다. 자신을 자칭 다른 보혜사, 재림주로 부르는 엉터리 신격화를 의도적으로 유도한다."라고 결론을 맺는다. 그러므로 명백한 범죄행위라는 것이다.

인간의 노력의 노력으로 보혜사가 될 수 있을까? "우리는 확실히 기도하지 않는 시대에 살고 있다. 우리는 밀치고 당기는 혼잡한 시대에 살고 있다. 우리는 지금 인간의 노력과 인간의 의지와 결단과 인간을 신뢰하는 시대에 살고 있다."(R. A. 토레이) 인간은 자신들의 노력과 의지와 힘으로 무슨 일이든지 성취할 수 있다고 확신하며 산다. 그러나 이 모든 인간의 업적과 행위가 하나님 편에서 보면 아무런 의미가 없다. 인간이 할 수 있을 것으로 여겨진 바벨탑은 올라가지 못했다. 인간이 신(예수님)을 십자가에 못 박는 일을 자행한 것 같으나 예수님의 자원하심과 하나님의 허용이 없이는 불가능한 바벨탑에 그친다(마 26:39). 기도는 혼잡한 시대에서 하나님을 믿는다는 신앙의 표현이다. 차라리 기도의 업적을 쌓아 두는 것이 어떨까?

④ 이 씨의 교회론

이 씨의 교회론은 그의 저서 「성도와 천국」 89-198쪽에서 다음과 같이 말한다.

"초림 때와 같이 재림 때에도 처음 하늘과 처음 땅인 예수교가 언약을 배도함으로 없어지고 새 하늘과 새 땅, 새 예루살렘과 새 목자가 있게 된다…… 신천지예수교증거장막성전이 이 땅에 이루어지고 만민이 이곳에 와서 주의 말씀을 들어야 산다……. 교회도 일반교회가 있고 약속의 성전이 있다"라고 말하고 있다.

위와 같은 이만희 씨의 교회론에 대하여 원문호 목사는 다음과 같이 비판하고 있다.

"예수교가 없어진다니 어이가 없다. 교회는 음부의 권세가 이기지 못한다. 교회는 주께서 오른손으로 잡고 계신다. 약속의 성전만이 참이라니 일반교회는 가짜란 말인가? 주님의 교회는 가짜가 없다. 다만 기독교적 이단만이 가짜인 것이다. 이 씨의 증거장막성전 새 예루살렘에 새 목자가 있어야 한다니 이 씨를 지칭하는 것이 아닌가? 거룩한 산 새 예루살렘은 영계 천상이며 신천지도, 경기도 과천 청계산도 아니다……. 더욱 어이없는 소리는 신앙의 종주국이 대한민국이라는 것이다. 이는 신천지를 비호하는 뜬 구름을 잡는 소리일 뿐이다"라고 말하며

"(마 16:18) 또 내가 네게 이르노니 너는 베드로라 내가 이 반석 위에 내 교회를 세우리니 음부의 권세가 이기지 못하리라"

는 말씀으로 맺고 있다. 어떻게 자기가 세운 곳에 와야 구원을 받을 수 있다고 주장할 수 있는가? 그것은 예수님만이 할 수 있는 주장이

다. 예수님께 가야 구원이 있고 쉼이 있다(마11:28). 신천지 증거장막성전에만 구원이 있다는 주장은 성경적으로 오류가 아닌가? 그러므로

> "(이만희 씨가) 반기독교적인 교리를 가르치고 있다고 판단하려면
> 하나님과 예수님과 성경을 부인한 증거가 있어야 한다."

고 항변하는데 그것은 거짓말을 하기 위한 포석이었다는 생각을 지울 수 없다. 거짓말을 전제한 종교 지도자는 거짓선지가 아닌지 의문이 간다.

"네댓 살 때 길을 가다가 언어장애가 있는 걸인을 보고 '저 사람은 옛날에 말을 너무 많이 해서 이제는 말할 수 있는 항아리가 빈 것이 틀림없어'라고 생각한 저는 말을 적게 하려고 '묵언수행'에 들어갔습니다. 오랫동안 말이 없는 아들의 모습에 이상을 느낀 엄마가 사연을 물었습니다. 저는 할 수 없이 고민을 털어놓자 아들의 고민을 들으신 어머니는 박장대소하며 그런 게 아니라고 가르쳤습니다."(미술평론가 이주헌) 비물질적인 것도 물질적인 것으로 오해하는 미성숙함이 우리의 삶에도 있다. 성령 충만은 물질이 아니다. 사랑은 나누어도 모자라거나 다함이 없다. 은혜는 아무리 받아도 넘치지 않는다. 생각은 캐고 또 캐어도 바닥나지 않는다. 거짓말도 끝이 없이 계속되는 사단의 활동 영역이다. 없어져야 할 비진리는 사라지지 않는 진리의 동반자이다.

⑤ 이 씨의 창조론

창세기 1장을 아담전의 일이라고 생각하면 이치에 맞지 않는다.

여기서 2절에 말한 혼돈하고 공허한 땅과 흑암한 하늘은 1절에서 말한 천지가 아니다. 1절에서 말한 천지창조는 2절의 사건 후 창조되는 천지를 말한다. 「성도와 천국」 제4집 37p

창세기 1장을 표면적 문자에 매여 '육적 창조'라고 고집하는 주장은 과학적, 논리적, 현실적, 상식적으로 모순투성이며 이러한 주장은 오히려 하나님에 대한 불신과 그릇된 성경관을 갖게 되는 요인만 될 뿐이다. 「성도와 천국」 제4집 38p

없어진 처음 하늘과 처음 땅을 다시 창조하니 새 하늘과 새 땅이요. 「계시록 진상」 468-469p

라는 이만희 씨의 주장에 대하여 원문호 목사는

이 씨의 주장은 창세기 1장이 아담 이전에 육적 창조가 아니라는 것이다. 1장을 자세히 보면 두 개의 하늘과 두 개의 땅이 나타나고 있다고 한다. 그러나 1절의 천지는 2절의 사건 후 창조가 아니다. 1절 창조의 구체적 상태를 표현한 것이다……. 성경에 창세기 1장이 육적 창조가 아니라는 비유 비사 빙자라는 근거가 있는가? 없다. 없으면 없는 것이며 가정, 사상놀이 해석으로 꾸며진 거짓 '시나리오'를 만들지 말아야 한다.

고 말하면서 "(창 1:1) 태초에 하나님이 천지를 창조하시니라"는 말씀은 육계를 창조하셨다는 뜻이고, "(계 21:1) 또 내가 새 하늘과 새 땅을 보니 처음 하늘과 처음 땅이 없어졌고 바다도 다시 있지 않더라."는 말씀은 영계를 뜻한다고 결론을 맺는다. 성경대로 말하고 성경대로 믿는다면서 왜 이 부분에 와서는 또 다른 말을 하는 것일까?

엘리베이터 앞에 초등학생의 것으로 보이는 홍보물이 붙어 있었다. "강아지를 찾아주세요. 털이 눈처럼 하얗고 눈은 초롱초롱해요. 아주 귀엽고 영리한 강아지입니다." 이 글을 보고 '객관적 특징을 말해야

지 이걸 보고 어떻게 찾겠어!' 하는 생각을 했다. 마치 부모가 자기 자식을 자랑하듯 객관성이 결여된 것이다. 그러나 나는 내 자신을 들여다보는 눈은 더 멀어 있다는 사실을 깨닫게 되었다. 내가 생각하는 나와 부인의 눈에 비친 나는 매우 다를 수 있다. 그래서 지구상에서는 '장미 전쟁'이 계속되는 것일 게다. 하나님 앞에서의 나도 그렇다. 신앙생활에 있어서 나는 '이만하면 됐지, 얼마나 더'라고 생각하는데 하나님께서는 '좀 더'를 요구하신다. 그래서 그분의 요구에 미칠 수 없음을 느낄 때 "예수여 나를 도와주소서!" 하는 고백을 하게 된다. 자신을 내려놓자. 하나님의 지으신 천지가 보일 것이다. 내가 하나님 앞에서 너무 크다. 좀 더 작아지면 그분의 창조솜씨가 보일 것이다. 나를 지으시고 우주를 지으신 창조주가 보일 것이다.

⑥ 이 씨의 재림론

이 모든 말씀을 믿을진대 재림 예수의 모습을 볼 수 없는 것이다. 「계시록완전 해설 道」 71p

구름 타고 오신 예수님은(계1:1-8) 한 육체로 오신다(계1:12-20). 이 사람도 초림 때와 같이 영적 말구유에서 탄생된다. 「성도와 천국 76」, 78p

구름 타고 오신 주님은 이곳에 오신다(요1:10-13). 「중등부 교재」 제25호 28p

말씀을 알므로 주의 재림을 알 수 있다. 오늘날은 예수님께서 직접 우리에게 종말의 시기와 징조를 알려 주신다. 「영핵」 70p

이만희 씨의 재림론은 '구름이 저를 가리어 보이지 않은 상태로 가셨으니 보이지 않는 상태로 오신다.'는 것이다. 이와 같은 이 씨의 재림론에 대하여 원문호 목사는

……거짓증거를 하고 있다……. 그는 또한 육체로 온다고 한다. 이는 무엇을 말하는가? 이 씨를 지칭한 말이다. 초림 때와 같이 말구유에 탄생한다면 이는 하늘에서 강림이 아니며 땅에서의 육체적 인간 출생자로 '이' 씨이다. 그가 신천지에 온다는 말이다. 다시 오신 주는 '이만희'이다. 그는 이단적 재림 발언을 서슴없이 자신의 글에 명시하고 있다. 오늘날은 예수님께서 직접 우리에게 시기와 징조를 알려 준다는 것이다.

라고 말하며 이만희 씨를 이단으로 정죄하고 있다. 그리고 계속하여 말하기를

이 씨는 예수님이 '한 육체에 성령으로 임한다.'라고 하나 결코 그렇지 않다. 그러므로 그에게 임한 영적 실존은 예수님을 가장한 사단이 임한 육체로 사단의 이단 교주로서 하수인이다.

라고 결론을 맺으며 이만희 씨의 왜곡을 신랄하게 비판한다.

이 모든 말씀을 믿을진대 재림 예수의 모습을 볼 수 없는 것이다
「계시록완전 해설 道」 71p

이와 같은 이 씨의 말대로 '재림 예수의 모습을 볼 수 없다'면

(행 1:11) 가로되 갈릴리 사람들아 어찌하여 서서 하늘을 쳐다보느냐 너희 가운데서 하늘로 올리우신 이 예수는 하늘로 가심을 본 그대로 오시리라 하였느니라

라 하신 말씀을 어떻게 해석해야 하는가? 성경을 『어느 기준』에 맞추기 위하여 억지로 해석하지 말고 있는 대로 받았으면 좋겠다.

구름 타고 오신 예수님은(계1:1-8) 한 육체로 오신다(계1:12-20). 이 사람도 초림 때와 같이 영적 말구유에서 탄생된다.「성도와 천국 76」, 78p

다시 오신 예수(구세주)가 영적 말구유에서 한 육체로 오셨다면 그 사람이 바로 안명복(필자)이라 주장하면 모순이 되는 것인가? 필자도 탄생 신화를 만들 수 있는데……

구름 타고 오신 주님은 이곳에 오신다(요1:10-13).「중등부 교재」 제25호 28p

구름 타고 다시 오신 주님이 영적 말구유에 다시 오셨다면 영적 말구유＝신천지 증거장막성전이란 등식이 성립되는데 이 등식은 만 민이 볼 수 있도록 오신다는 주님의 말씀과 정면 배치되는 사상이므 로 성경을 성경대로 가르치지 못하고 인간의 이성으로 편집하여 가 르치고 있다. 따라서 정죄되어야 할 것이다.

말씀을 알므로 주의 재림을 알 수 있다. 오늘날은 예수님께서 직 접 우리에게 종말의 시기와 징조를 알려 주신다.「영핵」 70p

'말씀을 알므로 주의 재림을 알 수 있다'는 말에 공감한다. 그러나

오늘날은 예수님께서 직접 우리에게 종말의 시기와 징조를 알려 주신다

는 주장에는 문제가 있다고 본다. 즉 초림 예수(정통 교단에서 섬기 는 베들레헴에서 나신 나사렛예수)는

> (마 24:36) 그러나 그날과 그때는 아무도 모르나니 하늘의 천사들
> 도, 아들도 모르고 오직 아버지만 아시느니라

고 하셨지만 오늘날의 (신천지교회 이만희 씨가 주장하는 예수)예수는

> 예수님께서 직접 우리에게 종말의 시기와 징조를 알려 주신다

고 하였으니 이 씨가 말하는 '예수님'은 초림 예수가 모르는 것까지도 아는 '예수님'이 된다. 다시 말하면 초림 예수는 '그날과 그때는 아무도 모르는 일이며 오직 아버지(=하나님)만 아시는 사항'이라 하셨다(마24:36). 그런데 이 씨가 말하는 예수는 '그날과 그때를 아는 예수'라 했으니 초림 예수보다 상위 등급의 예수를 말하는 것으로 사료된다. 다시 말하면, 이 씨가 말하는 예수는 초림 예수가 말하는 '아버지=하나님'에 해당된다. '그날과 그때'를 아는 사람은 이 씨일진대 그러므로 '이만희=하나님'이란 등식이 성립되므로 이 씨는 성경대로 가르치지 못하는 무리에 속한다고 할 수 있다. 성경대로 가르치지 못하면 이단에 속한다고 해야 할 것이 아닌가? 따라서 '이단'으로 정죄되는 것이 싫다면 그리고 구원받기 원한다면 회개하고 바른 진리 앞으로 나와야 할 것이다.

영국의 극작가 조지 버나드 쇼(1856-1950)의 묘비에는 "우물쭈물하다 내 이럴 줄 알았다"고 새겨져 있다. 일본 사무라이의 고전『오륜서』의 저자 미야모토 무사시는 진검승부에 임하는 첫 번째 자세는 "머뭇거리지 말라"이다. 머뭇거리면 그대로 칼을 맞기 때문이다. 칼 맞은 후에 자세를 가다듬어 봐야 소용없다. 우리 인생도 진검승부와 같다. 머뭇거리지 말고 믿어보자. 마귀에게 치명타를 입기 전에 하나님 편에 서자. 이단이 미혹한다 해도 하나님의 창조솜씨를 찬양하자.

우리들 중에는 태어난 자리에서 살다가 죽는 사람도 있다. 그런 사람은 평생 고향을 떠나 보지 않았지만 그런 사람들조차도 고향을 그리는 노래를 좋아한다. 왜 그럴까? 모든 사람들이 돌아 갈 고향이 있기 때문이다. 그곳은 우리를 위하여 만드신 그분의 나라이다. 돌아갈 내 고향 하늘나라.

⑦ 이 씨의 부활론

마귀의 씨를 받으면 마귀 자식이 되는 귀신으로 부활한다. 「계시록 진상」 538p;

구름을 타고 올라갔다는 것은 성령으로 간 것임을 입증하는 말이다. 「성도와 천국」 제2집 68p;

이미 썩은 육체는 썩지 아니할 것으로 그 육이 오지 못하고 다만 형체만 오게 된다. 이것이 죽은 자의 부활이다……. 사망 안에서 있었던 우리가 사망을 이김으로써 속사람이 부활하는 것이다. 「성도와 천국」 제2집 68, 69p.

그는 부활을 "사단의 비진리(거짓목자의 교훈)이므로 죽어 버린 성도의 심령을 예수 생기(진리)의 말씀을 주어 다시 살림"이라고 하며 "기성교회의 무덤 속에 시체가 순간 살아나 밖으로 나온다는 것이 육체적인 해석이며 오해한 것"이라고 하며 부활이 없다는 것이다. 부활의 신앙이 이 씨는 잘못됐다. 이는 여전히 죄 가운데 있는 증거이다

라고 비판하는 원문호 목사는 "이 씨는 부활이 없다고 믿는가 보다"라는 의혹을 던지고 있다. 원 목사의 논지는 귀신은 영적 존재이므로 영은 부활할 수 없다는 것이다. 성경에 영적 존재가 부활한 예가 없다는 것이다. 그리고 계속하여 말하기를

"예수님이 성령으로 갔다는데 성령과 예수님을 구분할 줄도 모르고 있다. 그래도 일점일획도 가감하지 아니하고 성경만 가르친다고 큰소리치는가?"라고 물으면서 "하나님이 없다고 믿는 어리석은 자에게나 통하는 무식한 배짱이다"

고 평가한 뒤 계속하여 원 목사는 다음과 같이 질문하고 있다.

성령이 승천한 것이 아니라 예수님이 부활하셔서 승천하신 것이다. 죽은 자의 부활은 썩을 것이 불가불로 썩지 아니함을 입는다. 이것이 복음이다. 형체만 오는 것이 아니다. 예수님의 부활의 모습을 보라. 살과 뼈가 있지 않은가? 그리고 이 씨는 속사람이 부활을 한다는데 참으로 무식한 소리이다. 속사람은 영이다. 영 부활은 이단자이다. 부활은 육신부활이다. 공히 불신자, 성도나 부활한다. 이 씨는 신천지 거룩한 성 만드는 구술, 꾀는 자의적 해석, 억지풀이에는 신경을 썼으나 부활에 대하여는 아주 빈약하다. 신천지만이 성경에 통달했다는 그의 소리는 거짓임이 더욱더 드러난다. 그 원인이 어디 있을까?

원 목사는 위와 같이 질문하면서 저들은 '신천지 청계산(시온산)에만 미치니 부활의 복음이 눈에 뜨이지 않는다.'는 것이다. 우리가 부활에 소망을 두면 이 땅에 소망을 두지 않고 하늘나라 영계의 신천지를 사모하게 된다. 부활하신 주님에 대한 신앙이 분명하지 않으면 죄 가운데 있다는 증거가 된다는 요지로 말한다.

이로 보건대 이 씨의 부활론은 매우 이상야릇하고 괴상하다. 하늘나라는 하나님의 창조 소관이다. 사람에 의하여 여기저기에 형성되거나 자기 마음대로 나누어 줄 성질의 것이 아니다. 성도가 후일에 거할 처소는 주님이 예비하신다(요14:2). 하늘나라는 사람들에 의하여 조립되거나 제조되거나 건설될 성격의 것이 아니다. 그럼에도 불구하고 달리 말하는 사람이 있다면 그는 원문호 목사 말대로 '지상천국론 자'로서 이단으로 정죄되어야 마땅하다.

> 구름을 타고 올라갔다는 것은 성령으로 간 것임을 입증하는 말이 다. 「성도와 천국」 제2집 68p

위와 같은 주장대로 예수님이 구름 타고 가신 것이 성령으로 가신 것이며 육체는 가지 못했다면 주님의 육체는 어디 있을까? 문제는 또 다른 문제를 야기한다. 이제 유재열 씨의 방향전환처럼 이 씨도 돌아올 때가 되지 않았을까?

노사연 씨는 「만남」이란 노래를 부른 후 배필을 만났고, 정관태 씨 는 「독도는 우리 땅」을 부르고 독도의 명예 군수가 되었고, 송대관 씨는 「쨍하고 해 뜰 날」을 부르고 유명 스타가 되었고, 이어령 씨는 예수를 영접하여 구원받은 후 그의 딸이 암으로부터 해방되었다. 우 리는 예수를 만나면 부활의 기쁨을 체험하게 될 것이다.

지난 2007년 9월 10일 '세계 자살 예방의 날'의 날을 맞아 경찰청 에서 발표한 자살 현황을 중앙일보 12면에서 말하고 있었다. 그에 따 르면 지난해 하루에 35.5명이 자살했다고 한다. 이 숫자는 러시아, 일 본에 이어 세계에서 세 번째로 많은 수이다. 그런데 같은 날 중앙일 보 11면에는 세계적인 성악가 이탈리아 루치아노 파바로티의 장례식 모습이 한 면 전체를 차지했었다. 하나님이 지으신 생명을 스스로 끊 어서 부끄럽게 죽어가는 사람과 하나님이 주신 달란트를 유감없이 발휘하며 살았던 인생이 비교되는 장면이었다. 언젠가는 진리와 비진 리가 비교될 것이다. 의인과 악인이 구분되고 비교될 것이다. 머지않 은 훗날 우리의 죽음과 부활이 이렇게 비교될 것이다. 하나는 천국으 로 다른 하나는……

2. 회심자 임일봉 씨의 증언을 중심으로

임일봉 씨는 월간 현대종교에 '무료성경신학 무엇이 문제인가?'란 독자기고를 통하여 무료성경신학원 초등교재 3호인 '비유의 말씀과 짝'을 다음과 같이 정리하고 있다.

1. 하나님은 아담의 범죄 후 천국 비밀을 자기의 택한 목자에게 먼저 보여주고 알려 주신 후 행하게 하신다(암3:6-7; 요3:31, 5:19, 계1:1-3).

1) 하나님의 비밀
   고전2:6-11 고전15:51 계1:20 계10:7 렘33:3 골1:26 골2:2 엡6:19
2) 사단의 비밀
   살후 2:7 계2:24 계17:5-7

2. 그러나 천국 비밀을 알아서는 안 되는 사단에 속한 자들에게는 깨닫지 못하도록 빙자와 비유를 베풀어 말씀하셨다
(마13:10-15) ← 사6:9   마13:34-35 ← 시78:2
빙자와 비유: 호12:10   슥7:12   마13:34
성경의 역사, 교훈, 예언 중 특히 장래사인 예언은 빙자와 비유와 비사로 감추시고는, 때가 되면 밝히 일러주신다고 하셨다(요16:25)
신29:4, 사29:9-13, 렘23:20, 단7:25, 12:4-10, 계5:1-3 → 갈3:23, 계22:10
그러므로 천국에 소망을 두고 성경말씀을 상고하는 오늘날 신앙인들이 비유로 기록된 말씀의 뜻을 바로 깨닫지 못하고 오해하게 되면 천국 비밀을 알 수 없으며, 하나님의 뜻대로 행할 수 없다(호4:6, 6:6, 마22:29, 막12:27, 요2:19-22, 마7:13-21, 엡5:17, 롬12:2).

3. 빙자와 비유로 기록된 예언은 반드시 성취되어 실상으로 나타나고 그때 빙자, 비유는 밝히 드러나게 되니 비유, 빙자 ⇔ 실체 그리고 예언 ⇔ 실상이 서로의 짝이 되는 것이다.(사34:16, 요1:14)

例) 비유: 사28:16(돌)　　　⇒　벧전2:4, 마21:42(예수님)

빙자: 사61:1-(이사야)　⇒　마3:16, 눅4:17(예수님)

예언: 사46:10, 요14:29　⇒　요19:28-30, 계21:6

위와 같은 초등교재 3호의 내용에 대하여 무료성경신학원의 전 과정을 이수한 바 있는 임일봉 씨는 다음과 같이 비판하고 있다.

비판 1. 천국 비밀을 자기의 택한 목자에게

암 3:6-7이 구절은 사이비 종교들이 주로 사용하는 터무니없는 말입니다.

요 3:32 말씀은 선지자나 자녀에게 증거 하고자 (계시)함이 아니라(마23:37) 예루살렘의 자녀에게 한 말씀입니다.

계 1:3은 앞으로 이뤄질 일만 기록한 것이 아니라 이미 예수님의 초림 후부터 이뤄졌고, 현재 일과 앞으로의 일이 포함되어 있으며, 이미 요한이 밧모 섬에서 계시를 받아 계시(묵시록)를 펼친 것입니다. 계시는 특정한 사람에게만 주어지는 것이 아니라 행2:17절 말씀처럼 모든 영적 자녀에게 부어주는 성령의 기름입니다. 이 기름부음은 말씀보다 영적 깨달음과 분별력으로 보는 것이 중요합니다. (천국 비밀을) 성령이 직접 모든 이에게 부어 주는 것이지 무료신학의 이만희 씨가 부어 주는 것이 아닙니다.

라고 한다. 임일봉 씨의 주장에 따르면 완벽(완벽은 없지만)한 성경주해를 위하여 제1단계로 해야 할 '일반적인 역사적 콘텍스트를 개관하라'는 원칙을 무시했다는 말이다. 어떤 문장, 단락 또는 문서의 일부를 조사하기 이전에 항상 전체 문서를 잘 개관하는 것이 필요하다는 말이다. 저자는 누구인가? 수신자는 누구인가? 그들 사이는 어떤 관계인가? 수신자들은 어디서 살고 있었는가? 수신자들의 당시 상황은 어떠했는가? 그 글을 쓰게끔 한 역사적 상황은 어떠했었는가? 저자의 목적은 무엇이었는가? 전체적인 주제 또는 관심사는 무엇이었는가? 논쟁이나 이야기가 쉽게 구별되는 윤곽을 갖고 있는가? 하는 식의 작업이 필요하다는 것이다. 그런데 이만희 씨는 "(암 3:7) 주 여호와께서는 자기의 비밀을 그 종 선지자들에게 보이지 아니하시고는 결코 행하심이 없으시리라"는 말씀을 자기에게만 적용한 오류를 범했다는 것이다. 하나님께서는 당신의 목적, 계획(은밀한 의논)들을 수행하시는 방식을 말씀하시고 계신다는 것이다. 즉 하나님께서는 노아에게 홍수 사건을 알려 주셨으며, 아브라함과 롯에게는 소돔과 고모라의 멸망을 알려 주셨으며, 요셉에게는 7년의 대기근을 알려 주셨고, 요나에게는 니느웨의 심판을 알려 주셨던 것처럼 하나님께서는 아모스에게

> (암 3:6) 성읍에서 나팔을 불게 되고야 백성이 어찌 두려워하지 아니하겠으며 여호와의 시키심이 아니고야 재앙이 어찌 성읍에 임하겠느냐
> (암 3:7) 주 여호와께서는 자기의 비밀을 그 종 선지자들에게 보이지 아니하시고는 결코 행하심이 없으시리라

고 하시며 이스라엘을 심판하리라는 하나님의 계획과 비밀을 알려 주셨던 것이다. 이것이 바로 하나님께서 일하시는 방식이었던 것이다. 따라서 아모스는 그것을 예언하지 않을 수 없었던 것이다. 그런데 이만희 씨는 그 말씀을 빙자하여 자기를 통하여 말씀이 주어지는 것으로 호도하는 오류를 범하고 있다는 말이다. 다시 말하거니와 하나님께서는 누구에게 새로운 계시를 주셔서 세대의 비밀을 알게 하시는 것이 아니라 이미 66권의 성경 말씀을 통하여 말씀하신 것이다.

따라서 새로운 계시나, 성경을 보완하는 책이나, 새로운 계시를 선포할 이긴 자, 보혜사 등이 필요하지 않은 것이다. 성경은 계속하여 보완될 책이 아니라 주어진 하나님의 완벽한 말씀이요, 이 세대 우리를 통하여 이루어져야 할 진리인 것이다.

그런데 자기에게만 주어진 특별한 계시로 말하며 모든 사람이 알아야 할 진리의 보편타당한 권리를 제한하는 것은 옳지 않은 발상이다. 「양철북」으로 1999년 노벨 문학상을 수상한 독일의 귄터 그라스는 "한국 문학은 노벨상을 당연히 받을 만하고 받아야 한다."고 말하면서 청소년 때 700쪽 이상이 되는 작품을 읽어봐야 어떤 어려움이 닥쳐도 이겨낼 수 있다고 한다. 성도들이 성경을 읽어야 인내할 수 있고 인내하면 기도의 응답을 경험할 수 있다. 마찬가지로 지도자가 성경은 물론 남의 글도 읽어야 폭이 넓어지고 자기 사고를 객관화시킬 수 있다. 다른 사람의 진실어린 충고를 귀담아 들을 수 있어야 한다. 좋은 머리로 종파를 창시하여 이단이 되었으니 좋은 머리로 남의 충고도 받아 회개했으면 좋겠다.

> 비판 2. 깨닫지 못하도록 빙자와 비유를 베풀어
> 왜 무료신학원에서는 이것을 주장할까요? 이들은 정통 기독교를 바리새인으로 보고 있습니다. 마 13:10-15는 이들은 말씀을 들어도, 독생자 임마누엘이 앞에 와 있어 눈으로 보아도, 하나님의 독생자임을 인정치 않았음을 알 수 있습니다. 이 비유로 인한 죄를 봅시다. 요 16:8-9는 예수님을 믿지 아니함을 책망하고 있습니다.

라고 말하는데 이것은 문학적 콘텍스트를 파악하지 못했다는 지적이다. 즉 이 단락 또는 권고문의 요점은 무엇인가? 이 문장의 요점은 무엇인가? 저자가 지금까지 이야기했던 것을 기초로 해서, 여기서는 왜 이런 말을 하고 있는가 하는 것들을 파악하지 못했다는 것이다. 즉 저자의 깊은 의도를 모르고 단순히 보이는 현상대로만 말했을 뿐이라는 것이다.

> (마 13:10) 제자들이 예수께 나아와 가로되 어찌하여 저희에게 비유
> 로 말씀하시나이까
> (마 13:11) 대답하여 가라사대 천국의 비밀을 아는 것이 너희에게는
> 허락되었으나 저희에게는 아니 되었나니

란 말씀은 하나님께서 서로 다른 두 부류의 사람들을 취급하시는 방법을 말씀하신 것이다. 즉 '너희'에 해당하는 사람은 10절의 '제자'를 포함하여 예수께 '질문한 자'들이며, '저희'는 비유의 의미를 알지 못하게 되는 은혜 밖의 인물들을 말한다.

한편, '저희'에 해당하는 자들에게 예수님은 왜 비유로 말씀하셨을까? 그것은 하나님께서 은혜 주시기를 싫어해서가 아니라(요3:16; 딤전2:4; 벧후3:9), 그들이 하나님의 은혜를 거부했기 때문이다. 그러므로 '저희'에 해당하는 부류는 ① 예수의 말씀에 적대적인 유대교 권주의 자, ② 예수의 기적만을 바라고 모여드는 대다수의 군중들을 의미한다고 말할 수 있다.

따라서 임일봉 씨는 무료신학원의 비유에 대한 가르침은 너무나도 단순하고 차원이 낮은 수준이라면서

> "예수님의 이름은 온데간데없습니다. 우리는 예수님을 믿음으로써 구원에 이름을 명심해야 합니다……성경의 말씀을 잘못 해석하는 것 또한 예수님의 이름을 버린 것과 같습니다. 그릇된 행위로써 많은 영혼을 병들게 하면서 복음을 변질시키는 것, 이것은 하나님의 자녀를 죽이는 살인 행위에 다름없습니다(갈1:6-9, 2:4)."

라고 결론은 맺는다. 그의 논지는 우리 모두에게 하나님의 말씀을 알 수 있도록 은혜를 주셨다는 것이다. 또, 모두가 하나님의 말씀을 알고 구원에 이르기를 원하신다는 것이다. 그러나 이 하나님의 은혜와 사랑을 거부하는 사람들(유대교권주의자, 기적만을 추구하는 다수의 군중)에게는 말씀이 비유로 주어져 알 수 없다는 것이다. 그런즉 어느 한 사람에게만 성경을 통달하거나 비유를 해석할 수 있는 특별한 계시를 주시지 않는다는 말이다. 하나님의 계시는 성경을 통하여 이미 전달되었기에 '직통계시' 등이 필요하지 않다는 것이다. 그러므로 하나님의 백성들을 왜곡되게 인도하는 것은 살인자요, 이단이란 말이다. 만일 이런 일을 해 왔다면 지금부터라도 회개하는 결단을 기대한다. 이단 사상 최연소로 등장했던 유재열 씨가 과감한 결단으로 '이단의 괴수' 자리를 내놓고 회개했던 것처럼 돌아와야 할 것이다. 이단은 또 다른 이단을 양산함을 그들의 시조 격인 장막성전의 분파를 보면 알 수 있으리라. 장막성전에서 나온 분파가 얼마나 많은가? 아무리 좋은 미사여구와 이론을 동원하여 변명할지라도 보고 들은 것이 그것뿐이므로 이단은 여전히 이단이 된다. 근본을 바꾸어야 한다. 오염된 피를 씻어야 한다.

쾌활한 성격은 행복을 배달하는 집배원의 역할을 한다. '쾌활한 성격'이라는 보물을 얻기 위해 노력하라. 쾌활한 성격은 마치 견고한 성(城)과 같아서 그 속으로 들어가기는 어렵지만 한 번 들어가면 오랫동안 머물 수 있다(쇼펜하우어의 '희망에 대하여')고 한다. 쾌활한 성격을 보물(寶物)에, 쾌활한 성격을 가진 사람을 행복(幸福)을 배달하는 집배원에 비유한 것이 재미있다. 그렇다면, 누구나 값진 보물이 될 수 있다. 누구나 행복을 나르는 집배원이 될 수 있다. 아침에 눈 비비고 일어나 가장 가까이에 있는 사람에게 웃으며 인사하면 그날은 누구든 기분 좋은 하루가 된다. 아침의 작은 미소(微笑)가 쾌활함의 시작이다. 그러므로 누군가를 향하여 웃어보자. 그리하면 따뜻한 미소가 되돌아올 것이다. 마찬가지다. 자기의 오류를 깨달았으면 씩웃으며 '실수였다'고 고백하자. 회개하고 돌아온 유재열 씨에게 돌 던지는 사람이 없지 않은가? 이단에 미혹되었었다 할지라도 돌아서자 그리고 돌아온 탕자처럼 잔치에 참여하자. 해괴한 논리로 사람들을 미혹하는 했거든 교주의 자리를 내려놓는 용기를 갖자. 하나님의 부르심에 귀 기울여야 한다.

3. 언론인의 취재기사에서

(1) 이수영 기자의 취재기사를 중심으로

"무료 성경신학원의 강의는 장막성전분파인 안양 신천지예수증거장막성전을 이끌고 있는 이만희 씨의 성경 해석을 담은 교재로 실시되고 있음이 드러났다……. 무료 성경신학은 기독교 신학 교육원(원장 조시일)이 실시하는 것으로서 자의적 성경해석을 통해 정통신학에 배치되는 내용으로 일관, 문제가 되고 있다……. 이 기독교신학교육원의 원장 조시일(일명 조일래) 씨는 자칭 '보혜사'라고 하는 실로등대중앙교회(서울 봉천동 소재)의 김풍일 씨와 함께 사역을 했던 사람이다……. 이들 신학원은……이만희 씨의 저서 「계시록의 진상」 내용 중 '비유와 짝' 등이 담긴 비디오테이프와 카세트테이프가 전국에 배포되고 이 씨가 부흥회를 인도하자 그의 설교를 들은 자들이 감명을 받고 모였다는 것이다……. 강사들은 신학원이 세워질 때 수강했던 사람들로서 수강 직후 시험을 받고 자격요건이 갖추어지면 강사로 활동하는 예가 대부분이라는 것이다. 이는 잘못된 성경공부를 한 사람들에 의해 다시금 신학강좌가 이뤄지는 비뚤어진 성경공부의 악순환에 불과하다……. 무료성경신학원 측은 이 같은 강좌(초등 2개월, 고등 2개월, 실습 1개월)를 통해 성경에 나오는 장막성전이 마치 지상의 특정 장소에 존재한다는 식으로 강의, 장막성전에 들어가야만 구원받을 수 있는 것처럼 수강생들을 교육하고 있다……. 요한계시록을 중점적으로 강의하던 중 강사가 '약속한 목자와 성전'에 대해 언급하면서 '일곱 교회의 사자에게 편지한 자요, 하늘에서 온 책을 받은 자요, 계시를 받아 증거 하는 자이다. 그러므로 이 목자가 증거 하고 있는 성전이 곧 약속의 증거장막성전이며 신천지의 목자이다'고 성경문구를 인용, 이만희 씨와 그의 교회가 마치 약속한 목자요 성전이라는 뉘앙스를 풍겼다는 것이다."

이처럼 이수영 기자는 이만희 씨의 신학에 문제를 제기하고 있다. 이영수 기자에 의하면 이만희 씨는 천국이 특정 장소에 존재한다는 지상천국론자요, 구원은 자기들에게 주어진 전매특허라서 천국행 티켓이 있어야 하는데 그 티켓은 자기들의 집단에서만 구할 수 있다는 독선과 아집으로 뭉쳐진 사람이요, 계시록에서 일곱 교회(에베소, 서머나, 버가모, 두아디라, 사데, 빌라델비아, 라오디게아)에 편지했던 사도 요한과 동격의 사람으로서 비정상적인 주장을 하는 사람이라는 것이다.

그가 왜 이러한 주장을 하게 되었을까? 이수영 기자는 말하지 않으나 이 씨의 단순한 욕심인가? 아니면 환경의 영향인가? 그것도 아니면 영적 미혹인가? 검토가 있어야 할 것이다.

1968년 1월 23일 미국 해군 함정 푸에블로호가 북한 해군에 나포되었었다. 그로부터 거의 49년이 지난 2007년 10월 30일, 소말리아 해역에서 해적에게 붙잡힌 북한 선박을 미국 군함이 구해 주는 기적이 있었다. 영원한 원수도 없고, 영원한 동지도 없다는 말이 실감나게 하는 현실이다. 그런데 왜 우리 그리스도인들은 한번 등지면 영원히 원수로 여기는지 모르겠다. 아마도 마귀의 근성이 내 안에 있기 때문일 것이다. 특히 이단 문제로 등을 지게 되면 결국 법정까지 불사한다. 그래야 되는가? 서로의 사고가 다를 수 있지 않은가? 그렇게 다를 경우 성경이 뭐라 말하고 있는지 성령님은 어떻게 가르치는지 그리고 전통은 물론 다수의 건전한 사람들이 어떤 결론을 맺고 있는지를 따져보는 아량도 있어야 한다. 수천 년의 전통을 이어오는 것은 그만큼 정제되고 또 정제되어 귀중한 핵심이 전수된다는 것도 참고해야 한다. 개신교의 지도자들에게 문제가 없는 것은 아니로되 그것은 현세의 윤리와 도덕문제일 수 있다. 성경과 진리의 문제가 아닐 수 있다. 이단들이나 믿지 않는 세상 사람들은 진리(본질)를 문제 삼기보다 윤리(겉보기＝현상＝비본질)의 결함을 탓하는 경우가 많다. 폭넓은 검토가 필요하다.

(2) 심우영 기자의 취재기사를 중심으로

"무료성경신학원의 주된 주장은 기성교회의 긍정적인 면은 접어둔 채 부정적인 면만을 들추어 내 비하시키고 기성교회 목사들에 대해 무능하다는 비판은 물론 사이비로 몰아세우는 것 등이다. 그로 인해 신학원에 찾아온 성도들에게 교회와 목회자에 대한 불신을 조장케 함으로써 교회를 이탈하게 하는 등 결과적으로 교회 내에 분열을 조장하는 것이다……. 이만희 씨는 평소 스스로 보혜사요 신이라고 공공연히 외치고 있다. 그에 따라 무료성경신학원 측은 찾아오는 성도들에게 교주인 이만희 씨를 가리켜 일곱 교회의 사자에게 편지한 자요, 하늘에서 온 책을 받은 자요, 계시를 받아 증거 하는 약속된 목자라고 교육하고 있다. 또한 이 목자가 증거 하는 성전이 곧 약속의 증거장막성전이며 신천지의 목자라며, 교주 이만희 씨가 약속한 목자요 그의 안양 신천지교회가 성전이라 교육시킨다……. 당시 이만희는 그 장막성전에 소속, 유재열을 섬기던 신도였다. 그런 이만희가 돌연 유재열 일파에게 재산을 다 털렸다며 사기죄로 유재열을 고소함과 동시 이탈하여 세운 것이 안양의 신천지교회이다……. 이단의 뿌리에서 시작, 무지몽매한 성경 지식과 아전인수식의 해석으로 자신을 합리화하고 한 걸음 나아가 신격화하고 있는 이만희의 신천지교회는 그만큼 잘못된 곳임을 쉽게 알 수 있다……. 그들이 뿌리고 있는 전단지를 보면 '각 교계 지도자에게 자신들의 교재와 성경 해설문을 보내 평가와 동의를 구한바 한 사람도 반문한 일도 없고, 많은 신학자들이 신학원에 찾아와 호평하고 찬동하여 학원 수료생들은 전도사로 차출되고 있다'고 되어 있다. 결국 체계적인 수업을 받은 많고 많은 정통 신학교 졸업생을 제쳐 두고 5개월 만에 엉뚱한 교리로 성경을 통달했다는 사람들을 전도사로 차출하겠다는 유혹을 계속하는 그들은 분명 일반 정통교회가 자신들의 신천지교회 같은 줄 착각을 하고 있는 모양이다. 지상천국을 주장하고, 삼위일체 하나님을 부인하며, 진화론을 주장하고, 구원은 동방에서도 한국, 그중에서도 증거장막성전(신천지교회)에만 있다는 그들의 교리는 믿음이 충만한 성도라면 누구라도 잘못된 것임을 알 수가 있다."(심우영, 1994. 3, 66-70p)

라고 한다. 심우영 기자에 의하면 이만희 씨는 지상천국론자이며, 삼위일체를 부인하고 진화론을 주장한다고 한다. 또한 구원은 신천지에만 있다고 한다는 것이다.

이 씨는 자기들의 논지와 교리를 각계 지도자들에게 평가와 동의를 구했는데 한 사람도 반문하는 사람이 없었고, 도리어 신학자들이 찾아와 호평하고 찬동했다면 필자로서는 '그렇게 좋은 교재를 왜 비밀스럽게 공개하지 않는가?' 하는 의문을 가질 수밖에 없다. 즉 월간 현대종교 2000년 3월호 63-97면에 개재된 이영호 편집인의 글을 참고하면 신천지교회 측의 교리서인 「신탄」에 많은 문제가 있음을 알 수 있다.

겉은 장막성전인데 속은 한국교회가 이단시하는 김백문, 정득은, 변찬린, 문선명, 박태선 등의 교리와 사상으로 이루어져 있는 것이다.

그리고 월간 현대종교 95년 3월호 p.108-115에서 손기태 목사는 이렇게 말하고 있다.

이것은 그들의 교재를 은밀히 숨기고 그들의 교육현장에서 그날그날 한 과씩 교재만을 배부하는 것을 보아도 알 수 있는 것이다.

이로 보건대 저들은 자기들의 교재를 공개하지 않으려 한다. 구원의 말씀이라면 수단과 방법을 가리지 않고 전해야 할 것이다. 특히나 어차피 무료로 강의하는 입장이고 보면 '저작권'에도 문제가 없어야 한다. 따라서 모든 교재는 공개되어야 한다. 그런데 왜 공개하지 못할까? 혹시, 자기 혼자 아전인수식으로 풀이했기에 공개하여 다른 사람들로부터 객관적으로 검증받기가 부담스러운 것이 아닐까?

또한, 저들의 교재나 성경 해설문에 반문하는 사람이 없었다고 하는데 많은 교단에서는 물론 개인적으로도 많은 사람들이 이만희 씨를 이단시하는 것 자체가 '이의'라고 여겨진다. 이만희 씨를 직접 찾아가 시시비비 말해야 이의를 제기했다고 할 수 있는가? 지상이나 책을 통하여 이의를 제기할 수 있지 않은가? 또 각 교단에서 범교단적으로 문제를 많이 제기하고 있다. 그런데 왜 한 사람도 이의를 제기하지 않았다고 하는가? 소속 성도들은 거짓말을 일삼는 교역자를 따라야 할 것인지 심각한 검토가 있어야 한다. 아울러, 어떤 형태로든 교회 분열을 조장하는 일을 없어야 건전한 포교일 것이라고 말하고자 한다. 결국 이 씨는 많은 문제를 안고 있는 집단을 만들어 가고 있는 것으로 사료되므로 지금부터라도 바른 길로 회귀하기를 권고하고자 한다(눅22:71).

　　"사람이 모여 이루어진 교회공동체인 까닭에 때로는 잘못도 있고
　실수도 있을 수 있다"

고 말하는 심우영 기자는 일반적으로 나타나는 교회의 문제점들은 구원을 좌우하는 본질적인 문제가 아니라 삶에서 오는 갈등의 부산물이라는 것이다. 따라서 이런 것들은 바른 말씀과 신앙, 그리고 윤리와 도덕 등으로 극복할 수 있다는 것이다. 그러나 저들의 문제는 성경을 왜곡하고 교회 분열과 파괴를 조장하는 근본적인 것이란 점에서 문제가 있다고 지적한다. 이처럼 확실한 이단들이 정통교회에 기생할 수 없도록 각별한 주의가 필요하다는 결론을 맺는다.

　인생살이도 힘든데 몸과 마음과 영혼이 쉬어야 할 교회(종교)마저 당신을 힘들게 했었을 것이다.

　그래서 참 많이 힘들었을 것이다. "육체적인 아픔이 커서 힘들었을지도 모르고 무서움에 어찌할 바를 몰랐을지도 모릅니다. 아무도 당신을 도와주거나 돌봐주지 않아서 처절한 울음을 삼킨 적도 많았을 겁니다. 당신이 지금 화를 치유하지 않으면 계속 그 화에 끌려 다닐 것입니다. 과거에 제대로 해소되지 않은 화는 당신의 현재뿐 아니라 미래까지 영향을 미칠 것입니다." 이은정은 그의 저서 『명상시대』에서 이렇게 말하고 있다. 우리가 사는 동안 너무 힘들어서, 뜻대로 되지 않아서, 자기 분에 못 이겨서, 그이와의 애증 때문에…… 어느 순간 화가 솟구칠 때가 있다. 원인이야 여러 가지겠지만 우선 자기 내면을 다스리는 일이 중요하다. 하지만 누군가 다가와 '힘들었지?' 하며 어깨를 감싸는 순간, 모든 것은 눈 녹듯 사라지고 평화의 기운이 온몸을 휘돌기 시작한다. 이단으로 지목당하여 힘든 사람도 힘들고

그들에게 미혹되어 갈등하는 사람이나 왜곡된 벼랑 끝을 질주하는 사람이나 그들을 끌어안으려 애쓰는 사람이나 힘들긴 마찬가지 아닐까? "주여! 당신이 해결의 포문을 열어 주소서!"

(3) 박경복 기자의 취재기사를 중심으로

"이미 이단으로 규정된 무료성경신학원의 문제성이 알려졌음에도 불구하고 최근 더욱 확산되고 있는 가운데 교계의 일간지와 몇몇 주간신문 등에 모집광고를 낸 한 신학원이 이들 무료성경신학원 계열인 것으로 밝혀져 충격을 더하고 있다. 특히 이 신학원은 기성교단 신학교의 교수이자 목사가 학장으로 되었고 일부 목사들이 관련되어 있어 더욱 큰 충격을 주고 있다. 지난 7월 30일자(지방은 31일자) 국민일보에는 소위 바이블 마스터 아카데미(Bible Master Academy)라는 신학원이 급변하는 21세기 목회 환경에 대응하는 성경강해 세미나를 무료로 개최한다며 신학생과 목회자 등을 모집하는 광고가 크게 실렸다. 이 광고는 기독저널(발행인 이홍선 목사) 등 교계 주간신문에도 수차례에 걸쳐 실렸다는데 창세기부터 요한계시록까지 단 3개월 만에 통달하게 된다는 내용이었다. 이 광고에 의하면 이 신학원의 학장인 김00 목사는 신학, 목회학 박사라고 소개되어 있어 겉으로 보면 전혀 이단성 단체라고 의심할 여지가 없었다. 그러나 확인된 바에 의하면 이 신학원의 강의와 실무를 맡은 문00 씨, 김xx 씨 등은 무료성경신학원의 강사들로 밝혀져 이곳이 위장된 무료성경신학원 계열임이 드러났다. 신학원의 강사이자 실무책임자인 김 씨와 문 씨는 과거 부산시 대신동과 범일동 일대의 이만희 신천지증거장막성전 소속의 신학원인 엠마오 성서연구센타 등을 거점으로 활동해 오다가 지난해 서울 도곡동의 B.M.A를 통해 활동해 온 것으로 알려지고 있다. 이들은 평소 안면이 있던 김00 목사를 이 신학원의 학장으로 내세우고 초교파적으로 약 40여 명의 목사들이 뜻을 모아 '신학의 발전과 불우한 목회 지망생들을 돕기 위해 설립했다'며 이 신학원의 이단

성을 위장해 왔다. 김00 목사는 예수교장로회의 모 교단 신학교 수석
교수와 ㅊ교단의 목사로 현재 활동 중이다. 또한 이 신학원의 모집
광고 실무를 맡았던 구00 목사는 예장 계열의 신학교를 졸업하고 현
재 모 신학교의 교수로 활동하고 있다. 김00 목사와 구00 목사는 자
신들 역시 이러한 사실을 모른 채 선교적 차원의 뜻있는 일로만 알고
있었을 뿐이라고 해명했다"

라고 시작한 박경복 기자는

"김 목사는 교수로 되어 있는 것은 사실이나 최근 몇 년간 한 번
도 강의를 맡지는 않았다고 했다"

면서 김 목사의 신분은 확인되었으나 신학교 관계자들도 소위 바이
블 마스터 아카데미(Bible Master Academy 이하 B.M.A라 한다)라
는 신학교에 대해서는 아는 바가 없다고 한다는 것이다. 뿐만 아니라
저들의 광고 내용이 단기간에 성경을 마스터 하도록 해 준다는 등
쉽게 이해되지 않는 부분이 있어 그들의 정체가 궁금했다고 한다. 왜
냐하면 이러한 광고 내용은 이단자들의 상투적인 유혹이기 때문이라
는 것이다. 그래서 기자는 B.M.A에 직접 등록하여 밀착취재를 시도
했다고 한다. 기자가 처음 등록 상담을 할 때 문상일이라는 사람으로
부터 몇 가지 흥미로운 말을 들었다고 한다. 성경을 바로 알아야 구
원을 받는데 지금까지 우리는 성경에 대해서 너무나도 잘못 알고 있
다는 것이다. 그 예로 씨앗에 대한 비유를 들려주었는데 아직 미혼인
총각을 '아저씨'라고 흔히 부르고 또한 혼령기의 여성을 '아가씨'로
부르는 이유는 이들이 '씨', 즉 아기가 될 씨를 가지고 있기 때문이라
는 것이다. 그럼으로써 말씀도 역시 성경에서는 씨로 비유했다며 이
말씀의 씨를 받아야 한다는 것이다. 또 이러한 씨, 즉 올바른 말씀을

받는 길이 바로 도(道)인데 아기들에게 '도리도리'를 맨 먼저 가르치는 이유가 바른 '도리(道理)', 즉 이치로 돌아가는 길을 빨리 찾으라는 의미가 담겨 있다는 것이다. 그러면서 자신들은 이러한 바른 말씀을 전하기 위해 40여 명의 목사들이 힘을 모아 무료로 세미나를 여는 것이니 올바른 말씀의 씨를 받는 길로 주저하지 말고 오라는 요지로 말했다고 한다. 그들은 교계 주간신문에도 자기들의 강의가 게재되었다며 계속해서 실릴 것이라 말했지만 내용상 문제없었던 '약속된 예수님의 노정', '신앙인의 3대 요소'라는 두 강의 외에는 더 이상 실리지 않았다고 한다……. 여기서 이들 강의의 의도를 충분히 짐작할 수 있는데 기성교회가 말씀에서 벗어났다는 것을 암시적으로 강조, 확대하여 자신들의 새로운 주장들을 합리화, 정당화시키며 관심을 유발시키려는 의도로 파악할 수 있다. 이는 무료선학원의 초급과정 첫 부분과 같은 내용으로 볼 수 있다. 이때 참석한 어느 목사가 새 말씀이 무엇이냐고 물으며 이미 성경 말씀은 우리에게 열려 있고 배우고 있는데 새 언약의 말씀이 무엇이고, 이긴 자가 누구이고, 그 진리가 무엇인지 명확하게 밝히라고 요구하자 장내는 강사와 수강자들의 논쟁으로 잠시 술렁거렸다고 한다. 결국 몇 주 후에 이 강의는 아무도 참석하지 않아 폐강되고 말았다고 한다.

> "김00 목사 등이 B.M.A와 부산 고려총회신학원의 학장으로 되었던 사실에서 김 목사의 신분을 이용해 정통으로 위장하려는 이들의 의도를 충분히 짐작하게 한다. 실제로 김 목사는 자신이 이들 신학원의 학장이었다는 사실에 대해서도 뚜렷하게 알고 있지 못했고 강의 등 실무에도 전혀 임하지 않았기 때문이다"

라고 박 기자는 말한다.

    B.M.A라는 단체의 대표는 분명히 김00 목사이지만 김 목사도 모르는 B.M.A의 존재. 이것이 바로 무료신학원의 침투방법인 것이다(박경복, 1996, 64-73).

라고 결론을 맺으며 무료성경신학원을 이단집단으로 규정하고 있다.

하지만 필자의 견해는 거기서 머물 일이 아니라고 생각한다. 즉 명예가 되는 일이라면 물불을 가리지 않고 이름을 내거는 목회자들의 명예욕이 이단을 키우는 역할을 했다는 점에서 책임을 묻고 싶은 심정이다. 또, 그렇게 의미 있고 큰일을 함에 있어서 아무것도 모르고 동참할 만큼 그들과 가까운 사이였었다는 뜻이기도 하다. 자기들의 어리석은 처사로 인하여 얼마나 많은 성도들이 죽어 가고 있으며, 교계에 얼마나 많은 혼돈을 초래했는지 안다면 특단의 사죄가 있어야 할 것이다.

아울러 무료성경신학원의 침투방법이 예사롭지 않으며, 정통교회 성도들에게 접근하는 방법도 기상천외함으로 근신하여 깨어 있지 않으면 안 될 것이다(막14:38, 벧전5:8).

영화 「클릭」에 의하면 아내가 잔소리할 때 '묵음', 지루하고 귀찮으면 '빨리 감기', 신나고 즐거우면 '슬로 모션', 미운 놈은 '정지', 첫 키스의 황홀함은 '되감기'를 누르면 된다. 영화에선 이러한 만능 리모컨이 있었지만 마지막은 후회뿐이다. 우리의 신앙생활도 이렇게 조정되었으면 좋겠다. 기도에 게으르면 빨리 감기를 한다든가 전도에 시들하면 배터리 충전을 한다든가 설교에 잔소리가 있으면 '묵음'을 체크하는 식으로 조정이 되면 신앙생활이 한결 쉬울 것 같다.

마찬가지로 마귀 사상이 설칠 때면 '묵음'이 안 될까? 인본주의가 앞설 때면 '빨리 감기', 자기중심적인 해석이 난무할 때면 '정지', 은혜로운 말씀에는 '슬로 모션', 성령의 역사에는 '되감기'를 하는 시스템

이 있었으면 좋겠다.

(4) 이홍민 기자의 취재기사를 중심으로

"히8:9에 모세가 장막의 실상을 모형으로 지었지만 실제 장막은 이 땅에 옵니다. 구원은 예수님의 말씀만 믿고 따라야 하는데 기성교회는 예수님 십자가 사역을 믿으면 구원을 받는다고 하니 참으로 한심하지 않을 수가 없습니다. 우리는 하나님의 법을 마음과 생각에 기록할 때 죄를 사하게 되고 하나님의 백성이 되며 하나님은 우리의 하나님이 되십니다." 한마디로 십자가 고난으로 인한 구원사역을 부인하며 '율법을 지킬 때 구원을 받는다.'는 것이다. 기성교회의 초 신자들은 성경을 가지고 넘어뜨리려는 이들에게 쉽게 미혹되기 십상인 내용이 아닐 수 없다」

라고 말문을 연 이홍민 기자는

사람이 온전히 율법을 지킬 수 없고 오직 예수 안에서 구원을 받는다는 것은 누구나 잘 알고 있는 내용이다. 율법은 완전하지만 죄인 된 인간으로 율법을 지킬 수 없기 때문에 예수께서 이 땅에 오셨고 많은 사람을 위하여 대속 물로 죽으신 것이다. 그런데 이들은 우리 마음속에 율법을 기억하여 지키면 사람이 완전하게 되고 의인으로 변화된다고 주장한다. "기성교회는 예수 그리스도의 사역을 인정하지 않는 사람들이고 구원이 없으며 비진리를 소유하고 있다"는 터무니없는 말을 서슴없이 해댔다……. 적그리스도를 견제해 나아가는 일은 크리스천 모두에게 의무로 주어졌다. 그러나 이러한 생각을 잊어버리고 강 건너 불구경하듯 책임을 회피하는 사람도 있어 안타까운 마음을 감출 수 없다.

　(마 13:29, 30)……가라지를 뽑다가 곡식까지 뽑을까 염려하노라.

둘 다 추수 때까지 함께 자라게 두어라 추수 때에 내가 추수꾼들에게 말하기를 가라지는 먼저 거두어 불사르게 단으로 묶고 곡식은 모아 내 곳간에 넣으라 하리라. 심판은 마지막 날에 이루어지지만 우리는 적그리스도에 맞서 마지막 날까지 싸워야 하며 바로 성도 한 사람 한 사람이 전사라는 자세를 가져야 할 것이다」

라고 말하며

우리 교회의 이단 교육이 근원적인 곳부터 재고되어야 함을 절실히 느끼게 했다.

라고 정통교단의 이단에 대한 무사 안일한 대응을 안타까워하며 무료성경신학원의 이단성을 규탄했다. 이 기자에 따르면 저들은

"히8:9에 모세가 장막의 실상을 모형으로 지었지만 실제 장막은 이 땅에 옵니다"

라고 표현하여 자기들의 처소가 하늘나라인 것처럼 말하고,

"구원은 예수님의 말씀만 믿고 따라야 하는데 기성교회는 예수님 십자가 사역을 믿으면 구원을 받는다고 하니 참으로 한심하지 않을 수가 없습니다"

하며, 저들은 예수님의 보혈의 능력을 무시하는 말과 율법으로 구원받을 수 있다는 말을 서슴없이 한다는 것이다. 따라서 "……이들은 우리 마음속에 율법을 기억하여 지키면 사람이 완전하게 되고 의인으로 변화된다고 주장한다."라는 이 기자의 말은 한탄에 가깝다고 할

수 있겠다. 예수님의 보혈의 능력을 왜 기피하는 것일까? 답은 간단하다. 어둠은 빛을 싫어하듯 보혈이 없는 사람은 보혈의 능력을 싫어하기에 '무시하는 것'으로 나타난다.

「구원은 예수님의 말씀만 믿고 따라야 하는데...」그렇다. 구원은 예수님의 말씀만 믿고 따라야 한다. 여기까지는 맞는 말이다. 석가의 말을 믿고 따르거나 교황의 말을 믿고 따르거나 무당의 말을 믿고 따르거나 역술인의 말을 믿고 따르면 구원을 받지 못한다. 그래서 푸닥거리 하거나 점치거나 사주팔자 보거나 택일할 필요가 없다. 또, 산신령에게 엎드리거나 조상의 묘에 엎드리거나 고목나무와 깎아 세운 돌 부쳐나 쇠붙이에 절해서는 구원받지 못한다. 그런 점에서 「구원은 예수님의 말씀만 믿고 따라야 하는데」란 저들의 말은 옳은 주장이다. 그런데 문제는 다음에 있다.

「기성교회는 예수님의 십자가 사역을 믿으면 구원을 받는다고 하니 참으로 한심하지 않을 수가 없습니다.」 이 말은 무엇인가? 예수님의 십자가 공로를 믿기보다 율법을 믿고 따라야 한다는 것이다. 그렇다면 이 글을 읽는 독자들은 율법에서 말하는 모든 것을 지킬 수 있다고 생각하는가? 또한, 모든 율법을 하나로 묶어 표현하다면 『사랑』이란 두 글자로 압축된다는 것을 인정하는가? 예수님의 가장 큰 사랑은 당신의 목숨을 나를 위하여 주신 것이라는 것을 인정하는가?

문제의 저들이 왜 십자가의 고난을 무시하고 율법을 강조할까? 필자의 견해로는 자기가 이긴 자, 보혜사, 감람나무, 말씀을 먹은 자 등으로 호도하며 자기를 통해서 구원을 받을 수 있다고 했는데, 그리고 천국행 티켓이 자기에게 있다고 했다. 그런데 구원이 십자가를 통해서만이 가능하다고 하면 십자가의 주인 되신 예수님이 전면에 등장하게 될 것이요, 아니면 자기가 직접 십자가를 져야 할 상황이 되고 말 것이다. 따라서 이단의 교주는 십자가의 고난을 피해 가기 위해서는 구원이 십자가에 있는 것이 아니라 율법에 있다고 강조할 수밖에 없었을 것이다. 또한 성도들로 하여금 행함으로 충성하게 하려면 행함을 강조해야 눈에 보이는 소득이 있고 현실적이라는 것을 좋은 머리로 생각 못할 리 없다. 따져보라. 이단들이 행함을 강조하지 않는 경우가 있었는지를.

그래서 주님은

(요 15:13) 사람이 친구를 위하여 자기 목숨을 버리면 이에서 더 큰
사랑이 없나니

라 하시지 않았던가? 또,

(마 22:38) 이것이 크고 첫째 되는 계명이요
(마 22:39) 둘째는 그와 같으니 네 이웃을 네 몸과 같이 사랑하라
하셨으니
(마 22:40) 이 두 계명이 온 율법과 선지자의 강령이니라

고 하신 것이다. 그런데 우리에게는 그러한 사랑이 없다. 우리는 모든 율법을 지킬 수도 행할 수도 없이 전적으로 부패한 존재들이다. 그런데 '율법'은 구원의 기준으로 제시되고 있다. 그러므로 우리에게 그 율법을 행하거나 지켜야 된다고 강요하면 아무도 구원받을 수 없다(저들의 말대로라면 144,000명은 구원의 대열에 낄 수도 있을지 모르지만). 그래서 대신 속죄할 어린양이 필요하다. 그분이 바로 중보자 예수 그리스도시다. 그분은 우리가 지킬 수 없고 행할 수 없는 모든 율법의 완성을 위하여 오셨다(마5:17). 예수님이 율법을 완전케

하는 방법이 무엇일까? 최고의 사랑을 쏟아 붓는 것이다. 그 최고의 사랑이란 것이 무엇일까?

율법과 선지자의 강령은 십자가로 표현된다. 구원의 조건으로서 율법의『완전』이 필요하다면 우리가 지킬 수 없고 행할 수없는 율법을 만족시켜 우리를 구원하실 이는 예수 밖에 없다. 그 예수는 십자가에 달리심으로 자기 사랑을 확증하셨다(롬5:8). 따라서 십자가 없는 구원은 존재하지 않는다. 그러므로 율법을 행하여 구원받지 못한다. 오직 믿음으로만 구원받는다(롬1:17). 그렇다면 행함이란 불필요한 것인가?

> (고전 9:23) 내가 복음을 위하여 모든 것을 행함은 복음에 참여하고
>   자 함이라

이 말씀대로 복음(율법)을 가진 자는 행함이 있어야 한다. 복음이 복음 되기 위해서는 행함이 수반되어야 한다. 그러므로 행함이 없는 믿음은 죽은 것이 된다(약2:17). 그러나 예수 그리스도의 십자가 보혈 없이 율법의 행함만으로는 구원받을 수 없다.

여기서 저들의 이단성이 잘 나타나 있다. 원래 이단의 특징은 앞부분에서 옳은 말을 한다. 그러나 뒤에 가서 달라진다. 그래서「이단(異端)」이라 한다. 저들의 말을 잘 살펴보라.

앞서 논한 대로「구원은 예수님의 말씀만 믿고 따라야 하는데…」란 말은 건전한 그리스도인(정통교회)이라면 누가 봐도 옳은 말이다.

그러나「기성교회는 예수님의 십자가 사역을 믿으면 구원을 받는다고 하니 참으로 한심하지 않을 수가 없습니다.」란 말에는 문제가 많다는 것을 쉽게 알 수 있다. 예수 그리스도의 십자가의 보혈보다 율법의 행함을 강조하고 있다. 처음에는 같은 것처럼 옳은 말을 말하지만 뒤

에서는 달라진다. 꼬리가 두 개로 변하는 것이다. 그래서 이단(異端)이라 한다. 이런 것을 보통 성도들은 식별이 쉽지 않다. 온통 맞는 말처럼 느껴지고 신기하고 새롭고 재미있어 현혹되기 쉬운 것이다. 그러므로 담임목사의 가르침을 잘 받아야 한다. 도움을 청해야 한다.

사람이 걸을 수 있으면 살 수 있다. 즉 걷는 것만큼 산다. 걷기가 생활화되면 사람의 몸은 스스로 최적화된다고 한다. 우리 몸은 본래 걷도록 창조되었다. 사람을 사람답게 하는 것은 척추를 바로 세워 걷기는 것이다. 걸을 수 있었기에 손이 자유로울 수 있었고 그 손으로 무엇인가 만들 수 있었다. 만들고 부수는 것이 가능했기에 생각이 깊어지게 된 것이다. 이토록 걷는 것은 중요하다. 그런데 자동차는 사람을 걷지 못하게 한다. 사람을 사람답게 살지 못하게 하는 것이 자동차이다. 그것도 모자라서 한 술 더 떠 사고나 매연으로 사람을 죽이고 있다. 살고 싶거든 차에서 내려야 한다. 그런데 차에서 내려 걷기란 힘들다. 빠르고 편한 방법이 있는데 그것을 포기하란 것은 어불성설이다. 신앙도 그렇지 않을까? 주님은

(마 16:24) 이에 예수께서 제자들에게 이르시되 아무든지 나를 따라
오려거든 자기를 부인하고 자기 십자가를 지고 나를 좇을 것이니라

라 하신다. 십자가의 모진 고통 없이도 말로만 할 수 있는데 직접 고난의 십자가를 져야 한다면 쉽지 않을 것이다. 그래서 십자가 없는 '말'만의 구원을 외치는 것이 아닐까?

(5) 이영호 편집인의 집중분석을 중심으로

이영호 씨는 월간 현대종교 00년 3월 62-97p에서 '신천지교회의 실

상'란 주제로 글을 발표했는데 필자는 이를 발췌하여 인용함으로써 '이만희, 그는 과연 이단인가?'란 주제에 접근하려 한다.

1971년 9월 7일 40개 항목으로 유재열 씨와 김창도 씨를 고소하고 백만봉 씨의 솔로몬재창조교회의 12사도 조직의 하나로 있다가 이탈하여 한때는 고 탁명환 소장이 이단 이탈자들을 위해 설립했던 국종제일교회에 잠시 출석했던 이만희 씨는 1980년 3월 14일 안양에서 신천지 중앙교회를 설립했다고 이만희 씨를 소개하면서 「신탄」이란 저서에서 "이 모든 증거의 말씀을 세상에 들어내기 위하여 하나님은 일찍이 이 땅에 한 분을 보내셨다. 연약한 백성들의 끊임없는 배도와 멸망의 소용돌이로부터 인류를 해방시켜 새 생명의 나라를 개국하기 위해 오셨으니 그분이 바로 이만희 선생이시다(신탄 p.44)고 밝히 말하고 있다.

고 지적하며 이영호 씨는 이만희 씨의 이단성을 질타하고 있다. 그리고

전도관과 통일교는 피갈음의 형제지간이다. 이만희 씨는 장막성전 유재열의 후계인지, 통일교의 후계인지를 분명히 해야 할 것이다. 「계시록의 진상」의 내용이나 「신탄」의 내용으로 봐서는 60-70% 정도가 통일교 사상으로 채워져 있다. 결국 겉은 장막성전인데 속은 한국교회가 이단시하는 김백문, 정득은, 변찬린, 문선명, 박태선 등의 교리와 사상으로 이루어져 있는 것이다. 이야말로 변찬린 씨가 「성경의 원리」 상 p.27에서 말한 바 있는 "하나님의 인감을 위조한 도적(道賊)"이 아닌가? 신천지교회에서는 지난해 이런 문제점을 간파하였는지 「신탄」의 문제점을 지적하는 사람들에게 「신탄」을 폐기처분하고 교리서로 인정하지 않는다는 주장을 했다고 한다. 그러나 본지가 입수한 이후의 신천지교회 측의 발간 책자에는 「신탄」에 대한 소개가 나오고 있으며 신입교인들은 「신탄」의 복사본을 구입하여 탐독하고 있는 것으로 알려져 있다(이영호, 2000. 3, 62-97).

라고 결론을 맺는다. 이영호 씨에 의하면 이만희 씨의 정체성에도 문제가 있다는 것이다. 그의 계보가 분명치 않으며 혼합주의적이라는 논리를 제시하고 있다. 또한, 이만희 씨의 사상적 배경이 되는 소속 단체가 이단이었다는 점에서 그의 근원을 의심할 필요가 있다는 말이다. 문제는 이 씨의 뿌리가 통일교에 있던, 유재열 계열의 장막성전에 있던 상관없이 그것들은 한국 교계에서 이단으로 정죄된 집단이란 점이다. 이단의 사고에 연연하여 버리지 못하는 안타까움이 앞선다. 한때 국종제일교회에 출석했다는 고무적인 사연도 있었던 사람인즉 언젠가는 돌아올 수 있으리라 믿는다. 그의 스승 벌이 되는 유재열 씨가 돌아왔던 것처럼.

좋은 생각은 좋은 삶을 가져온다. 그러므로 인생을 즐기고 살고 싶으면 즐거운 생각을 해야 한다. 성공한 인생을 살고 싶다면 성공하는 생각을 해야 한다. 사랑하며 살고 싶으면 사랑하는 생각을 해야 한다. 우리가 마음속으로 생각하거나 입으로 소리 내어 말하면 그대로 이루어진다.(루이스 헤이의 『치유』) 우리의 생각이 우리의 삶을 만들어간다. 생각이 말이 되어 나오고, 말이 씨가 되고 삶이 되어 실제로 이루어진다. 그래서 우리는 좋은 생각을 해야 한다. 그 생각의 주인공은 다름 아닌 나 자신이다. 좋은 생각을 할 것인지 나쁜 생각을 할 것인지, 그 선택의 주인공도 다름 아닌 바로 나 자신이란 말이다. 그런데 이만희 씨는 한국 교단에서 이단시하는 사람들의 주장과 가르침을 근간으로 새로운 교리를 전개한다면 그것 또한 이단이란 것을 생각 못했을 리 없다. 독창적인 자기 교리도 아닌데 남의 사고를 빌어서 무엇을 이루려는 생각을 고쳐야 행복(구원)의 문이 열릴 것이다. 필자는 그의 삶이 행복해지길 바란다. 그의 영혼이 구원에 이르기를 바란다. 그래서 생각을 고쳐야 한다고 권고하는 것이다. 또 그에게 미혹된 영혼들이 돌아오기를 권고한다.

(6) 이동길 기자의 취재기사를 중심으로

월간 현대종교 02년 2월 18-35p에 '신천지교회의 허구와 실상'이란 이동길 기자의 특집기사가 게재되었다. 거기에 '말 많은 무료성경신학원 어떻게 가르치나'란 제하에

1. 무료성경신학원 강의의 요점
2. 무료성경신학원의 배경과 역사
3. 대학캠퍼스에도 활개 치는 무료성경신학원과 대응방안

의 순으로 게재되었는데 이동길 기자는

그동안 본지에서는 이 같은 무료성경신학원 폐해를 파악하고 수차례 이들의 실체와 허무맹랑한 교리를 분석 비판하여 게재하였었다. 그러나 기회 있을 때마다 카멜레온처럼 이름을 바꾸는 것은 물론 마치 자신들이 정통 기독교 단체인 양 대대적인 홍보와 함께 공공장소에서 공개 세미나를 개최하는 전략으로 이들에게 미혹되는 기성교인들의 수가 줄어들지 않고 있다. 최근에는 대표자인 이만희 씨보다 신천지교회의 간부인 '신학박사 정진실'을 앞세워 기성교인들을 미혹하는 사례가 있어 무료성경신학원의 현장을 취재함과 더불어 다시 한번 이들의 실체를 더듬어 본다.

라고 말하며 변화무쌍한 무료성경신학원의 이단성을 강하게 제시하고 있다. 그에 따르면 이만희 씨의 신학에 문제가 있다는 것과 신천지교회(무료성경신학원)의 설립은 이단을 근거로 하고 있으며, 그들의 활

동내용이 권장할 수 없는 형태이므로 문제가 있다는 것이다. 따라서 정통교회에서는 이에 적당한 대응책이 있어야 할 것으로 제시하고 있다. 즉 이단은 자기들의 입지 강화를 위하여 조직적이고 체계적인 선교활동을 하는데 기성교회에서는 모르쇠 대고 있다는 논조이다.

필자는 이만희 씨와 그 추종자들에게 '불행하세요?' 하고 묻고 싶은 심정이다. 물론 답은 '노(no)'일 것으로 사료된다. 그렇다면 왜 자기의 교리를 숨기듯 덮어두기에 급급한가? 참으로 만인이 알고 구원에 이르기를 바란다면 당당히 공개하고, 자기 공동체의 이름도 당당히 내세우고, 자기의 활동도 장막 뒤에 묻어 둘 필요가 없지 않은가? 물론

> 거룩한 것을 개에게 주지 말며 너희 진주를 돼지 앞에 던지지 말라 저희가 그것을 발로 밟고 돌이켜 너희를 찢어 상할까 염려하라(마 7:6)

란 말씀을 적용한다는 논리도 있을 수 있으나 그것만은 아니지 않은가?

(7) 남정녀 기자의 밀착 취재기사를 중심으로

월간 현대종교 02년 10월 50-58p에서 남정녀 기자는 "'하늘사다리 문화센터', 신천지교회의 전위부대인가? -문화사역단체로 위장, 기독청년들에게 이만희 교리 전파-"란 글을 통하여 이만희 씨의 이단성을 규탄하고 있다. 그는

> 이단·사이비 종교 단체의 위장술이 날로 지능화되어 기승을 부리고 있다. 특히 기독청년들을 미혹하려는 저들의 행태는 실로, 교묘하

기 짝이 없다. 최근 교주와 신도들 간의 성추문으로 세간의 주목을 받은 JMS가 힙합댄스 등을 앞세운 'Waba'라는 문화단체를 결성하여 청소년들을 집중적으로 미혹한 데 이어 신천지교회의 위장 단체로 추정되는 '하늘사다리문화세터'가 악기 교습 및 어학강좌 등을 앞세워 기독청년들을 미혹하고 있어 각 교회별 대책이 시급하다.

고 경고하고 있다. 남 씨는

신천지교회는 "자신들의 교회만이 구원을 받을 수 있고, 정통 기성교회에는 구원이 없다"라는 주장과 함께 비유, 비사 풀이를 앞세운 아전인수식의 해석을 한다.

고 말하며 신천지교회의 교리에 성경해석학적 측면에서 이의를 제기하고 있다. 사실 정통신학의 공(功) 중의 하나가 성경이 강조하는 복음의 핵심을 살려 준 점이다. 복음의 핵심이 무엇인가? 그것은 하나님의 아들 예수 그리스도께서 자기 백성을 그들의 죄에서 구원하시기 위해서 십자가에서 대속의 죽음을 당하시고 부활하심으로 하나님께서 그리스도를 믿는 자들에게 그의 의를 값없이 전가해 주신다는 것이다. 이것은 종교개혁의 '오직 그리스도(solus Christus)'와 '오직 믿음(sola fide)'의 원리에 그대로 보존된 것이다. 이것은 그리스도의 대속의 죽음을 한사코 부인하는 민중 신학과 '익명의 그리스도'를 주장하는 문화적 다원론이 먹혀들고 있는 한국의 신학적 풍토에서는 아픈 가슴으로 지켜야 할 유산이다. 그럼에도 불구하고 이만희 씨는 그리스도를 약화시키고 자신이 보혜사라는 것을 괴변론적 비유풀이로 합리화하고 있다는 것이다.

한편, 그들의 표교에서도 이의를 제기하는 남 기자는

성경공부 내용을 통해서 하늘사다리가 신천지교회와 동일한 내용을 교육하는 것이 드러났음에도 불구하고 신천지교회와의 연관성을 극구 부인했다

고 증언한다. 왜 신천지교회와 연관성을 부인하고 있을까? 이것은 자기들 스스로 잘못을 알고 있으며, 그것이 부끄러운 일이며, 지탄받을 일인 것을 자인하고 있다는 증거다. 천의 얼굴을 가졌다는 이만희 씨라는데 왜 그렇게 많은 이름(얼굴)을 가졌을까? 이것도 역시 본질을 왜곡하기 위한 수단이라면

무료성경신학원, 세계교역자선교협의회, 시온기독신학원, 대한예수교교역자협의회, 평신도신학원 등 수시로 이름을 바꾸며 사람들을 미혹하던 신천지교회가 이제는 요즘 청년들의 관심사를 파고들어 기성교회에 다니고 있는 많은 젊은이들이 스스로 그들을 찾아오도록 만들고 있다. 무료로 악기를 가르쳐 준다는 '하늘사다리 문화센터'는 무료로 성경을 가르쳐 준다는 신천지교회의 또 다른 형태의 무료성경신학원인 것이다. 이들의 마수에 재능 있는 많은 청년들이 걸려 넘어지고 있다. 갖가지 방법으로 성도들을 미혹하고 있는 신천지교회의 포교활동에 대한 개 교회별로 각별한 대비책이 시급하다(jnnam78@hotmail.com).

하나님은 우리를 사랑하시되 지체하지 않으실 것이다. 한 방울의 헌신에도 우리는 바다만큼 받게 될 것이다.(토마스 왓슨 하나님께 드리는 것) 우리의 헌신이 보잘것없이 보이더라도 우리는 엄청난 보상을 받는다. 그것이 우리의 예배, 봉사, 물질 또는 자기 몸이 되게 한다면, 하나님께서는 자신의 가진 모든 것을 그분께 바치는 자들을 높여주신다. 이제도 늦지 않았으니 '교주', '이긴 자', '두 증인', '세례요

한 격 보혜사', '두루마리를 먹은 자' 등의 좋은(?) 자리를 그분께 드린다면 그분은 결코 마다하지 않고 받으실 것이다. 그렇지 않으면

> (마 7:15) 거짓 선지자들을 삼가라 양의 옷을 입고 너희에게 나아오나 속에는 노략질하는 이리라

라는 분노의 잔을 마시게 되리라.

고 이만희 씨의 이단성을 지적하며 성도들이 미혹되는 것을 안타까워한다. 그럼에도 불구하고 오늘날 정통교회는 개 교회 주의로 흘러가거나, 자기 교회와 직접적인 관계가 없으면 무관심으로 일관하는 풍토가 문제라 아니 할 수 없다.

4. 종교지도자의 체험수기에서

(1) 심재호 목사의 체험수기를 중심으로

> 먼저 한 사람의 목회자로서 내 자신을 심히 부끄럽게 생각한다. 하나님께서 맡겨 주신 양들을 올바로 인도하지 못했기 때문이다

란 말로 시작된 심재호 목사(대한예수교장로회 부름교회)는 하나님 앞에 회개하는 자세로 그리고 다른 목자들이 당신과 같은 아픔을 당하거나 또한 전국의 사랑하는 성도들이 이러한 불의한 단체에 미혹되지 않고 진리 안에서 자기 신앙을 지키는 데 도움이 되게 하고 싶어서 고백한다는 것이다.

심 목사에 따르면 어느 집사로부터 전화를 받았는데 그 내용이 심상치 않았다는 것이다. 즉 모 집사가 '무료성경신학원'이란 단체에서 성경공부를 하는데 그 집사가 자기 부부를 저녁식사에 초대하기에 갔더니

> 현 교회는 비진리에 빠져 있으니 참진리를 가르치는 무료성경신학원에 가서 함께 성경공부를 하자

고 설득하더라는 것이다. 더욱이 그 자리에 함께 참석했던 안수집사가 열변을 토하며 무료성경신학원에 대해 설명을 하더라는 것이다. 저녁식사를 초대했던 그 성도는 부름교회에 출석한 지 4-5개월 되었는데 무료성경신학원에 다닌 지가 벌써 4개월이라고 했다는 것이다. 이로 보건대 무료성경신학원에 4개월 정도만 다니면 자기 집을 개방하고, 돈을 들여서라도 회원모집에 열중인 것을 알 수 있다. 이러한 제보를 받은 심 목사는 '내가 직접 참석해 보리라' 작정하고 그날 저녁 강의실 뒷좌석에 앉아 안수집사 눈에 띄지 않게 주의했다는 것이다. 그날 밤 첫 번 강의를 들은 심 목사는

> 무료성경신학원의 초등부 강해는 매우 수준급이었으나 그 내용은 전혀 성경적이지 못했다

라고 증언하고 있다. 그날 밤 심 목사는 만나고 싶지 않은 안수집사를 만나게 되었고 함께 교회에 돌아와 상담하는 중에 안수집사는 이렇게 말하더란 것이다.

> 나는 한 달 정도 남았으니 계속 다니겠다. 그러니 공부를 마친 다음에 성경을 논하자

이 말에 어이가 없어 하는 목사에게 다시 말하기를 "내가 배운 것을 받아들이지 않으면 교회를 떠나겠다."라고 강도를 높이더란 것이다. 그래서 아무리 설득해도 굽히지 않아 또 다른 양들이 물려가지 않도록 "분명 이단인데, 한 달 후에도 바른 진리를 깨우치지 못하면 교회에서 출교시키겠다."라고 단호한 경고를 주었다는 것이다.

그 후 심 목사는 "들어보지도 않고 이단이라고 하느냐"란 안수집사의 항변에 일리가 있다고 생각하여 교회 집사라고 속이고 고등부 강해에 참석했다는 것이다. 고등부 강사는 심 목사의 신분을 캐묻더니 강의장에서 나가라고 하더란 것이다. 그래서 "무료성경신학원 테이프와 설명을 여러 번 들었습니다……. 풀리지 않는 문제가 있어 배우러 왔으니 제발 참석토록 해 주십시오"라고 간청했다고 한다. 심 목사의 간청에 한 여강사가 심 목사를 근처 다방으로 데려가더니 다음과 같은 것 등을 테스트했다고 한다.

장막성전에 대하여 아느냐?
7촛대에 대하여 아느냐?
자신이 만약 '보혜사'라고 한다면 어떻게 하겠느냐?
진리가 있다면 교회를 옮기겠느냐?

그 후 다시 미팅을 약속하고 4시간여에 걸쳐 이야기를 나누었다고 한다. 그리고 다음과 같이 결론을 맺고 있다.

그들은 기독교가 아닌 사탄의 집단임을 확인케 되었다

결국 그 집사를 비롯한 몇 명의 성도가 교회를 떠나게 되었고, 심 목사는 커다란 아픔에 몸을 떨어야 했다고 말한다. 이것은 남의 이야기가 아닌 것이다. 우리 주변에 흔한 일이지만 그것을 등한시하는 정통교회의 자세에 문제가 적지 않은 것이다.

"눈의 색깔을 바꿀 수는 없지만 눈빛은 바꿀 수 있다. 입의 크기는 바꿀 수 없지만 입의 모양은 미소로 바꿀 수 있다. 빨리 뛸 수는 없지만 씩씩하게 걸을 수는 있다." 지금 이 순간 운명의 모습을 바꿀 메스를 쥐어라. 불필요한 것들은 모두 잘라내고 새로운 기운과 새로운 삶을 덧붙여라. 그리하면 분명 운명의 주인이 될 것이다.(김현태의 『성공감성사전』) 자기 운명은 물론이고 내 표정 하나하나까지도 내가 주인이다. 내가 찡그리면 다른 사람도 찡그리고 내가 나를 가볍게 다루면 다른 사람도 나를 가볍게 다루고 만다. 내가 내 운명의 주인이면서 주인 노릇을 못하면, 남(客)이 나의 주인 행세를 하게 된다. 아담과 하와는 '선악과를 먹지 말라'는 하나님의 음성보다 '먹어서 밝아지라'는 사단의 음성에 가치를 두었기에 자기들의 인생을 사단이 주관하게 맡겨버리고 말았다. 예수님은 40일을 금식하시고 시장하셨지만 '돌로 떡을 만들어 배불리라'는 사단의 말을 단호히 거부하셨다. 예수님께 돌을 명하여 떡을 만들 능력이 없었던 것이 아니다. 떡이 필요 없을 만큼 배가 불렀던 것도 아니다. 떡 만들 능력도 배도 고팠지만 사단의 말에 순종할 수 없었기에 거부하신 것이다. 내가 필요하다고 사단의 말에 귀를 기울인다면 남의 부인을 보고 정욕을 이기지 못하여 죄를 범했던 다윗의 실수를 되풀이하게 될 것이다. 지금 기성교회에서 편치 않거나 만족하지 못한다고 해서 사단이나 다름없는 이단의 말에 귀를 기울인다면 어떤 결과를 초래하게 되겠는가? 그래서 영분별의 능력을 달라고 기도해야 한다.

(롬 12:2) 너희는 이 세대를 본받지 말고 오직 마음을 새롭게 함으로 변화를 받아 하나님의 선하시고 기뻐하시고 온전하신 뜻이 무엇인지 분별하도록 하라

5. 정통교단 지도자의 특별 기고에서

(1) 손기태 목사의 특별 기고를 중심으로

손기태 목사(바른성경 선교회 대표, 기독저널 논설 주간)는 월간 현대종교 95년 3월 p.108-115에서 '무료성경신학원 왜 이단인가?'라는 제하의 특별 기고에서 다음과 같이 말하고 있다.

> 자신을 재림 예수라고 공개적으로 외치고 다녔던 우인호(사망)의 천국복음전도회, 현재 봉천동에서 활동하고 있는 대한예수교장로회 실로 등대중앙교회의 자칭 '보혜사' 강풍일, 그리고 현재 안양 비산동에 자리 잡고 있는 신천지 이만희 등은 모두 유재열 계통의 장막성전 파들이다. 무료성경신학원은 안양의 이만희 교주의 내용을 은밀히 교육시키는 비밀 기관이다……. 이들의 모든 분파들은 임박한 종말을 강조하면서 성경의 역사성과 영감성을 부인하고 자기들의 계시를 말하며, 모든 성경을 영적인 비유로 자기들에게 적용시켜 해석한다. 이들의 실상은 이만희의 「계시록의 진상」에 모두 반영되어 있는데 기독교의 진리와는 아무 상관이 없는 '다른 예수, 다른 영, 다른 복음'을 말하는 이단들이다(손기태, 1995. 3, 108-115).

고 한다. 손 목사는 마태복음 7장 17-19절을 인용하며 '좋은 나무마다 아름다운 열매를 맺고 못된 나무가 나쁜 열매를 맺는 것이 진리'라는 것이다. 따라서 '좋은 나무가 나쁜 열매를 맺을 수 없고 못된 나무가 아름다운 열매를 맺을 수 없는 것'처럼 '이단으로부터 출발한 사람들은 이단일 수밖에 없다'는 식으로 말한다. 즉 심은 대로 거두는 평범한 진리를 말하고 있다(갈6:8). 잘못된 출발(유재열의 장막성

전)에서 잘못된 열매(앞서 말한 여러 분파)가 맺혔다는 것이다. 이어서 손 목사는 계속하여 말하기를

> 무료성경신학원의 교재는 초등부, 중등부 등으로 구분되나 이것은 그들의 이단사상을 주입시키기 위한 기초적인 것이고, 이 기초지식에 세뇌된 자들에게 실습과정을 두어, 궁극적으로는 이만희의 「계시록의 진상」을 접하게 하는 음모를 꾸민다. 이것은 그들의 교재를 은밀히 숨기고 그들의 교육현장에서 그날그날 한 과씩 교재만을 배부하는 것을 보아도 알 수 있는 것이다.(월간 현대종교 95년 3월 p.108-115)

라고 말하며 베드로후서 3장 16절 "또 그 모든 편지에도 이런 일에 관하여 말하였으되 그중에 알기 어려운 것이 더러 있으니 무식한 자들과 굳세지 못한 자들이 다른 성경과 같이 그것도 억지로 풀다가 스스로 멸망에 이르느니라"는 말씀으로 경고하고 있다. 즉 자기 혼자서 주관적으로 해석했기에 공개하여 객관적으로 검증받기가 두려운 것이리라.

아울러 손 목사는 "양심이 화인으로 마비되면 거짓말을 한다", "하나님의 최종 권위는 누구도 파괴하지 못한다", "최종 권위 성경만이 이단을 방지한다", "잘못된 신학교육이 교회를 부패케 한다", "사랑은 진리로 인도한다."고 말하며 "이만희와 같은 엉터리 계시록 해석이 옳다고 따라간 많은 신자들은 자기들이 속해 있는 교회에서 바른 계시록을 한 번도 접해 본 적이 없는 자들이었다."고 안타까워하며 "한국 교회는 각성해야 할 것이다"고 결론을 맺는다. 즉 이단이 활개 치는 현실에서 정통교회는 잠만 자지 말고 깨어 관심을 갖자는 취지일 것이다.

어느 왕자가 사냥을 갔다가 예쁜 처녀를 만났다. 너무도 사랑스러

워 환궁해서도 그 처녀만 생각하다가 드디어 아내로 맞기로 결심했다. 그리고 어떤 방법으로 그 처녀를 아내로 맞을 것인가를 연구하다 다음과 같이 세 가지로 생각을 하게 되었다.

첫째, 자신의 권위를 이용하는 방법이다. 왕자라는 권위로 자기 사랑을 받아들이라고 명령할 때 그 처녀는 거역할 수 없을 것이다(춘향이는 받아들이지 않았지만). 그러나 이 방법으로는 처녀의 진정한 마음을 알 수 없기 때문에 바람직하지 않다고 생각했다.

둘째, 왕궁의 영화를 이용하는 방법이다. 그 처녀를 왕궁으로 초대해서 왕실의 영화를 보여주며 구애하는 방법이다. 그러나 그것도 처녀의 진심을 알 수 없기 때문에 포기하기로 했다.

셋째, 자신이 처녀와 같은 신분으로 돌아가서 아무런 조건이나 요구 없이 순수하게 서로 간의 사랑을 약속하는 것이다. 왕자는 이 방법을 선택하고 시골로 내려갔다.

이것은 키에르케고르가 예수님의 성육신을 설명하는 내용이다. 만약 예수님이 구름타고 내려오셨다면 그 권위에 눌려 믿지 않을 사람이 없었을 것이다. 또, 예수 믿으면 세자빈이 되게 하고 세상적인 부귀영화를 몽땅 보장해 준다면 너도나도 줄서서 예수 믿을 것이다. 그러나 예수님은 그러한 방법을 택하지 않으시고 세 번째 방법을 택하셨다. 인간의 육신을 입으시고 시골의 누추한 마구간에 오셨다. 그리고 우리를 위하여 모진 고난을 당하셨다. 그렇게 초라하게 오신 예수에 비하여 이단의 출현은 신비로운 스토리가 뒤따르고 있다. 뭔가 보여줄 것 같은 신비함이 있다.

자기들에게만 구원이 있다든가 자기만이 예수님의 재림 장소를 안다든가 자기를 통해서만이 천국행 티켓을 구입할 수 있는 것처럼 말하는 데에 도리어 매력이 있을 수도 있다.

거기에 비하여 기성교회는 너무 무기력하다. 밋밋하여 스릴도 없다. 역동적이지 못하다. 그래서 자극적인 것을 좋아하는 현대인에게 박진감 있는 교리가 좋을지도 모른다. 아무런 조건 없이 구원받는 것보다 뭔가 자기의 노력이 있어야 한다는 교리가 더 매력적일 수도 있다. 144,000에 속하기 위하여 부지런히 전도해한다는 논리가 먹힐 수 있었던 것이리라. 그래서 열심을 내어 전도하게 되고 그러다 보니 날마다 흥왕하는 것처럼 보일 것이다. 또, '선행이 있어야 구원받는다.'는 논리가 자리잡을 수 있었을 것이다.

(2) 원문호 목사의 특별 기고를 중심으로

원문호 목사는 월간 현대종교 96년 10월 p.90-99에서 "'이만희'의 비복음 정체는 무엇인가?(1)"라는 제하의 특별기고문에서 다음과 같이 말하고 있다.

> 이만희의 비복음 정체를 '성경론', '구원론', '신론', '교회론', '창조론', '재림론', '부활론', '천국론'의 순으로 쉽게 알아보도록 하자…….「계시록의 진상」. 21p에 "성경에 맞지 아니하면 거짓말이요 흑암 속에 빨려 들어가는 결과를 초래한다."고 했다. 이 씨는 "무료성경신학원에서 교재로 사용하는 자신의 교리서를 한국교회에 내놓고 공식비판을 받고 싶다"라고 현대종교 1993년 1월호 39p에 기록한다. 이 씨의 말대로 미리 결론을 짓는다면 그의 저술은 자의적 짜깁기 성경해석으로 사실과 어긋나게 억지로 풀며, 지상천국 건설을 지향 유도하는 '유토피아(utopia)'적 망상으로 가득하다. 이 씨를 이단 유형에 적용하면 '자칭 재림주 선지자 피난처형' 지상천국론자이다.

라고 말한다. 즉 종합적으로 살필 때 이 씨의 행각은 이단이란 것이

다. 따라서 재론의 여지가 없으나 좀더 구체적으로 지적하기 위하여
이 씨의 성경론(벧후1:20, 21; 3:16-18; 계1:18, 19; 잠30:6; 신
12:32)을 말하자면

> 한마디로 말해서 그는 성경 66권의 최종적 권위와 성경계시의 완
> 성을 파괴하는 자이며 신비로운 체험을 문서화하여 영원한 복음으로
> 절대화시키는 이단이다.

고 비판하고 있다. 우리가 구원받기 위하여 성경만으로는 안 되고 하
나님으로부터 독특한 방법(신비한 체험)으로 계시를 받아 기록된 책
들이 필요하다고 하는데 이것들은 쓰레기에 불과하다는 것이다. 즉
다니엘에게 있어서 바벨론의 학문은 쓰레기에 불과했듯이 구원받은
정통기독교인에게 있어서 이 씨의 「계시록의 진상」, 「계시록의 완전
해설」, 「성도와 천국」 등은 쓰레기라는 것이다. 왜냐하면 성경에 구
원의 도리가 모두 기록되어 있기 때문에 구원받기위할 부교재(계시
록의 진상 등)가 필요없고 성경만으로 충분하다는 것이다.

또한 이 씨의 구원론(갈1:7-10; 2:16; 3:5, 6; 고후11:4, 13-15)에
대해서는

> 하나님의 자녀 되는 것은 예수님을 영접 그 이름을 믿는 자들에게
> 자녀 되는 권세를 주신다(요1:12). 이 씨의 구원은 참으로 가소롭다.
> 웃지 못할 노릇이다. 구원의 조건은 오직 예수님을 믿는 것이다(롬
> 8:37-39)

라고 외치면서 자기가 구원을 줄 수 있는 것으로 말하고 있는 것은
가소롭다는 것이다. 율법이나 선행으로 구원받을 수 없다. 왜냐하면

"다른 이로서는 구원을 얻을 수 없나니 천하 인간에 구원을 얻을 만한 다른 이름을 우리에게 주신 일이 없음이니라(행4:12)"고 했기 때문이다. 예수 외에 구원자, 이긴 자가 없다는 것이다. 그래서 이 씨의 구원론을 조소한 것이다. 한편, 이 씨의 신론에 대해서는

> 이 씨는 성령님을 신랑, 구름, 보혜사(요한)＝야곱, 일반성령이라 한다. 아버지＋예수＋우리(보혜사/요한)식의 주장은 삼위일체가 아니다. '우리'라는 주장은 이 씨를 다른 보혜사로 귀결시키는 거짓논리이다. 피조물은 삼위일체 하나님일 수 없으며, 양태론 주장은 더 말할 이유가 없으며, 성령이 신랑이라는 표현은 없다. 이 씨가 말하고 싶은 해괴한 요지는 자신을 성경에 계시적 인물로 대입하여 다른 보혜사로 신격화하기 위한 것이며, 성령은 신랑이요, 택한 육체(이 씨)는 땅이라 함은……자기만을 통하여 구원을 받아 하나님의 백성을 만드는 거짓논법이다

라고 말하며 "(엡 4:4-6)……성령이 하나이니……주도 하나이요……하나님도 하나이시니 곧 만유의 아버지시라"고 성경적 근거를 제시하고 있다.

> 이 씨는 성령님을 모독하고 있다. 이 씨의 신론은 삼위일체에 무지한 적용이다. 자신을 자칭 다른 보혜사, 재림주로 부르는 엉터리 신격화를 의도적으로 유도한다(월간 현대종교 96년 11월 p.106-115).

라고 결론은 맺는다. 이만희 씨는 그의 저서 「성도와 천국」 89-198쪽에서

> 초림 때와 같이 재림 때에도 처음 하늘과 처음 땅인 예수교가 언

약을 배도함으로 없어지고 새 하늘과 새 땅, 새 예루살렘과 새 목자
가 있게 된다……. 신천지예수교증거장막성전이 이 땅에 이루어지고
만민이 이곳에 와서 주의 말씀을 들어야 산다……. 교회도 일반교회
가 있고 약속의 성전이 있다

라고 말하고 있다. 이 말은 말세가 되면 현재의 정통교회가 없어지고
새 하늘과 새 땅을 상징하는 신천지교회만이 살아남는다는 뜻이다.
그러므로 기성교회에서 이탈하여 자기들에게로 모여들어야 구원받을
수 있다는 것이다. 교세 확장을 위하여 정통교회를 분열시키는 방법
으로 선교하는 것이다. 이와 같은 이만희 씨의 교회론에 대하여 원문
호 목사는 다음과 같이 비판하고 있다.

예수교가 없어진다니 어이가 없다. 교회는 음부의 권세가 이기지
못한다. 교회는 주께서 오른손으로 잡고 계신다. 약속의 성전만이 참
이라니 일반교회는 가짜란 말인가? 주님의 교회는 가짜가 없다. 다만
기독교적 이단만이 가짜인 것이다. 이 씨의 증거장막성전 새 예루살
렘에 새 목자가 있어야 한다니 이 씨를 지칭하는 것이 아닌가? 거룩
한 산 새 예루살렘은 영계 천상이며 신천지도, 경기도 과천 청계산도
아니다……. 더욱 어이없는 소리는 신앙의 종주국이 대한민국이라는
것이다. 이는 신천지를 비호하는 뜬 구름을 잡는 소리일 뿐이다.

라고 말하며 "(마 16:18) 또 내가 네게 이르노니 너는 베드로라 내
가 이 반석 위에 내 교회를 세우리니 음부의 권세가 이기지 못하리
라"는 말씀으로 맺고 있다. 말씀에 근거하여 무로로 성경을 가르치겠
다는 집단에서 엉터리 성경공부를 통해 자신을 신격화하는 모습이
달갑지 않다는 말이다.

이 씨의 창조론은 경기도 과천 청계산에 '새 예루살렘 거룩한 성'을 임의로 만들려는 비유풀이 조작이다

고 말하는 원문호 목사는 "이 씨의 주장은 창세기 1장이 아담 이전에 육적 창조가 아니라는 것이다. 1장을 자세히 보면 두 개의 하늘과 두 개의 땅이 나타나고 있다고 한다. 그러나 1절의 천지는 2절의 사건 후 창조가 아니다. 1절 창조의 구체적 상태를 표현한 것이다……. 성경에 창세기 1장이 육적 창조가 아니고 오직 비유 비사 빙자라는 근거가 있는가? 없다. 없으면 없는 것이며 가정, 사상놀이 해석으로 꾸며진 거짓 '시나리오'를 만들지 말아야 한다"고 말하면서 "(창 1:1) 태초에 하나님이 천지를 창조하시니라"는 말씀은 육계를 창조하셨다는 뜻이고, "(계 21:1) 또 내가 새 하늘과 새 땅을 보니 처음 하늘과 처음 땅이 없어졌고 바다도 다시 있지 않더라."는 말씀은 영계를 뜻한다고 결론을 맺는다.

이 씨의 재림론은 「계시록 완전 해설 道」 71쪽에 "이 모든 말씀을 믿을진대 재림 예수의 모습은 볼 수 없는 것이다" 「성도와 천국」 76, 78쪽에 "구름을 타고 오신 예수님은(계1:1-8) 한 육체로 오신다(계1:12-20). 이 사람도 초림 때와 같이 영적 말구유에서 탄생하게 된다." 「중등부 교재」 제25호 28쪽에 "구름을 타고 오시는 주님은 이곳에 오신다(요1:10-13)." 「신천지 새 소식」에 "주 재림이 오늘날도 초림 때와 같이 이루어지는 것이니……새 하늘 새 복음이 시작되어 온 세계로 나가게 되고 주님이 오신 그곳 그 나라가 종주국이 된다." 그리고 「영핵」 70쪽에 "말씀을 앎으로써 주 재림의 시기를 알 수 있다. 오늘날은 예수님께 직접 우리에게 종말의 시기와 징조를 알려 주신다."라고 성경을 사사로이 풀고 있다.

고 한다. 사실 이 씨는 예수님의 재림이 볼 수 없이 임한다는 주장을 하면서 자기의 주장을 합리화하기 위하여 행1:9-11절을 인용하기도 한다.

> (행 1:9) 이 말씀을 마치시고 저희 보는 데서 올리워 가시니 구름이 저를 가리워 보이지 않게 하더라
> (행 1:10) 올라가실 때에 제자들이 자세히 하늘을 쳐다보고 있는데 흰 옷 입은 두 사람이 저희 곁에 서서
> (행 1:11) 가로되 갈릴리 사람들아 어찌하여 서서 하늘을 쳐다보느냐 너희 가운데서 하늘로 올리우신 이 예수는 하늘로 가심을 본 그대로 오시리라 하였느니라

이 씨에 따르면 '구름이 저를 가리어 보이지 않은 상태로 가셨으니 보이지 않는 상태로 오신다.'는 것이다. 이 씨의 이같은 재림론에 대하여 원문호 목사는

> ……거짓증거를 하고 있다……. 그는 또한 육체로 온다고 한다. 이는 무엇을 말하는가? 이 씨를 지칭한 말이다. 초림 때와 같이 말구유에 탄생한다면 이는 하늘에서 강림이 아니며 땅에서의 육체적 인간 출생자로 '이' 씨이다. 그가 신천지에 온다는 말이다. 다시 오신 주는 '이만희'이다. 그는 이단적 재림 발언을 서슴없이 자신의 글에 명시하고 있다. 오늘날은 예수님께서 직접 우리에게 시기와 징조를 알려 준다는 것이다

라고 말한다. 그리고 계속하여 말하기를

> 이 씨는 예수님이 '한 육체에 성령으로 임한다.'라고 하나 결코 그

렇지 않다. 그러므로 그에게 임한 영적 실존은 예수님을 가장한 사단이 임한 육체로 사단의 이단 교주로서 하수인이다.

라고 결론을 맺는다. 우리가 숙지해야 할 것은 "그날과 그때는 아무도 모른다."(마24:36)는 '예수님의 말씀을 간과해서는 안 된다.'는 점이다. 오직 아버지만 아시는 일을 '예수님께서 직접 알려 주신다'는 말로 자기가 독보적 존재임을 내세우는 것은 성경 말씀을 부인하는 죄에 빠지는 것이요, 이 씨가 하나님 아버지의 위치에서 말하고 있으며, 모르는 것을 안다고 거짓말하는 죄에 빠진 상태라 아니할 수 없다. 이만희 씨는 다음과 같은 말씀을 간과한 것이 분명하다.

(계　1:7) 볼지어다 구름을 타고 오시리라 각인의 눈이 그를 보겠고 그를 찌른 자들도 볼 터이요 땅에 있는 모든 족속이 그를 인하여 애곡하리니 그러하리라 아멘

(요　1:7) 저가 증거 하러 왔으니 곧 빛에 대하여 증거 하고 모든 사람으로 자기를 인하여 믿게 하려 함이라

(마 24:36) 그러나 그날과 그때는 아무도 모르나니 하늘의 천사들도, 아들도 모르고 오직 아버지만 아시느니라

(행 1:11) ……이 예수는 하늘로 가심을 본 그대로 오시리라 하였느니라

성경에 각인이 볼 수 있게 재림하신다고 했으니 그렇게 된다. 구름에 가려 보이지 않을 것이라는 기우에 젖을 필요가 없다. 예수님께서 '다시 오마' 하셨으니 다시 오신다. '육체로 오신다.'는 말로서 자기가 육체로 온 예수라는 합리화를 할 필요가 없다. 그냥 성경대로 믿어야 한다. 성경을 가감하지 말라(계22:18, 19).

이만희 씨의 부활론에 대하여 원문호 목사는 다음과 같이 말하고 있다.

이 씨의 부활론은 매우 이상야릇하고 괴상하다. 「계시록 진상」 538쪽에 마귀의 씨를 받으면 마귀 자식이 되는 귀신으로 부활한다. 「성도와 천국」 제2집은 68쪽에 구름을 타고 올라갔다는 것은 성령으로 간 것임을 입증하는 말이다. 68, 69쪽에는 "이미 썩은 육체는 썩지 아니할 것으로 그 육이 오지 못하고 다만 형체만 오게 된다. 이것이 죽은 자의 부활이다……. 사망 안에서 있었던 우리가 사망을 이김으로써 속사람이 부활하는 것이다." 그는 부활을 "사단의 비진리(거짓목자의 교훈)이므로 죽어 버린 성도의 심령을 예수 생기(진리)의 말씀을 주어 다시 살림"이라고 하며 "기성교회의 무덤 속에 시체가 순간 살아나 밖으로 나온다는 것이 육체적인 해석이며 오해한 것"이라고 한다. 이러면 부활이 없다는 것이다. 부활의 신앙이 이 씨는 잘못 됐다. 이는 여전히 죄 가운데 있는 증거이다

라고 비판하면서 이 씨는 '부활이 없다고 믿는가 보다'라는 의혹을 던지고 있다. 원 목사의 논지는 귀신은 영적 존재이므로 영은 부활할 수 없다는 것이다. 성경에 영적 존재가 부활한 예가 없다는 것이다. 그리고 계속하여 말하기를 "예수님이 성령으로 갔다는데 성령과 예수님을 구분할 줄도 모르고 있다. 그래도 일점일획도 가감하지 아니하고 성경만 가르친다고 큰소리치는가?"라고 물으면서 "하나님이 없다고 믿는 어리석은 자에게나 통하는 무식한 배짱이다"고 평가한다.

원 목사는 "성령이 승천한 것이 아니라 예수님이 부활하셔서 승천하신 것이다. 죽은 자의 부활은 썩을 것이 불가불로 썩지 아니함을 입는다. 이것이 복음이다. 형체만 오는 것이 아니다. 예수님의 부활의 모습을 보라. 살과 뼈가 있지 않은가? 그리고 이 씨는 속사람이 부활을 한다는데 참으로 무식한 소리이다. 속사람은 영이다. 영 부활은 이단자이다. 부활은 육신부활이다. 공히 불신자, 성도나 부활한다. 이 씨는 신천지 거룩한 성 마드는 구술, 꾀는 자의적 해석, 억지물이에

는 신경을 썼으나 부활에 대하여는 아주 빈약하다. 신천지만이 성경에 통달했다는 그의 소리는 거짓임이 더욱더 드러난다. 그 원인이 어디 있을까?"라고 질문하면서 "신천지 청계산(시온산)에만 미치니 부활의 복음이 눈에 뜨이지 않는다."는 것이다. 우리가 부활에 소망을 두면 이 땅에 소망을 두지 않고 하늘나라 영계의 신천지를 사모하게 된다. 부활하신 주님에 대한 신앙이 분명하지 않으면 죄 가운데 있다는 증거가 된다는 요지로 말하며 근거 성구를 다음과 같이 제시하고 있다.

*(고전 15:19) 만일 그리스도 안에서 우리의 바라는 것이 다만 이생 뿐이면 모든 사람 가운데 우리가 더욱 불쌍한 자리라
*(눅 24:39) 내 손과 발을 보고 나인 줄 알라 또 나를 만져 보라 영은 살과 뼈가 없으되 너희 보는 바와 같이 나는 있느니라
*(행 1:9) 이 말씀을 마치시고 저희 보는 데서 올리워 가시니 구름이 저를 가리워 보이지 않게 하더라
*(요 14:3) 가서 너희를 위하여 처소를 예비하면 내가 다시 와서 너희를 내게로 영접하여 나 있는 곳에 너희도 있게 하리라

원문호 목사는 말하기를

이 씨의 천국론은 지상천국 건설이다. 그가 전개하는 신천지는 사실과 관계가 없으며 덧없이 헛된 현실세계를 꿈꾸고 있는 것이다. 이상천국론 꿈에서 깨어나기를 바란다. 「영핵」에 "오늘날에 피난처(마24:15, 16) 또한 산이며 이 약속의 산을 목자가 알지 못하면 멸망 받는다." 「계시록의 실상」 82쪽에는 "오늘날의 사도 요한 격인 사명자가 ……하늘에서 본 그대로 천국을 창설한다는 것이다. 성도들은 이 일에 참예하는 역군으로 일해야 한다." 312, 313쪽에는 "목자는 하나님의 대언자요 건축자이다" 274쪽에 하늘은 저 푸른 하늘

을 말하는 것이 아니다. 하늘과 땅은 "하늘은 영계(靈界) 땅은 육계(肉界), 하늘은 목자, 땅은 성도 하나님의 목자와 성도가 있는 장막을 하늘 또는 새 하늘이라고 주장한다."고 지적하면서 계속하여 말하기를 "산으로 도망하는 곳이 피난처 천국인가?"라고 반문하며 다음과 같이 말한다. 피난처는 육계이며 천국은 하늘나라 영계이다. 청계산인가? 아니다. 그곳은 시온산이 아니며 시온은 예루살렘이며 대한민국 청계산이 아니다. 구원자 재림주의 주가 오시는 곳일 뿐이며 결코 천국이 아니다……. 천지는 없어진다(시102:26, 마24:25, 벧후 3:7, 10, 13)고 말하며 천국은 인간이 건축할 성질의 것이 아니라는 것이다. 인간이 만든 모든 것은 없어진다(시102:26, 마24:25, 벧후 3:7, 10, 13). 왜냐하면 (마 5:18) '천지가 없어진다.'고 하셨기 때문이다. 그러므로 천국이 이 땅에 존재할 이유가 없으니 지상천국은 불필요하다. 그래서 주님은 (요 18:36) 내 나라는 이 세상에 속한 것이 아니라……이제 내 나라는 여기에 속한 것이 아니니라(원문호, 1996년 10, 90-99).

고 하셨던 것이다. 하늘나라는 하나님의 창조 소관이다. 성도가 후일에 거할 처소는 주님이 예비하신다(요14:2). 하늘나라는 사람들에 의하여 조립되거나 제조되거나 건설될 성격의 것이 아니다. 따라서 그는 원문호 목사 말대로 '이만희 씨는 천국지상론자'임이 분명하므로 정통이 아니라는 결론에 도달할 수 있다.

2005년 6월 20일 고이즈미 일본 총리가 노무현 대통령과 정상회담을 하던 중에 느닷없이 시를 한 편 읊었는데 그 시는 한국인 손호연(1923~2003)의 단가(短歌)로서 일본사람들이 가장 아끼는 국시(國詩)이다.

절신한 소원이 나에게 하나 있지
다툼 없는 나라가 되리라는

이 시는 짧지만 분명한 메시지가 있는 시이다. 이것은 조국 통일을 염원하는 우리의 노래일 수도 있고 이단에 미혹된 영혼들을 구원하고자 하는 힘없는 목회자의 애끓는 하소연일 수도 있다.

(3) 정종성 목사의 특별 기고를 중심으로

정종성 목사는 월간 현대종교 02년 2월호 "예수님의 비유를 어떻게 읽은 것인가"라는 글에서 신천지교회의 허구와 실상을 다음과 같이 말하고 있다.

> 우리가 읽는 성경은 특별한 전문적인 지식이 없어도 대부분 쉽게 읽고 이해할 수 있는 책이다. 하나님의 특별계시로서 세상에서 그 유(類)를 찾을 수 없는 신비한 메시지를 포함하고 있지만, 그럴지라도 메시지 전달에 사용되고 있는 성경 언어나 문화 그리고 사고체계는 지극히 평이해서 얼마든지 우리 주변에서 찾아보고 체험할 수 있는 일상적인 것들이다. 부분적으로 우리가 이해하기 힘든 구석이 없는 것은 아니지만, 대체적으로 성경에는 창세기부터 요한계시록까지 일관되게 흐르는 공통적인 주제들이 산만해질 수 있는 우리의 이해활동을 적절하게 인도해 주고 있다. 그리고 간혹 난해한 구절이나 사본상의 문제들도 해석자나 사본학자들의 도움을 받아 대부분 해결될 수 있다. 이런 점은 예수님의 비유도 마찬가지다……. 그런데 놀랍게도 너무나 상식적이고 이해하기도 쉬운 예수님의 비유들이 어설픈 해석자의 잘못된 주장으로 인해서 '비밀코드(Secret code)'를 가득 담고 있는, 매우 신비한 이야기로 둔갑되는 사례를 종종 보게 된다.

라고 지적한다. 이러한 오류 때문에 일반성도들에게 성경은 더욱 어려운 존재가 되고 말았다는 것이다. 일상 언어생활에서 예측할 수 있는 너무도 평범한 문제들이 극단적인 종말론자들이나 이단자들의 왜곡으로 인하여 심각한 상태가 되었다고 지적한다. 지극히 명백한 비유의 목적까지도, 단지 그것이 신비한 메시지를 포함하고 있을 것이라는 신령한(?) 관심 때문에, 전혀 엉뚱하게 해석되어 본문의 의도를 크게 변질시키고 있다는 것이다. 그러므로 복음서의 비유를 읽을 때는 다음과 같은 점을 염두에 둬야 한다고 말한다.

첫째로, '비유(Parable)'라는 단어의 특징을 이해하고 읽어야 한다는 것이다. '비유(Parable)'라는 단어는 복음서에 48회가 사용되었다(마태17회, 마가 13회, 누가18회). 그런데 구약성경은 물론이고 신약성경에서도 '비유'라는 단어는 각 문단이나 문장 속에서 다양한 개념으로 사용되고 있다는 것이다. 예를 들면 "(눅 4:23) 의원아 너를 고치라. (눅 6:39) 소경이 소경을 인도할 수 있느냐 둘이 다 구덩이에 빠지지 아니하겠느냐" 등도 비유이다. 그러나 대부분의 사람들이 비유라고 생각지 않는다는 말이다. 하지만 막4:2-8절의 '씨 뿌리는 비유'나 마25:1-13절의 '열 처녀 비유'는 별 이의 없이 비유로 받아들이는 경우가 그렇다. 따라서 비유를 읽을 때는 '비유'라는 단어 자체가 성경기자들에 의하여 폭넓게 사용되고 있기에 획일적으로 이해한다는 것은 문제가 있다는 것이다. 비유는 본문이 위치한 상황에 따라 속담(Proverb), 교훈(Lesson), 비교(Comparison), 이야기(Story), 수수께끼(Riddle), 그리고 예화(Illustration) 등으로 다양하게 사용된다. 따라서 '파라볼레(Parable)'를 다음과 같이 여러 의미를 나타내는 태로 번역해야 한다는 것이다.

〈표 4〉 파라볼레(Parable)의 바른 번역

	수수께끼	이야기	비교	예화	속담	교훈
마태 복음	13:10, 13, 34a, 34b, 35	13:18, 36; 21:33, 45	13:24, 31, 33; 22:1		15:15;	24:32
마가 복음	4:11, 13a, 13b, 30, 33, 34					3:23, 7:17, 13:28
누가 복음		8:4, 9, 10, 11; 13:6; 19:11	5:36, 12:41, 15:3, 21:29	12:16; 14:7; 18:1, 9; 20:9, 19	4:23, 6:39	

둘째로, 복음서 '비유'의 다양한 장르적 형태를 이해하고 읽어야 한다는 것이다.

복음서에 나타난 비유를 그 형태에 따라 분류하면 다음과 같은 범주에 속한다는 것이다. 즉 은유(Metaphor), 비교(Parable proper 또는 Comparison), 비사(Similitude), 비유적 이야기(Parabolicstory), 예화(Illustration 또는 Example story) 그리고 풍유(Allegory) 등이다.

1) 은유(Metaphor)적인 비유란 아주 짧은 형태의 비교 문으로써 비교되는 말이 보통 생략되며, 구체적인 물건을 추상적인 것으로 대신 표현하는 것이 일반적인 은유라는 것이다. 이것은 누가복음13장 18-21절의 겨자씨와 누룩 비유가 대표적이다.

> (눅 13:18) 그러므로 가라사대 하나님의 ·나라가 무엇과 같을꼬 내가
> 　　　　　　무엇으로 비할꼬
> (눅 13:19) 마치 사람이 자기 채전에 갖다 심은 겨자씨 한 알 같으
> 　　　　　　니 자라 나무가 되어 공중의 새들이 그 가지에 깃들였
> 　　　　　　느니라
> (눅 13:20) 또 가라사대 내가 하나님의 나라를 무엇으로 비할꼬
> (눅 13:21) 마치 여자가 가루 서 말 속에 갖다 넣어 전부 부풀게 한
> 　　　　　　누룩과 같으니라 하셨더라

2) 비교(Parable proper 또는 Comparison)는 단순한 직유나 은유가 좀더 발달된 것으로서, 히브리적 비유의 가장 고전적이고 보편적인 형태로서 일반적으로 복음서에서 '비유'라고 말할 때 이 개념을 대표적으로 생각하게 된다. 이것은 두 개의 사건이 비교되는 짧은 비교 문인데, 알려진 물체를 통하여 알려지지 않은 것을 설명하려는 목적을 갖는다는 것이다. (눅6:46-49)와 장터 어린이 비유(눅7:31-35), 그리고 잃은 양 찾는 목자비유(눅15:3-7), 잃은 동전 찾는 여인비유(눅15:8-10) 등이 대표적이라는 것이다.

3) 비사(Similitude)는 은유적인 그림이 더욱 자세하게 확장된 형태의 비유이다. 헝겊과 포도주 비유(눅5:36-39)나 문지기 비유(눅12:35-40), 그리고 깨어 있는 종 비유(눅12:41-46) 등이 대표적인 비사라는 것이다.

4) 비유적 이야기(Parabolicstory)는 가공의 이야기로서 비교(Comparison)와 차이점은 비교되는 대상이 나타나지 않는다는 점이다. 이것은 비사(Similitude)를 평범하지 않은 특징적인 이야기 형태로 발전시킨 것이다. 한밤에 찾아온 친구 비유(눅11:5-10), 열매 없는 무화과나무 비유(눅13:6-9), 잃은 아들 찾는 아버지 비유(눅15:11-32), 지혜로운 청지기 비유(눅16:1-9), 그리고 부자와 나사로 비유(눅16:19-31) 등이 대표적이라는 것이다.

5) 예화(Illustration 또는 Example story)는 주제문의 예화가 되는 비유를 말한다. 자유롭게 창작된 것으로 청중들에게 하나의 모델로서 제공된다. 마가와 마태는 예화 개념의 비유가 없고 누가복음에만 네 개가 있다. 선한 사마리아인 비유(눅10:25-37), 어리석은 부자 비유(눅12:16-21), 혼인잔치 비유(눅14:7-11), 종의 비유(눅17:7-10) 등이 대표적이라는 것이다.

6) 풍유(Allegory)는 꾸며낸 이야기로서 지속적인 은유형태의 비유이다. 즉 하나의 은유 위에 또 다른 은유를 축적하여 표면상 나타나는 것과 전혀 다른 것을 말한다. 따라서 알레고리 비유는 그 자체로서 완성된 의미를 전달하지 못한다. 복음서에서 씨 뿌리는 비유(눅8:4-8; 마13:2-9; 막4:3-8)가 대표적이다. 열므나 비유(눅19:11-27), 포도원 농부 비유(눅20:9-18) 등이 이 범주에 속한다.

복음서에 총 59개의 비유가 있는데 누가복음에만 30개가 나타난다는 것이다.

셋째로, 예수님 비유의 보편적인 역할과 기능을 이해하고 읽어야 한다는 것이다.

복음서에서 비유가 어떤 역할을 하는지 간단히 살펴보면 다음과 같다.

1) 예수님의 비유는 하나님의 나라를 계시하는 수단이다. 마태복음 13장과 마가복음 4장에 집중되었다. 마태와 마가는 종말적인 하나님 나라에 대하여 그리고 누가는 사람에게 초점을 맞추어 하나님 나라를 말하고 있다.

2) 예수님의 비유는 청중들에게 단도직입적으로 반응을 요구하는 수단으로 사용되었다. 마태와 마가는 유대적 지도자들(서기관, 바리새인)에게, 누가는 대중에게 회개하여 '선한 삶'을 촉구한다.

3) 비유는 심판의 언어이다. 마태와 마가는 어떤 청중에게는 예수님의 비유가 하나님 나라의 진리를 가리는 역할을 한다. 따라서 예수님의 비유는 청중을 '믿는 자'와 '믿지 못하는 자'로 구분하는 역할을 한다(마25:33).

4) 예수님의 비유는 하나님 나라의 메시지가 주는 충격을 완화하

는 역할을 한다. 강력한 반대자들에게 급진적 논점을 비유 언어로써 은밀히 가리는 역할을 한다.

5) 예수님의 비유는 잘못된 사회 - 종교적인 전통을 타파하는 수단이다. 일부 계층만이 알아들을 수 있는 세련된 언어가 아니라 일상용어로 전통과 관습에 익숙한 청중을 깨운다.

6) 예수님의 비유는 복음을 해석하는 수단으로 사용되고 있다. 이것은 특히 누가복음에서 두드러진 현상인데 끈질긴 과부 비유(눅 18:1-17), 선한 사마리아인의 비유(눅10:25-37) 등인데 후자의 경우 신명기 6장 5절의 말씀을 해석하는 기능을 한다.

> (신 8:5) 너는 사람이 그 아들을 징계함같이 네 하나님 여호와께서
> 너를 징계하시는 줄 마음에 생각하고

넷째로, 비유를 읽을 때 주의할 점을 숙지해야 한다.

예수님의 비유를 읽을 때 심각한 오류는 알레고리적 또는 영적 신비적 해석이다(Allegorical or spiritual interpretation). 알레고리적 해석이란 본문에서 말하고 있지 않는 의미를 자의적으로 본문에 부여하는 행위이다. 역사적으로 유명한 알레고리적 해석은 선한 사마리아인의 비유(눅10:30-35)로서 여리고로 내려가는 사람은 아담이요, 예루살렘은 하늘의 도성이요, 여리고는 세상을 가리키고, 강도들은 악을 말하며, 제사장은 율법을, 그리고 레위인은 선지자를 말하며, 선한 사마리아인은 그리스도요, 주막은 교회를, 두 데나리온은 신약과 구약 또는 '사랑의 두 계명'을 가리키고, 주막 주인은 사도바울이요, 선한 사마리인이 되돌아오는 것은 예수님의 재림을 가리킨다고 한다.

이로 보건대 예수님의 비유를 읽을 때 비유에 사용된 단어를 획일적으로 적용하면 곤란하다. 예를 들면 누룩 비유에서

> (마 13:33) 또 비유로 말씀하시되 천국은 마치 여자가 가루 서말 속
> 에 갖다 넣어 전부 부풀게 한 누룩과 같으니라

는 말씀의 '누룩'을

> (마 16:11) 어찌 내 말한 것이 떡에 관함이 아닌 줄을 깨닫지 못하
> 느냐 오직 바리새인과 사두 개인들의 누룩을 주의하라
> 하시니

라고 바리새인들에 대하여 경고하는 말씀으로 사용한 누룩과 같은 의미로 해석하면 곤란해진다. 상징적 의미로 사용되는 물, 샘, 강, 바다, 어부, 그물, 고기 등의 다의어들도 마찬가지다. 상황과 문맥에 따라 의미가 달라질 수 있다.

사실 알레고리가 많은 위험도를 안고 있다. 그럼에도 불구하고 성경해석자나 설교자들이 알레고리를 선호한다. 왜 알레고리를 선호할까? 그것은 첫째로, 성경을 문법적/역사적으로, 즉 객관적으로 주해하는 번거로움이 없기 때문이요, 다음으로 개인적인 깨달음으로 말하게 되어 영적 권위(?)가 서기 때문이요, 그리고 성도들에게 신비하고 비범한 감정을 주기 때문이다. 그러나 알레고리에 빠지게 되면 성경 말씀을 객관적으로 보지 못하고 자기도취에 빠지며, 하나님의 무한한 능력의 세계보다 인간의 좁은 범주에서 벗어나지 못하며, 하나님께서 말씀하시고자 하는 본문의 의도가 상실된다. 성경해석은 주관적 깨달음이 우선이 아니라 철저한 객관적 훈련에 근거해야 한다. 그래서 내가 성경 말씀을 깨닫는 것이 아니라 성경 말씀이 나를 밝혀 주게 해야 한다는 것이다. 그럼에도 불구하고 이만희 씨는 자의적으로 성경

을 해석하는 오류 속에서 벗어나지 못하여 이단으로 정죄되어야 한다는 것이다.

다산 정약용은 "벼슬살이를 머슴살이라 했다. 아침에 승진했다가 저녁에 쫓겨나기도 하니 믿을 수 없는 까닭이다"고 하며 "현명한 목민관은 관아를 여관으로 생각하고 이른 아침에 떠날 것처럼 장부와 서책을 깨끗이 해 두고 행장을 묶어둬 가지에 앉은 새가 훌쩍 떠나갈 듯하고 한 점의 속된 애착을 조금도 남겨두지 않는다."고 결론을 맺는다. 자기 일에 책임질 줄 모르고 떠나지 않으려 추한 꼴을 보이는 요즘 고관들이나 정객들, 교회를 떠나지 않으려는 목사에 대항하여 장로파를 만들어 아옹다옹하다가 권리금을 챙기는 사람들에게는 어울리지 않는 말인지도 모른다.

갈 때를 아는 사람, 말에 책임질 줄 아는 사람이 되는 것도 그분만의 달란트일 것이다. 그런데 이단들은 언제나 그들의 아방궁에서 떠나게 될까? 분명 나이 많아 기력이 쇠하고 눈이 흐려질 날이 다가올 터인데 왕좌(?)를 누구에게 물려주고 떠나게 될까? 떠날 줄을 안다면 회개할 때도 알리라.

(4) 박형택 목사의 Bible Master Acadmy를 중심으로

합신의 이단사이비대책위원인 박형택 목사는 합신 88회 총회에 보고한 그의 "신천지예수교(무료성경신학원, 시온기독신학원/이만희)의 정체 BMA(bible master acadmy)"란 논고에서 다음과 같이 말하고 있다.

이만희 씨는 '무료성경신학원'이라는 간판을 걸고 많은 성도들을 미혹하고 있는데 '기독신학원', '시온기독신학원' 등 다양하게 이름을 바꾸어 가며 돈이 없어 신학을 공부하지 못한 사람들이나 신학공부를 하고 싶어도 못하는 사람들을 무료로 교육시킨다고 하여 이만희가 쓴 「요한계시록의 완전해설」이라는 교리를 가르쳐 왔다…….

　이만희 씨는 「천국비밀/계시록의 진상」, 「계시록의 실상」, 「계시록의 완전해설」, 「성도와 천국」, 「계시록 완전해설도」, 「종교세계의 관심사」, 「신천지소식」, 「기독소식」, 「감추었던 만나」 등 다수의 책을 냈으며, 신천지 출판의 「신탄(神誕)/통일교 이탈자 김건남, 김병희」이라는 교리서는 "변찬린 씨가 쓴 통일교의 「원리강론」과 유사하다"고 말하고 있다. 또, "예장 통합 등의 교단으로부터 이단으로 규정된 무료성경신학원의 현재 공식 명칭은 시온기독교 신학원이다. 이단으로 규정된 이후 바뀐 것이다."라고 말하며 "신천지예수교 이만희 씨는 자신을 신격화시키고 성경을 왜곡하여 신천지예수교에만 구원이 있다고 선전하고 예수 십자가의 대속을 믿는 믿음으로는 구원을 얻을 수가 없으며 자기에게 와야 구원을 얻는다고 선전하는 이단으로서 전도관의 박태선, 통일교의 문선명의 아류이며, 영생교의 조희성, 새일교의 이유성과 같이 자신을 구세주로 믿게 하여 수많은 영혼을 유린하는 이단임이 확실하다"

라고 말하며 '이만희 씨는 이단'이라고 말한다. 그럼에도 불구하고 성도들은 물론이고, 상당수의 목회자들조차 이를 알지 못하고 미혹되고 있으며, 대부분 이를 무관심하는 실정이다. 기성교회 목사들이 이단에 대하여 관심이 적은 이유는 단순히 지적 열등감 때문만은 아니다. 지금 항간에 설치고 있는 이단의 교주보다 지적으로 우수한 목회자가 많이 있다. 그런데 그들이 크게 관심을 갖지 않는다. 왜 그럴까? 우선, "이단에 속한 사람을 한두 번 훈계한 후에 멀리 하라(딛 3:10)"는 말씀을 생각할 수 있다. 이단에 대하여 타이르지 않은 것은 아니로되 듣지 않음으로 포기한 경우이다. 다음으로, 시간이나 에너지 관리차원에서 생각할 수 있다. 이단과 논쟁할 시간이나 그 에너지를 자기 목양지 관리에 사용하겠다는 계산이다. 셋째로, 조직력의 문제이다. 이단들의 활동은 생명을 걸고 침투하는 특공대처럼 공략한다. 기성교회에서는 온실 속의 화초처럼 무사안일하다. 여기서 저들을 대항할 조직이 정비되지 않은 것이다. 마지막으로, 보이지 않는 힘을 꼽을 수 있다. 천사로 가장한 세력들은 '미혹의 영'을 동원하여 우는 사자처럼 먹잇감을 찾고 있다. 특히 기성교회에 대하여 불만을 가졌거나 회의적인 신앙생활을 하는 사람에게 접근하여 에덴동산의 꾐을 발휘하기 때문이다. 결국 미혹의 영들이 사냥할 사냥감이 넘치기 때문이다.

유능한 CEO가 되려면 5개의 'ㄲ'이 있어야 한다고 한다.

*. 꿈이 있어야 한다.: 비전 없는 민족은 망하기 때문이다. 성경의 지도자들에게는 꿈이 있었다.

*. 끈이 있어야 한다.: 인맥형성이 잘되어 대인관계에 성공해야 한다. 하나님 앞에서 줄서기를 잘하라.

*. 끼가 있어야 한다.: 타고난 본래의 재능이 있어야 한다. 하나님이 주신 달란트를 역행하지 말라.

*. 꾀가 있어야 한다.: 요셉이나 다니엘은 지혜로운 사람들이었다. 학문도 부지런히 연마했다.

*. 깡이 있어야 한다.: 다윗은 골리앗을 상대로 싸움터에 나갈 때 전투복(갑옷)으로 무장한 것이 아니라 평소의 자기 모습으로 물맷돌 5개를 손에 들고 나갔다.

마찬가지다. 이단의 교주가 되기엔 이러한 'ㄲ'이 있었겠지만 우리에겐 그러한 것들이 없을지라도 성령의 말할 수 없는 탄식의 기도가 있다(롬 8:26). 그러므로 이단에 미혹된 영혼들을 위한 우리들의 기도는 헛되지 않을 것이다.

(5) 탁명환 소장의 기독교이단 연구를 중심으로

탁명환은 그의 저서 『기독교이단연구』에서

> "이만희와 신천지교회에서는 교리서로 발간한 「천국비밀 – 계시록
> 의 진상」, 「계시록의 실상」, 「계시록의 완전해설」, 「계시록의 진상 2
> 권」, 「성도와 천국 1, 2, 3, 4, 5권」, 「계시록완전해설도」, 「종교세계
> 의 관심사」, 「신지 소식」, 「기독소식」, 「감추었던 만나」, 「영핵」 등이
> 있으며 김건남·김병희 공저 「神誕」이라는 교리서도 있다. 이 중 계
> 시록과 관련된 출판물은, 청계산 내의 장막성전과 그 계열을 요한계
> 시록의 축소판으로 보고 흩어진 신도들을 대상으로 불러 모으려는
> 내용이고 「신탄」은 이만희를 신격화한 내용이다. 그리고 무엇보다
> 「신탄」의 내용이 통일교에서 이탈한 변찬린의 「성경의 원리」와 유사
> 함은 물론 통일교의 「원리강론」과 흡사하다. 예를 들면 세례 요한을
> 실패자로 보고, 부활을 불교의 윤회로 보는 것 등이 그것이다"

라고 말하며

> 신천지교회는 이만희를 비롯한 장막성전 이탈자들이 세운 집단이다.
> 이만희는……더 많은 성도들을 미혹하기 위해서……정통 기독교 단체
> 인 양 대대적인 홍보와 함께 공공장소에서 공개 세미나를 개최하는 전
> 략으로……기성교회 신도들을 미혹하고 있다(탁명환, 2003, 376).

고 지적한다. 따라서 이만희 씨는 성도를 미혹하는 이단이 분명함으
로 목회자들이 현장에서 마귀와 싸우는 군병 되어 성도들을 지켜야
할 막중한 책임이 있다. 또한, 성도들 입장에서는 독초를 먹지 않도
록 목자의 인도를 따르는 일에 한눈팔지 말아야 할 것이다. 이단들이
학문적으로 체계를 갖추고 있으며, 조직적으로 빈틈이 없으며, 처세

에서도 친근감을 주고 있다는 것이다. 따라서 정통 기독교인들의 각별한 관심이 없이는 우는 사자처럼 문 앞에 엎드린 저들을 당하기에 힘겹다는 것이다.

혈액이 온몸 구석구석의 모든 신경 세포에게 영양을 고르게 보급한다. 그런데 그중에 어느 녀석은 자기만 더 먹겠다고 움켜쥐고 다른 세포의 먹을 것을 가로챈다. 그래서 자기 혼자만 먹고 띠룩띠룩 살을 찌운다. 이것을 의학에서는 '암'이라 한다. 인간 사회에서도 다른 사람은 죽건 말건 자기 혼자 잘 먹고 잘살겠다는 심성을 가진 사람을 암적 존재라 한다. 우리 중에는 암적 존재가 없는 것을 감사한다. 나눔과 베풂 속에서 건강하고 아름다운 사회가 형성된다. 나눔과 베풂은 감사할 때 가능해진다. 자기가 가진 것을 감사하는 사람과 도움받아서 감사하는 사람이 어우러진 사회가 교회공동체이다. 마틴 루터는 "내 손에 많은 것들을 갖고 있었지만 이제는 그 모든 것을 잃어버렸다. 그러나 하나님의 손에 맡겨 둔 것은 어떤 것이라도 여전히 내가 소유하고 있다."고 한다. 감사란 '하나님의 손에 맡겨 두는 것'이다. 다윗은 자기 손에 있는 것을 계수했다. 세상에 쌓아 둔 것을 계수했다. 거기엔 동록이 슬고 도둑이 훔쳐 가고 구멍이 뚫려 자기도 모르게 흘러 나간다. 그러나 하나님의 손에 바치면 감사가 쌓인다. 하늘에 쌓아 두면 영원히 나의 것이 된다. 사실 본문에서 다윗의 계수 명령을 받은 요압은 강하게 반대한다(대상 21:3, 6). 이것은 누가복음 12장에서 부자가 자기 것을 계수하고 창고 짓기에 열 낼 때 하나님께서 싫어하심과 맥을 같이한다.

자기가 땀 흘리며 돈을 벌었다고 그 돈을 움켜쥔 채 계수하고 있다면, 그래서 통장 만들고 주식 사고 펀드에 투자하고 전원주택 산다면 요압도 싫어하고 하늘도 싫어한다. 사단은 우리로 하여금 계수하게 한다. 사단이 시키는 말에 순종하여 계수하려는가? 하나님께 바치고 감사하려는가? 계수하면 감사가 안 된다. 계수하면 자기 공적을 내세워 기성교회를 매도하며 이단의 교주가 되기 쉽다. 참으로 계수하고 싶거든 받은 복을 세어 보아라. 다윗이 밧세바를 범한 죄를 용서받고 솔로몬을 받았다(삼하 5:14). 다윗이 우리아를 살해하는 죄를 용서받고 암몬을 무찌르고 국력을 튼튼히 했다(삼하 11장). 다윗이 군사력을 자랑하던 계수의 죄를 용서받고 성전 부지를 받았다(대상 21:18). 다윗이 하나님 없이 부강한 나라가 되었다는 교만의 죄를 용서받고 성전 건축에 거금을 헌금할 수 있는 복을 받았다(대상 22장). 이처럼 받은 은혜와 복이 많다. 그것을 세어 보아라. 하나님의 은혜가 감사하다고 주신 감사를 세어라. 바보처럼 감사하며 남들이 모르는 것을 깨닫게 하심을 감사하고, 왜곡된 해석이 되지 않게 기도하고, 다른 사람들이 내 말을 믿어주고 들어주기를 바라는 것처럼 나도 다른 사람들의 충고와 조언을 들어야 하지 않을까?

6. 이단 상담에서

(1) 진용식의 상담을 중심으로

1998년 9월 25일부터 아세아방송의 '밤이 깊은 동산에서'(매주 금요일 새벽 2시 40분 방송)란 프로그램을 통해 무료성경신학원의 핵심교리를 분석한 내용을 5회분으로 나누어 월간 현대 종교에 개재하였다. 이를 근거로 발췌하여 '이만희는 과연 이단인가?'란 질문에 답하기로 한다.

질문: 최근 교계에 물의를 일으키고 있는 무료성경신학원이라는 단
　　　체가 있습니다. 여기에 미혹된 사람들의 가정이 파괴되고 학
　　　생들이 학교를 자퇴하는 사태가 일어나고 있습니다. 이 집단
　　　은 무료성경신학원이라고도 하며. 신천지교회, 증거장막성전이
　　　라고도 하는데 오늘부터는 이 단체에 대하여 알아보도록 하겠
　　　습니다. 먼저 이 단체가 어떤 곳인지 말씀해 주십시오.

답　: 이 단체의 공식 명칭은 '신천지예수교증거장막성전'이라고 하
　　　는데 교주는 이만희라는 사람입니다. 이들은 교주 이만희를
　　　사도 요한 격인 하나님의 사자 또는 보혜사 성령이라고 주장
　　　하며 그가 가르치는 교리를 따라야 구원을 받는다고 주장하고
　　　있습니다.

질문: 이들은 어떤 방법으로 정통교회 성도들을 미혹합니까?

답　: 성도들에게 무료성경신학원에 나오라는 전도지를 배포하고 학
　　　생들에게는 앙케트 조사를 하면서 접촉하기도 합니다. 또 사
　　　람들이 많이 지나가는 길목에서 '집사님' 하고 부른 다음 뒤를
　　　돌아보는 사람에게 접근하여 무료성경신학원에 나오라고 권유
　　　를 하기도 합니다. 그리고 여기에 한번 빠져들어 가면 다시는
　　　나오지 못하게 되는 무서운 집단입니다.

질문: 이단들은 교주를 신격화하는 것이 공통점이라고 할 수 있습니
　　　다. 무료성경신학원은 교주 이만희를 어떻게 신격화하고 있습
　　　니까?

답　: 이들은 교주 이만희를 사도 요한 격인 사명자, 요한계시록의
　　　알파와 오메가, 증인, 보혜사 성령, 인치는 천사, 재림주, 그리
　　　스도, 이 시대의 구원자 등으로 주장하고 있습니다.

질문: 이만희를 신격화하는 내용 중에 가장 심각한 것이 이만희를
　　　보혜사 성령이라고 주장하는 것이라고 생각됩니다. 그러나 이
　　　들에게 이만희가 보혜사 성령이냐고 질문하면 자기들은 그런

주장을 하지 않았다고 말하기도 합니다. 이만희는 자신을 보혜사라고 주장하였습니까?

답 : 이들은 교주 이만희를 보혜사 성령으로 주장을 합니다. 그러나 성도들을 미혹할 때 처음부터 교주에 대하여 말하지 않고 자기들의 교리를 감춥니다. 이만희는 「계시록의 진상」에서 주장하기를 "보혜사의 사명과 요한의 사명은 동일한 것으로 사실상 끝 날에 나타나 역사하게 될 두 증인과 같은 일을 하게 된다. 그러나 우리가 한 가지 혼동해서는 안 될 것이 끝 날에 사도 요한이나 보혜사나 증인이 각기 따로 역사하는 것으로 생각해서는 안 된다. 세 사람으로 보이는 이 사명자들은 각기 다른 인물이 아니고, 동일한 사명을 받은 동일한 인물이다. 마지막 날에 예수 권세를 받아 구원과 심판, 예언과 증거, 모든 일을 맡아서 수행할 지상의 육체적인 사명자가 나타난다. 바로 이 인물을 보여주는 상징적 인물들이 사도 요한이요, 보혜사요, 또 두 증인이다(p.177)라고 하였습니다. 즉 교주 이만희가 사도 요한이며 보혜사이며 두 증인이란 주장입니다.

질문: 이들도 결국 다른 이단들과 마찬가지로 교주를 하나님으로 만들어간다는 말인데요. 이단들이 자신들의 교주를 하나님이라고 주장할 때 가르치는 교리를 보면 꼭 교주를 성령이라고 하지 않습니까? 왜 교주를 성령이라고 주장하는 것입니까?

답 : 이단 교주들이 자신을 하나님이라고 주장할 때는 먼저 보혜사 성령이라고 주장을 합니다. 예를 들면 하나님의 교회 교주 안상홍도 자신을 하나님이라고 주장할 때 먼저 보혜사 성령이라고 하였습니다. 이처럼 이단들이 보혜사 성령을 인용하는 것은 예수님께서 보혜사 성령을 보내시겠다고 약속하셨기 때문입니다(요16:7). 이만희는 이 구절을 인용해서 자신이 예수께서 보내시겠다고 한 보혜사 성령이라고 하는 것입니다.

(요 16:7) 그러하나 내가 너희에게 실상을 말하노니 내가 떠나가는

것이 너희에게 유익이라 내가 떠나가지 아니하면 보혜사
가 너희에게로 오시지 아니할 것이요 가면 내가 그를 너
희에게로 보내리니

질문: 정말 교묘한 주장으로 사람들을 미혹하고 있는데 이러한 주장
　　에 대하여 어떻게 반증할 수 있습니까?
답　: 예수님께서 약속하신 보혜사 성령은 오순절의 다락방에 성령
　　의 강림을 통하여 성취되었습니다. 보혜사가 어떤 인간으로
　　온다고 하는 말은 이단들의 거짓말입니다. 인간이 보혜사가
　　될 수 없고 더구나 삼위일체이신 하나님이 결코 될 수가 없
　　습니다. 이만희는 보혜사가 아니며 삼위일체이신 성령 하나님
　　이 될 수 없습니다. 미혹의 영으로 성도들을 미혹하는 이단
　　교주일 뿐입니다(진용식, 1999. 4, 54-62).

진용식 목사에 의하면 이만희 씨는 미혹의 영을 받은 이단의 교주
라는 것이다. 모든 인간은 죄인이다. 그런데 우리를 구원할 구세주가
될 수 있겠는가? 다른 사람의 죄를 대속하기 전에 자신의 죄 문제부
터 해결해야 할 것이다. 물론 터무니없는 저들의 주장을 믿고 따르는
우매함도 말하지 않을 수 없으나 '미혹의 영'이 하는 활동이고 보면
육체에 제한된 우리들로서는 어쩌면 속수무책이라 해야 할 것이다.
즉, 무기력 상태인지도 모를 일이다. 그래서 우리는 하나님의 특별하
신 은혜에 감사해야 하는 것이다. 아울러 미혹의 영을 물리칠 수 있
는 능력을 달라고 기도해야 할 것이다.
'셀레브리티'는 연예 · 스포츠 · 정계 · 재계 · 명망가 자제 등 각 분야
를 따지지 않고 어디서나 유명해지기만 하면 된다. 어느 분야이건 상
관하지 않는다. 긍정적 유명이건 부정적 유명이건 상관없이 무조건 유
명하게만 되면 된다. 유명하게 되어 힘 있는 이들을 총칭하는 말이다.

악명이든 비호감이든 일단 유명해지고 나면 이들은 이름값이 톡톡하다. 아무것도 하지 않으면서 단지 '유명하다'는 이유 하나만으로도 끊임없이 큰돈을 벌어들인다. 지난 2007년 11월 내한한 패리스 힐튼이 그 대표적인 예이다. 세계적인 갑부 패리스 힐튼의 손녀인 패리스는 낭비벽에 파티광, 섹스 비디오 유출, 스캔들 등으로 악명을 떨친 트러블 메이커다. 그러나 그 악명만으로도 세계적 명사가 되어 이제는 상품을 몸에 걸치기만 해도 돈이 되고 이름을 빌려만 줘도 천문학적 수익을 올리고 있다. 걸어 다니는 광고판이다. '멍청한 상속녀'에서 '영리한 사업가'로 불리고 있다.

아무짝에도 쓸모없는 것이 '참으로 귀한 존재'가 된 것이다. 이단도 그렇다. 비록 악명으로 시작했지만 유명해지기만 하면 어디에도 비견할 수 없는 '영리한 사업가'가 되는 것이다. 사실 통일교도 그렇지 않은가? 이러한 셀레브리티에 빠져 미혹당하는 영혼들에게 소리 높여 외칠 수 있는 한마디는

> (눅 12:20) 하나님은 이르시되 어리석은 자여 오늘 밤에 네 영혼을 도로 찾으리니 그러면 네 예비한 것이 뉘 것이 되겠느냐

> (롬 3:10) 기록한바 의인은 없나니 하나도 없으며
> (롬 3:23) 모든 사람이 죄를 범하였으매 하나님의 영광에 이르지 못하더니

(2) 세례 요한의 교리 상담에서

질문: 무료성경신학원에서는 교주 이만희를 사도 요한 격인 사명자라는 주장을 하고 있는데 사도 요한 격인 사명자라는 것은 무엇을 말하는 것입니까?

답 : 이들은 사도 요한에게 계시를 주셔서 예언된 것이 요한계시록
인데 요한계시록의 예언이 성취되는 것을 실상이라고 말합니
다. 사도 요한에게 계시를 주신 것처럼 그 예언을 성취시키기
위해서는 사도 요한 격인 사명자가 나타나야 하는데 교주 이
만희가 사도 요한 격인 사명자라는 것입니다.

질문: 무료성경신학원에서는 그들의 교주 이만희를 계시록의 '알파
와 오메가', '인치는 천사', '사도 요한', '보혜사 성령'이라고 주
장하고 있습니다. 이들의 이러한 교리는 이만희의 선생인 장
막성전의 유재열이 만든 것이고 유재열에 대하여 주장하던 교
리가 아닙니까? 그런데 교주 유재열을 신격화하던 사람들이
어느 날부터 이만희를 유재열의 자리에 놓고 신격화하면서 유
재열에 대하여는 어떻게 말하고 있습니까?

답 : 이들의 교리는 원래 유재열이 만든 것이며 현재의 교주 이만
희를 신격화하는 것처럼 처음에는 유재열을 신격화했습니다.
유재열이 교주를 포기하고 물러나자 이만희는 자신이 교주가
된 것입니다. 그래서 이만희는 유재열과의 관계를 설명하기
위해서 소위 '세례 요한 교리'를 만들어 냈습니다. 이들은 세
례 요한 교리를 통하여 이만희가 어떻게 유재열을 제치고 교
주가 되었는가를 설명하고 있습니다……. 성경에 예수님이 오
시기 전에 그의 길을 예비하기 위하여 먼저 세례 요한이 왔
다고 한 것처럼(마3:1-3) 장막성전의 유재열은 교주 이만희
의 길을 예비하러 온 세례 요한과 같은 사람이라는 것입니다
(진용식, 1999. 4, 54-62).

진용식 목사에 의하면 유재열 씨는 세례 요한이 아니라 회개한 이
단의 교주였을 뿐이며 이만희 씨는 유재열 씨를 이용하여 교리를 만
든 이단일 뿐이라는 것이다. 자기가 교주가 되고 싶어서 스승을 짓밟
고 일어서는 것이 그들의 윤리라는 것을 보여준다. 자기의 목적을 달

성하기 위하여 수단과 방법을 가리지 않기에 성적인 타락으로 욕망을 채우며, 경제적인 문제로 물의를 일으키는 것이다. 이를 지켜보면서도 그를 추종하는 무리는 마귀에게 미혹당하지 않고는 할 수 없는 일인 것이다. 우리에게 이단으로 알려진 통일교 교주 문선명 씨는 당시 41세의 장년으로써 18세 소녀 한학자 양을 신부로 맞아 재혼했다(1960. 3. 1). 문 씨는 본처 최선길(아들: 문성진) 씨와 이혼하고 한학자(딸: 문예진)와 재혼한 것을 야곱이 레아와 결혼했으나 다시 라헬과 결혼했던 것을 비유하고 있는데 이만희 씨는 스승 유재열 씨를 세례 요한 격으로 둔갑시켜 말하고 있다. 이와 같이 자기의 입지를 합리화하기 위한 저들의 술책은 처절하리만치 불쌍하다. 그럼에도 불구하고 저들에게 충성하는 미혹된 영이여!

7. 독자투고에서

(1) 임인무 씨의 독자투고를 중심으로

월간 현대종교 01년 4월호(p.58-61)에 임인무 씨는 '무료성경신학원 주장의 허구'란 제목으로 투고했다. 이에 필자는 그의 서문을 수정 없이 게재하여 '이만희, 그는 과연 이단인가?'란 질문에 답하고자 한다.

> 본인은 한때나마 무료성경신학에 빠져 무료성경신학의 전 과정을 마치고 기도 중에 무료성경신학원의 비유풀이 등이 잘못되었음을 발견하게 되었고……무료성경신학원의 주장에 대한 비판에 앞서 그들에게 다음과 같은 말을 들려주고 싶다.

첫째, "예수께서 이르시되 너희가 사람의 미혹을 받지 않도록 주의하라(마가복음 13장 5절)" 하셨다(무료성경신학원에서 기성교회를 신랄하게 비판하며 자기 교회에 와야 구원받을 수 있다는 것을 의식하고 하는 말일 것이다 - 필자 註)

둘째, 복음은 구원이며, 오직 예수이며 어떤 인간이나 하늘로 온 천사라도 다른 복음을 믿지 말라고 경고하셨다(갈라디아서 1장 6절-9절).

셋째, 천하 인간에게 구원의 이름으로 예수님 외는 주신 일이 없다는 사실이다(사도행전 4장 12절).

넷째, 천국의 구원은 오직 예수님의 복음뿐이지 비유풀이가 구원의 복음이 아니다.

다섯째, 깨어 기도하지 않으면 마귀의 말에 속아서 마귀의 종이 되어 지옥에 들어가게 된다.

여섯째, 이 성경은 곧 내게 대하여(예수) 증거 하는 것이라(요한복음 5장 39절). 이 말씀의 성경구절은 구약을 뜻하며 이때는 신약의 기록이 없을 때이다.

누가복음 24장 27절의 성경 말씀과 비유는 모두 처음과 끝이 말씀으로 예수님께 초점을 맞추고 또한 우리에게 위로와 소망과 교훈을 주신 것임을 잊지 말아야 할 것이다

라고 서문을 시작한 임인무 씨는 '무료성경신학원의 실체'란 부분에서는 이렇게 말하고 있다.

무료성경신학원은 장막성전에서 신앙생활을 하던 이만희 씨가 신천지교회를 설립한 후 자신의 주장을 알리기 위해 세운 단체이다. 이곳은 처음부터 자신들의 실체를 밝히지 않은 채 무료성경신학원, 기독교신학원, 평신도성경신학원, 시온신학원, 열린성경교육신학원, 로고스성경신학원 등의 이름으로 각 신문에 광고를 내는 한편……많은 교인들을 현혹시키고 있다. 또한 무료성경신학원은 성경은 모두 비유로 되어 있다고 주장하며 비유풀이와 왜곡된 요한계시록 강해

등으로 찾아온 교인들을 혼란케 하고 있다……. 이 모집 광고를 보면 후원자로 기독교장로전국협의회, 기독교신학원, 세계교역자(목회자)연합회 등의 정통교회에는 있지도 않은 자신들이 만든 단체의 이름을 그럴듯하게 내걸고 있으며…… 강사라고 하는 사람들은 정통교단에서 인준하는 신학교를 졸업한 것이 아니라 자체적으로 양성된 자들이다(임인무, 2001. 4, 58-61).

라고 말하여 이만희 씨의 이단성을 조목조목 지적하며 신도들에게 경각심을 불러일으켜 미혹당하지 말라고 당부한다. 아울러 저들이 신실한 그리스도인을 미혹하기 위하여 자기들의 모습을 카멜레온처럼 위장하는 것을 알 수 있다. 정상적인 사람이라면 특별한 경우를 제외하면 이름을 자주 바꾸지 않는다. 이름은 평생을 사용하는 것이 대부분이요, 혹시 개명한다 할지라도 한 번 정도에 불과하다. 그런데 저들은 수많은 이름으로 변하고 있다. 저들 나름대로 이유야 있겠지만 선뜻 납득이 되지 않는다. 어떤 사람이 여러 개의 이름을 가진 것은 불순한 동기가 많다. 즉 범죄하고 도피할 때 가명을 쓰거나 이름을 바꾸는 경우가 많다는 뜻이다. 혹시 저들도 정통 기독교인들에게 이름조차도 알려지기가 당당하지 못할 만큼 죄의식을 가지고 있는 것이 아닐까? 그래서 이름을 자주 바꾸는 것이라면 우리는 저들의 처량한 삶을 용서해야 할 것이다. 탕자가 돌아오기를 기다리는 아버지 심정으로 돌아가 기다려야 할 것이다.

세상살이를 좀 둔(鈍)하게 살고 싶다. 요즈음 세상은 날카로운 예(銳)로 온통 들썩거린다. 이처럼 예리한 창과 칼만이 난무하는 세상이기에 무디고 둔한 것이 그립다. 자식을 향한 아버지의 무딘 심정이 되고 싶다. 그러나 이단에게 미혹된 영혼의 헐떡임을 보면 마냥 무딜 수만은 없는 실정인가 보다. 그래서 이렇게 위험을 무릅 쓰고 글을 쓴다. 어떤 일이 기다릴지 모르는 조바심을 갖고.

(2) 임일봉 씨의 독자기고를 중심으로

그간 수회에 걸쳐서 현대종교 지면을 빌려 무료성경신학에 대한 실체와 문제점을 지적하는 글을 게재했음에도 불구하고 날이 갈수록 그 세력이 확산되고 있습니다……. 모쪼록 이 글이 독자들에게 올바른 판단을 가지는 영적분별력을 갖게 하여 주기 바라며 아울러 학습 받고 계신 분들도 소속 교회로 복귀하여 주님의 품안에서 올바른 신앙생활을 영위하시길 바랍니다(임일봉, 1994. 10, 168-181).

라고 서문을 쓴 임일봉 씨는 무료성경신학원의 실체를 이렇게 말하고 있다.

먼저 성경은 비유로만 모아진 것이 아니며 하나님의 깊은 뜻이 숨어 있음을 아셔야 합니다. 비유로서 씨, 나무, 물, 우박, 그 외 많은 비유, 빙자, 빙사가 있습니다……. 예를 들어서 하나님의 넓은 폭을 우리 인간은 다 알 수 없습니다. 계10:4이 증거입니다. 하나님이 허락한 범위 내에서만 우리가 깨달을 수가 있습니다. 모든 것을 다 안다 하는 분은 자칭 성령 하나님인 것입니다. 여기서 한 가지 강조하고 싶은 것은 무료성경신학의 강의를 들은 분들의 성향입니다. 그들은 대부분 ① 성경말씀에 갈급한 분, ② 지도자에게 상처받은 분, ③ 사람의 행위를 본 분, ④ 율법과 은혜를 분별치 못한 분, ⑤ 학벌이나 물질로 공부하지 못한 분, ⑥ 믿음의 뿌리가 없는 분으로 구성되어 있습니다.

라고 하면서 이단에 미혹당하는 성도들의 유형을 말하고 있다. 이 말은 곧 기성교회의 지도자들에게 주는 메시지요, 미혹에 빠진 성도들을 회심시키기 위한 대책을 세우는 데 필요한 근간이 되기도 한다.

임 씨는 「초등교재 1호 성경상식 1」에서 다음과 같이 말하고 있다고 한다.

> 성경에는 영계와 육계가 있고, 하나님과 사단이 있어 각각 소속된 목자와 교단과 교리가 있다. 이 두 존재가 서로 하나님, 참목자, 정통교단, 참진리라고 주장하면서 6,000년간 사람과 지상권을 차지하려고 싸워 온 것이 성경의 역사이다(창3:15)……. 아담의 범죄로 사단이 지상권을 잡게 됨으로 말미암아 하나님께서는 이를 다시 회복하기 위해서 시대마다 참목자를 보내 일해 오셨고(요5:17), 이 성경을 우리에게 편지로 주어 이 일을 깨달아 알게 하신 것이다.

이러한 무료성경신학원 측의 주장이 있다면서 이에 대하여 임 씨는 다음과 같이 비판하고 있다.

> 두 존재/'하나님과 싸웠다'는 것은 하나님과 사단을 동등하게 말하는 것으로 이것은 하나님을 모독하는 행위이다. 사단은 하나님이 허락한 작은 범위 내에서 활동할 뿐이며 사단은 현 기독교의 자녀들을 택하여 믿음에서 넘어지게 하고자 합니다(유1:6).

> 지상권을 차지하려고 싸워온 것이/하나님이 이 땅을 되찾아 부동산 투기하려고 하십니까? 아닙니다. 죄인들을 회개시켜 영혼을 구원코자 하는 목적에서입니다. 지상권을 차지한다는 것은 성경 어느 곳에도 없습니다(히13:14; 계21:10).

〈하나님은 지상권을 차지하려고 싸우러 오신 것이 아니다. 지상과 천상(영계와 육계)의 모든 권세는 어차피 하나님의 것이며, 영적 존재가 육적 존재에 속한 것에 연연하실 리 없다. 하나님은 인류 구원

에 더 큰 관심이 있다 - 필자 註〉

> 아담의 범죄로 사단이 지상권을 잡게 됨으로/사단은 지상권을 잡
> 는 것이 아니라 하나님의 삼라만상을 파괴하고 영혼을 탐하고자 합
> 니다. 또한 하나님은 죽은 영혼을 회복하고자 하는 것이지 지상권을
> 회복하고자 함이 아닙니다. 우리는 지상권이 아니라 천국의 시민권
> 과 소유권을 상속받고자 함입니다(빌3:20).

> 참목자/목자란 하나님의 사명자이며, 사단의 목자는 있을 수 없습
> 니다. 단, 이들이 주장하는 사역자란 자칭 기독교 미혹 자들이나 물
> 욕에 어두운 자들이며 기독교인을 자기의 집단에 입교시키고자 미혹
> 한 것입니다(임일봉, 1994. 10, 168-181).

라고 비판하면서 '두 신에 소속된 두 나라 민족'이란 말은 성경에 없
는 것을 자의적으로 사용했다고 한다. 즉 성경에는 사단을 신이라고
호칭한 일이 없다는 것이다. 이는 미혹자들이 사단을 옹호하여 신으
로 격상하고 교주를 신으로 격상시키기 위한 음모(마23:9; 고전
8:5)라고 말하며 조목조목 비판하고 있다. 사실 사단을 하나님과 동
등한 신격으로 대비시키는 것부터가 문제라는 것이다. 하나님은 비교
의 대상이 아니라 절대 최상급이다. 따라서 '두 신에 소속된 두 나라
민족'이란 신관에 문제가 있는 사람의 표현이란 것이다. 그래서 다신
교란 말이 나왔을 것이다. 하나님은 절대 비교될 신으로 존재하지 않
는다. 유일하신 하나님이라는 것이다. 그리고 사단의 피조물에 불과
하다는 것이다. 그런데 사단을 신적반열에 올려놓고 자기도 슬쩍 그
곳에 합류하려는 속셈이란 것이다. 그래서 인류의 구세주라고 말하고
싶어 하는 것이다. 야금야금 점령해 오는 그의 세뇌작용에 무너지지
말자는 것이다.

일찍이 형과 동생을 잃은 리처드 닉슨 전 미국 대통령은 어린 시절 끼니를 걱정하는 가난에서 살았다. 그는 학생 시절 호객꾼·야채 장사로 살며 오직 공부만이 이 어려움으로부터 해방될 길이라고 생각했다. 남보다 배전의 노력을 아끼지 않았던 닉슨은 대학을 2등으로 졸업했다. 경쟁이 벤 그는 법대 대학원을 다닐 때 1등에 집착하여 교수 연구실에 들어가기도 했단다. 세 살 버릇이 여든 갔을까? 대통령이 되어서도 민주당 사무실에 침입하여 낙마하고 말았다.

반면, 링컨은 9살 때부터 계모 밑에서 자랐지만 미국 대통령 중 최고의 평가를 받고 있다. 성경에 기초하여 자랐던 탓일까?

클린턴은 태어나기 직전 아버지가 교통사고로 죽고 의붓아버지 밑에서 자랐는데 의붓아버지는 알코올 중독자였다. 어머니와 동생을 때리는 의붓아버지를 골프채로 위협하며 막아내던 클린턴은 부성애 결핍증이 섹스를 탐닉하게 했다고 한다.

그렇다면 이단의 교주의 어릴 적 사생활은 어떠했을까? 본인들이 미화시킨 신화적 사생활보다 진솔한 사생활을 연구하여 심리분석이 필요할 것 같다. 너무 가난하거나 천대받던 아이가 아니었을까? 그래서 '교주'란 권위로 앙갚음을 하고나 있지 않은지 의심스럽기도 하다.

8. 지금까지의 내용을 요약하면

본 장에서는 신천지교회 교주 이만희 씨의 성경해석과 적용이 정통교단의 입장과 어떻게 다른지를 고찰하기 위하여 '한국교회 지도자님들께 드리는 글'이란 제하로 신천지교회 이만희 씨가 지상으로 공개한 글을 살폈다. 또한 문제의 집단에서 활동하다가 회심한 사람들의 글과 언론인의 취재기사와 교계 지도자들의 체험기사와 특별기고, 이단상담수기, 독자 투고 등을 구체적으로 고찰했다.

예를 들면, 대한예수교장로회 통합 측 1994년 제80회 총회에서 이만희 씨를 이단으로 정죄하고 교단 세미나에서 발표했다. 그러자 신천지교회 이만희 씨는 기독교 신문 2003년 3월 23일 15면에 '한국교회 지도자님들께 드리는 글'이란 광고문을 통하여 통합 측의 주장이 '위증'이라며 '반증문'을 게재하였다. 필자는 이만희 씨의 '반증문'을 근거로 비판한 것이다.

그 외에도 한때 무료성경신학원에 심취했었던 임일봉 씨, 언론인 이영수, 심우영, 박경복, 이홍민, 이영호, 이동길, 남정녀 기자의 취재기사와, 심재호 목사 체험수기 및 손기태 목사, 원문호 목사, 정종성 목사, 박형택 목사, 탁명환 소장의 특별기고와, 진용식 목사의 상담사례와, 임인무, 임일봉 씨의 독자투고를 가능한 한 원문을 그대로 인용했다. 필자의 견해로는 이들은 모두 이만희 씨를 이단으로 정죄하고 있다고 사료된다. 또한, 기성교인들이 그들에게 미혹되어 허덕임에도 불구하고 정통교단의 목회자들이 좀더 적극적으로 대응하지 목하고 있음을 안타까워하고 있음을 알 수 있다. 즉 대응하지 못하는 문제를 제기는 했으나 대응 방안 등 적극적인 해결책을 말하지 못하고 있다. 따라서 이단에 미혹된 성도를 어떻게 회심시킬 것인가를 집중적으로 언급할 필요가 있다고 생각한다.

"한밤중에 자꾸 잠이 깨는 건 정말 성가신 일이야." 한 노인이 투덜거렸다. 그러자 다른 노인이 말했다. "하지만 당신이 아직 살아 있다는 걸 확인하는 데 그것만큼 좋은 방법이 없지. 안 그런가?" 아무 탈 없이 조용히 목회하는데 끼어든 이단으로 말미암아 여간 귀찮지 않다. 그러나 나의 영성을 살리기 위한 하나님의 요구요, 아직도 살아 있으니 기도하란 채찍이요, 하나님이 나의 삶을 지켜보신다는 증거요, 아직도 할 일이 있다는 신호이리라.

훈련은 영적인 거장들을 위한 것이므로 우리들은 그와 같은 훈련과 상관없다는 생각은 결코 해서는 안 된다는 리챠드 포스터의 말대로 오늘도 훈련받을 가치가 인정된 것에 감사한다.

이단에 빠진 성도를 어떻게 회심시킬 것인가? V

　어떤 사람이 몸이 아파 병원에 가고자 하면 자기 몸에 어떤 이상이 있는지 스스로 말할 수 있어야 한다. 물론 그렇지 못한 경우도 있을 것이다. 예를 들며, 정신이상자나 사고로 인하여 정신을 놓친 사람은 스스로 아픔을 호소하지 못할 것이다. 그러나 절대다수의 경우 자기의 이상을 자기가 말할 수 있어야 한다. 베드로가 말하기를 자기가 무엇을 믿으면 왜 믿고 따르는지 자기 신앙에 대하여 다른 사람에게 구체적으로 말할 수 있어야 한다(벧전3:15)고 했듯이 성도들도 자기의 문제를 설명할 수 있어야 한다. 그런데 자기가 이단에 미혹된 여부를 모르는 경우가 있다. 설령 이단에 미혹된 줄 알면서도 그것이 진리처럼 보인다는 데 문제가 있는 것이다. 왜 그럴까? 이것은 목회자에게 적잖은 책임이 있다. 목회자의 설교에 문제가 있다는 뜻이다. 이 부분에 대해서는 목회자의 설교 패턴부분(V장9절)과 결론부에서 좀 더 자세히 서술하기로 하고 먼저 이단에 빠진 성도를 회심시키기 위한 구체적이고 실현 가능한 항목들을 제시하고자 한다. 현실적이지 못하고 사변적인 이론은 배제하고 목회현장에서 실천적인 사항을 논하기로 한다. 물론 필자만의 생각이나 이론을 전개하는 것이 아니라 이미 인용 된 바와 같이 관련기관이나 개인의 이론을 먼저 서술하는 바이다. 우리는 소 잃고 외양간 고치지 말고 잃기 전에 단속을 잘하기 위하여 이단에 관하여 잘 알아야 하기 때문인 것이다.

1. '이단이란 무엇인가'를 알게 한다

이단에 빠진 성도를 회심시키기 위해서는 능력 있는 지도력이 필요한바 영적 지도자로서 목사의 자격을 사회적 측면에서, 도덕적 측면에서, 정신적 측면에서, 인격적 측면에서, 가정 생활적 측면에서, 교육적 측면에서, 성숙도에서 점검돼야 할 것이다. 특히 인격적 측면에서 제 고집대로 하지 않고, 급히 분내지 않으며, 다투지 아니하고, 관용하는 자세로 교육하되 진리의 말씀에서 이탈하지 말아야 할 것이다.

이러한 이론을 배경으로 이단에 빠진 성도를 회심시키기 위하여 '이단이란 무엇인가'를 논할 필요가 있다.

(1) 성경적 정의

1) 성경을 가감(加減)하면 이단이다(계22:18, 19)

성경은 삼위일체 하나님의 말씀으로서, 하나님의 영감으로 된 것이며, 66권으로 구성된 하나의 완전한 책으로서 하나님의 백성들에게 유일한 신앙과 생활의 규범이다. 성경이 하나님의 말씀인 것은 성경 자체가 자증하며, 성경의 내적인 역사가 입증하고 있다. 역사적 기독교회는 초대교회로부터 오늘에 이르기까지 성경을 가감하면 기독교회의 이단으로 정죄해 왔다. 왜냐하면 성경 외에는 하나님의 특별계시와 영감으로 기록된 하나님의 말씀이 없기 때문이다. 따라서 문선명 집단의 「원리강론」, 박태선 집단의 「오묘」, 김백문의 「기독교 근본교리」, 이유성의 「말세비밀」, 양도천의 「영약」, 몰몬교의 「몬몬경」, 토요일교의 「교리문답집」, 크리스챤 싸이언스의 「과학과 건강」, 여호와 증인의 「새세계번역성경」, 로마 카토릭의 「성경」 등등이다 (이단종파 2003년 여름호, 2003, 5).

이와 같이 이단을 식별하는 기준을 성경에 두고 규명함으로써 성경에 의하여 정죄될 수 있게 한다. 그런데 성경에 버금가는 권위를 부여한 교재가 있다면 곤란하다. 교회의 역사를 볼 때 정경외의 어떤 것도 용납하지 않았으며 이단으로 정죄했었다. 오직 성경만이 신앙의 기준이요, 판단의 잣대가 된다. 그런데 이단들도 '반드시 성경대로'라는 전제하에 말하기에 문제가 되는 것이다. 정통교회의 주장과 이단으로 규정된 저들의 주장이 상이할 때 '어느 것이 옳은가'가 쉽게 납득이 되지 않을 수도 있다. 그런 점을 악용하여 저들은 목숨 걸고 달려든다. 저들의 생사가 달려 있기에 적극적으로 미혹하는 데 반하여 기성교회에서는 비교적 점잖게(?) 대응하며 소극적으로 처리하는 데 문제가 있다.

대한민국 국민 중에 범법자인지 아닌지를 구별하는 기준은 대한민국 헌법을 비롯하여 각종 법률 등에 의하여 결정된다. 마찬가지로 어느 집단의 이단성 여부는 무엇보다도 성경에 기준을 두고 검토하여 결정한다. 성경에서 말하는 것을 말하지 않거나, 성경에서 배재한 것을 도입하거나, 성경에서 모른다(마 24:36)고 하는 것을 자기는 안다고 하거나, 구원이 보편성을 말하지 않고 자기들만 천국행 티켓을 가졌다고 한다거나, 예수님의 재림을 일정 장소로 국한하고 자기들이 말하는 그곳에 와야 한다는 식으로 성경을 가감삭제하면 이단이라 한다.

2) 예수 그리스도의 구속사역을 제한하거나
부인하면 이단이다(행4:12)

삼위일체 하나님께서는 영원 전에 예수 그리스도 안에 자기 백성을 택하셨다. 이에 선택된 백성들은 성령의 감동을 받아 자기의 죄를 깨닫고 회개하여 예수 그리스도를 구세주로 믿어 인격적으로 구원받게 하셨다. 따라서 "다른 이로서는 구원을 얻을 수 없나니 천하 인간에 구원을 얻을 만한 다른 이름을 우리에게 주신 일이 없음이니라"(행 4:12)는 말씀대로 오직 예수 그리스도만이 유일한 구세주요, 구원의 방편이며, 구속사역을 하신 하나님이시다. 따라서 이에 벗어나면 기독교회의 이단으로 정죄된다.

예를 들면, 문선명은 '재림주', 박태선은 '천부', 김백문은 '대제사장', 양도천은 '하나님', 정명석은 '엠 에스', 조희성은 '정도령', 요셉 스미스 2세는 '예언자', 엘렌지 화이트는 '말세여종', 에디 부인은 '어머니', 찰스 타제 럿셀은 '여호와의 종' 등으로 자처했기에 그들은 기독교회의 이단으로 정죄된 것이다(이단종파 2003 여름호, 6).

우리 신앙의 기준과 삶의 푯대는 그리스도에게 있다. 따라서 이에 벗어나면 이단이다. 그럼에도 불구하고 많은 사람들이 자기가 '무엇'이라고 주장하는 데 문제가 있다. 또한, 저들의 주장을 추종하는 어리석음도 문제를 제기하지 않을 수 없다. 물론 자기 아버지가 다른 사람의 아버지와 비교할 때 아버지답지 못할 수도 있다. 그러나 그것이 부자관계를 없었던 것으로 만들 수는 없다. 즉 어떤 성도에게 '하나님의 자녀'란 확신만 있다면 예수님의 구속사역을 거부할 수 없을 것이다. 만일 확신이 있음에도 불구하고 이단에게 머리 조아리는 것은 처음부터 배도를 위하여 태어난 사단의 자식일 것이란 생각을 지울 수 없다(요일 2:24).

예수님께서 이 땅에 오신 최대의 목표가 인류구원에 있다. 주님은 인간을 구원하시기 위하여 식사할 겨를 없이(막 3:20) 전도하셨으며 (막 1:38), 인간의 영혼을 구원하시기 위하여 죽으셨으며(요 12:27), 하늘나라의 왕 되심을 알리신 것이다(요 18:37). 그러므로 예수님의 구속사역을 부인한다면 예수님의 정체성을 인정하지 않는 것이며, 예수님의 구속사역을 제한다면 자기가 '신 아닌 신'이 되어 보완하려는 교만에서 비롯된 것으로서 이단들이 전형적인 수법이다.

3) 지금도 계속적 계시(Revelation)와 영감(Inspiration)을 주장하면 이단이다(딤후3:16, 17)

우리에게는 이미 계시된 영감으로 기록된 하나님의 말씀이 주어졌으며 그것으로 인해 신앙생활에 충족함을 갖는 것이다. 따라서 하나님께서는 더 이상 계시와 영감을 주신다고 약속하지 않았다. 이제는 우리에게 주어진 계시를 성령의 조명(Illumination)을 통해서 깨닫게 하고 역사하신다. 그러므로 지금도 '하나님으로부터 계속적으로 계시와 영감을 직접 받는다.'고 말하면 그는 기독교회의 이단으로 정죄된다.

예를 들면, 삼각산, 청계산, 한얼산, 보현산, 용문산, 무등산, 팔영산 등에서 계시를 받았다든지 또는 제주도, 울릉도 등 외딴 섬에서 계시를 받아 사도행전 후편격인 책을 내거나, 요한계시록 속편을 썼다고 하면 그는 이단이다(이단종파 2003년 여름호, 6).

신학적으로 명백한 교리를 거부하거나 왜곡하면 이단이라는 것이다. 이단들은 자기들의 주장을 합리화하기 위하여 전통적인 교리를 거부한다는 것이다. 인류를 구원하시겠다는 것이 하나님의 마음이다. 따라서 구원에 필요한 모든 것을 창세기부터 계시록까지 낱낱이 밝혀주고 계신다. 그런데 무엇이 모자라서 다시금 계시를 보여주시겠는가? 간혹 개인적인 체험으로 특별한 경험을 할 수도 있을 것이다. 그러나 그것은 그 개인에게 해당되는 것이지 모든 인류에게 공통사항을 계시하진 않았다는 뜻이다. 다시 말하면 특별한 환상이나 묵시를 인정할 수는 있으나 그것은 그 사람 개인의 상황에 맞게 주신 것이지 그것으로 인류의 영생을 좌우할 수 없다는 뜻이다.

따라서 계시록의 진상이니, 원리강론이니, 몰몬경이니, 교황의 교지 등 무엇이든지 성경과 동등한 위치에서 또는 성경의 부족함(사실은 부족함이 없지만)을 채우려는 것처럼 보이는 어떠한 시도도 용납할 수 없으며 그렇게 할 때는 이단으로 규명되어야 한다.

4) 비윤리적이요, 반사회적이며, 반국가적인 집단은 이단이다(마24:12, 13)

역사적 기독교회는 이 땅에서도 성경적인 윤리와 도덕을 가질 뿐아니라 사회와 국가에 대해서 올바른 인식을 가져 그들에 대한 철저한 의무와 책임을 감당하는 것을 일반 은총으로 주어진 축복으로 여긴다. 그럼에도 불구하고 자기들의 편협한 신앙적인 원리를 주장하면서 퇴폐적이고 세속적이며 부도덕한 윤리를 조장하거나 사회의 혼란을 초래하고 국가에 대한 정당한 의무와 책임을 지지 않는 신앙집단은 이단으로 규정한다. 예를 들면, 문선명 집단의 '합동결혼식', 박태선의 '신앙촌', 양도천 이유성의 '계룡산 도피성', 몰몬교의 '유타주 쏠트레이크', 여호와 증인의 '피 수혈과 집총거부' 등이 이에 속한다(이단종파 2003년 여름호, 7).

이단의 경우 표면적으로는 그렇지 않을지라도 그들은 화인 맞은 양심인지라 그들의 내면세계는 영혼에 관심이 없기에 비윤리적이고 반사회적인 삶이 많다. 물론 정통교단에 속한 사람들 중에도 더러 비윤리적이고 반사회적인 사람도 있다. 그러나 그것은 일시적인 오류나 실수일 뿐이지 근본적으로 그러한 것은 아니다. 회심할 기회가 있어도 회심하지 않고, 본질적 사고나 사상이 비윤리적이고 반사회적인 사람을 이단이라 정죄하는 것이다.

그런 점에서 어린 종으로 불렸던 유재열 씨는 한동안의 잘못을 회개하고 돌아왔으니 이단이 아니라 돌아온 탕자처럼 '회개한 이단'이라 해야 할 것이다. 그래서 그에게 돌 던질 사람은 없을 것이다. 이렇게 생각할 때 우리 모두는 죄인다. 그러나 '용서받은 죄인'이라는 점에서는 회개한 이단과 전혀 다를 바 없는 것이다.

베트남 북부 정권이 미국과 전쟁 중일 때 호치민 주석은 5000명의 인재를 소련·동유럽·중국·북한·쿠바 등에 유학을 보냈다. 유학을 떠나는 젊은이들에게 호 주석은 "이 전쟁에서 우리가 승리할 것은 확실하지만 시간이 좀 걸릴 것이다. 그러나 너희들은 무슨 일이 있어도 학업을 마치기 전에는 절대 돌아와서는 안 된다. 우리가 승리한 다음, 너희들은 전쟁으로 파괴된 조국의 강산을 과거보다, 세계의 어느 나라보다 아름답게 재건해야 한다. 너희들은 공부하는 것이 전투다." 호 주석은 이미 고인이 되었지만 앞을 내다보는 그의 혜안은 지금도 빛나고 있다. 북한을 방문한 베트남 최고 지도자 농득마인(67) 공산당 서기장도 당시의 유학생이다. 정권으로 세상을 통치하는 사람들도 자기희생을 감수하며 나라를 사랑하고 장래를 걱정하거늘 하물며 국방의무를 '신앙의 자유, 양심' 등을 운운하며 병력을 거부하는 것은 반사회적이요, 반국가적인 처사로서 그들은 분명 이단이다.

5) 혹세무민(惑世誣民)을 주장하면 이단이다(살전4:16, 17)

역사적 기독교회는 주님께서 재림하실 것을 기다리는 성경적인 종말론을 갖고 있다. 따라서 세상을 어지럽게 하고 백성을 미혹하여 천재지변과 말세적 징조를 강조하여 성도들을 미혹하는 혹세무민의 원리를 내세우는 집단을 이단으로 정죄한다. 대부분의 이단종파들은 잘못된 종말론에서 출발하였기에 비성경적인 것을 주장하며 혹세무민의 입장에서 자멸하게 된다.

예를 들면, 계룡산이나 삼각산이나 지리산이나 용문산 등이 도피성이라고 주장한다든지, 아니면 박명호와 안산홍, 이장림과 박옥수, 박무수와 류광수 등과 같이 자기 집단화를 추구하는 경우를 말한다(이단종파 2003년 여름호, 2003, 7).

이단들은 내세를 강조하며 위압감과 불안감을 조성하여 공포에 떨게 한다. 하나님은 평강의 왕이시다(사9:6). 하나님께서는 우리가 이 땅에 사는 동안 공포와 불안 속에서 살게 하시도록 하신 것이 아니라 도리어 그 반대이다. 그래서 스승 잃고 유대인의 위협을 직감하면서 벌벌 떨고 있는 제자들에게 찾아오신 주님의 하신 말씀을 들어보자.

(요 20:19) 이날 곧 안식 후 첫날 저녁 때에 제자들이 유대인들을 두려워하여 모인 곳에 문들을 닫았더니 예수께서 오사 가운데 서서 가라사대 너희에게 평강이 있을지어다

이처럼 주님은 우리의 공포의 대상이 아니라 평강을 주시는 평안의 대상이다. 잘못된 종말론으로 위기를 조성하여 성도들을 옭아매려는 것은 깊이 아는 자의 옳은 태도가 아니다.

유명사찰은 무엇으로 결정될까? 여러 가지 요인이 있겠지만 불교권 나라의 유명사찰이라는 게 향을 태운 연기로 그을음이 많은 절을 일컫는다. 즉 향을 태운 연기로 많이 그을려야 유서 깊은 유명사찰이 된다. 우상 숭배의 흔적이 많을수록 유명사찰이 되는 것이다. 그만큼 신도들의 우상숭배가 많았다는 증거이다. 사찰에 자욱한 연기는 무지 몽매한 백성들의 우상숭배의 흔적이다. 그러니 죄악의 상징이라 할 것이다. 세속의 유명함은 바다보다 많은 죄를 져야 하는가 보다.

그러한 사찰은 웅장함으로 혹세무민하고, 우매한 제 의식으로 혹세무민한다. 기독교의 이단들도 혹세무민하는 요소들이 많이 있음을 볼 수 있다.

(2) 신학적 정의

기독교의 복음은 불변한다. 하지만 현실적으로는 역사와 시대환경과 문화에 따라 그 가치관이 달라진다. 기독교의 이단종파들도 시대의 흐름에 따라 많은 변화가 있을 것으로 예상된다. 지금까지 이단으로 정죄할 경우 많은 부분 하나님의 교회론적인 입장과 예수 그리스도의 신앙적 견지에서 정의되는 경향이 있었다. 그러나 믿음이란 신학적인 밑받침이 없이 성정할 수 없는바 삼위일체 중심의 신학적 견지에서 논의가 있어야 할 것이다. 이에 신학적 견지에서 논의하고자 한다.

1) 무신론(無神論)은 이단이다(시10:4)

유일신(唯一神) 하나님을 부인하는 무신론의 신앙과 집단들은 기독교회의 이단이다. 즉 '하나님은 죽었다'고 말한 무신론 철학을 제창한 니체(Friedrich Wilhelm Nietzsche), 무신론 복음을 말한 알티저(Thomas J. J Altizer)와 하밀톤(William Hamiton), 공산주의를 부르짖어 하나님의 섭리를 거부한 칼 마르크스(Karl Marx)와 진화론으로 하나님의 창조사역을 부인한 찰스 다윈(Charles Robert Darwin) 등은 모두 하나님이 없다(시10:4)고 말하는 기독교회의 이단들이다(이단종파 2003년 여름호, 8).

기독교적 견지에서 '신이 죽었다'거나 하나님의 존재를 거부하는 사람들을 동역자라 할 수 없다. 이들은 이단이다. 왜냐하면 기독교는 살아계신 하나님을 섬기는 종교이기 때문이다. 기독교는 어떤 종교처럼 돌이나 나무, 또는 쇠붙이로 깎아 만든 사신(죽은 신)을 섬기지 않는다. 따라서 기독교는 신의 존재여부에 관심을 갖는 것이 아니라 신은 이미 존재하고 있으며 그 신이 나와 어떤 관계인가라는 히브리적 사고에서 출발한다. 그러므로 '신이 존재하는가?' 하는 식의 헬라적 사고로 접근하면 합일점을 찾기 어려울 것이며 우리는 신의 존재여부를 따지는 사람을 배재한다. 그러나 기독교는 없는 신을 만들어서(의미를 부여하여) 섬기는 것이 아니라 스스로 자존하시고 역동적으로 역사하시는 살아계신 하나님을 섬긴다. 그러므로 기독교는 오직 살아 계신 하나님만 섬기는 종교다. 섬겨야 할 신이 실존하고 있으며, 응답할 능력이 있는 신을 섬긴다. 그러므로 무신론은 이단이다.

2) 악령적(惡靈的) 신앙생활은 이단이다(살후2:9-10)

악령적 신앙과 생활을 하는 사람과 집단은 이단이다. 예를 들면, 엔돌의 접신녀(삼상28:7) 아나니아와 삽비라의 불신적 행위(행5:3), 광명한 천사로 가장한 것 등이다(고후11:14). 한편, 우리나라의 신내림의 무당(巫堂)과 무속신앙이나 유럽과 미국을 비롯한 사단적 교회는 이단이다(이단종파 2003년 여름호, 2003, 8).

신앙은 좋은 것이로되 악령적이면 곤란하다. 신앙생활은 좋은 것이로되 악령에 사로잡힌 삶은 곤란하다. 이들은 이단으로 간주할 수밖에 없다. 내 삶이 악령적인가? 아니면 정상적인가? 하는 기준은 성경에 있다. 또 신실한 정통 그리스도인에게 있다. 교회의 역사성은 수많은 세월 동안 검증된 진리가 전수되고 있음을 알아야 한다. 어느 날 갑자기 하늘의 태몽 같은 꿈속의 별을 보고 '내가 두 증인이다'라고 주장할 근거를 만든다든가 냇가에 물고기 잡으러 가서 신내림의 환상에 젖었다는 이유로 '내가 이긴 자'라고 주장할 근거를 찾는 것이 아니다.

백발의 노인네가 긴 수염을 휘날리며 하얀 두루마기를 입고 손에는 커다란 지팡이를 들고 꿈속에 나타나 계시했다는 식의 악령적 신앙은 바르지 못하다.

3) 광적 신비주의(狂的神秘主義)는 이단이다(왕상18:28)

광적 신비주의 신앙과 집단들은 이단이다. 구체적으로, 바알의 선지자들(왕상28:28), 스데반을 쳐 죽인 유대인들(행7:57)과 예수님을 십자가에 못 박게 한 유대교의 대제사장(요19:15)들은 이단이다(이단종파 2003년 여름호, 2003. 9).

기독교는 신비적이다. 그러나 신비주의는 배제한다. 신앙은 생활이다. 신앙은 삶을 떠나서 존재할 수 없다. 그런데 종말론에 치우쳐 가정을 버리고, 직장을 버리고, 삶을 버리고 청계산으로 가거나, 계룡산, 용문산, 삼각산 등으로 은신처를 찾아가는 광신 신비주의는 이단이다. '전설 따라 삼천리' 같은 해괴한 이야기를 교주에게 적용시켜 우매한 사람들을 현혹하는 미신적 신비주의는 배재한다. 정통교회에는 이미 수천 년 동안 검증되고 객관화된 말씀이 있다. **(딤후 3:16) 모든 성경은 하나님의 감동으로 된 것으로 교훈과 책망과 바르게 함과 의로 교육하기에 유익하니라고** 된 성경 말씀이 있다. 무엇 하나 부족함이 없는 완벽한 말씀이 주어져 있다. 그것이 삶의 기준이요, 그 말씀이 믿음의 기준이 된다. 왜 신비한 체험을 앞세우고 개인적 경험담이 될 수도 있는 사건에 집착하는가?

빌리 그래함 목사님은 "우리는 세상이 읽고 있는 성경책이다. 우리는 세상이 필요로 하는 사도신경(신앙고백)이다. 우리는 세상이 마음에 새기는 설교이다."라고 한다. 우리가 세상이 읽고 싶어 하는 「성경책」이라면 우리는 저들에게 기준이 되어야 한다. 성경이 변함없듯이 우리는 불변의 진리로 살아야 한다. 우리가 세상이 필요로 하는 「사도신경(신앙고백)」이라면 우리의 삶은 저들에게 감사와 찬양이 터지게 해야 한다. 또, 우리가 세상이 마음에 새기는 「설교」라면 우리의 삶이 저들에게 모범(설교)이 되어야 한다. 저들은 교회에서 선포되는 목사의 설교를 듣지 못한다. 그러나 여러분의 삶은 저들의 눈으로 확인할 수 있는 설교가 된다. 그리하여 크게 영향을 미친다. 따라서 여러분의 그 설교(삶)에는 생명이 있고 복음적이어야 한다. 복음이란 예수에 대한 것을 말하는 것이고 예수가 주인공이 되는 것이다. 교양강좌가 아니고 특강도 아니다. 그래서 우리 삶은 예수가 주인공이 되어야 한다. 말한 마디, 행동 하나에 예수가 있어야 한다. 우리의 삶이 살아 있는 설교이다(롬12:1). 따라서 삶이 광신적이 되면 곤란하다. 현실적 삶이 신비주의가 되면 곤란하다.

대전 국립묘지 고 정득만 소장의 묘비 글이다. "하나님의 사랑에 '예' 하고 살다가 그분의 사랑에 '예' 하고 떠난 하나님의 사람, 부활과 영생을 믿고 여기 잠들다" 하나님께서 우리를 사랑하심을 알기에, 그리고 믿었기에 어떠한 상황에서도 순종하며 살았던 것이다. 당신의 아들을 아끼지 않고 우리에게 내어주신 이가 어찌 '사랑이 아닌 것'을 강요하시겠는가? 그러므로 환난이나 궁핍이나 기근이나 헐벗음이나 위험이나 총칼 앞에서도 그것을 하나님의 섭리라 굳게 믿고 '예'하고 감수해야 한다. 예수님은 '예' 하고 '아니'라 함이 되지 않으셨다(고후 1:19). 그리하여 자기를 비워 종의 형체를 가져 사람들과 같이 되셨고, 죽기까지 복종하셨다. 우리도 그 사랑에 '예' 하고 살다가 '예' 하고 떠나자. 하나님의 사랑은 그리스도 안에서 얼마든지 '예'가 된다. 이것이야 말로 하나님께 영광 돌리는 방법이다.

4) 맘몬(物神)은 이단이다(딤전6:10)

물신주의는 기독교의 이단이다. 그들은 하나님보다 물질과 돈을 더 사랑하며 오직 황금만 추구하는 신앙을 가진 자들이다. 하나님의 교회와 성도들은 하나님과 제물을 함께 섬기지 못한다는 말씀을 진리로 수납한다(마6:24). 따라서 바리새인들처럼 돈을 좋아하는 경우(눅16:14) 배로 신을 삼는 자들이라 규정한다(빌3:19).(이단종파 2003년 여름호, 2003, 9)

인간의 삶에서 돈을 배제할 수는 없다. 그러므로 동서고금을 통하여 돈(물질)으로 위력을 발휘하지 않은 때가 없었다. 하지만 그것이 삶의 목표가 되거나 인생을 좌우하는 기준이 되어서는 안 된다. 흔히 말하는 황금만능주의(黃金萬能主義)에 빠져서는 안 된다. 그래서 바울은 **돈을 사랑함이 일만 악의 뿌리가 되나니 이것을 사모하는 자들이 미혹을 받아 믿음에서 떠나 많은 근심으로써 자기를 찔렀도다(딤전 6:10)**라고 개탄했을 것이다. 물질을 주신 분은 하나님이시다. 또 하나님이 물질을 주셔야 많아질 수 있다. 그러므로 물질이 많은 것이 잘못이 아니라 하나님이 채워지지 않고 물질로 채우는 것이 문제가 된다. 누가복음 12장의 부자를 생각해 보라. 그는 정상적인 노력으로 재물을 모았다. 그는 다른 사람에게 사기 치거나 갈취하지도 않았다. 정당하게 재산을 모은 거부였다. 그러나 그가 질책을 당했다. 왜 그랬을까? 그는 부자여서 문제가 된 것이 아니라 하나님이 주신 부를 이웃과 나누지 않고 축적하는 데 여념이 없었다는 데 문제가 있었던 것이다.

또, 누가복은 16장의 부자를 보라. 그는 불의한 방법으로 축재하지 않았다. 다른 사람을 괴롭히지도 않았다. 자기 재산으로 자기를 위하여 정당하게 쓰고 있었다. 그러나 음부에서 고통당하는 죄인이 되었다. 왜 그랬을까? 그는 자기 집 문간에서 죽어가는 나사로에게 자비를 베풀지 않았던 것이다. 자기만을 위하여 사용했던 것이다. 그래서 야고보는 이렇게 말하고 있다.

(약 4:17) 이러므로 사람이 선을 행할 줄 알고도 행치 아니하면 죄니라

그래서 삶이 있어야 하고 우리의 삶은 곧 설교가 되는 것이다.

5) 창조세계의 파괴는 기독교의 이단이다(느9:6)

하나님의 창조세계를 파괴하는 신앙과 집단은 기독교의 이단이다. 즉 인공위성으로 우주공간을 더럽히고, 지구환경을 파괴하고, 공기와 물, 땅과 바다를 오염시키는 것 등은 기독교회의 이단이다. 왜냐하면 이러한 것들은 삼위일체 하나님의 창조사역과 목적을 위배하는 것들이기 때문이다(이단종파 2003년 여름호, 2003, 9).

하나님께서는 자연을 보호하고 가꾸라는 명령을 주셨다(창1:28). 그럼에도 불구하고 무분별하게 자연을 파괴하고 남용하는 것은 옳지 않다. 따라서 자연 질서에 순응하는 것도 하나님의 뜻이라는 것이다. 하나님께서 천지를 창조하실 때 그 물질 속에 하나님의 뜻을 담으셨다. 그러므로 태양은 단순한 태양이 아니라 하나님의 뜻을 계시하는 것으로서의 피조물인 것이다. 따라서 우주의 삼라만상은 하나님의 마음을 말하는 계시물인 것이다. 그러므로 자연을 파괴하는 것은 하나님의 계시를 파괴하는 이단이 되는 것이다.

정통교단에서 신앙생활을 하는 하나님의 교회와 성도들은 위와 같은 맥락하에 이단을 정죄해야 할 것이다. 자기와 다르다고 해서 모두가 기독교회의 이단이라 불러서는 안 될 것이다. 나와 다를지라도 진리는 있을 수 있다. 지나친 아집도 경계의 대상이 된다는 점을 명심해야 할 것이다. "우리나라의 00교회가 처음에 이단이란 말을 많이 들었으나 세월이 흐르는 동안 정통으로 인정받고 있다. 우리도 빨리 성장하여 힘을 키우면 정통으로 인정받게 된다."라는 말로 신도들을 격려하며 기성교회 성도들을 미혹하는 이단도 있다.

필자는 그들에게 다음과 같이 대답하고 싶다. "00교회가 이단성 없었던 것은 아니로되 기성교회의 지적을 순간순간 수용하여 회개했으며, 그들 나름대로 끊임없이 갱신하였기로 지금은 이단으로 정죄될 요소가 발견되지 않는다." 그렇다면 본지에서 논하는 신천지교회는 어떤가? 정통교단에서 또는 신학자, 목사, 언론인, 회심한 성도 등 여러 사람들이 '아니다'라 하면 '아닌 것'으로 알고 적극적으로 검토하면 되지 않을까? 즉 회개하고 돌아오라는 뜻이다. 옛날 국종제일교회에 출석하던 마음으로 돌아가자는 뜻이다.

애굽에서 가나안 땅까지 비행기로 1시간, 버스로 8시간, 걸어도 한 달 정도밖에 걸리지 않는 거리인데 이스라엘 백성들은 40년이 걸렸다. 힘들고 어려웠지만 하나님의 임재와 보호와 인도하심의 상징이었던 불기둥, 구름기둥에 철저히 순종한 것이다. 그들이 행진하고 진을 치는 것도 하나님의 명령대로 했다. '하나님이 시키는 대로 구름 기둥, 불기둥 따라 다녀봤자 가나안 못 간다. 광야에서 다 죽고 만다.'는 식의 불평이 있을 법하지만 그들은 우직하게 순종했다. 자연에 순응하고 창조질서에 순응하고 환경에 순응하며 불평의 요소를 기쁨으로 바꾸면서 살았다. 자기들의 삶을 순응으로 개척해 나갔다. 하나님이 우리에게 주신 독특한 인생을 개척하며 살자. 순종으로……

(3) 교회사적 정의

기독교에서 말하는 '이단(異端, Heresy, αἵρεσις)'이란 문자적 의미로 볼 때 '선택', '선택된 독자적 견해'이다. 이 말은 본래 철학의 어떤 학파나 문학의 새로운 어떤 경향을 나타내는 데 쓰였다. 신약 성경에서도 '분파'라는 뜻으로 '사두개파', '바리새파' 등에 적용되었다(행5:17; 15:5; 26:5). 또한, 나쁜 의미에서 '파당', '편당'을 가리키기도 했다(고전11:19; 갈5:20).

한편, 교회사적 견지에서 이단(異端)이란 말을 살펴보면 어떤 쟁점에 대해 사소한 견해 차이나 역사적 상황 속에서의 어떤 특수한 입장의 차이로 인해 기독교 내에서 분파를 달리하고 있는 것을 말하는 것이 아니라 다음과 같은 경우를 말한다.

첫째로, 기독교의 정통 교리를 거부하거나 왜곡시키는 무리
둘째로, 성경의 명백 자명한 가르침을 교리적으로나 행위로 부정

하는 무리

셋째로, 성경의 내용을 감하거나 더하는 무리 등이다(그랜드 종합
주석 16, 1993, 554).

하지만 알지 못하고 위와 같은 실수를 저지른 경우를 모두 이단이
라 말하지 않는다. 다만 그 같은 주장에 대하여 재삼 경고를 받았음
에도 불구하고 끝내 돌아서지 않고 그것을 고집하는 자들을 이단으
로 규정한다(딛3:10).

이들은 각 시대마다 각기 다른 모습으로 나타나며 또 그 특성도
매우 다양하다. 그러나 지나간 2000년간의 교회사(敎會史)에서 등장
한 각종 이단들의 공통된 특징과 성경에서 말하는 이단의 특징을 종
합하면 다음과 같은 특성이 있다.

첫째로, 이단은 상황에 따라 자신들의 입장을 수시로 바꾸어 버리
기 때문에 그들의 주장은 처음과 끝이 다르다.

둘째로, 성경을 성경으로 해석하지 않고 교주의 주장이나 다른 인
간들의 사상을 기준으로 해석한다. 때문에 당연히 교주의 말은 성경
보다 더 권위를 가진다.

셋째로, 교주는 절대적 권위를 갖는 카리스마적 존재로 신격화된다.

넷째로, 성경 전체에서 명확하게 드러난 교리(예수 그리스도의 성
육신, 삼위일체론, 이신득의교리 등)들을 부정하고 새로운 교리를 내
세운다.

다섯째로, 자신들의 교리를 따르는 자에게만 구원이 있다는 배타
적인 구원론을 주장한다.

여섯째로, 도덕적으로 부패한 행위를 일삼으며 또 그것을 교리적
으로 합리화한다.

끝으로, 시한부 종말론을 내세움으로써 신도들로 하여금 일상생활
을 떠나게 한다(그랜드 종합주석 16, 1993, 554).

우리가 이러한 이단을 분별하여 척결하는 것은 매우 중요하다. 따라서 이단의 특성을 아는 정도로는 부족하고 말씀으로 대응할 수 있는 적극적인 자세가 더욱 중요하다. 그러나 이단은 근본적으로 사단의 조종을 받으며 성도들로 하여금 진리에서 벗어나게 하는 특징이 있다. 따라서 그들과 직접적인 부딪침을 피하는 것도 이단의 미혹에 빠지지 않는 방법일 수도 있다(롬16:17). 역사적으로 볼 때 이단이 없었던 시대가 없었다. 이것은 예수님의 비유를 통하여 알 수 있다. 즉 (마 13:30) 둘 다 추수 때까지 함께 자라게 두어라 추수 때에 내가 추수꾼들에게 말하기를 가라지는 먼저 거두어 불사르게 단으로 묶고 곡식은 모아 내 곳간에 넣으라 하리라

이로 보건대 알곡이 자라는 동안 가라지도 함께 자라고 있다. 그래서 마귀에게 조종당하는 이단들은 세상 끝 날까지 우리와 함께 있을 것이다. 주님은 **(요 13:1) 유월절 전에 예수께서 자기가 세상을 떠나 아버지께로 돌아가실 때가 이른 줄 아시고 세상에 있는 자기 사람들을 사랑하시되 끝까지 사랑하시니라**고 하셨다. 그러므로 우리는 이단이 없는 세상을 갈구하지 말고 이단을 이길 수 있는 힘을 달라고 기도해야 한다.

(4) 목회적 정의

대형교회에서도 그러하겠지만 특히 개척교회에서는 일꾼 부족으로 인하여 많은 애로가 있다. 인적자원이 부족하여 조직적인 활동이 어렵고, 무엇을 하고자 해도 물적 자원이 부족하여 망설임과 갈등은 물론이거니와 인적 자원에 대한 염려가 앞서게 된다. 그런데 이단 세력이 교회에 침투하여 물량공세를 펼 경우 제대로 싸워 보지도 못하고

무너지는 경우가 생긴다. 예를 들면, 20-30명 출석하는 교회에 이단 세력이 침투하여 한두 명만 흔들어도 그 파장은 교회의 존폐에 해당한다. 이에 목회적 관점에서 이단을 정의하고 경계하려는 시도를 살펴보고자 한다.

(주: 모든 이단의 정죄 기준이 그렇겠지만 특히 목회적 관점에서의 이단성을 말하기란 쉽지 않다. 각자의 생각이 다를 뿐이지 그것이 곧 이단은 아닐 수 있기 때문이다. 따라서 필자의 견해라기보다 지금까지 그래 왔듯이 이단종파 2003년 여름호(2003. 10)에 수록된 원고를 원안대로 게재하고 평가하고자 한다.)

1) 예배를 세속적으로 드리면 이단에 가깝다.

여기서 '세속적인 예배란 어떤 예배를 말하느냐?' 그리고, '세속적이지 않은 예배는 어떤 것이냐?'에 따라 많은 시각차를 인정할 수밖에 없다. 그러나

기독교회의 예배는 삼위일체 하나님께 신령과 진정으로 드리는 산 제사이다(요4:24). 특히 하나님의 백성들이 예수 그리스도를 통하여 구속받은 은혜를 깨닫고 드리는 영적 예배는 삼위일체 하나님과의 교제인 것이다. 그럼에도 불구하고 예배를 하나님께 드리는 것이 아니라 사람들의 사교(社交)와 인위적 친목, 그리고 세속적인 노래와 춤, 운동, 오락 등을 일삼은 교회는 기독교회의 이단이다. 물론 '예배는 축제여야 한다.'는 말에 동의한다. 하지만 세속적인 축제가 아니다. 민요와 가곡, 심지어 유행가를 불러대는 예배는 제고되어야 한다. '열린 예배'라는 명분으로 남녀가 영적 춤을 추며, 노래하고 명상과 요가를 한다면 문제가 있다. 하나님과의 교제는 경건하고 신령한 예배를 통해서만 가능한 것이다(이단종파 2003년 여름호, 2003. 10).

성도의 친교는 좋은 것이로되 그것이 모임의 목표가 되어선 안 된다. 마찬가지로 예배하러 모인 무리의 목적이 친교일 수는 없다. 그런데 '친교에 목적이 있다'는 교회는 없을 것이다. 그럼에도 불구하고 교회의 '세속화'란 말이 많이 있다. 이것은 비그리스도인은 물론 그리스도인까지도 교회의 예배를 비롯하여 각종 모임에 문제가 있다는 뜻이다. 그런 점에서 세속적인 예배는 이단적이며 경계해야 할 일이다. 또, '상황화'를 빙자하여 토속신앙과 결탁하는 행위와, '문화'를 빙자하여 무속신앙을 고무하는 굿거리장단을 도입하거나, 문화재란 미명으로 이교를 상징하는 사진이나 그림 등을 주보의 표지로 도입하는 것은 기독교 문화로 수용할 수 없는 세속화된 예배로서 이단으로 정죄되어야 마땅하다. 또, 예배하러 나오는 자가 하나님과의 교제가 목적이 아니고 친구문제, 사업문제, 매출문제 등에 목적이 있다면 지탄받게 될 것이다.

2) 목회자가 자기 왕국을 세우면 이단에 가깝다(마6:33)

왕국은 세습적이다. 왕국은 절대 권력이 주어졌다. 왕국은 비공개적이고 중앙집권적이다. 그러나 개혁주의 신앙은 이와 다르다.

기독교회는 예수 그리스도의 왕국을 이 땅에 세우는 것이며, 장차 임재할 영원한 하나님의 나라를 예표 하는 예수 그리스도의 지체요 성전을 건설하는 것이다. 그럼에도 불구하고 목회자들이 자기 왕국을 세우고 보다 더 큰 교회, 더 많은 성도, 더 많은 헌금, 더 좋은 시설 등을 추구하며 아성을 쌓아가는 것은 이단이다. 하나님의 교회와 성도들을 위한 복지 시설은 바람직하지만, 목회자의 왕국 건설은 성경적이 아니며, 또한 그것이 목회의 성공일 수는 없다(이단종파 2003년 여름호, 2003, 11).

교회 헌금을 자녀들의 사업자금으로 활용하거나 부동산을 투기하여 노후대책을 세우는 것은 기독교가 지향하는 베풂의 정신과 거리가 있다. 심지어 라스베가스에 가서 놀음하며 수천 수억을 잃고서 하는 말이 '돈을 따서 하나님의 일을 하려 했다'는 식으로 합리화하는 사람도 있었다. 그런 사람이 교회의 지도자라면 마땅히 지탄받아야 할 것이다.

그런 사람(목회자)에게 엄숙하게 물어야 한다. '도대체 하나님의 일이 무엇입니까?' 그리고 다음과 같은 주님의 말씀을 알려 줘야 한다.

> (요 6:29) 예수께서 대답하여 가라사대 하나님의 보내신 자를 믿는 것이 하나님의 일이니라

이런 점에서 하나님께 바쳐진 헌금으로 사유재산을 확충하거나 교회 재산을 사유화하는 것은 이단적 행위이며, 이단성이 짙다고 말해야 할 것이다. 목회자가 자기 왕국을 형성하는 것은 이단의 교주가 스스로 '세례 요한 격인 보혜사, 감람나무, 두 증인, 이긴 자' 등으로 군림하는 것과 대동소이하다. 따라서 자기 왕국을 건설하는 목회자는 이단성이 짙으며 그에 가깝다고 할 수 있다. '하나님의 일'을 빙자하여 자기만족을 누린다면 문제가 있다.

3) 기독교회의 양들을 도둑질하면 이단에 가깝다(요10:12)

우리가 흔히 말하는 성도들의 수평이동은 교회 성장의 지름길이다. 얼마 전 분당에 있는 대형교회에서 자기네 교인의 70-80%가 다른 교회에서 온 사람들이라면서 이제 더 이상 받지 않고 근처의 작은

교회로 보내겠다고 지상에 다짐했다. 필자는 그것을 보는 순간 '배부른 으름장'이란 생각을 지울 수 없었다. 왜냐하면 수평이동을 유도한 것이 잘못이라고 회개했거든 삭개오처럼 갚으려는 몸부림이 있어야 할 것이다. 그런데 '이제 나는 먹을 만큼 먹었으니 다른 사람이나 먹도록 버려두겠다.'는 심보가 목회자의 마음인가? 동물의 왕국을 보니 짐승도 자기 배부르면 다른 것들이 먹도록 버려두고 자리를 옮기는 것을 보았다. 성도들이 자기 마음대로 흐르는 물줄기인가? 농부가 자기 논에 물을 대고 싶으면 물코를 열고 배부르면 물길을 돌리는 것이다. 그러나 성도들은 버려진 물줄기가 아니다. 물론 현대인의 속성이 대형화를 추구하고 있으며, 개척교회에서 신앙생활 하는 것을 '고생'이나 '희생'으로 여기고 순교자적 입장에서 '교회에 출석해 주는'(인심 쓰는 것처럼) 정도가 일반적인 생각이다. 따라서 대형교회는 '크다'는 이유로 더욱 모여들고(수평이동) 개척교회는 '작다'는 이유에서 더욱 가난을 벗어나지 못한다. 교인들을 모을 수도 없거니와 어쩌다 한 번 왔다 할지라도 잠시 후엔 떠나버리는 현상이 뚜렷하다. 그럼에도 불구하고 일부 중대형 교회에서는 시설을 자랑하여 유혹하고, 차량을 동원하여 훑어가고, 재력을 동원하여 경품을 걸고 성도들의 수평이동을 유도하고 권장한다. 안양 평촌의 어느 교회는 1000세대가 입주하는데 그중 제일 많이 유치하는 성도에게 자가용을 선물했다. 유급 전도대원 18명이 텐트를 치고 상주하다시피 했다는데 그들이 과연 전도했을까? 아니면 수평이동에 총력을 기울였을까? 현장 근처에서 뿌리내리려 발버둥치는 개척교회를 돌아봤을까? 나무에게는 큰 뿌리도 필요하다. 그것이 있어야 비바람이 몰아쳐도 나무가 넘어지지 않는다. 그러나 실 같은 잔뿌리가 영양과 수분을 공급하여 큰 나무를 살리는 것이다. 실뿌리에서 공급되는 양분으로 과실이 익어

간다는 것을 알아야 한다. 개척교회 존재의 필요성이 여기에도 있다. 그런데 1000세대 입주하는 아파트의 전도비로 4억을 모았다는 말이 들려오니 어떻게 해석해야 하는가? 한마디로 남의 쌀독에서 쌀을 퍼오는 사람들의 행태이다. 그들은 나단의 꾸지람을 피할 수 없을 것이다(삼하12:1-14).

다시금 말하노니 큰 나무가 어떻게 생장하는지 생각해 보라. 커다란 뿌리가 버팀목처럼 뿌리를 박고 서 있음으로 비바람에 넘어지지 않고 지탱할 수 있다. 따라서 큰 나무에 큰 뿌리가 필요하다. 그러나 수분을 빨아들이고 영양을 공급하는 뿌리는 커다란 뿌리의 일인가? 아니다. 작은 실뿌리의 역할이다. 보잘것없는 작은 뿌리에 불과하지만 그 뿌리에서 빨아들이는 수분과 영양을 통하여 커다란 나무의 생명이 보전되고 잎이 나고 꽃이 피고 열매를 맺는 것이다. 잔뿌리가 없으면 그 나무는 고사하고 만다.

교회도 마찬가지다. 작은 개척교회가 있음으로 '교단'이란 커다란 나무가 살 수 있다. 커다란 뿌리가 있음으로 '교단/종교'가 넘어지지 않고 존재한다. 따라서 큰 교회와 작은 교회는 상호 보완적으로 존재해야 한다. 그런데 큰 교회의 횡포는 자살행위와 같다. 그러므로 대형교회에서 인재를 양성하여 소형교회에로 파송하는 것이 '흩어지는 교회'인 것이다.

따라서 자기들만의 왕국에서 벗어나지 못한다면 그들은 교회의 공멸을 유도하는 이단에 가깝다. 건전한 하나님의 교회는 믿지 않는 사람에게 예수 그리스도를 전파하고, 이교신자를 개종시켜 자기의 양으로 삼아, 성경으로 양육하고 인격적으로 성장하도록 도와야 한다. 그렇지 않고 이웃교회의 성도들을 물량공세로 훔쳐가고 모으는 교회는 이단성향이 농후하다. 바울은 말하기를

(롬 15:20) 또 내가 그리스도의 이름을 부르는 곳에는 복음을 전하
지 않기로 힘 썼노니 이는 남의 터 위에 건축하지 아니
하려 함이라

고 말하고 있으니 이에 위배되면 이단이다. 그렇다고 해서 성도들의 정당한 수평이동을 정죄하는 것은 아니다. 성도들의 합법적인 수평이동은 교회사에서도 다음과 같이 말하고 있다.

초대 한국교회에서는 이명증서(移名證書)를 가지고 가야만 다른 교회에서 등록교인으로 받아들였었다. 그러나 오늘날에는 이명 증서를 활용하는 교회는 많지 않으며 새신자를 전도하여 교회가 성장되기보다 수평이동에 의하여 빈익빈 부익부(貧益貧 富益富)의 현상을 일으키고 있다. 기독교회의 바람직한 성장 비율은 새신자 30%, 양육 신자 30%, 이동 신자 30%의 비율로 구성되는 것이 바람직하다(이단종파 2003년 여름호, 2003, 11, 12).

자기 밭을 경작하여 정당한 수확을 해야 한다. 불신자를 전도하여 하나님의 자녀가 되도록 안내해야 한다. 성도들을 유혹하여 수평이동을 시키는 것은 옳지 않다. 도리어 흩어지는 교회가 되어야 한다. 이단의 특성은 기성교인을 타깃으로 한다. 그들에 의하면 '유대인에게 복음을 전하신 주님'이라는 것이다. 그러므로 그들의 눈에는 기성교회 교인들은 모두 유대인으로 비쳐진 것이다. 그래서 교인들을 찾아가서 미혹하는 것이다. 그러나 그들의 속사정은 전혀 믿지 않는 무신론자나 다른 종교를 가진 사람, 예를 든다면 스님을 개종시키는 일보다 '유대인(?)'을 찾아가는 것이 훨씬 쉽기 때문이리라. 따라서 정통교회에서 수평이동을 권장하고 유도하는 행위는 이단들이 교인을 타깃으로 포교 활동하는 것과 대동소이하다.

4) 교회 정치를 인위적으로 하고
형상적으로 하면 이단이다(딤전3:1-7)

성경에 보면 하나님께서 주신 권위에 순종하지 않고 그 질서를 파괴하고 인위적으로 재편하려고 시도했던 사람들이 나온다(민16:3). 또, 하나님의 선물을 인위적으로 옮겨 보려는 시도가 있었다(행8:20). 그러나 그들은 호된 질책과 함께 그에 상응하는 대가를 치러야 했다. 이처럼 이단들도 정통의 질서를 파괴하고 새로운 왕국을 건설하려고 한다. 그래서 자기들의 범주에 있어야 구원이 있다고 한다. 이단들은 특정한 지역에 있어야 구원받을 수 있다고 말한다. 또, 특정한 교리로 구원을 제한하여 인위적으로 새로운 질서를 만들려고 한다. 마찬가지로 교회 정치에도 하나님의 질서가 있다. 그럼에도 불구하고 이것을 인위적으로 재편하려 한다면 하나님의 질책을 면할 수 없을 것이다. 어떤 사람은 이상한 제도가 자기 교단의 특색으로서 우리나라에 없는 제도라느니 세계에서 처음이라고 자랑한다. 그래서 12지파니, 7천사니, 두 증인이니, 이긴 자니, 보혜사라는 등 성경에 없고 정통교회에 없는 새로운 것을 만들어 내어 '새 하늘과 새 땅'이란 식으로 미혹한다. 이것들은 자기를 앞세우고 자기 의를 들어내기 위한 교묘한 마귀의 술책에 불과할 것이다.

기독교회는 하나님의 말씀을 가지고 교회를 다스려 나간다. 그런데 인위적으로 목회자의 마음대로 당회원을 세우고 권사와 안수집사를 세운다든가 거룩한 성례전을 마음대로 베풀고 교회를 형상적인 것으로 장식하고, 정부와 정치적인 야합을 하는 교회는 이단이다(이단종파 2003년 여름호, 2003, 12).

모든 일에 규모가 있고 질서가 있어야 한다(롬2:19). 인위적인 생각으로 한다거나 질서를 파괴하는 것은 옳지 않다. 그런 점에서 인위적인 정치는 이단에 가깝다.

5) 기독교회의 분열과 분파를
일삼으면 이단이다(고전3:16, 17)

애굽을 탈출하여 광야를 헤매던 이스라엘 백성들에 원망을 심어준 일당이 있었다(민17:1-7). 또, 압살롬은 자기의 유익을 위하여 분열을 조장했다(삼하15:2). 그리고 고린도교회에도 분쟁을 유도하는 무리가 있었다(고전1:11). 그들의 종말은 충분한 대가를 치루는 일이었다. 마찬가지로 오늘날 교회에서 분열과 분파를 일삼으면 그들과 다를 바 없기에 충분한 대가를 치러야 할 것이다.

우리는 성경 66권을 하나님의 말씀으로 믿고 예수 그리스도의 대속 구원을 믿고, 성령님의 역사와 사도신경과 주기도문을 함께 외우며 실천한다. 또한 12신조를 믿는다. 따라서 이러한 교회에는 절대로 분열과 분파를 시도해서는 안 된다. 복음을 효과적으로 전하기 위하여 지 교회와 개척교회를 세우는 것은 좋겠으나 성경 해석에도 차이가 없고 신앙적, 신학적인 견해도 차이가 없는데 교권과 권력다툼 그리고 주도권 행사로 하나님의 교회를 분열시키고 분파를 만들면 이단이다(이단종파 2003년 여름호, 2003, 12).

주님은 우리가 하나 되는 것을 원하신다(엡 4:3). 자기들의 독선적인 교리로 교회를 분열시키는 것은 옳지 않다. 그렇다고 해서 모든 분열을 이단으로 매도할 수는 없다. 그렇게 되면 바울과 바나바의 분열도 동일시되어야 할 것이다(행15:39). '남다른 소리'가 곧 진리는 아니다. 그런데 이단들은 정통적인 하나님의 말씀을 무시하고 자기들의 소리를 한다. 그래서 자기들만 구원이 있다고 한다. 마찬가지로 교회에서 극단적인 주장으로 분열과 분파를 조장하면 이단에 가깝다. 오늘날은 그 특성상 많은 분열의 소지가 있다. 현실적으로 분열이 일어나기도 한다. 그러나 그것이 신학적, 교리적 차이에서 오는 것인지 아니면, 지도자를 비롯한 정치적 견해차에서 오는 것인지는 되새기도록 하는 것이 이단의 허구로부터 탈출시키는 방법 중의 하나가 된다. 즉 그 이단의 발생이유와 발생과정과 그 귀결점에 대하여 알게 한다. 자기들의 아집과 이권에 매여 교회를 분열시키는 것은 사단의 조종을 받고 있다고 말해야 좋을 것이다. 교회에서 사단의 조종을 받으면 이단에 가깝다. 그런 점에서 분열과 분파를 일삼는 사람은 이단에 가깝다. 따라서 우리 교회에만 구원이 있다고 구분 짓거나 우리가 지정한 장소에 와야 구원이 있다는 분리주의는 이단이다. 예를 들면 '계룡산에 와야 한다. 삼각산에 와야 한다. 청계산에 도피처가 숨겨져 있다.'는 식으로 예수님의 재림을 지역적으로 제한하고 구원의 처소를 공간적으로 제한해 버리면 **(행 1:11) 가로되 갈릴리 사람들아 어찌하여 서서 하늘을 쳐다보느냐 너희 가운데서 하늘로 올리우신 이 예수는 하늘로 가심을 본 그대로 오시리라 하였느니라**는 말씀이 제한되는 결과가 된다. 하나님의 말씀을 인간의 합리적 사고에 가둘 수 없다. 이러한 시도는 당연히 사단의 궤계요 이단의 유혹이다.

2. 무료성경신학원의 성경적/신학적 결함을 알게 한다.

무료성경신학원에서는 성경을 대부분 '해괴한 비유풀이'로 해석하여 가르치고 있다. 따라서 비유가 아닌 말씀도 비유로 둔갑하는 경우가 많으며, 비유를 해석함에 있어서도 또 다른 비유가 필요하게 되어 있다. 그러므로 무료성경신학원의 비유 해석에 있어서 신학적인 검토가 필요한 실정이다.

(1) 비유적 해석의 문제점

예수님께서 본래 비유를 말씀하셨을 때에는 해석할 필요가 거의 없었다. 비유는 청중들에게 즉각성을 지녔었고, 많은 비유의 효과는 청중을 '사로잡을' 능력이 있었다. 그러나 그 비유가 우리에게는 기록된 형태로 전해졌고, 우리는 원래 청중들이 가졌던 비유가 언급하는 바를 즉시로 이해하지 못하기 때문에 우리에게 기록으로 주어진 비유는 해석할 필요가 있게 되었다. 즉 당시의 문화와 지금의 문화가 다를 뿐 아니라 정서에 있어서도 큰 차이를 이루고 있기에 즉각적으로 이해할 수 없는 부분이 많아졌다. 예를 들면, 예수님 당시 유대인들의 생각에는 사단은 광야에 있기에 그곳에 가면 만날 수 있다고 느꼈다. 그래서 예수님께서도 광야에서 시험을 받았을 것이다. 그러나 우리나라에서는 공동묘지에 가면 귀신을 만날 수 있다고 생각한다. 이러한 정서적, 문화적 차이가 있기에 예수님의 비유를 듣는 즉시 이해하지 못하고 풀이를 해야 할 경우가 된 것이다.

혹자는 마가복음 4장 10-12절(마13:10-13; 눅8:9, 10)에 기록된 예수님의 비유를 근거로 '비밀'을 강조하는 사람도 있다. 그러나 예수님께서 '비유를 말씀하신 목적이 무엇이냐'는 질문을 받았을 때, 비유는 예수님의 측근들(those on the inside)에게는 비밀을 담고 있는 것인 반면, 그렇지 못한 외방인들(those on the outside)에게는 강퍅케 하는 것임을 암시하신 듯하다. 이렇게 말씀하신 직후 씨 뿌리는 자 비유를 반(半)알레고리적 방법으로 해석해 나가셨기 때문에 이것이 곧 상대방에게 알아듣지 못하게 해석하는 것과 끊임없는 알레고리적 해석을 정당화하는 것으로 인식되었던 것이다. 비유는 이방인에게는 단순한 이야기로 여겨지게 되었고, 그들에게는 '진정한 의미', 또는 '비밀'이 감추어졌다. 이러한 것들은 오직 교회에 속하였고, 알레고리를 써서 밝힐 수 있다고 생각하였다. 그러나 비유를 이해하는 열쇠 가운데 하나는 비유를 처음 들은 원래 독자들을 밝히는 일이다.

비유에 대하여 고든 디 피는

> "만일 비유가 교회를 위한 알레고리적 비밀들이 아니라면, 도대체 예수께서 마가복음 4:10-12에서 하나님 나라의 비밀로 말씀하신 뜻이 무엇이며, 그것이 비유와 어떤 관계가 있단 말인가?"

라고 묻고

> "이 말씀의 해석의 단서는 예수께서 모국어로 사용한 아람어의 언어유희(a play on words)에 있다고들 생각한다."

면서 희랍어의 파라볼레($\pi\alpha\rho\alpha\beta o\lambda\acute{\eta}$)로 번역된 아람어 메탈(methal)과 마텔린(matheiin)을 비교하며

> "예수님은 결코 아둔한 분이 아니었다. 그는 사람들이 깨닫기를 원하여서 비유를 내셨다"

고 결론을 내리고 있다.

한편, 로버트 풍크는

비유를 언어사건으로 파악하려는 늪스의 노력은 비유에 대한 나의
접근 방식을 성장시켜 준 숨은 원동력이다

고 하며 다음과 같이 주장한다.

첫째로, 언어와 이해의 관계로서 언어와 이해는 서로를 낳고 때로는
서로를 사로잡기도 한다고 한다. '공통의 이해'(joint understanding)와
이해 가능한 언어 사이에는 상호 의존 관계가 존재한다.

둘째로, 풍크는 하이데거, 가다머 그리고 푹스가 공유하고 있는 언
어와 실재의 관계에 대한 견해를 지지한다. "공통의 언어와 공통의
이해가 공유된 실재를 전제한다면, 언어와 이해의 실패는 그러한 실
재의 실패를 나타낸다. 전통을 받쳐 주는 실재가 무너지기 때문에
전통도 무너진다."고 그는 말한다. 이처럼 언어와 이해가 분리되면
전통은 무너진다.

셋째로, 텍스트의 말은 "주석가가 세밀한 탐구의 대상으로 접근할
수 있는 것이 아니다……. 하나님의 말씀은 해석되지 않는다. (오히
려) 해석한다! ……그러나 현대 성서비평을 지배해 온 텍스트와 해
석자 사이의 흐름의 방향은 그 시초부터 거꾸로 뒤집어졌고, 해석학
은……해석적이 되었다……. 해석이 필요한 것은 텍스트가 아니라
해석자인 것이다"고 주장한다.

넷째로, 풍크의 판단으로는 예수의 비유가 전 개념적(前槪念的)이
고 인식 이전적(認識移轉的)인 차원에서 기능한다. 비유는 단지 '생
각'만을 전달하지 않는다. 에른스트 푹스에 의하면 "우리가 비유를
해석하는 것이 아니라 비유가 우리를 해석하다"고 말한다. 이것에
근거하여 풍크는 "비유는 듣는 이가 참여자로서 그 안에 끌어들여질
때까지는 폐쇄되지 않는다."

고 한다. 존 도미니크 크로싼은 비유가 단순히

  "개념들을 전달하지만은 않는다."

고 하며 비유는 현 상황에 도전한다고 말한다. 크로싼은 많은 비유를

  "전도(顚倒)의 비유(parables of reversal)"

라고 한다. 왜냐하면 많은 비유들이 이미 받아들여진 관습과 가치의
세계를 붕괴시키기 때문이다. 그는

  비유들은 하나님께 (역사하실) 자리를 마련해 드린다……. 그것들
  은 우리에게 용인된 심원한 세계구조를 파괴하는 이야기이다.

고 한다. 기존의 인간적 가치들에 의문을 제기함으로써 비유들은 하
나님의 나라를 예비하는 것이기 때문이다.

  이와 같이 비유는 해석자를 신격화하기 위해 존재하는 것이 아니
라 하나님께서 역사하실 자리를 만들어 드리는 것이다. 따라서 비유
를 통하여 하나님의 나라가 견고해지고, 하나님의 뜻이 알려지며, 하
나님께서 하시고자 하시는 일이 이루어져야 한다. 비유를 통하여 어
떤 사람이 자기가 '보혜사', '이긴 자', '두 증인' 등으로 둔갑하거나
비유를 해석할 때 자기가 소아시아 일곱 교회에 편지했던 계시록의
'사도 요한'이 되어서는 안 된다. 만일 그런 사람이 있다면 이단으로
정죄되어야 마땅하다.

  "해석이 필요한 것은 텍스트가 아니라 해석자인 것이다"라는 로버
트 풍크의 말대로 내가 예수님의 비유를 해석하는 것이 아니고 말씀

이 나를 해석하게 해야 한다.

(2) 적용상의 문제점

우리가 소위 비유라고 이름 붙인 것들이 다 같은 종류만은 아니라는 사실이다. analogy, metaphor, simile는 모두 본질적으로나 총칭적으로는 다르지만 어떤 면에서는 한 가지 또는 그 이상의 유사성이 있는 것을 말한다. 그러나 allegory와 parable는 어떤 진실이나 도덕을 상징적으로 말하는 문학형태들이다.

구약에서 최초로 등장하는 요담의 나무우화는 세겜 사람들이 아비멜렉을 그들의 왕으로 삼는 것이 얼마나 어리석은 행위인가를 보여주고 있다(삿9:8-15). 이것은 하나의 비유이지 알레고리가 아니다(나단의 「어린 암양의 비유」도 유사함).

신약에서는 비유형식은 예수님의 가르침을 통하여 완전한 형태로 등장하고 있다. 즉, 예수님은 비유가 아니면 아무것도 말씀하시지 않으리만치(마13:34) 비유를 사용하셨다. 예를 들면, 제자들에게는 용서하지 않는 종의 비유(마18:33)를, 무리에게는 씨뿌리는 자의 비유(막4:3)를, 그리고 바리새인 시몬에게는 두 빚진 자의 비유(눅7:41)를, 예루살렘에 대해서는 열매 맺지 못하는 무화과 나무 비유(눅13:6-), 유대 지도자들에게는 포도원비유(막12:1-)로 그들 스스로 잘 알아들을 수 있게 하셨다. 그래서 유대 지도자들은 예수의 이 비유는 자기들을 가리켜 말씀하심인 줄 알고 잡고자 했던 것이다(막 12:12). 예컨대, 선한 사마리아인 비유와 누룩 비유는 근본적인 차이가 있다. 전자는 참비유(true parable)로서 시작과 마침이 있는 완전한 이야기이다. 그러나 후자는 직유(similitude)이다. 그래서 누룩, 씨 뿌리는 자 또는, 겨자씨에 대하여 언급하고 있는 말은 항상 진짜 누룩, 씨 뿌리는 행위, 겨자씨에 해당되는 말이다. 이러한 '비유들'은 예수님께서 말씀하시려는 요지를 분명히 하고자 일상생활 가운데서 취한 예화와 같은 것이다. 선한 사마리아 인의 비유에서 세부사항들, 즉 그의 짐승, 주막, 주막주인, 두 개의 동전 등을 알레고리적으로 해서하려는 시도는 헛된 일이다. 이 비유의 요점은 "너희도 가서 이렇게 하라"는 것이기 때문이다. 따라서 어떤 비유의 본질적인 의도를 버리고 자기 입장에 맞도록 각색하여 적용하는 것은 문제가 있다.

모든 비유들이 한결같은 것이 아니기에 비유 모두에게 해당되는 어떤 규칙을 내려서는 안 될 것이다. 그럼에도 불구하고 많은 비유들이 교주에게 귀결되는 것에는 문제가 있다. 모든 비유 해석의 초점이 특정한 인물에게 있어 억지로 맞추어 가는 것은 옳지 않다. 그리하여 비유가 아닌 것을 비유로 둔갑시켜 그 내용을 교주에게 맞추고 그 교주를 '이긴 자', '보혜사', '두 증인', '사도 요한' 격으로 둔갑시키는 것은 문제가 있다. 이러한 해석은 하나님의 의도를 왜곡시킨 행위에 불과하다. 자기의 입장을 대변하기 위한 수단으로 만든 비유라면 항상 왜곡될 것이며 왜곡된 비유 해석은 또 다른 비유가 있어야 이해될 것이다.

(3) 보편타당성의 문제점

비유가 무엇인가 하는 문제는 비유의 역할(function)에서 찾을 수 있다. 즉 이야기 비유들이 진리를 계시하는 식으로 끝을 맺고는 있다고 할지라도 진리를 계시하는 수단으로 사용된 것은 아니라는 말이다. 오히려 이야기 비유들은 예수님의 메시지에 청중들이 '반응하도

록 요청'하는 수단의 역할을 한다. 따라서 당시 상황에서 말로 주어
졌었다. 그래서 즉시 반응할 수 있었다. 하지만 이야기 비유들이 기
록된 문서로 주어진 우리들의 상황에서 "어떻게 하면 '효과'적으로
우리 시대와 배경 속에 재연할 것인가" 하는 것이 문제된다. 인간을
가리켜서 우리는 '불가피하게 종교적인 존재'라고 일컬어 왔다. 이것
은 종교가 보편적 현상이라는 말을 달리 표현한 것에 불과하다. 모든
선교사들은 땅 위에 있는 모든 국가와 모든 민족 가운데서 이런저런
형태로 종교의 실재를 증명하였다. 종교는 인간 생활에 있어서 가장
뚜렷한 현상의 하나로 인간 영혼의 가장 깊은 근원과 접촉하고, 인간
의 사상을 지배하며, 인간의 감정을 자극하고, 인간의 행동을 지배하
는 것이다. 즉 종교는 인간과 하나님과의 관계를 말한다. 그리고 인
간은 이 관계의 성격을 결정할 권리를 갖지 못한다. 사람이 하나님과
의 관계를 가질 수 있는 방법을 세우는 것은 오직 하나님의 특권으
로, 하나님께서는 자기의 거룩하신 말씀으로 이를 행하신다. 그런 의
미에서 종교의 대상은 초월적인 존재여야 한다. 그럼에도 불구하고
아전인수식의 비유풀이로 어떤 인간을 신격화하거나 교리상에서 보
편타당성이 결여된다거나 교주를 섬김의 대상으로 둔갑시키는 비유
풀이라면 이단으로 정죄되어야 마땅할 것이다.

　교회에서는 이와 같은 내용을 쉽게 가르침으로써 무료성경신학원
의 성경적/신학적 결함을 알게 하여 한순간의 오판으로 이단에 빠졌
다 할지라도 회심하여 하나님의 자녀가 될 수 있는 기회를 제공하자
는 것이다.

3. 교리적 상이점을 교육한다

(1) 신론에서의 모순

「계시록의 진상 2」 p.37에서 구약의 아브라함과 이삭과 야곱을 삼위일체에 비유하여,

> 성령이신 성부(아브라함)는 성자 예수(이삭)를 낳았고, 성령이신
> 예수(이삭)는 성자 보혜사(야곱)를 낳으셨으니

이것이 삼위(三位)라고 주장한다. 즉 삼위는 각각 독립된 개체로 존재하는 것처럼 말한다. 이러한 주장은 시대적으로나 순차적으로나 자연스럽게 제삼의 인물이 끼어들 수 있는 이론적 근거를 만들기 위한 수단으로 여겨진다. 다시 말하면 아브라함 → 이삭 → 야곱 → 이만희라는 등식이 성립되는 계기를 만든 것이다. 여기서 이만희는 성령이 예수와 하나 되어 다시 이만희 속에 거하게 되었다는 이만희이다.

그래서 「계시록의 진상」 p.306에서는

> 성령이 예수와 하나 되신 후에, 다시 그 성령과 하나 된 예수의
> 영이 지상(地上)의 사명자 육체에 임함으로 삼위일체가 된다.

고 주장한다. 결국 성령이 예수와 하나 되어 자기 육체에 임한 것이 삼위일체라는 말이다. 즉 자기는 '삼위일체 하나님'이란 뜻과도 같은 말이다. 그는 비유에 능한 자라 자기가 하나님이라는 말도 비유와 은유로 나타내어 이단 시비에서 벗어나려 하고 있으나 그것은 '눈 가리

고 아옹' 하는 격이 될 뿐으로써 손으로 하늘을 가릴 수는 없는 노릇이다. 그래서 '그는 과연 우리의 생명과 영혼을 주장하실 수 있는 삼위일체 하나님이신가?'라는 심각한 질문에 이르게 된다.

그리고 「성도와 천국 2」 p.63에는

예수 안에 있어 성부·성자·성신 일체를 이루시니 삼위일체이다.

라고 말하며 또, 「요한계시록 완전해설」 p.72에는

예수는 아버지의 이름으로 오셨고, 요한(보혜사)은 예수의 이름으로 오게 된다. 하나님＝아브라함, 예수＝이삭, 보혜사(요한)＝야곱의 상징으로 오시니 오늘날 우리는 요한의 입장에서 오시는 사명자를 만나야 한다.

라고 말한다.

사실 기독교 신학자라면 신의 단일성(單一性)을 거부하는 사람은 없다. 문제가 되는 것은 신의 단일성이 아니라 그것이 '어떤 성격을 갖고 있느냐' 하는 것이다. 분명히 하나님은 한 분임에 틀림없다. 그러나 하나님의 단일성이란 무엇인가? 회교도들처럼 성부(聖父)가 하나님이고, 성자(聖子)자가 하나님이고, 성령(聖靈)이 하나님이라면 1+1+1＝3이라는 수가 되므로 삼신(三神)이 되어 삼위일체는 거부된다. 이처럼 기독교에서 말하는 하나님의 단일성은 수학적인 것이 아니라 오히려 유기적(有機的)인 것이다. 예를 들면, 가장 단순한 원자인 전자, 양자, 중성자는 각각 분리된 삼원자(三原子)를 말하는 것이 아니라 원자력에 의해 연결되어 형성된 한 단위를 말한다. 열매를 예로 든다면 껍질도 열매이고, 속살도 열매이고, 씨앗도 열매가 된다. 이처럼 삼위일체 하나님은 사역적 측면에서 이해되어야 한다. 성령은 다른 보혜사가 증거 하기 위해 보내시는 사자, 즉 인간이 아니다(요 14:16, 17). 영적 존재이신 진리의 영이다. 신천지교회가 주장하는 보내시는 사자는 육적 존재인 인간이며 이만희를 지칭하는 것으로 '다른 보혜사'이신 '성령님'을 사칭하는 것이다. 그는 '보혜사'를 성령(하나님)이 아닌 '대언자로서의 인간'이라고 말하고 있다. 결국 그의 신관은 범신론이라 할 수밖에 없다. 그는 자신을 '보혜사 성령', '재림주'로 추앙하도록 신격화하고 있다. 그처럼 왜곡된 주장에서 회개하면 정통교단에서는 이단성이 짙어 한때 문제가 되었던 00교회를 받아들이고 인정한 것처럼, 또 이단으로 물의를 일으켰던 유재열 씨를 받아들인 것처럼 지금의 신천지교회가 변하여 새롭게 된다면 수용하지 않을 이유도 없을 것이다. 왜냐하면 정통교단에서 어떤 '사람이나 교회'를 지목하여 배제하자는 것이 아니고 그들이 말(교리)에 문제가 있다는 것을 지적하는 것이다. 즉 사람을 배제하자는 것이 아니고 그 속에 내제한 사고에 문제가 있는 것이라는 것이다. 그러므로 그것을 깨우쳐 함께 가자는 의미로 '이단'이라 했을 것이다.

> (엡 4:4) 몸이 하나이요 성령이 하나이니 이와 같이 너희가 부르심
> 의 한 소망 안에서 부르심을 입었느니라
> (엡 4:5) 주도 하나이요 믿음도 하나이요 세례도 하나이요
> (엡 4:6) 하나님도 하나이시니 곧 만유의 아버지시라 만유 위에 계
> 시고 만유를 통일하시고 만유 가운데 계시도다

모든 존재가 하나님에게서 나왔으며(of) 그를 통하여(through) 그에게로(unto) 돌아갈 수 있다(출18:23). 하나님은 자존(自存), 불변

(不變), 무한(無限)하신 분이다.

이러한 명백한 말씀에 근거하면 그는 정죄되어야 하지만 정통 기독교에서는 정죄가 목적이 아니라 '함께 가자'는 데 목적이 있다(욥 6:24). 그리하여 합력하여 선을 이루고자 함에 있다(롬8:28). 합력하여 선을 이룰 때 하나님이 함께하시기 때문이다.

따라서 지금부터라도 회심하여 기성교회와 손을 잡고 일한다면 어찌 마다할 것인가?

(2) 구원론에서의 모순

이만희 씨의 책 「계시록의 진상」 p.20에는 다음과 같이 되어 있다.

> "천국에 들어가려면 꼭 알아야 할 비밀이 있는데, 그것은 계시록 전장을 참으로 보고 들은 예수님의 사자(목자)를 만나서 증거의 말씀을 받고 신천지교회와 거룩한 성을 아는 것이다."

또, 「계시록의 진상」 p.331에는

> 말세에는 스스로 살기 위하여 성경을 바로 깨달아, 주께서 약속한 목자와 신천지교회에 소속되어야 한다. 이것만이 오직 구원의 길이다.

「계시록의 진상」 p.537에서는

> 사도 요한적인 사명자(보혜사)를 만나 그의 말씀을 듣고 지켜야만 영생에 이른다.

「계시록의 진상」 p.538에는

계시록의 영원한 복음 새 노래를 배워야 거듭나고 영생에 이른다.

이만희 씨에 의하면 여기에 천국 갈 수 있는 조건이 제시되었다. 이만희 씨에게서 배우고 신천지교회에서 생활해야 천국 갈 수 있다는 것이다.

한편, 그의 책 「영핵(靈核)」 p.80-81에는

차제에 처음으로 밝히거니와 지구촌에 사는 사람은 그 누구를 막론하고 이곳 '이긴 자의 신천지교회'에 오지 않고는 구원도 천국도 영생도 얻지 못한다. 왜냐하면 예수님이 보낸 사자 '이긴 자'를 통하지 않고는 예수님에게 올 자가 없기 때문이다. 정통을 죽도록 외친다 할지라도 구원받을 수 없고 학·박사, 목사, 믿음, 사랑 아무리 강조해도 이긴 자의 교회에 오지 않으면 죽은 믿음이다

라고 강하게 주장한다. 이로 보건대, 이만희 씨가 주장하는 구원의 길은 계시록의 영원한 복음을 유일하게 알고 있는 사도 요한적인 사명자(보혜사)인 자신을 믿고 신천지교회에 소속되는 것이다. 과연 그러할까? 이런 독선적인 주장을 간과해도 좋을까?

Louis Berkhof은 그의 저서에서

예수 그리스도 안에서 주어진 구원을 받도록 죄인을 초청하시는 하나님

이라 말하며 성부(고전1:9; 살전2:12; 벧전5:10) 하나님과, 성자(마

11:28; 눅5:32; 요7:37; 롬1:6) 예수님과, 성령님(마10:20; 요15:26; 행5:31, 32)의 부르심으로부터 구원이 이루어진다고 말하고 있다. 「웨스트민스터」 신도개요서(信徒揭要書) 제7조에 의하면

> 인류의 죄와 부패함과 형벌에서 구원하시고 영생을 주고자 하사 하나님의 무한하신 사랑으로 그의 영원하신 독생자 주 예수 그리스도를 세상에 보내셨으니, 그로만 하나님께서 육신을 이루었고 또 그로만 사람이 구원을 얻을 수 있다.

라고 말하고 있어 그리스도만이 하나님의 보내심을 받은 구속자라고 말하고 있다. 성경 소 요리문답 제21문의 답에서는

> 하나님의 선택하신 자의 구속자는 다만 주 예수 그리스도뿐이신데, 그는 하나님의 영원한 아들로서 사람이 되셨으니 그 후로 한 위에 특수한 두 가지 성품이 있어 영원토록 하나님이시요 사람이시다(헌법, 1994, 31).

라고 하여 그리스도만이 구원의 열쇠임을 강조하고 있다
  성경 대 요리문답 제4문의 답에서는

> ……죄인들을 확신시켜 개심케 하고 위로하며 육성하며 구원에 이르게 하는 그 빛과 능력에 나타나 있다(헌법, 1994, 56).

라고 말하여 구원에 이르게 하는 빛이 하나님의 말씀에 있음을 강조하고 있다. 탁명환은 그의 저서 기독교 이단연구에서

> 예수 그리스도와 그의 사역(work)만이 유일한 구원의 방법이다.

하나님의 참된 종은 바로 그 예수 그리스도를 올바로 전해야 한다. 오직 예수의 이름을 드높이며 하나님의 영광을 위한 선한 도구로서의 본분을 철저하게 지켜나가야 한다. 이만희는 종 된 자신의 위치와 본분을 떠나서 자신을 마치 하나님처럼 예수님처럼 성령님처럼 신격화함으로써 자신과 신천지교회의 사단적 실체를 여실히 드러내고 있다.(탁명환, 2003, 398).

라고 이만희 씨의 오류를 지적하고 있다. 그렇다면 성경은 무엇이라고 말하는가?

(행 4:12) 다른 이로서는 구원을 얻을 수 없나니 천하 인간에 구원을 얻을 만한 다른 이름을 우리에게 주신 일이 없음이니라 하였더라.

(요 1:12) 영접하는 자 곧 그 이름을 믿는 자들에게는 하나님의 자녀가 되는 권세를 주셨으니

(요 3:16) 하나님이 세상을 이처럼 사랑하사 독생자를 주셨으니 이는 저를 믿는 자마다 멸망치 않고 영생을 얻게 하려 하심이니라

그러므로 이에 벗어난 저들은 이단이 확실하다. 즉 구원은 예수님 외에 없다. 그 외에 어떤 방법이나 논리나 궤변이나 기사 등으로 구원할 수 있음을 주장한다면 이단이다. 필자가 「정통기독교」를 주장하는 것은 정통기독교에 모순이 없어서가 아니다. 정통기독교 완전무결하기 때문만도 아니다. 정통기독교에 몸담은 성직자나 성도들이 흠 없는 제물이어서가 결코 아니다. 다만, 정통 기독교는 성경이 말하는 의도를 찾으려고 애를 쓰고 있으며, 그들의 교리가 수많은 신학자들의 공통된 지지를 받으며, 수천 년의 교회 역사가운데 크고 작은 환

란을 겪으며 공인된 결과들을 주장하며 따르고 있기 때문이다. 그러는 과정에서 그들의 약점이 보완되고 모순이 최소화 되었기 때문이다. 그런데 왜 저들은 성경이 배제하고 신학자가 배제하고 역사적 교회에서 검증된 학문이 배제하는 주장을 하여 교회를 분열시키고 왜곡된 풀이를 하는지 안타까울 뿐이다.

정통기독교에서는 이러한 모순점을 저들에게 알려서 왜곡된 신앙을 바로 세워줘야 할 것이며, 동시에 저들에게 미혹된 성들로 하여금 회심할 수 있는 기회를 제공해야 할 것이다.

(3) 기독론에서의 모순

이만희 씨는 「계시록의 진상 2」 p.40에서는

예수님은 육신을 입고 오신 하나님이 아니라, 성령이 인간 예수의 육체에 임하심으로 하나님의 아들이 되었다.

라고 주장한다. (이것은 자신에게 성령이 임하여 '보혜사가 되었다'라는 말을 하기 위한 기초 작업일 것이다 – 필자 주)

그는 「신탄」 p.353에

성령이신 주께서 이 육체의 사명자에게 임하여 역사해 오시다가 영광의 한 날에 이르러 둘이 신랑과 신부로서 온전한 하나를 이루게 된다. 이날이 주의 강림(세상에 임재하심)의 날이다

또, 「신탄」 p.331-334에서는

보혜사를 예수의 대언자요, 또 재림 예수의 다른 이름이라 밝혔다. 이제 다른 시각에서 보혜사가 지니고 있는 뜻을 새겨보자. 공의로 심판하고 충신과 진실로 심판하는 자가 누구인가? 두말할 나위 없이 그는 재림주임이 분명하다. 오늘날에도 그때처럼 한 인간, 곧 육체적 사명자를 부르시고 그를 양육하시게 된다. 그가 곧 2천 년 전의, 성령받기 전의 예수와 동일한 인물이다. 그리고 예수에게 성령이 임하여 비로소 그 보혜사가 구주가 된다. 더 직설적으로 말하면 2천 년 전의 의인 예수가 오늘날 의인 보혜사로 다시 오셔서, 성령이신 하나님과 하나 됨으로써 예수 그리스도가 되는 것이다.

라고 자신을 예수 그리스도와 동일선상에 두고 있다.

또, 「신탄」 p.43에서는

이 모든 증거의 말씀을 드러내기 위하여 하나님은 일찍이 이 땅에 한 분을 보내 주셨다. 연약한 백성들의 끊임없는 배도와 멸망의 소용돌이로부터 인류를 해방시켜 새 생명의 나라를 개국하기 위해 오셨으니, 그분이 바로 이만희 선생이시다.

라고 주장하여 이만희 씨를 재림 예수로 둔갑시키고 있다.
그러나 「웨스트민스터」 신도개요 제7조에는

그의 영원한 아들이 참사람이 되사 그 후로 한 위에 특수한 두 성품이 있어 영원토록 참하나님이시오, 참사람이시라 성령의 권능으로 잉태하사 동정녀(童貞女) 마리아에게 났으되 오직 죄는 없는 자시라. (헌법, 1994, 20).

고 되어 있다. 따라서 생물학적 방법으로 태어난 인간 이만희(그는 1931년 9월 15일 경북 청도군 풍각면 현리 702번지에서 이재문—74

세에 작고-씨와 고상금 씨 사이에서 태어났다. -필자 주) 씨는 죄인의 성품을 가진 인간에 지나지 않으며 구속자로서의 사역을 감당할 수 없다.

또, 성경 소 요리문답 제22의 답에는

하나님의 아들 그리스도께서 사람이 되신 것은 참몸과 지각 있는 영혼을 취 하사 성령의 권능으로 동정녀 마리아에게 잉태되어 탄생하셨으나 죄는 없으시다.(헌법 1994, 31)

고 하심으로서 죄 없이 잉태된 특별하신 분으로 말씀하셨다.

그리고 킹스베리는 그의 저서 「마가의 기독론」에서

그는 하나님이 성령으로 권능을 베푸시고, 아들이라 부르시며, 메시야 사역을 위하여 선택하신 분이시다. 그는 권세를 가지시고 전파하시고, 제자들을 부르시고, 가르치시고, 치유하시고, 귀신들을 내어 쫓으신 분이시다. 그는 예루살렘으로 여행하시사 고난당하시고, 속죄를 위한 죽음을 죽으시고, 다시 살아나신 분이시며, 종말론적 하나님의 백성의 '창조자'이시다. (Kingsbury 1994, 243).

고 말하고 있다.

그런데 이러한 대열에 어느 교주를 올려놓고 신격화하는 것은 문제가 있다. 절대 무오한 하나님의 위치에 피조물에 불과한 인간이 오르겠다고 하는 것은 언어도단이 아닐까? 또한, 벌콥은 그의 저서에서

성서는 하나님과 인간 사이에 단 한 분의 중보자가 있음을 가르치고 있다. 한편 이 중보자는 신성과 인성의 두 구별된 성질을 지니고 있다고도 말하여 준다. 그것은 하나님께서 육신으로 나타셨다

고 하는 경건의 위대한 신비인 것이다(딤전3:16)……. 인간적 이해를 초월하고 있다는 점에서도 역시 하나의 신비인 것이다.(Berkhop, 1993, 112).

고 말하며 예수 그리스도의 출생은 신비한 사건이라고 말한다. 즉 예수님의 동정녀탄생이나 신성과 인성을 동시에 가진 것 등은 이성을 초월한 신비라는 것이다. 따라서 이처럼 신비롭지 못한 이만희 씨의 출생과 죄성은 그가 구속주가 아님을 증명하는 것이다. 이러한 약점을 보완하기 위하여 어느 날 밤에 별을 보았던 사건이나, 물고기 사건 같은(본서 Ⅲ 이만희의 역사와 그 영향 참조) 「조잡한 신비」를 만들었다. 하지만 필자가 말하는 신비로운 것이란 사람이 자기의 권익을 위하여 조작한 신비를 말하는 것이 아니라 성부 하나님에 의하여 계획되어, 성자 예수님이 개입하시고 성령님의 역사가 있는 신비를 말한다.

한편, 탁명환은

이만희에 의하면 예수님의 성육신뿐만 아니라, 예수님의 신성까지 부인된다. 이는 양자론적 기독론의 이단적 사설을 연상시킨다. 더 나아가 이만희가 보혜사인데, 보혜사에게 성령이 임하여 구주가 되고 그리스도가 된다고 주장하는데, 이는 어불성설(語不成說)이다. 보혜사가 바로 성령인데, 어떻게 보혜사에게 또 성령이 임하여 구주가 된다는 말인가? 무엇보다 성경 어느 곳을 살펴보아도 이만희가 보혜사라는 말이 없으며, 구주라는 말이 없다. 예수님 외에 다른 구주는 있을 수 없다. 이 씨(신천지교회)가 자신을 재림예수로 신격화하는 것은 자신이 적그리스도임을 반증하는 것이다(탁명환 2003, 398).

라고 말한다.

그렇다면 성경은 무엇이라고 일러주고 있을까?

(요이 1:7) 미혹하는 자가 많이 세상에 나왔나니 이는 예수 그리
　　　　　스도께서 육체로 임하심을 부인하는 자라 이것이 미혹
　　　　　하는 자요 적그리스도니
(롬 10:9, 10) 네가 만일 네 입으로 예수를 주로 시인하며 또 하나
　　　　　님께서 그를 죽은 자 가운데서 살리신 것을 네 마음
　　　　　에 믿으면 구원을 얻으리니, 사람이 마음으로 믿어
　　　　　의에 이르고 입으로 시인하여 구원에 이르느니라
(요 3:5-7) 예수께서 대답하시되 진실로 진실로 네게 이르노니 사
　　　　　람이 물과 성령으로 나지 아니하면 하나님 나라에 들
　　　　　어갈 수 없느니라. 육으로 난 것은 육이요 성령으로 난
　　　　　것은 영이니, 내가 네게 거듭나야 하겠다 하는 말을 기
　　　　　이히 여기지 말라
(엡 2:8, 9) 너희가 그 은혜를 인하여 믿음으로 말미암아 구원을
　　　　　얻었나니 이것이 너희에게서 난 것이 아니요 하나님
　　　　　의 선물이라. 행위에서 난 것이 아니니 이는 누구든
　　　　　지 자랑치 못하게 함이니라

이와 같이 신학적으로 모순을 안고 있으며 성경적으로 배척당하는 교리를 가진 사람은 이단으로 정죄됨이 당연하다. 그런데 이에 미혹된 성도가 있음이 안타까울 뿐이다. 기성교회 지도자들에게는 이러한 사연을 모르고 미혹된 성도에게 가르쳐야 할 의무와 책임이 있을 것이다.

(4) 종말론에서의 모순

이만희 씨는 「영핵(靈核)」 p.70에는

예수님이 한 육체에 성령으로 임한다……. 다시 오신 주 되신 이
만희를 통해서 말씀을 앎으로써 종말의 시기를 알 수 있다. 오늘날
은 주께서 직접 우리에게 종말의 시기와 징조를 알려 주신다

고 말하고 있으며,
「계시록의 진상」 p.82에

오늘날의 사도 요한적인 사명자가……하늘에서 본 그대로 천국을
창설한다. 성도들은 이 일에 참예하는 역군으로 일해야 한다.

고 말하고 있으며,
「계시록의 진상」 p.274에는

하늘은 저 푸른 하늘을 말하는 것이 아니다. 하늘과 땅은 '하늘은
영계, 땅은 육계, 하늘은 목자, 땅은 성도, 하나님의 목자와 성도가
있는 신천지교회를 하늘 또는 새 하늘'이다

이라고 말하고 있으며,
「계시록의 진상」 p.312-313에서는

목자는 하나님의 대언자요 건축자이다

라고 주장하고 있으며,
「계시록의 진상 2」 p.300-306을 통해서 '신천지교회(무료성경신학
원)'에서 종말의 사건이 완성된다고 강력하게 암시하고 있다.
　이로써 필자는

그의 종말에 사단적 가르침을 강변한다.

고 하는 탁명환 씨의 지적에 동의하면서 이에 대한 근거를 성경 말씀으로 한다.

> (마 24:36) 그러나 그날과 그때는 아무도 모르나니 하늘의 천사들도, 아들도 모르고 오직 아버지만 아시느니라
> (계 21:11) 하나님의 영광이 있으매 그 성의 빛이 지극히 귀한 보석 같고 벽옥과 수정같이 맑더라

이로 보건대 이단의 특징 중에 '그날과 그시'를 계시받아 알고 있다고 점치는 전형적인 무모함이 이단에 해당한다. 성경에서 말하는 종말은 분명 신비한 사건임에는 틀림없다. 그러나 이 사건을 악용하여 미혹하는 이단의 미혹으로부터 해방되어야 한다.

흔히 '왜 그날과 그시를 알지 못하도록 비밀에 붙였는가?' 하고 묻기도 하는데 만일 '그날과 그시'를 알게 되면 사회는 지금보다 훨씬 혼란스럽게 될 것이요, 종말이 앞당겨질 것이다. 즉 하나님께서 섭리하시는 '천재의 종말' 아니라, 사람들의 잘못으로 인하여 이루어진 '인재의 종말'이 쉽게 올 것이다. 어떤 사람이 몇 주 후 혹은, 몇 시간 후에 죽어야만 한다면, 죽음을 카운트다운 하는 입장에서 성실한 노력을 하겠는가? 아니면 윤리와 도덕을 지키려 하겠는가? 그것도 아니라면 법질서를 따르려 하겠는가? 우리는 종말이 언제 올지 앎으로써 많은 혼란을 예상할 수 있다. 그래서 '그날과 그시'를 비밀에 붙인 것이 하나님의 은혜라 생각된다. 지금까지 역사적으로 종말의 시기나 장소를 안다고 주장한 사람은 많이 있었다. 그런데 아무도 적중한 사람은 없이 한낱 이단의 터무니없는 주장으로 끝났다. 다시 말

하면 '그날과 그시를 알고 있다'는 말하는 사람은 모두 이단의 괴수였었다는 말이다. 이것은 교회 역사가 증명하는 일이요, 인류 역사가 말해주고 있다. 그럼에도 불구하고 '그날과 그시를 알고 있다'는 주장을 믿고 따르는 사람들이 있다는 데 문제가 있다. 성경을 모르는 사람일지라도 각종 매스컴을 통해서라도 그들의 주장이 허구로 끝났음이 밝혀지고 있지 않은가? 1990년대에 이○○ 씨가 다미 선교회를 통하여 10월 28일에 지구의 종말이 온다고 얼마나 외쳤었던가! 그때도 얼마나 많은 성도들이 미혹되어 추종했었던가! 그 집단도 오늘의 신천지교회보다 훨씬 규모 있게 전국을 강타했었다. 그러나 철저한 허구로 끝나지 않았던가! 지금의 집단도 역사적 사실의 검증된 결과에 비춰볼 때 예외가 아닐 것이라고 삼척동자도 감지할 수 있을 것이다.

또 하나 예를 들어보자. 신천지교회의 전신이나 다름없고 신천지교회 교주인 이만희 씨의 스승이나 다름없었던 유재열 씨를 보자. 청계산 어디엔가 '그날과 그시'를 위한 도피처가 있다고 말했었다. 당시 그 말에 현혹되어 많은 사람들이 그곳으로 모여들었었다. 그러나 결과는 이단의 속임수였었다는 것을 누구나 아는 사실이 아닌가? 이처럼 신학을 몰라도, 성경을 몰라도 이미 역사적으로 검증되고 사회적으로 인정된 이단의 속임수에 미혹되는 것을 어찌 기성교회 목사들이 성도들을 잘못 가르친 결과라고 그들의 책임만으로 돌릴 수 있단 말인가? 이것은 마치 '살인하면 범죄행위가 된다.'라는 사실을 교회에서 가르치지 않았기에 살인죄를 저지르게 되었다고 기성교회 목사들에게 책임을 지우는 논리와 같은 것이다.

유재열 씨는 1966년 3월 1일에 '두루마리 성경을 먹었다'며 소위 '두루마리 계시'를 받았다고 주장했다. 그로부터 1260일이면, 즉 1969년 11월 1일에 세상은 불바다가 된다고 가르쳐 왔었다. 그는 사람들이 이 환란에서 살아남기 위해서는 장막성전에 들어와야 한다고 주장했었다. 과연 그의 주장대로 세상의 종말이 왔는가? 당시 그의 말을 듣고 수천 명이 모여들었으며 여기저기서 통곡소리가 들려왔었다. 이만희 씨도 유재열 씨의 설교를 듣고 감복하여 식음을 전폐하며 몸부림쳤었다. 그리하여 과천 청계산 골짜기는 제2의 신앙촌처럼 날로 확장되고 있었다. 그러나 세상의 종말은 해프닝이 되고 말았다.

아무리 성경을 모르는 사람이라 할지라도 이러한 사건을 통해서 이단의 왜곡됨을 알 수 있을 터인데 그들에게 미혹되는 사람은 누구란 말인가? 아마도 이단에 동조할 수 있는 마음을 가진 심령이 별도로 준비된 것이 아닐까?

4. 역사적/문헌적 결함을 교육한다

(1) 신천지교회의 설립과 교주 출현에서의 모순

이단사상 가장 젊은 교주로 알려져 있는 당시 18세의 '어린 종' 유재열(장막성전, 이삭교회) 단체의 신도였던 이만희 씨는 유재열 씨의 설교를 듣고 탄복하여 거의 식음을 전폐하다시피 성경을 읽다가 하나님의 음성을 들었는데 '진리를 좇아가라'는 내용이었다고 한다. 당시 유재열은

> 기성교회는 구원이 없고 목사들은 삯꾼 목자 거짓 목자이며 진정한 구원을 얻으려면 이곳에 와야 된다.

고 주장했다. 교주 유재열은 하나님이 보내신 보혜사, 진리의 성령이며, 영생할 알곡을 거두는 자이고, 하나님께서 인을 가지는 자로 삼

으신 사자이고, 하나님의 계시를 받고, 일곱 인으로 봉함된 책을 먹었고, 열방 선지자로 만민에 기호로 삼은 종이라는 것이 그들 교리의 근간을 이루었다. 또한, "말세의 환란을 피하기 위하여 이미 청계산 계곡에 큰 밀실을 마련해 놓았다. 그 암혈과 토굴 속으로 장막성전 신도가 다 들어간 뒤에 세상은 불바다가 되고 그 후 다시 나와서 신천지를 이루고 신도들은 왕이 되어 각 고을을 다스린다."는 내용으로 정리된다.

이처럼 허무맹랑한 종교에 심취했던 이만희 씨는 1967년 장막성전에 재산을 다 털리고 사기당했다며 그 단체를 이탈하여 홍종효, 신종환, 유인구 등과 함께 새로운 종교집단의 교주가 되어 안양 비산동에 '신천지교회'를 세우고 「계시록의 진상」이란 책자를 발행하여 장막성전 유재열을 비판하며 1971년 40여 개 항목으로 유재열을 고소하기도 했다. 그는 장막성전이 기성교회와 결탁하여 타락했으니 새로운 사명은 자기네들이 받았다고 주장한 것이다. 즉 유재열 씨에게서 배웠으나 그를 비판하고, 장막성전의 교리를 계승 발전시키면서도 유재열 씨를 폄하하고, 유재열 씨의 '장막성전'에서 이탈함과 동시에 '신천지예수교증거장막성전'을 세우고 스스로 교주가 되어 '무료성경신학원'을 통해 이상한 교리를 주장하고 있는 것이다. 그가 주장하는 증거장막성전이 하나님께서 원하시는 교회일까?

뺄콥은

신약에서 예수님은 이 '교회'라는 말을 처음으로 사용하셨다. 예수님은 이 말을 자기 주위에 모여 자기를 공적으로 저들의 주(主)로 시인하고, 천국의 원리를 받아들인 군중들에게 적용한 것이었다.

고 말하며

교회란 예배를 위하여 일정한 지역에 있는 신자들의 단체(支敎會), 어떤 개인의 가정에서 모인 가정교회, 천상(天上)에서나 지상(地上)에서나 그들의 교주로서의 그리스도와 영적으로 연합된 혹은 장차 연합될 신자들의 전 단체(全團體)를 가리킨다.

라고 말한다. 또, 손두환은 「기독교회사(1)」에서

기독교는 모든 종교적인 신앙 가운데서 가장 널리 퍼지고 깊이 뿌리를 박은 최고 최대의 교세를 자랑하는 종교이다. 세계 모든 민족에게 많은 도전을 강하게 받으면서도 줄기차게 성장하였으며 만민에게 전파되어 왔다. 때로는 너무 강력한 박해의 도전으로 쇠퇴하는 듯이 보일 때도 있었다. 그러나 기독교의 생명력은 쇠퇴하지 않고 세계 모든 민족에게로 소금처럼 녹아 스며들어 갔다

라고 말한다. 즉 기독교는 수많은 세월을 통하여, 수많은 사람들에게, 수많은 박해를 받으며 검증된 종교라는 것이다. 그러나 이만희 씨는

일곱 교회의 사자에게 편지한 자요, 하늘에서 온 책을 받은 자요, 계시를 받아 증거 하는 자이다. 그러므로 이 목자가 증거 하고 있는 성전이 곧 약속의 증거장막성전이며 신천지의 목자이다

라고 성경 문구를 인용해 교주인 이만희가 약속된 목자이며, 이 목자가 증거 하는 성전인 안양 신천지교회가 곧 약속의 증거장막성전(계 15:5)이라는 것이다. 그는 지상천국을 주장하고 삼위일체 하나님을 부인하며, 진화론을 주장하고, 구원은 동방의 증거장막성전(신천지교회)에만 있다고 주장하며 교회를 세운 것이다. 다시 말하면 역사적 정통교회처럼 검증받은 바 없는 그래서 객관성이 결여된 주관적 교

회관을 주장하고 있는 것이다.

또, 그의 아전인수식으로 교리는 해괴하다. 그의 교리가 이해는 되지만 용납하기 힘든 주장을 전개한다.

이에 대하여 탁명환은

교회는 음부의 권세가 이기지 못한다. 교회의 머리가 예수 그리스도이시며 성령과 말씀이 두루 운행하는 거룩한 하나님의 성소요, 구원의 처소이기 때문이다. 세계의 교회는 오직 그리스도 안에서만 하나이며, 어느 한 민족이나 지역에 제한되지 않으므로 보편적이고, 그리스도의 몸으로써 성령의 사역이 이루어지는 거룩한 변화의 현장이다. 오직 신천지교회에 속해야만 구원을 받는다는 자신들의 논리는 사단적 궤변에 지나지 않는다. 그리스도 안에서 말씀과 성령의 거룩한 변화의 역사가 이러나는 곳은 장소적 제한을 벗어나서 교회라 칭해질 수 있다

라고 반론을 제기하고 있다. 그렇다면 성경은 무엇이라 말하고 있을까?

(엡 1:22, 23) 또 만물을 그 발아래 복종하게 하시고 그를 만물 위에 교회의 머리로 주셨느니라 교회는 그의 몸이니 만물 안에서 만물을 충만케 하시는 자의 충만이니라
(마 16:18) 또 내가 네게 이르노니 너는 베드로라 내가 이 반석 위에 내 교회를 세우리니 음부의 권세가 이기지 못하리라

이와 같이 이단에 뿌리를 두고 거기서 출발하여 이단의 사상을 계승 발전시킨 것을 이단으로 정죄하는 것은 역사적으로도 당연한 귀결이 될 것이다. 하나님은 예수님 자신을 교회라 하신다. 그러므로 교회를 빙자한 자기 유익을 추구하는 집단을 경계해야 한다는 것을 가르

쳐야 한다. 앞서 말했거니와 2000년 교회 역사적으로 수많은 이단들이 나타나 여러 가지 감언이설로 미혹하면서 '그날과 그시'를 말했었다. 또, 자기가 재림 예수라고 주장했었다. 어떤 사람은 '이긴 자, 두 증인, 보혜사, 하나님, 감람나무' 등 여러 형태로 주장하던 사람이 많이 있었다. 지금도 그런 허무맹랑한 주장을 하는 사람이 있다. 역사적으로 너무 많이 있었기에 기성교회 목사들은 이단에 대하여 감각을 잃고 신중하게 생각지 않을 수도 있다. 그래서 성경의 드다처럼(행5:36) 잠시 흥행했다가 곧 시들어버릴 풀의 꽃(벧전1:24)과 같고 안개와 같은 것(약1:14)을 너무도 잘 알기에 무관심하는지도 모르겠다. 그러나 미혹된 영혼은 살려야 한다는 일말의 목자적 양심이 호소하기에 갖가지 어려움과 위험을 무릎 쓰고 이 글을 쓰게 되었다.

5. 이단의 부정적인 면을 부각시킨다.

'정통'기독교란 무엇인가? 그러면 '비정통'기독교도 있단 말인가? 정통이란 단어는 두 가지 희랍어에서 온 것인데 '옳은 믿음' 혹은 '옳은 의견'이란 뜻을 지니고 있다.

신천지예수교증거장막성전(대한예수교장로회 신천지교회)은 과천에 총회본부를 두고 본부교회 아래 지역별 12지파를 두고 있으며 그 아래 교리를 전하는 신학원을 전국에 80개 이상을 두고 있다. 12지파 중 대구와 대전 광주 지파가 세력이 제일 큰 것으로 알려지고 있는데 특히 학원가에서 총학생회 또는 총동아리연합회를 장악하는 사태가 벌어져 심각한 우려를 낳기도 한다.

수년 전 전남의 모 대학에서는 기독연합회 및 선교단체들이 신입생을 대상으로 설문지를 돌렸는데 정체불명의 사람들이 나타나 전남대학교 기독연합회를 비방하며 설문조사를 받는 신입생들에게 불신과 두려움을 심어 준 것은 물론 3일째 되는 날에는 5명의 험상궂은 사람들까지 동원하여 전기협(전국 기독학생 협의회) 학생들을 협박하며 소란을 피워 싸움이 벌어졌는데 학생들에 의하면 이들이 신천지교회 사람들인 것으로 밝혀졌다고 한다. 한편, 신천지교회 전남대에 선교단체가 아닌 '봉사단체'로 동아리 등록을 하여 활동하고 있는데 문화센터 등을 통해 일반인들까지 포섭하고 있다. 이들이 기성교인들에게 미친 영향을 언론 매체를 중심으로 조사한다.

(1) 가정에 미친 악영향

심우영 기자는 '무료성경신학원 피해 갈수록 심각'이라는 제하의 진단에서

> 성경신학원에서 교육과정을 수료하여 전도사가 될 수 있다는 그들의 말에 따라 직장을 사직하고 가출하여 집단에 들어가 허드렛일을 하는 여동생을 구할 수 없겠느냐(심우영, 1994, 68).

며 호소하는 가정이 적지 않다고 증언한다. 또, 필자의 지인이며 무료성경신학원에서 2년을 공부하고 지금은 그들의 교회에 출석하시는 P 권사님의 말에 의하면 안양의 모인은 남편과 이혼하고 위자료를 받아 무료성경 공부방으로 제공했다고 한다. 이처럼 그들의 실체에는 부정적인 면이 많음을 교육할 필요가 있다. 그러나 밝혀지지 않은 사례는 많이 있다는 증론이고 보면 이단에 미혹된 성도를 회심시키는 일이야말로 가정을 세우는 일이라고 생각된다.

(2) 교회에 미친 악영향

심우영 기자는 '무료성경신학원 피해 갈수록 심각'이라는 제하의 진단에서

> 무료성경신학원의 주된 주장은 기성교회의 긍정적인 면은 접어둔 채 부정적인 면만 들추어내 비하시키고 기성교회 목사들에 대해 무능하다는 비판은 물론 사이비로 몰아세우는 것 등이다. 그로 인해 신학원에 찾아온 성도들에게 교회와 목회자에 대한 불신을 조장케 함으로써 교회를 이탈하게 하는 등 결과적으로 교회 내에 분열을 조장하는 것이다(심우영, 1994, 67).

고 말하며 그들은 기성교회를 매도하는 일과 교회를 분열시키는 일을 하고 있다고 한다. 그런데 이러한 일은 대형교회보다 개척교회가 실질적인 피해가 심각한데 그 이유는 그들이 미치는 파급효과 면에서 그렇다는 말이다.

> ······실제로 무료성경신학원으로부터 피해를 당하고 상담을 요구하는 대부분이 개척교회 목사들인 것만 보아도 그 심각성은 상상보다 훨씬 심하다(심우영, 1994, 68).

심우영 기자의 진단을 성도들에게 교육하여 미혹당하지 않도록 주지할 필요가 있다. 즉 이단피해는 가정 파괴와 교회 파괴에 있으니 사단의 특성이 이단을 통해서 밝혀지고 있는 결과가 되었다. 이러한 폐단을 미혹된 성도에게 가르쳐 자신의 바른 논리를 이성적으로 확립할 필요가 있다. 사실 기성교회에서도 문제가 없는 것은 아니다. 어쩌면

교회를 향한 저들의 지적은 옳은지도 모른다. 그러나 그것들이 예수님의 몸 된 교회를 분열시키고 하나님께서 최초로 세우신 가정 제도를 파괴할 수 있는 조건은 못 된다. 기성교회에 문제가 있다면

> (마 18:15) 네 형제가 죄를 범하거든 가서 너와 그 사람과만 상대하여 권고하라 만일 들으면 네가 네 형제를 얻은 것이요
> (마 18:16) 만일 듣지 않거든 한두 사람을 데리고 가서 두세 증인의 입으로 말마다 증참케 하라
> (마 18:17) 만일 그들의 말도 듣지 않거든 교회에 말하고 교회의 말도 듣지 않거든 이방인과 세리와 같이 여기라

라는 자세로 임하면 대화할 수 있다고 본다. 이와 같이 성경대로 한다면 성도끼리는 물론 목사와 성도 간에 더 나아가서 교회와 교회끼리 화해하고 이해할 수 있을 것으로 생각된다. 문제는 자기들의 주장이 '옳다'고 고집하는 데 있다. 자기의 주장이 옳은지 그른지의 최종 판결은 하나님이 하시겠지만 우리가 할 수 있는 것은 성경이 기준인데 성경을 해석하는 것이 서로 다르니 이쪽 말을 들으면 그것이 맞은 것 같고, 저쪽 주장에 의하면 그것이 옳은 것 같아 혼란스러울 것이다. 그러므로 교회 역사적으로 검증된 사안을 따르는 것이 어떻겠는가? 또 사회적으로 검증된 이론을 따르면 어떻겠는가? 그래서 미혹되는 일이 없었으면 좋겠다. 상대의 허물을 파헤치는 일들만 한다면 믿지 않는 사람들이 볼 때 집안싸움(=밥그릇 싸움)으로 비쳐지지 않겠는가? 그렇게 하여 전도할 수 있겠는가?

6. 교회 프로그램을 개발하여 능동적으로 참여할 수 있게 한다

이원규는 「한국교회 무엇이 문제인가?」라는 그의 저서에서 교인들이 교회를 이탈하는 이유를

> ……소속감을 느끼지 못할 때, 교회가 제공하는 것(예를 들면, 설교나 가르침)이 적절치 않다고 느껴질 때, 다른 교인들이 그에 대하여 사랑과 관심을 보이지 않을 때(이원규, 1998, 194-197).

교회를 떠나게 된다고 말하는 하르트만(Hartman)의 연구결과를 소개하고 있다. 또, '교회의 부정적 인상'에 대해서는 '반지성주의'를 꼽고 있다. 즉 1991년 구원파와 관계된 오대양 사건이나 1992년 시한부 종말신앙과 같은 종교적 광신성은 사회적인 물의를 일으켜 왔다고 지적한다.

따라서 이단에 미혹된 성도를 회심시키기 위해서는 그들의 지적욕구를 충족시켜 줄 필요가 있다. 그리하여 핵심 있는 설교, 수준 높은 성경 공부 반을 운영해야 할 것이다. 따라서 설교 부분을 별도로 취급하기로 하고 먼저 성경공부에 대하여 말하기로 한다.

(1) 핵심교리 반 운영

김득룡은 그의 저서 「현대목회 실천론 신강」에서

> 목사들은 성경을 기준하여 먼저 청사진을 만들어야 한다(김득룡, 1990, 416).

고 말한다. 초대교회 사도들은 교육 프로그램을 가졌기에 초대교회 교인들은 사도들의 가르침을 잘 받을 수 있었다(행2:42). 그런데 유감스럽게도 오늘날의 성경공부는 기독교의 핵심 교리 공부보다 선교, 봉사, 구제 등의 주제에 치우치는 경향을 많이 볼 수 있다.

그렇다면 기독교의 핵심교리는 무엇을 말하는 것일까?

제임스 패커는 그의 저서 「하나님을 아는 지식」에서 복음의 핵심을 '구속의 사랑과 화목의 자비'라고 말한다(Packer, London, 1973). 따라서 본인은 이에 알맞은 '핵심교리 반'을 운영함으로써 성도들에게 기준을 제시하고 이단에 미혹된 성도를 회심시키고자 한다. '핵심교리 반 운영'이란 기독교의 핵심이 되는 교리를 교육하는 것으로 '웨스트민스터 신조', '소요리문답', '대요리문답' 등을 교육하여 신앙의 기초를 다지게 함으로써 하나님과 화목 하는 방법을 배우게 하고, '즐거운 교회생활', '행복한 가정' 등의 프로그램을 개발하여 운영함으로써 대신관계와 대인관계를 정립할 수 있도록 도와준다.

물론 이러한 프로그램은 교회의 실정에 맞게 조정되어야 하고 취사선택될 사항이므로 절대적 가치를 부여할 수는 없지만 이러한 이론은 보급할 필요가 있을 것이다.

(2) 난해성구 반 운영

김인자는 「성도들이여, 생각할 줄 아는 사람이 됩시다.」라는 저서에서

우리가 각기 소견대로 행동하지 않으려면 하나님의 뜻이 무엇인지 알아야 하고, 그러려면 그리스도의 보혈의 피로 죄 씻음을 받아 거듭나는 체험을 해야 합니다(김인자, 1993, 25).

고 말하며 아모스 7장 7, 8절을 아래와 같이 제시한다.

> (암 7:7, 8) 또 내게 보이신 것이 이러하니라 다림줄을 띄우고 쌓은 담 곁에 주께서 손에 다림줄을 잡고 서셨더니, 내게 이르시되 아모스야 네가 무엇을 보느냐 내가 대답하되 다림줄이니이다 주께서 가라사대 내가 다림줄을 내 백성 이스라엘 가운데 베풀고 다시는 용서치 아니하리니

기준에서 이탈 여부를 항상 측량하는 다림줄이 성경이다. 아무리 높이 쌓은 담장이요, 견고한 담장이요, 화려하고 웅장한 담장일지라도 '하나님의 말씀=성경'에서 왜곡되거나 이탈되면 용서치 않으시는 하나님의 의지를 성도들에게 알려 줘야 한다. 성경에 구원은 오직 예수뿐이라 했는데 자기가 구원자, 이긴 자, 보혜사라고 주장하면 용서치 않으시는 하나님이 보신다는 것을 가르친다. 심은 대로 거두는 것이 성경의 원칙이다. 뿌린 씨앗을 거두게 될 것이다.

월터 카이저는 그의 저서 「구약난제 해설」에서

> 오늘날 우리 문화가 구약성경과의 접촉점을 상실하였기 때문에 많은 이들이 성경을 어렵다고 느끼는 것은 결코 놀랄 일이 못 된다. 따라서 구약성경은 닫힌 문서가 되어 버렸으며 때로는 원시 시대의 유산으로 간주되기도 한다(Walter C. Kaiser, 1991).

이 말은 우리가 성경에서 막힘이 있는 것은 접촉점을 찾지 못했기 때문이라는 것이다. 하지만 그 접촉점을 찾기 위하여 해괴한 비유를 동원하거나 논리를 전개하는 것은 무리임을 말해야 한다. 또, 그 접촉점이 바로 교주에게서 나오는 것을 금해야 한다. 어떤 것을 몰라

답답하다 할지라도 성경이 가는 곳까지 가다가 성경이 멈추면 멈출 줄 알아야 한다. 이에서 벗어나면 이단으로 간주해도 좋다는 것을 알려야 한다. 즉 예수님께서도 모르는 것이 있다고 하셨기에(마24:36) 그 말씀에 근거하여 바울도 하나님의 깊고도 오묘하신 지혜와 지식의 부요함을 다 알 수 없다고 고백했다(롬11:33). 그런데 어떤 교주가 나타나 자기는 하나님께 특별한 계시를 받아 모든 것을 통달했다거나 하늘로부터 주어지는 계시록을 받아먹었다고 하면 그 사람은 분명 이단이 틀림없다. 우리는 기도보다 성령보다 앞서서 안 되는 것이며, 예수보다 바울보다 앞서서도 안 된다. "우리 목사님은 실력이 없고 성령받지 못하여 그것도 몰라"라는 식의 정죄는 자기는 모든 것을 통달했다는 이단의 교만과 함께 정죄받게 될 것이다.

또, 길자연은 「계시록난해 해설」이란 이광복 목사 저서 '추천의 글'에서

주의 재림과 관련된 난제는 어제 오늘의 과제가 아니다

라 하면서

(전 7:24) 무릇 된 것이 멀고 깊고 깊도다 누가 능히 통달하랴

는 말씀처럼 하나님의 비밀을 모른다고 말할 수 있는 정직함과 아울러 말씀을 대하는 목회자들의 태도가 어떠해야 하는지 말해주고 있다.

나겸일은

계시록은 그 해석에서 통일성이 제일 중시되는 성경이면서도 지금

까지 수많은 견해들로 많은 어려움을 겪은 사실은 교회사를 통하여 증명해 주고 있다(이광복 1999, 6, 7).

고 역설한다. 이 말은 계시록의 해석이 각각 다르다는 것을 말한 것이다. 계시록의 다른 해석에 의하여 이단이 배출되는 것이다. 즉 계시록은 이단들이 가장 활발하게 자신들의 의견을 필역하고 발붙일 수 있는 정착지가 되는 온상이다. 그럼에도 불구하고 계시록은 닫아 둘 책이 아니라 열어 둘 책이다. 따라서

(고전 2:10) 오직 하나님이 성령으로 이것을 우리에게 보이셨으니 성령은 모든 것 곧 하나님의 깊은 것이라도 통달하시느니라

는 말씀처럼 성령을 통해서만이 하나님의 깊은 경륜을 통찰할 수 있어야 한다. 즉 인간의 영만이 인간의 속사정을 아는 것처럼, 하나님의 영이신 성령만이 하나님의 속사정을 알 수 있음으로 성령을 통해서만이 하나님의 깊은 구속 경륜을 알 수 있는 것이다. 하나님의 지혜를 따를 수 없는 인간들이 하나님을 알게 되고, 하나님의 뜻을 알게 되는 것은 하나님을 잘 알고 계신 성령님에 의해서만이 알 수 있는 것이다. 이것을 소위 '성령의 조명'이라 하는데 성령의 조명은 예수 그리스도의 사역을 믿고 거듭난 자는 하나님의 성령을 선물로 받게 된다(요14:16, 17; 고전2:12). 따라서 거듭난 자는 하나님의 뜻을 온전히 알게 된다. 그러나 육적인 일로 가득하여 하나님의 속사정을 통찰하시는 성령이 내주하시지 않으면 하나님의 깊고도 오묘하신 경륜을 알 수 없다(고전2:14). 이처럼 하나님과 인간 사이에는 성령의 사역이 반드시 있어야 한다. 성령은 그렇게 중요하다. 그런데 어떤 사람이 나타나 자기가 그 사역을 감당하는 '보혜사 성령'이라고 한다

면 이단이 아니고 무엇이랴!

고린도전서 2장 10절에서 말하는 "모든 것 곧 하나님의 깊은 것이라도 통달하시느니라"에서 '하나님의 깊은 것'이란 무엇을 말하는 것일까? '하나님의 깊은 것'은 성령받은 자만이 알 수 있는 것이라고 했는데 이것은 이단의 교주가 주장하는 것처럼 하늘의 이상한 별을 보거나 시냇가의 물고기를 잡아는 체험이 있어야 한단 말인가?

'하나님의 깊은 것'이란 피조물로서는 도저히 이해할 수 없는 하나님의 깊은 뜻, 또는 하나님의 품격, 속성, 생각, 계획들을 포함한 하나님의 충만한 존재성을 말한다. 그런데 성령받으면 이러한 '하나님의 깊은 것'을 모두 알 수 있다고 하는 것은 잘못된 성경해석이다. 인간이 성령을 통하면 무엇이나 알 수 있는 전지전능한 신적 존재가 될 수 있다는 말이 아니다. 다만 하나님의 경륜에 깊이 감추어져 세상 지혜로는 알 수 없는 것을 알 수 있다는 말이다. 그것이 무엇인가? 창세기 3장 15절부터 줄곧 하시고자 하시는 '하나님의 속사정'은 무엇일까? 구약의 수많은 선지자들을 보내면서 이루고 싶었던 일, 당신의 독생자 예수 그리스도를 보내면서까지 알려 주고 싶었던 일, 마지막으로 독생자를 죽여서라도 하시고 싶었던 일이 바로 '하나님의 깊은 것'일 터인데 그것이 무엇일까? 그것이 바로 인류 구원이다. 하나님은 오로지 인류 구원이 최대의 목표였던 것이다. 그것을 바울은 '하나님의 깊은 것'이라 표현했던 것이다. 이로 보건대 성령받으면 '하나님의 깊은 것' 곧, 하나님의 인류 구원에 대한 오묘한 진리를 알게 된다는 것이다.

그렇다면 우리는 성령받았을까? 그리하여 '하나님의 깊은 것'을 알게 되었을까? 대개의 경우 성령은 어떤 교주처럼 특별한 체험을 하거나 방언을 해야 받은 것으로 착각한다.

그러나 우리는 성령받은 사람들이다. 그 증거는

(고전 12:3) 그러므로 내가 너희에게 알게 하노니 하나님의 영으로
말하는 자는 누구든지 예수를 저주할 자라 하지 않고
또 성령으로 아니하고는 누구든지 예수를 주시라 할
수 없느니라

이 말씀에 의하면 '(성)영으로 아니 하고는 누구든지 예수를 주시
라 할 수 없다'고 했는데 우리는 예수 그리스도를 '나의 주 나의 하
나님'으로 영접했다. 그분을 '나의 주 나의 하나님'으로 고백하고 있
다. 그러므로 우리는 성령받은 사람들이다. 그러므로 우리는 다음 말
씀을 살펴야 한다.

(롬 8:15) 너희는 다시 무서워하는 종의 영을 받지 아니하였고 양자
의 영을 받았으므로 아바 아버지라 부르짖느니라
(갈 4:6) 너희가 아들인 고로 하나님이 그 아들의 영을 우리 마음
가운데 보내사 아바 아버지라 부르게 하셨느니라

이로 보건대 우리는 하나님의 자녀임이 확실하며(요1:12), '하나님
의 깊은 것'이란 우리를 하나님의 자녀 삼기 위한(구속하기 위한) 하
나님의 계획된 섭리를 뜻한다는 것을 알 수 있다. 따라서 "성령은 모
든 것 곧 하나님의 깊은 것이라도 통달하시느니라"(고전 2:10)란 말
씀은 성령받으면 모든 것을 '꿰뚫는다'란 말씀으로 오해하여 자기는
재림 날짜도 아는 것처럼 말하고 재림 장소도 어디 일정한 곳에 있
다고 말하는 것은 무식의 소치이거나 이단들이 하는 짓임을 알려야
한다.

콩고 선교회에서는 선교사를 훈련시키는 과정에서 선교사에게 세례를 줄 때 '선교사 필휴'라는 안내서를 읽어 준다. 그 내용은

주 예수 그리스도와 함께 염소 소고기를 먹었음으로 세례를 베푸노라.

하는 식의 말이다. 여기서 '염소 고기 먹기'란 말의 뜻을 모르면 이 내용이 무슨 의미인지 이해하기 힘들다. 그 나라에는 전통적으로 노예를 부리는 관습이 있는데 주인이 노예에게 너무 혹독하거나 학대를 하면 노예는 다른 집으로 도망친다는 것이다. 그때 새 주인이 그 노예를 받아들일 마음이 있으면 그를 위하여 염소를 잡아 노예와 함께 먹는다고 한다. 그렇게 되면 옛 주인은 그 노예에 대하여 아무런 권리를 주장할 수 없게 된다는 것이다. 이처럼 성경에는 평신도는 물론 목회자들조차도 이해할 수 없는 난해한 구절들이 많이 있다. 따라서 이를 발췌하여 성도들에게 알려 줌으로써 지적욕구를 충족시켜 주고, 이단에서 그릇되게 가르쳐 주는 것을 대비시킨다. 그러나 목회자라 해서 오묘한 하나님의 지식의 부요함을 모두 통달하는 사람으로 자만해서도 안 되며, 통달하려는 시도도 문제가 있음을 인식해야 한다. 대개의 경우 이단들이 해괴한 논리로써 또는 비유로써 자기는 하나님의 직통계시에 의하여 깨달았다고 큰소리치며 '기성교회 목사들은 성령받지 못했을 뿐 아니라 아둔하여 이 원리를 몰라요' 하는 식으로 성도들을 미혹한다는 사실을 그래서 바울은

(롬 11:33) 깊도다 하나님의 지혜와 지식의 부요함이여, 그의 판단은 측량치 못할 것이며 그의 길은 찾지 못할 것이로다

라고 하며 바울도 모르는 것이 있었음을 인정했다는 것을 인식시켜야 한다. 즉 목사라고 해서 모든 것을 다 알아야 하고 모든 것을 다 알 수 있다는 생각은 교만이요, 잘못이란 뜻이다. 심지어 예수님께서도

(마 24:36) 그러나 그날과 그때는 아무도 모르나니 하늘의 천사들
도, 아들도 모르고 오직 아버지만 아시느니라

라고 하셨음을 상기시켜 바울이나 예수님도 모르는 것이 있는데 자기는 밤하늘에서 이상한 별을 보며 계시받았고, 시냇가에서 물고기를 잡다가 능력받았다는 식으로 미혹하며 하나님 노릇을 하는 것은 이단임을 소개한다. 그런데 문제가 있다. 저들은 다음과 같은 말씀으로 미혹하고 있다.

(암 3:7) 주 여호와께서는 자기의 비밀을 그 종 선지자들에게 보이
지 아니 하시고는 결코 행하심이 없으시리라

이 말씀에 의하면 하나님은 당신의 뜻을 실행하기에 앞서 항상 선지자들을 보내어 그 계획을 말씀하신다는 것이다. 이처럼 하나님의 계획을 미리 알려주시는 이유는 무엇일까?

첫째, 아무런 예고 없이 심판을 행하시게 되면 어리석은 인간들은 하나님의 심판을 심판으로 깨닫지 못하고 우연히 일어난 사건으로 보기 때문이다.

둘째, 심판 대상자에게도 회개하여 구원받을 수 있는 마지막 기회를 주시기 위함이다. 노아 홍수(창6:13-21), 소돔과 고모라 멸망(창 18:17-21 : 19:12,13) 그리고 애굽의 바로에게 행한 열 가지 재앙(출 7-12장) 등의 예에서 볼 수 있다.

그러나 하나님께로부터 계시를 받은 선지자들은 그것을 사사로운 판단에 의하여 자기 판단에 의하여 해석할 수 없다. 더욱이 자기 권익에 이용할 수 없으며 오직 하나님이 계시하신대로 예언해야 한다(암3:8; 렘20:9; 겔2:8; 고전9:16). 그래서 아모스는 자기 말을 거부하지 말라는 것이다.

그럼에도 불구하고 어떤 사람들은 악령에 사로잡힌 자기 지식과 지혜로 우매한 백성을 현혹하여 자기주장을 주입한다. 그리하여 새로운 종교나 교단을 만드는 일에 악용하고 있다. 그래서 이단은 정죄되어야 한다. 예를 들면, 주님도 모르신다(마24:36)는 「그 날과 그 때」를 자기는 계시를 받아 알고 있다는 식으로 말하면 결국 예수님보다도 우월한 새로운 교주가 되고자 함이다. 그래서 이단인 것이며 정죄 받아 마땅한 지옥의 사자인 것이다.

(3) 상황화 반 운영

탁명환은 그의 저서 「기독교이단연구」에서 성도들이 이단에 빠지는 것을 예방하기 위해서는

> 기성교회에서 무료성경신학원의 비유 해석들의 모순을 지적한 뒤, 관련 성경구절들에 대한 올바른 성경해석을 어느 정도는 제시해 주고 요한계시록을 성도들에게 무조건 가르치지 않기보다는 어느 정도까지는 명확한 부분만이라도 가르쳐서 궁금증을 해결해 주는 것이 효과적인 이단의 미혹을 예방하는 길(탁명환, 2003, 402).

이라고 한다. 이것은 이단에 미혹되지 않도록 예방하는 것인데 이미 '미혹된 성도들은 어떻게 회심시킬 것인가?' 하는 점을 말하지 못하

고 있다. 이에 필자는 '상황화 반'을 운영할 것을 제안한다. 즉 이단의 현존을 인정하고 그 상황 속에서 어떻게 진리를 수호하고 미혹된 성도들에게 복음의 빛을 비출 것인가를 연구하자는 것이다.

신천지교회에서 운영하는 무료성경신학원의 교육과정은 초등, 중등, 고등 반으로 구성되었는바 각 과정별로 그들의 잘못된 부문을 발췌하여 성도들에게 미리 교육함으로써 선지식을 가지고 있게 한다. 다시 말하면, 기성교회로부터 체계적인 훈련을 받지 못한 성도들은 아무것도 없는 공백 상태로 저들의 입장을 처음 듣게 되면 마음에 각인되기 쉬우므로 정통교회에서는 참다운 진리로 선지식을 줌으로써 혹시 저들의 이야기를 듣게 되더라도 들으면서 생각할 수 있게 한다.

예를 들면, 마태복음 13장의 겨자씨 비유에서처럼 겨자씨가 자라 큰 나무가 되어 공중의 새들이 깃들어 둥우리를 틀 경우 나무의 크기는 모두 같을지라도 둥우리가 모두 꼭 같을 수는 없다. 새의 종류에 따라 다를 것이다. 마찬가지로 '이단'이라 해서 모두가 잘못된 것은 아니다. 이단들도 '성경'이란 커다란 나무 위에 여러 종류의 새들이 깃들어 둥우리를 틀고 사는 것처럼 더부살이 형태일 수도 있다. 따라서 이단들도 '둥우리의 형태'가 각각 다를 뿐일 수도 있다. 둥우리 자체를 제거하기란 쉽지 않을 것이다. 마찬가지로 이단을 대처하는 방법에서도 선교학에서 말하는 '상황화'이론을 적용시킬 필요가 있다. 즉

첫째, 기독교의 불변적인 진리는 고수되어야 한다. 그러나 교파 같
　　　은 것은 반드시 같을 필요가 없다.
둘째, 어떤 상대적 부분은 변화의 대상으로 두어야 한다.
셋째, 문화적인 면은 토착문화의 것을 취해야 한다.

넷째, 성경의 규준이 가늠자가 되어야 한다.

다섯째, 우상 숭배와 같은 문화의 부분은 기능적인 대체로 승화시
킬 수 있다(채은수 1991, 154).

위와 같은 원리를 적용한 '상황화 반'을 운영하여 성도들로 하여금
말씀으로 무장하게 한다. 즉 이단에서 주장하는 말이나 하는 일(전
도, 성경공부, 사람을 대하는 자세 등)을 분석하여 그들의 장점을 칭
찬하고 수용하며 잘못된 점을 지적하여 비판함으로써 목사의 충고가
성도들에게 '일방적인 아집'으로 보이지 않도록 중도적으로 '상황화'
한다. 따라서 이단에서 주장하는 내용이나 말을 자연스럽게 소개하고
잘못된 것은 냉혹하게 지적함으로써 분별력을 키워주고 언제 어디서
무슨 말을 듣든지 '새로운 것'이라는 호감을 갖기보다 이미 '평가되고
검증된 것'이 되게 한다.

(4) 명언을 발췌하여 보급

성도들이 이단에 미혹되지 않도록 또는, 이단에 미혹된 성도를 회
심시키기 위하여 명언을 발췌하여 보급한다.

1) 종교의 차이는 정치적 차이보다 더욱 많은 분쟁을 일으킨다(윈델
   필립).
2) 모든 참종교의 본질은 하나님의 뜻에의 복종, 하나님 말씀에 대
   한 믿음, 그리고 하나님 완성에 대한 모방이다(이드먼드 버크).
3) 양심의 소리는 너무나 미세하여 무시해 버리기 쉬우나, 그것은
   너무나 분명하기 때문에 결코 착오를 일으킬 수 없다(그랜드 종
   합주석 14권, 1993, 541-542).
4) 가시처럼 날카로워서 사람의 마음에 깊은 상처를 주기가 십상이

면서도, 맛있고 아름다운 열매는 맺지 못하고 무익한 결론만을 이끌어낼 뿐인 변론들이 많다(그랜드 종합주석 15권, 1993, 1224).

5) 이단은 최고의 타락이다(존 트   ).

6) 참된 인간은 의리에 훤하고 되잖은 인간은 잇속에 훤하다(공자).

7) 징벌은 하나님이 인간을 관리하시기 위해 세우신 가장 위대한 원칙들 중의 하나이다. 고집쟁이만이 이 보상의 원리를 깨닫지 못한다(존 포스터).(그랜드 종합주석 16권, 1993, 467).

그러나 이 모든 것보다도 '오직 예수'로 대응하게 한다. '오직 예수'가 최고의 명언이요, 이단을 대처할 수 있는 최고의 무기가 된다. 따라서 교회에서는 물론 교회 밖에서도 또, 만날 때나 헤어질 때의 인사를 '오직 예수'로 하여 통일된 의견을 가질 수 있게 한다.

7. 다른 이단들의 흥망성쇠를 소개한다

'이단' 혹은 '이단자'라는 말은 여러 가지 뜻을 포함하고 있는 단어이다. 흔히 '이단'이란 날카로운 눈초리의 악당으로 간주되는 경향이 있는데, 사실 올바른 기독교 신앙에 반대하고 공격하던 이단자들 가운데 많은 사람들이 존경받을 만한 사람들이 있었으며, 좋은 의도를 가진 사람들도 있었다.

웹스터 사전에서 '이단'이란 "보편적으로 인정받고 있는 원리에 대항하고 분열과 분쟁을 야기하는 성향이 있는 의견"이라고 말하고 있다.

이러한 이단들의 흥망성쇠를 교육하여 이단의 활동이 적극적이라 한때의 부흥은 있을지라도 교주가 사망하면 혹은 그전에라도 쉽게 쇠약해지는 것을 알게 한다. 이런 경우는 성경에서도 찾아볼 수 있었다(행5:36). 흥망성쇠의 사이클이 짧다는 뜻이다. 그러나 정통 기독교는 생명력이 있어 어떤 핍박과 환란이 있어도 변함없이 성장하는 원리를 알 수 있게 한다. 2세기의 영지주의(靈智主義, Gnostics)를 비롯하여 현대의 사신론(死神論)에 이르기까지 정통기독교는 도전을 받아 왔다. 그러나 흥망성쇠가 없이 꾸준하게 지속적으로 발전하는 것은 세상 끝 날까지 우리를 지키시는 하나님의 사랑 때문일 것이다(요13:1).

역사가 요세푸스(Josephus)에 의하면 '드다(Theudas)'라는 사람이 제2의 엘리야인 양 자신의 명령 한마디로 강물이 나누어지고, 마른 땅을 밟고 건널 것이라는 호언장담을 서슴지 않았다고 한다. 그러나 그 당시 유대 총독인 파두스(Cuspius Fadus: A.D. 44-46)가 일단의 기병들을 파견하여 드다의 목을 벰으로써 본 사건은 일단락되었다. 또, '맛디야('드다'의 히브리어)'는 헤롯이 성전 기둥에 설치한 황금 독수리 상을 파괴함과 동시에 폭동을 일으킨 사람으로서, 곧 체포되어 화형을 당했다. 진리가 아닌 것으로 진리인 양 위장하거나 복음이 아닌 것으로 복음인 양 포장하는 이단들의 수명은 짧다는 것을 알 수 있게 한다. 우리나라 전도관을 보라! 한때 얼마나 극성을 부렸었던가? 그러나 지금은 명맥을 이어가는 정도에 그친다. 통일교도 예외는 아닐 것이다.

(마 13:29) 주인이 가로되 가만 두어라 가라지를 뽑다가 곡식까지
　　　　　뽑을까 염려하노라

이 말씀이 이단에 대한 주님의 의도를 알고 누리게 한다.

사도시대의 이단으로는 에비온주의와 가현설이 그 대표적이라 할 수 있으며, 니케아공회의 이전에는 영지주의, 오리게네스주의, 마르키

온주의, 모나르키아니즘(군주신론), 몬타스주의, 바울교, 마니교 등이 있었으며, 니케아공의회 시대와 그 이후에도 많은 이단이 있었으니 곧, 아리아스주의, 아폴리나리우스주의, 네스도리우스주의, 그리스도 단성론과 그리스도 단의론 등이며, 중세기에도 이단들은 성행했으니 곧, 추론적 이단들(카타리파, 보고밀파, 아말릭파, 베르가르회, 베긴회, 자유정신형체파), 신비주의(에카르트, 존 타울러, 하인리히 수소, 존 로이스 부르크, 토마스 아킴피스)와 광신주의(요하임파, 프란체스코회 신령파)에 속한 이단들, 반교권적인 복음주의적 이단들(발도파), 교권적인 복음주의적 이단들(위클리프파, 후스파) 등 많은 이단들이 있었으나 대부분 소멸되거나 약화되거나 변형되었다. 오늘날도 같은 현상은 되풀이되고 있으니 많은 이단들이 흥망성쇠 한다. 그래서 성경은 "(행 5:36) 이전에 드다가 일어나 스스로 자랑하매 사람이 약 사백이나 따르더니 그가 죽임을 당하매 좇던 사람이 다 흩어져 없어졌고"라고 증언한다.

이러한 역사적 사회적 배경 속에서 신천지교회의 설립과 그 전모를 살펴보기로 한다.

신천지교회의 전신이라 할 수 있는 장막성전은 과천에 설립된 호생기도원의 김종규 씨를 추종하던 유인구 씨에 의해 1966년 설립되었다. 당시 김종규 씨의 부도덕한 생활에 회의를 느낀 유인구 씨와 몇몇 신도들이 호생기도원을 이탈하여 다락방에서 모임을 갖게 된 것이 장막성전의 모태가 되었고, 그 후 유 씨와 그의 아들 유재열을 포함한 8명이 청계산 계곡에 초막을 짓고 100일간의 기도 끝에 손바닥과 손목의 동맥을 잘라 피로 언약을 하고 각기 영명을 받았다고 한다. 유인구 씨는 임마누엘 왕, 유재열은 삼손 등의 영명을 받았는데 이들은 각기 천사와 종의 직무를 받았다고 주장했다. 이후 호생기도 원장 김종규 씨를 축출하고 건물을 임대하여 8명이 돌아가며 설교를 시작했다. 1967년 유인구 씨와 아들 유재열 씨 간에 권위문제로 분쟁이 발생했는데 아들이 아버지를 축출하고 교회를 장악하여 부흥했으나 유 씨와 간부들의 타락과 사치로 부패해졌고, 유 씨는 술집을 운영하는 등 세상적으로 흘러가자 유재열의 비서 김 모 씨 등이 유 씨와 간부들의 비행을 고발하여 집행유예 4년의 형을 확정받고 풀려나 유 씨는 오평호 목사에게 전권을 넘겨줌으로써 장막성전은 막을 내리고 대한예수교장로회 이삭교회로 개칭하고 쇄신하려 했으나 쉽지 않았다.

1968년에 장막성전에 입교한 홍종효 씨는 유재열 씨를 당대의 세례 요한이라 믿고 따랐으나, 7천사 중의 하나이며 솔로몬 천사라 불리던 백만봉 씨가 자신이 하나님이라고 주장했을 때 그를 추종하게 되었다.

1969년에 장막성전에 입교한 이만희 씨는 교회시설을 관리하며 충성했는데 환상을 잘 보았다고 한다. 장막성전에 출석은 했지만 내심 백만봉 씨가 하나님이라고 믿고 따르던 홍 씨와 이 씨는 1980년 3월 13일에 천국이 열린다는 백 씨의 주장이 빗나가자 다음 날인 3월 14일 안양에 새증거장막이라고 하여 신천지교회를 설립했다. 그리하여 이 씨가 설교하고 홍 씨는 사회와 기도를 맡아 신천지교회를 이끌던 중 사소한 문제로 두 사람은 다투게 되어 결별하고 홍 씨는 1987년 3월 14일부터 독자적인 활동을 하게 되었으니 유재열의 장막성전, 이만희의 신천지교회, 홍종효 씨의 증거장막성전의 창립일이 일치한다.

홍 씨의 주장에 의하면 유월절은 유재열이 경절을 삼아 베푸는 잔치이고(민9:1-3), 초막절은 새 하늘 새 땅인 둘째 하늘 이만희 씨의 초막을 지키는 것이고(요4:35; 마13:41, 42), 수장절은 셋째 하늘, 예수의 초막, 즉 홍 씨 자신을 지키라는 것으로 (출23:16, 17) 모든 사람은 이것을 지켜야 천국에 간다는 것이다. 이 같은 홍 씨의 해석은 "아마 서로의 문화가 같고 신앙의 뿌리와 교리의 유사성 때문일 것"이라고 장막성전에 정통한 이탈자는 말하고 있다. 사실 홍종효 씨가 자신을 '예수'라고 주장하고, 이만희 씨는 자신을 '보혜사'라 주장하는 것을 제외하면 홍 씨의 증거장막이나 이 씨의 신천지교회에서 주장하는 내용이 별다른 차이가 없다. 이로 보건대 이단들의 공통점은 발생과정이나, 교주의 신비체험, 그들의 최후 등 유사하다는 특징을 가지고 있음을 알 수 있다. 유대인들은 과거에도 그랬듯이 탁월한 지도자가 나타날 때마다 그가 메시야일 것으로 여기고 섬기는 경향이 있으니 잘못된 종교일수록 메시아도 많고, 두 증인도 많고, 구세주도 많이 나타난다. 이러한 혼탁함을 교육함으로써 이단에 미혹된 성도들을 회심시킬 수 있을 것이다. 즉 홍 씨의 저서 「계시록의 실상 증거」나, 이 씨의 저서 「계시록 실상」은 모두 요한계시록을 빗대어 과거 장막성전에서 일어난 일들을 대입한 내용들로 가득하다. 서로가 구세주라고 외친다(심우영 1999, 38-49). 그러나 이들이 지금은 건재하지만 많은 이단 사이비가 그랬던 것처럼 머지않아 소멸될 것임을 교육함으로써 이단에 미혹된 성도를 회심시킬 수 있을 것이다

8. 이단에 대한 성도들의 바른 자세를 교육한다

성도들이 이단에 대하여 어떤 태도를 가져야 할 것인지를 성경적 입장에서 알 수 있도록 다음과 같은 내용을 교육한다.

1. 미혹당하지 않도록 조심할 것(마24:4)

2. 주의 바른 교훈을 거슬리는 자인지 자세히 살핀 후 멀리할 것
   (롬16:17)

3. 교회 안에 이단이 침투하는지를 자세히 살필 것(골2:8)

4. 끝없는 변론이나 헛된 말에 빠지지 말 것(딤전1:6, 6:20)

5. 항상 말씀으로 무장하여 거짓 진리를 분변할 것(딤후2:14-18)

6. 사사로운 욕심 때문에 틈을 보이지 말 것(딤후4:3, 4)

7. 어리석은 분쟁을 피할 것(딛3:9)

8. 한두 번 훈계한 후에도 돌이키지 않으면 멀리할 것(딛3:10, 11)

9. 영접하여 들이거나 교제하지 말 것(요이1:10, 11)

10. 시험하여 보고 거짓을 밝힐 것(계2:2) (그랜드 종합주석 15권,
    1993, 1231).

9. 목사의 설교 패턴을 조정한다

(1) 기존의 설교 패턴

필자는 한국 교회가 100년 남짓한 짧은 세월 속에 세계 유래 없이
괄목할 만한 성장을 하는 데는 목사의 설교가 한몫했다고 믿는다. 그
러나 마이클 그린(Michael Green)의 말대로 초대교회 150년 이상 교
회 내에서 '특정 양식을 좇아 설교하는 것'에 대해 전혀 알지 못했다
는 전제에서 철저하게 다른 양상을 제시하고자 새로운 설교 패러다
임을 제안하게 될 것이다.

페리(Lioyd Perry)는 설교 술과 관련하여 고전적인 수사학을 벗어

나 있는 현재의 조류를 통탄하고 있다. 그는 이러한 흐름이 설교의 철학에만 계속해서 강조점을 두어 왔을 뿐 설교법에 관해서는 강조하지 않은 데서 야기된 결과라고 주장한다. 이런 점에서 설교의 틀을 잡고 그것을 전하는 실제적인 기술의 문제라면 현대의 설교학자들은 고대 수사학 해석가들의 통찰력에 더 관심을 기울여야 할 것으로 보인다.

그러나 설교란 반드시 테크닉만의 문제가 아니라고 본다.

신학교를 졸업한 학생들이 자신의 모교에 대한 애정과 관심이 많지 않을 정도로 신학교와 목회 현장과의 괴리가 크다. 신학대학원을 졸업해도 설교에 겁을 내고, 성경공부 인도를 회피하고, 전도에 망설이는 현상이 나타난다. 왜냐하면 겸손의 미덕도 있겠지만 신학교에서 배우는 이론들이 목회현장에서 실제적으로 사용되지 못하기 때문이다. 이와 같은 신학과 목회의 괴리 때문에 신학교를 졸업한 목회자들이 목회자 재교육 프로그램을 통해서 보다 실제적인 교육을 받고 있는 것이 오늘의 현실이다. 이것은 목회서신을 비롯한 모든 성경책들이 삶의 현장에 뿌리를 내리고 있다는 점과 정면으로 충돌하는 현실이다. 신학교육과 목회현장의 괴리 문제는 반드시 해결되어야 하고 신학은 신학을 위한 신학이 아니라 교회를 위한 신학이 되어야 한다.

장두만 박사의 말대로 의학이 상아탑 속에서만 꽃을 피우고 사람을 살리지 못한다면 존재가치가 없는 것처럼 "사람의 영혼 치유에 전혀 도움이 안 되는 신학, 영혼을 치료할 영적 의사를 제대로 훈련시키지 못하는 신학교"라면 존립해야 할 이유가 없다. 김의환 박사가 지적한 대로 의학교육이 수술현장과 연결되도록 하는 교육이 되어야 한다. 이 문제를 해결하기 위해서 가장 좋은 방법은 목회현장을 체험적으로 아는 신학자들이 교육을 맡아서 하는 것이다. 이런 이유 때문에 신학교수를 채용할 때에 담임목회 3년을 최소한의 자격 요건으로 요구하는 것이다. 그러나 이러한 제도에는 문제점도 있다. 심창섭 박사는 신학과 현장의 괴리극복하기 위해 이론신학을 소홀히 하지 않는 한도 내에서 신학 커리큘럼이 변화하는 시대에 대처할 수 있는 패러다임 변화(paradigm shift)가 있어야 한다고 했다. 실천신학조차 이론적 강의에 치우치는 것이 신학교육의 실정이고 보면 진정한 의미에서 실천적인 방향전환이 절실히 요청된다는 것이다. 김의원 교수는 스승과 제자 사이는 '말하는 자'와 '듣는 자'의 관계가 아니라 "영적인 아버지와 아들의 관계가 되어야 한다."고 한다. 또한 동급생·목회자·선교사·교수·평신도들로 구성된 소그룹을 중심한 기도와 대화의 광장을 열어 신학지식과 현장을 융합시키는 작업이 필요하다고 하면서 신학교육이 현장성을 확보할 수 있는 구체적인 방안을 제의했다.

이와 같이 목회현장과 신학교육 및 선교 현장과 신학교육의 괴리 현상이 이단을 발생하게 하는 원인을 제공하고 있다는 것을 간과할 수 없을 것이다. 이에 지금까지의 설교 패러다임을 살펴보면서 이단을 차단할 수 있는 패러다임은 아니라고 생각된다.

이것은 일반적으로 통용되는 설교 작성법을 살펴보면 더욱 쉽게 알 수 있다. 즉 본문이 전도서 1장 1절부터 4절까지로 주어졌을 경우 지금까지의 패러다임으로 설교를 작성한다면 주제, 서론, 본론, 결론의 패러다임으로 전개된다.

주제: 헛된 세상

서론: 다윗은 믿음의 사람이었는데 그의 아들 솔로몬은 시인이었

습니다. 그래서 기도와 찬양의 시, 허무를 고백한 시 등을 많이 썼습니다. 그는 예루살렘의 왕이었고 하나님을 경외하는 사람이었지만 죽음으로 끝나는 삶을 허무하게 노래하기도 했습니다.

1. 모든 것이 헛되다(2): 인생이 무상하다
   풀과 같은 인생(사40:6), 흙으로 돌아갈 인생(창3:19), 안개 같은 인생(약4:14), 흙집에서 사는 인생(욥4:19)
2. 모든 수고가 헛되다(3): 탐욕을 버려야 함
   소득이 없음(전2:22), 이익이 없음(전3:9)
   허무한 것임(잠23:4-5), 생명이 더 귀함(마16:26)
3. 가고 오는 세대가 헛되다(4): 삶이 그림자와 같음(전6:12), 나그네 길의 세월(창47:9)
   앞 세대 사람들이 죽음(출1:6, 7), 죽음을 보지 않을 자 없음(시89:47, 48)

결론: 세상적 쾌락도 헛됩니다. 세상적 수고도 헛됩니다. 세상적 지혜도 헛됩니다. 해 아래서의 수고나, 사람들의 모든 수고나, 자기에게 유익이 없는 헛수고입니다. 그럼으로 선행에 힘써야 합니다. 주님의 뜻을 좇아야! 합니다.

이런 식으로 썼을 것이다. 그렇다면 이 설교가 오실 예수님을 예언한 것으로서 본문을 성취하신 예수가 있는가? 십자가의 구속의 은총이 있는가? 부활과 영생이 있는가? 하나님의 아들 예수 그리스도께서 목숨 바쳐 이루시고자 했던 인류 구원의 흔적이 있는가? 또한, 구약 예언의 말씀을 예수님은 어떻게 성취하셨으며 예수님께서 성취한 그 말씀을 사도들은 어떻게 적용했는가를 말하지 못할뿐더러, 사도들이 적용한 그 말씀을 우리는 어떻게 재현할 것인가를 말하지 못하고 있다. 그래서 '인류를 구속하시고자 하시는 하나님의 마음'도 이 속에서 찾아볼 수 없다. 따라서 이 설교는 율법적이요, 도덕적이다. 문자적이고 현상적이다. 그래서 생명이 없다. 그럼으로 지적 욕구를 채우지 못한 성도와 생명에 목말라 갈급해 하는 사람들이 차라리 해괴한 비유풀이에 귀를 기울이는 것이다. 여기서 우리는 설교의 새로운 패러다임을 연구할 필요를 생각하게 된다.

구약/신약/사건/인물/비유 등의 본문을 따로 따로 해석하고, 그 안에서 교훈을 찾고, 그 안에서 의미를 찾으려 한다. 그것이 잘못이란 말은 아니지만 너무 많은 것을 놓치고 있다는 뜻이다. 그래서 우리는 새로운 설교 패러다임을 찾아야 한다는 말이다.

(2) 바람직한 설교 패턴

성경은 2000페이지가 넘는 실로 방대한 책이다. 오늘날 현대식으로 편집한다면 4000페이지가 넘을 것이다. 이 성경은 여러 세대에 걸쳐 다양한 사람들이 각자의 관점으로 집필된 문서를 편집한 잡문이 아니라 한 분이신 하나님께서 필자가 되어 하나의 줄거리로 일관성 있게 동맥을 형성하고 있다. 그것이 무엇일까? 학자마다 다소 다른 부분에서 강조하고 있다. 혹자는 하나님의 주권을 강조하여 그의 나라, 즉 통치를 말하기도 하고 그리스도를 말하기도 한다. 또는 복음이나 언약이 주제라고 말하기도 한다. 그러나 성경의 전체 주제가 선교라고 말함에는 인색한 현실이다. 과연 성경의 주제가 선교를 배제하는가?(사실 예수님의 사역을 여러 측면에서 검토할 수 있지만). 따라서 설교는 무엇보다도 성경을 어떻게 해석할 것인가에 따라 설교 방향이 달라진다. 따라서 성경은 성경이 해석한다는 관점에서 살펴보자.

(눅 24:27) 이에 모세와 및 모든 선지자의 글로 시작하여 모든 성경
에 쓴바 자기에 관한 것을 자세히 설명하시니라
(요 5:39) 너희가 성경에서 영생을 얻는 줄 생각하고 성경을 상고
하거니와 이 성경이 곧 내게 대하여 증거 하는 것이로다
(눅 24:44) 또 이르시되 내가 너희와 함께 있을 때에 너희에게 말한
바 곧 모세의 율법과 선지자의 글과 시편에 나를 가리켜
기록된 모든 것이 이루어져야 하리라 한 말이 이것이라
하시고

이상에서 보는 바와 같이 신약은 물론 구약 성경도 예수님에 대하여 말씀하고 있다는 사실을 간과할 수 없다. 이러한 경우는 성경 전체의 맥을 이룬다. 그래서 에티오피아 내시가 이사야서를 읽고 있었는데 빌립은 거기서 예수님을 찾아내어 증거 했다(행8:35). 또한 예수님께서는 율법과 선지자의 글과 시편이 당신을 위한 글이라고 말씀하셨다(눅24:44) 이처럼 모든 성경이 예수님에게로 귀결되는데 목회자들의 설교 속에는 왜 예수가 보이지 않고 교훈과 윤리와 도덕과 율법이 주류를 이루는가? 모든 성경의 중심이 되는 예수님의 주된 사역이 무엇이었던가? 전도(선교)가 아닌가?

예수님께서 유언처럼 남기신 지상명령도 선교였고, 또 "너희는 온 천하에 다니며 만민에게 복음을 전파하라"는 말씀도 선교였고, "예루살렘으로부터 시작하여 모든 족속에게 전파될 것이니 기록되었으되 너희는 이 모든 일에 증인이라(눅24:47, 48)"라는 말씀도 선교였고, 요한복음 20장21에서 "아버지께서 나를 보내신 것같이 나도 너희를 보내노라"라고 말씀하신 것도 선교였고, "내 어린 양을 먹이라(요 21:15)"고 당부하신 것도 선교였고, 그리고

(행 1:8) 오직 성령이 너희에게 임하시면 너희가 권능을 받고 예루

살렘과 온 유대와 사마리아와 땅 끝까지 이르러 내 증인
이 되리라 하시니라

는 말씀도 선교였다. 많은 학자들이 예수님의 사역의 특징을 고난과 부활에 초점을 맞추고 있다. 물론 무리는 아니다(롬4:25). 그러나 성경의 역사는 선교의 역사였다. 창12:1-3절의 언약은 복음의 원초적인 모습이다. 이 언약 속에 선교가 있다. 아브라함은 축복의 수혜자이지만 동시에 복의 근원으로써 "너 때문에 만인이 복을 받는다."고 하심으로써 그는 복의 전달자가 된다. 이것이 복음의 본질이다. 많은 사람들이 성경을 볼 때 자기 마음에 닿는 부분에만 줄을 긋는다. 그곳이 어디인가? 자기중심적인 감미로운 부분이 아닌가? 기독교가 세속화된다는 것은 무엇을 두고 한 말인가? 세속의 다른 종교와 구별이 안 될 때를 말한다. 기독교 자기중심적이 아니라 하나님 중심적이어야 한다. 또 베풂과 시혜가 있어야 한다. 기독교에 이것이 없을 때는 세속화된 모습으로 나타난다. 여기서도 선교의 당위성과 방법론을 사색할 수 있다.

"소비자는 뭘 가르쳐 줘야 하는 바보가 아니라 당신들의 부인이다." 이것은 미국의 세계적인 광고회사 싸치 앤 싸치의 로버츠 대표의 말이다. 기업이 성공하기 위해선 소비자들에게 무엇을 가르쳐 주거나 알려 주려 하지 말고 소비자의 사랑을 받으려고 노력해야 한다는 뜻이다. 남편이 부인에게서 사랑을 받듯이 제품은 소비자의 사랑을 받아야 한다는 말이다. 교회도 세상 사람들을 가르치려 말고 그들의 사랑을 받는 신랑이 되어야 한다. 여기서부터 선교의 방법을 찾으려 해야 한다.

우리 주변에는 예수님의 고난과 부활이 지나치게 강조된 모습으로 다가온다. 그래서 상대적으로 예수님의 선교사역이 약화되었다. 우리

가 하나님의 사랑을 아무리 강조해도 지나침이 없다면 같은 맥락에서 예수님의 선교사역은 아무리 강조해도 부족할 뿐이다. 그러므로 선교는 치유나 기적이나 말씀 선포와 같은 예수님의 다양한 사역 중의 하나가 아니라 선교는 '복음' 그 자체요 복음의 '본질'이다. 이러한 신학적 배경을 근거로 말씀이 선포돼야 한다. 그러므로 이단에 미혹된 성도를 회심시키기 위한 방편의 하나로서 '설교를 어떻게 할 것인가' 하는 점은 단순히 테크닉을 요하는 것이 아니다. 그것은 사역자들의 신학적 배경이요, 성경 해석학적 근원이요, 한 단계 높은 차원의 설교 방법론이라 할 것이다. 그래서 다음과 같은 패러다임을 생각해 볼 수 있을 것이다.

1. 주제: 설교 주제
2. 관찰: 그 본문이 쓰인 역사적 배경과 시대적 상황을 살펴보며 본문이해
3. 해석: 본문을 해석
4. 적용: 해석된 본문을 현실에 적용할 수 있게

정확한 기준 없이 상황에 따라서 윤리나 도덕을 강조하기도 하고 인물이나 사건을 강조하여 설교하다 보니 어떤 사람은 자기의 이론을 합리화하는 방법으로 적용하여 설교하다 보니 자기가 교주가 되어도 전혀 문제가 없는 현상이 되어 버린다. 목회자가 강단에서 선포하는 설교의 주제가 본문의 상황에 따라 이것저것으로 바뀐다는 것은 본문의 핵(예수)을 어느 교주나 자기들의 교리로 바꾸어 대입해도 성도들은 무리 없이 받아들이는 습관을 길러준 것이다. 따라서 모든 구약 성경은 오실 메시아를 말하고 있으며, 신약의 복음서는 오신 예수님의 활동사항을 소개하고 있으며, 다른 책들은 사도들이 삶에

어떻게 적용하고 있는지를 말해 주며, 계시록은 다시 오실 예수님을 말하고 있다는 점에서 어디를 본문으로 하든지 이러한 패턴으로 되어야 할 것이다. 따라서 모든 본문의 주인공은 '예수'여야 하고, 사건의 중심도 예수(성부, 성자, 성령)여야 한다. 그런 점에서 성경은 성경이 해석한다는 관점에서 살펴야 한다.

이러한 패러다임으로 아가서 1장 1절부터 3절까지를 본문으로 설교를 작성하면 다음과 같이 될 수 있을 것이다.

1. 주제: 사랑에 목말라

2. 관찰:
① '아가서'란 맛소라 원본에 의하면 '노래 중의 노래'란 뜻으로 최상급을 표현합니다(왕중왕, 만주의 주, 만왕의 왕, 지성소 등).
② 유대 명절에 공식적으로 낭송되던 책임(룻기 – 오순절, 전도서 – 장막절, 애가 – 예루살렘함락일, 에스더 – 부림절, 아가서 – 유월절에 읽혀졌음)
③ 아가서는 솔로몬의 작품으로써 신약 교회에서 일어날 예언적 계시(박윤선)라 했습니다.
④ 아가서의 특징으로는 에스더서와 같이 '하나님'이란 말이 전혀 없으며, 신약에서 한 번도 인용하지 않았으며, 히브리인들은 30세 이후에야 읽을 수 있었습니다.

3. 해석(적용): 사랑에 목마르면
1) 입 맞추려 합니다(2).
성경에서 입맞춤은 인사나 애정(창29:11; 33:4), 공경(삼상10:1), 이별(삼상20:41)을 표현합니다. 그러나 본문은 연인들끼리의 사랑을 표현한 것입니다(잠7:13). 이것은 신랑 되신 예수님께 사랑받고 싶어 하는 우리의 모습입니다(마25:6).
2) 사랑에 가치를 부여합니다(2)
포도주는 세상의 기쁨과 위로를 상징하며 사람의 마음을 기쁘게 합니다. 예수님의 사랑은 세상이 주는 어떤 것과 비교할 수 없는 가치가 있습니다.
3) 예수님을 그리워합니다(3)
왕(계19:16), 제사장(히4:14), 예언자(행3:22, 23)로 임직할 때 사용하던 기름은 귀한 것을 상징합니다. 예수님은 삼직을 가지고 오셔서 기름부음을 받았습니다(사61:1, 2). 그분은 '성령'이란 기름으로 충만했습니다.

결론: 우리도 술람미 여인처럼 예수님을 그리워하며 삽시다.

위와 같이 설교 내용이 달라지게 된다. 물론 패러다임에 의하여 내용이 달라진다고는 단언할 수 없으나 교훈적이고 윤리적이며 도덕적이고 율법적이던 설교가 새로운 패러다임으로 작성하고 보니 예수 중심적인 설교가 된다는 것을 알 수 있다. 다시 말하거니와 모든 성경은 예수 이야기요(눅 24:27), 예수를 증거 하는 것이요(요 5:39), 예수를 통한 구약의 성취를 기록한 책이다(눅 24:44). 또 성경은 숨겨진 예수를 찾아내게 하는 책이요(행8:35), 예수를 위한 책이다(눅 24:44). 따라서 성경을 본문으로 하는 모든 설교는 예수에게 귀결되어야 한다.

호이트(A. S. Hoyt)는 "그리스도 교회는 설교에서 시작했다."고 말하여 설교의 중요성을 강조했다. 정장복 교수는 "설교는 인간 단독 행위가 아니고 단순히 발음하고 있는 사람의 말도 아니며 그를 통해서 하나님께서 말씀하시는 것이다."고 한다.

존슨(Herrick Jonson)은 "설교는 하나님의 말씀에 기초하고 사람을 구원하려는 계획과 목적에서 사람을 감동하도록 권면하는 법 있는 종교적 강화다"고 한다.

브라운(H. C. Brown) "설교는 설득을 목적으로 하나님의 진리를 구두로 전달하는 것이다."고 말한다.

필립 부룩스(Phillips Brooks)는 "설교란 한 사람에 의해 다수의 사람들에게 주어지는 진리의 전달이다"고 말한 바 있다.

그렇다면 성경에서는 설교를 무엇이라 말하고 있을까? 신약성경에 의하면 '설교'라는 말을 36개의 단어로 표현하고 있다. 이것은 설교를 한마디로 정의하기가 어려우며 설교에 대한 다양한 이해와 견해가 있을 수 있다는 것을 암시하고 있는 것이다. 설교란 하나님께서 예수 그리스도 안에서 구원의 사업을 성취하시고 그를 믿는 사람들에게 새 생명을 주신다는 이 새로운 복음을 청중에게 선포하는 행위라고 한다. 그러나 정성구 교수는

(딤후 4:1) 하나님 앞과 산 자와 죽은 자를 심판하실 그리스도 예수 앞
에서 그의 나타나실 것과 그의 나라를 두고 엄히 명하노니

는 라는 말씀의 범주에서 크게 벗어나지 못한다고 말한다. 이와 같이 설교의 본질을 성경에 계시된 하나님의 말씀을 해석하고 적용하는 데 있다면 설교란 설교자가 하나님의 말씀을 바르게 해석하여 하나님의 백성이 그의 권위 아래 순종하게 하는 것이다.

이처럼 설교란 과거에 주어진 본문을 오늘의 신앙공동체를 위하여 해석하는 일이라고 할 수 있다. 그리하여 살아 계신 하나님의 말씀을 그의 백성들의 삶 속으로 납득시키는 것이다. 그런 의미에서 모든 설교에서 하나님(＝예수님)이 빠지면 그것은 윤리와 도덕 강연에 불과

할 것이다. 직접 거론되는 것이 바람직하지만 설교의 방향과 초점이 하나님(=예수님)께 맞추어져 있어야 하는 것이다. 만일 그렇지 못하고 본문 자체에만 머물러 있다면 그 설교는 감동(육적인 감정)은 있었을지 몰라도 하나님의 마음(의도)은 없을 수 있다. 요즈음은 감성 시대인 것은 틀림없다. 그렇다고 해서 '하나님의 마음(의도)'까지 감성에 흡수될 수 없는 것이다.

(말 3:10) 만군의 여호와가 이르노라 너희의 온전한 십일조를 창고에 들여 나의 집에 양식이 있게 하고 그것으로 나를 시험하여 내가 하늘 문을 열고 너희에게 복을 쌓을 곳이 없도록 붓지 아니하나 보라

가령, 위와 같은 말씀을 본문으로 정했다면 어떻게 설교할 것인가?
1. 온전한 십일조란 모든 소득 가운데서 십분의 일을 바치는 것입니다.
2. 온전한 십일조는 하나님의 창고에 보관되어야 합니다(대하 31:11, 12; 느10:38, 39; 13:5, 12, 13).
3. 온전한 십일조는 하나님의 원대로 쓰여야 합니다(민18:21).
4. 온전한 십일조는 하나님을 시험하는 방법입니다.
5. 온전한 십일조는 하늘 문을 열게 합니다.(신11:14, 17; 시78:23; 사24:18).

만일 위와 같이 설교했다면 본문의 문자적 의미에는 충실한 설교이다. 그리고 율법을 그대로 설교한 것이니 당연히 율법적 설교라 해야 할 것이다. 그러나 그 속에는 복음(예수/십자가)이 없다. 주님께서는

(요　5:39) 너희가 성경에서 영생을 얻는 줄 생각하고 성경을 상고
　　　　하거니와 이 성경이 곧 내게 대하여 증거 하는 것이로다
(눅 24:44) 또 이르시되 내가 너희와 함께 있을 때에 너희에게 말한
　　　　바 곧 모세의 율법과 선지자의 글과 시편에 나를 가리켜
　　　　기록된 모든 것이 이루어져야 하리라 한 말이 이것이라
　　　　하시고

라고 하셨건만 우리는 위와 같은 주님의 말씀을 간과한 설교를 하고
있다. 하나님께서 말라기 선지자를 통하여

(말 3:10) 만군의 여호와가 이르노라 너희의 온전한 십일조를 창고
　　　　에 들여 나의 집에 양식이 있게 하고 그것으로 나를 시
　　　　험하여 내가 하늘 문을 열고 너희에게 복을 쌓을 곳이
　　　　없도록 붓지 아니하나 보라

고 하신 것은 문자적으로 나타난 이유 외에도 내포된 의미가 있을
것이다. 그것이 무엇일까? 비유풀이를 좋아하는 이단에서는 해괴한
논리로 교주가 유익하도록 만들어 설교할 것이다. 그러나 우리는 '하
나님께 온전히 드렸을 때 복을 받는다'를 주요 핵심으로 정하고 이것
을 예수님은 어떻게 말씀하셨는가를 복음서에서 찾아 제시해야 한다.
아울러 사도들은 예수님께서 말씀하신 것 또는, 행함으로 보이신 그
언행을 어떻게 적용하여 생활했는지를 사도행전과 서신서들을 통하
여 일러 주면서 우리는 어떻게 재현할 것인가를 다짐하도록 도와주
는 것이 바람직한 설교이다. 이러한 패러다임을 가지고 말라기 3장
10절을 살펴본다면

1. 하나님은 온전한 헌신(드림)을 요구하십니다.

온전한 십일조를 바치라는 하나님의 요구에 예수님은 십일조뿐 아니라 전체를 드렸습니다. 예수님은 모든 재물을 하나님의 것으로 알고 온전히 바치셨습니다. 그래서 부동산도 없었고 동산도 없었습니다(마17:27). 그리하여 **(마 8:20) 예수께서 이르시되 여우도 굴이 있고 공중의 새도 거처가 있으되 오직 인자는 머리 둘 곳이 없다 하시더라고** 하신 것입니다. 예수님의 이러한 청빈한 삶을 지켜보던 바울은 손수 천막을 지어 자급자족했던 것입니다(행18:3). 우리는 어떻습니까? 교회에서 작은 봉사를 하면서 큰 것을 기대하지 않는지요? 물질적 대가를 원하는 경우도 있고 명예로 보상받기를 원하고 있지나 않는지요?

2. 하나님은 시험을 허용하십니다.

하나님은 결코 시험의 대상이 아닙니다(마4:7). 그럼에도 불구하고 우리에게 축복하시기 위하여 우리에게 시험당하는 것까지도 허용하셨습니다. 여기서 "그것으로 나를 시험하여"란 의미는 하나님의 능력을 시험하라는 의미가 아니라 하나님의 명령에 순종함으로써 과연 그분이 약속하신 축복을 누릴 수 있는지 확인하라는 뜻입니다.

3. 하나님의 축복은 넉넉합니다.

사랑이란 '다 주고도 무엇이 모자라지 않을까 염려하는 것'이라고 합니다. 육신의 부모가 자식을 이렇게 사랑합니다. 하지만 자식에게 주는 것이 제한되어 있습니다. 그러나 하나님의 축복은 차고 넘쳐서 쌓을 곳이 없게 주십니다(눅12:17). 그물이 찢어지게 주십니다(눅5:6). 두 배가 잠기도록 주십니다(눅5:7). 하나님의 축복은 넉넉합니다. 모자람이 없습니다.

그래서 예수님은 우리가 구원받기에 모자람이 없도록 당신의 목숨까지 바치셨던 것입니다. 그럼으로 우리는 구원받기에 모자람이 없습니다. 구원받기에 모자람이 없는 말씀을 주셨으니 「계시록의 진상」이 필요 없습니다. 구원받기에 모자람이 없이 주셨으니 '이긴 자, 보혜사, 두 증인' 등이 필요 없습니다. 오직 예수만 있으면 됩니다.

이와 같이 새로운 설교 패러다임은 구약의 본문을 예수님이 어떻게 말씀하시고 행하셨는지를 알리고 있다. 또, 예수님께서 시행하신 언행을 사도들이 어떻게 적용했는지를 말하고 있다. 그리고 사도들이 적용한 삶들이 우리에게 어떻게 재현되고 접목되어야 할 것인지를 알리는 것이다.

설교란 사람들을 향한 사람들에 의한 진리의 전달이다. 그것은 두 가지 중요한 요소, 즉 진리와 인격을 담고 있다. 즉 변함없는 진리를 오늘의 현실 속에서 생활하는 설교자의 인격을 통해 지금 여기의 청중들에게 전달되는 것이다. 그러므로 계시된 말씀과, 설교된 말씀과, 기록된 말씀 모두는 상호 의존하여 있는 가운데 통일되어 있다. 그러나 설교에 대한 정의는 한마디로 집약하기가 쉽지 않다. 설교의 어원은 '강연'이란 의미의 라틴어 세르모(Sermo)에서 나왔다지만 우리는 설교를 강연이라고 할 수 없다. 왜냐하면 설교가 이방종교에서는 강좌요, 교훈이요, 훈화일 수 있지만 기독교에 있어서의 설교는 하나님 말씀의 선언이며, 생명 그 자체이며, 생명의 전달이기 때문이다.

설교란 하나님의 부르심을 받은 사람이 하나님의 말씀을 선포하여 회중들에게 영생에 이르게 하는 작업이라고 할 수 있다. 즉 설교는 하나님 말씀에 기초하여 하나님의 뜻을 전하는 것이다. 그러므로 문자적이거나 단편적인 것은 성도의 지적욕구에 부응하지 못하는 것이 된다. 따라서 성도들은 갈급함으로 목말라 하는데 이단이 나타나 해괴한 논리로 합리화하면서 기성교회의 치부를 말할 때 욕구 불만이 미혹으로 연결되는 것이다. 그럼으로 이단에 미혹되지 않게 예방은 물론 이미 미혹된 성도들을 회심시키기 위해서라도 우리에게 새로운 패러다임의 설교가 필요하다.

10. 지금까지의 내용을 요약하면

이단에 미혹된 성도를 회심시키려면 무엇보다도 '이단이란 무엇인가'를 이해해야 할 필요가 있는바 필자는 성경적 정의, 신학적정의, 교회사적정의, 목회적 정의로 구별된 것에 근거하여 교육했다. 그중 성경적 정의로는,

1) 성경을 가감(加減)하면 이단이다(계22:18, 19).
2) 예수 그리스도의 구속사역을 제한하거나 부인하면 이단이다(행 4:12).
3) 지금도 계속적 계시(Revelation)와 영감(Inspiration)을 주장하면 이단이다(딤후3:16, 17).
4) 비윤리적이요, 반사회적이며, 반국가적인 집단은 이단이다(마 24:12, 13).
5) 혹세무민(惑世誣民)을 주장하면 이단이다(살전4:16, 17).

신학적 정의로는,
1) 무신론(無神論)은 이단이다(시10:4).
2) 악령적(惡靈的) 신앙생활은 이단이다(살후2:9-10).
3) 광적 신비주의(狂的神秘主義)는 이단이다(왕상18:28).

4) 맘몬(物神)은 이단이다(딤전6:10).

5) 창조세계의 파괴는 기독교의 이단이다(느9:6).

교회사적 정의로는,

1) 기독교의 정통 교리를 거부하거나 왜곡시키는 무리

2) 성경의 명백 자명한 가르침을 교리적으로나 행위로 부정하는 무리

3) 성경의 내용을 감하거나 더하는 무리 등이다

목회적 정의로는

1) 예배를 세속적으로 드리면 이단에 가깝다.

2) 목회자가 자기 왕국을 세우면 이단에 가깝다(마6:33).

3) 기독교회의 양들을 도둑질하면 이단에 가깝다(요10:12).

4) 교회 정치를 인위적으로 하고 형상적으로 하면 이단이다(딤전 3:1-7).

5) 기독교회의 분열과 분파를 일삼으면 이단이다(고전3:16, 17).

이상과 같이 먼저, '이단이란 무엇인가?'를 여러 학자들과 연구기관 및 선교단체들에게 정의를 교육한다. 그리고 다음 단계로는 성도들로 하여금 무료성경신학원의 성경적/신학적 결함을 알게 하기 위하여 (저들의 성경적/신학적 문제점을 알게 하기 위하여) 비유 해석상의 문제점과 적용상의 문제점 그리고 보편타당성에서의 문제점을 교육 하며, 교리적으로 신론, 구원론, 기독론, 종말론에서의 모순점을 교육 한다. 뿐만 아니라 신천지교회의 설립과 교주 출현에서의 모순을 말 하여 그들의 역사적/문헌적 결함을 교육하고, 이단의 부정적인 면, 즉 그들이 가정에 미친 영향, 교회에 미친 영향을 부각시키며, 교회 에서 핵심교리 반에서는 난해성구 반, 상황화 반을 운영함과 동시에

이단에 관한 명언을 발췌하여 보급하는 등 교육 프로그램을 개발하여 성도들이 능동적으로 참여할 수 있게 한다. 또한, 다른 이단들의 흥망성쇠를 소개하고 아울러, 이단에 대한 성도들의 올바른 자세를 교육한다. 이러한 모든 교육에는 새로운 패러다임의 설교 패턴이 있어야 한다. 무엇보다 중요한 것은 이단에 빠진 성도를 구출하려는 노력보다 처음부터 이단에 빠지지 않도록 교육하는 것이 우선한다는 사실이다. 그러기 위해서는 이단에 대하여 잘 알아야 한다. 즉, 지피지기(知彼知己)이면 백전백승(百戰百勝)이라 했으니 모든 이단에 대하여 잘 알아야 한다는 뜻이다. 그런데 목회자들이 그 많은 이단에 대하여 모두 잘 알 수는 없다. 설령 안다 해도 그것을 모두 가르치기란 현실적으로 불가능하다. 그러므로 차라리 '소 잃고 외양간 고치기'가 도 쉬울 수도 있다. 즉, 「예방보다 치료가 쉬울 수 있다」는 말도 가능하다는 뜻이다. 그러나 잘 생각해 보라 '호미로 막을 곳을 가래로 막는다.'는 말처럼 치료보다는 예방이 쉬운 것은 누구나 알 수 있다. 그렇다면 어떻게 그 많은 병원균(인단의 교리)을 알아서 싸울 수 있단 말인가?

이해를 돕기 위하여 우리 몸의 건강을 예로 든다. 우리가 건강을 지키기 위하여 수많은 세균을 하나하나 상대하지 않는다. 감기를 옮기는 바이러스에는 어떤 특성이 있으니 어떻게 대처해야 하고, 백내장의 발병원인에는 무엇이 있으니 그것을 위하여 어떻게 조치해야 한다는 식으로 모든 병균이나 바이러스를 개별적으로 상대하지 않는다. 다만 건강을 위한 기본생활만으로도 충분하다. 즉, 일찍 자고 일찍 일어나는 습관 갖기(새벽기도), 음식을 고르게 먹기(주일 낮 예배뿐 아니라 모든 예배 참석), 기초운동 잘 하기(기도, 찬양, 전도, 봉사 등) 등을 잘 하면 된다. 마찬가지로, 일찍자고 일찍 일어나는 습관을 들여 새벽예배에 참석함으로서 영육이 건강하게 하고, 음식을 고르게 먹듯이 주일 낮 예배 뿐 아니라 모든 예배 참석하여 주일 낮 예배 시간의 평이한 설교와 수요일의 강도 있는 설교 등을 소화하게 해야 한다. 육신이 건강을 위하여 걷기 운동이나 헬스장에서 기초체력을 연마하듯이 신앙생활의 기본이 되는 성경읽기, 기도, 찬양, 전도, 봉사, 교제 등을 잘하여 기초를 세우게 해야 한다. 그러나 이것들은 필자가 강조하지 않더라도 모든 목회자들의 소망이기도 하다. 그러므로 설교에서 문제를 해결하려는 배전의 노력이 필요하다. 다시 말하면, 설교를 진리로 단단히 포장하여 외세가 침입하지 못하게 해야 한다. 그런데 어떤 목사가 자기 설교는 「진리」라고 외쳐대지만 사실은 「문화나 교양」에 불과하거나, 자기는 「복음」이라고 말하지만 「율법」에 불과할 수 도 있다. 어떤 본문을 문화나 교양강좌 내지 율법적으로 설교하고 외쳐댄다면 청중들은 본문의 변형에 익숙해진다. 이단이란 성경을 변형시켜 자기들의 주장대로 해석하는 것이 공통된 특성인데 기성교회 목사들부터 변형을 시작했으니 저들(이단)도 자기들의 기호에 맞게 각색하여 전달함에 있어서 조금도 가책을 느끼지 못할 것이다. 그리고 성도들은 기성교회에서 보고 들은 것이 원문의 「 변형」인지라 저들이 변형시킨 것에 조금도 이의를 제기하지 않는다. 따라서 좀 더 그럴싸하고 맛있게 각색된 저들(이단)에게로 시선을 돌릴 것이다. 그러므로 목회자의 설교패턴과 패러다임이 본문의 의도에서 이탈되지 말아야 한다. 답답하리만치 본문에 충실해야 한다. 그리하면 본문에서 이탈한 저들의 교리에 현혹되지 않는다. 이것이야말로 이단에 미혹된 성도를 구출하는 방법이요, 이단에게 미혹되지 않도록 예방하는 지름길이 된다.

맺는 말

1. 개 요

제1장은 본서를 전개시키는 출발점이 되는 정황과, 주요 관심사항과, 본서를 진행함에 있어서 질문 및 용어를 정의하고, 본서의 의의와 목표를 제시하며, 가정, 서술방법, 개요를 서술하여 성도들이 이단의 미혹에 빠지지 않고 정도를 갈 수 있도록 도왔다. 아울러 이미 미혹된 성도들을 회심시키고, 성도들을 보호하는 데 필요한 자료를 제공하는 데 의의를 두었다.

제2장에서는 성경에서 말하는 이단에 대한 관련 성구를 주석하여 거기서 파생된 이단의 특성을 이야기했다. 또한 이단에 대한 교의 신학자들의 입장과 국내에서 활동하고 있는 이단 연구소에서 발표한 내용을 정리하여 말함으로써 이해를 도왔다.

제3장에서는 신천지교회의 설립과 교주 및 무료성경신학원의 정체를 밝히기 위하여 이만희 씨의 개인적인 실체를 분석하고 그의 저서를 통하여 무엇을 주장하고 있는지를 분석하여 이해를 도왔다. 또한 신천지 안양교회가 어떻게 태동했으며 그 전신인 장막성전과는 어떤 관계인지를 고찰하여 변천과정을 이해하며 그들의 활동 사항과 그들

을 통한 피해사례를 들어 말했다. 그리고 이들에 대한 정통교단의 입장, 신천지교회가 캠퍼스, 개인, 가정, 교회에 미친 영향은 무엇인지를 살폈다.

제4장에서는 신천지교회 교주 이만희 씨의 성경해석과 적용이 정통교단의 입장과 어떻게 다른지를 고찰하기 위하여 '한국교회 지도자님들께 드리는 글'이란 제하로 신천지교회 이만희 씨가 지상으로 공개한 글을 살폈다. 또한 문제의 집단에서 활동하다가 회심한 사람들의 글과 언론인의 취재기사 및 교계 지도자들의 체험기사와 특별기고, 이단상담수기, 독자 투고 등을 구체적으로 고찰했다.

제5장에서는 이단에 미혹된 성도를 회심시키기 위하여

1) 이단에 빠진 자들로 인한 가정적, 경제적, 교회적 파괴된 현상을 소개하여 경각심을 불러일으켰다.

2) 교주의 삶과 집단의 성격을 소개하여 교주도 한 사람의 죄인일 뿐이며 구세주가 될 수 없음을 알게 했다.

교주의 사생활(교주의 죄인 됨)과 그 집단의 출발점(역사성)을 소개하여 교주와 집단의 성격을 납득시켰다.

3) 이단의 잘못된 교리를 지적하여 구원이 없음을 납득시킴으로써 바른 길을 선택하게 했다.

본 장에서는 이단에 빠진 성도를 회심시키기 위하여 그들의 성경적/신학적 결함을 교육하고, 정통교단과 교리의 상이점, 문제집단의 역사적/문헌적 결함과 그들의 부정적인 면을 교육하는 프로그램을 개발하여 성도들이 능동적으로 참여하는 방법을 구체적으로 제시했다.

2. 결론/연구결과

'우리나라 평신도 95%가 이단의 전도를 받았다'는 충격적인 보고가 있다. 이러한 상황에서 '이단에 미혹된 성도, 어떻게 회심시킬 것인가?'라는 쉽지 않은 주제의 결론 다루면서 정통 기독교는 과연 '옳은가?'라는 점을 생각하지 않을 수 없다. 기독교의 신앙에는 그리스도와 그의 사역, 인간의 본질, 그리고 성경의 영감성 외에도 여러 가지 교리가 있으니

첫째, 정통 기독교는 그리스도가 하나님이시며 그가 우리 죄를 위하여 죽으신 것을 믿는다.

둘째, 정통 기독교는 인간이 본래 악하며 영적으로 죽었고 그들이 죄로부터 구원받을 수 있는 단 하나의 소망은 그리스도의 죽음과 부활을 믿는 믿음 안에 있다는 것을 믿는다. 셋째, 정통기독교는 살아 계신 하나님의 영감으로 이루어진 성경을 갖고 있으며, 이 성경이 믿음과 행위의 유일하고 정확 무오한 법임을 믿는다. 따라서 정통 기독교는 성경적인 기독교다. 정통 기독교는 수정된 기독교가 아니고, 종합된 기독교도 아니다. 그리고 정통 기독교는 불투만의 신학처럼 비신화화한 기독교가 아니다. 정통 기독교는 명백한 증거를 토대로 한 믿음과 확신이 있다. 우리는 "성도에게 단번에 주신 믿음의 도를 위하여 힘써 싸우라"(유 1:3)고 하셨으니 이단과의 투쟁은 끊임없이 있어야 할 것이다. 또한, "성령으로 아니하고는 누구든지 예수를 주시라 할 수 없느니라."(고전 12:3)고 하셨으니 정통 기독교가 옳다는 사실조차도 성령에 의해 깨닫게 된다는 것을 알 수 있다.

그러나 "유재열 - 이만희 - 홍종효로 이어지는 계보를 만들고 각각 배도자(유재열) - 보혜사 성령(이만희) - 예수(홍종효)라고 주장하는

증거장막성전의 정체를 파헤치면서 이단의 뿌리는 결코 쉽게 썩지 않음을 새삼 확인할 수 있었다."란 심우영 씨의 말대로 거짓 선지자들이 수갑을 차고 법정에 서는 것을 지켜보면서도 이들에게 모든 것을 바쳤던 사람들 중에는 자신의 잘못된 선택을 돌이키기보다는 자신의 선택이 옳았다는 것을 입증이라도 하려는 듯이 또 다른 숭배의 대상을 찾아 헤매는 경우가 많다. 이로써 이단에 미혹된 성도를 회심시키기란 참으로 힘들고 어렵다는 것을 알 수 있다. 하지만 "천하보다 귀한 생명"(마16:26)이라 했는데 생명보다 귀한 영혼을 주님께로 인도하는 것은 어느 것보다 값진 일이라 생각된다. 본 연구를 진행하는 과정에서 실제로 이단에 미혹된 P 권사님께서 회심하여 본인이 사역하는 교회에 출석하고 있는 것은 실로 커다란 개가라 아니 할 수 없다. 이로써 하나님의 택하신 백성은 어떤 경우라도 구원의 대열에서 누락되지 않는다는 사실을 알게 되었다.

3. 제안들

'히틀러 철학'이란 말이 있다. 이 말은 거짓말을 할 때 어벌쩡하게 말하면 듣는 사람들이 속지 않는다는 것이다. 엄청난 거짓말을 확신 있게 해야 청중이 압도되어 따라온다는 것이다. 그래서 세계가 자기 손아귀에 있으니 자기를 따르면 행복과 번영이 보장된다는 식으로 말해야 한다는 것이다.

이런 점에서 이단들도 예외는 아니다. 어떤 집단에서 자기 아버지와 경쟁하여 실권을 잡고 '이긴 자'로 둔갑하거나, 전설 같은 물고기 이야기로 호기심을 자극하여 '철장 권세 잡은 자'로 등장하거나, 태몽 같은 별빛 이야기를 창조하여 '보혜사'를 운운하는 것은 보통 상식으로는 이해가 어려운 엄청난 거짓말이다. 그러기에 소위 히틀러 철학이 발동되어 그에게 구원이 있고 거기에 신천신지가 있다고 생각하여 그를 신격화하고 추종하게 되는 것이다. "무엇이 인간 구원에 최종적이냐 '하나님의 은혜냐, 아니면 인간의 신앙 행위냐' 하는 것이다"는 간하배의 말처럼 우리는 구원을 향하여 최종적인 선택을 해야 할 경우에 처한 성도를 돌보는 막중한 책임을 가진 사람이다. 그러므로 '이단에 미혹된 성도, 어떻게 회심시킬 것인가?' 하는 점은 아무리 강조해도 과하지 않을 것이다. 따라서 본 주제를 해결하는 과정의 하나로 '이단이란 무엇인가'를 정의하고 식별하는 것이 우선되어야 할 것이다.

(1) 성도들로 하여금 이단에 대하여 구체적으로 알게 해야 한다

이단이란 "66권의 성경 말씀에 입각한 기독교 신앙을 임의로 변형, 왜곡시키는 비정상적인 성경해석을 중심으로 한 극단주의자들의 모임으로써 역사적, 신앙적 근거를 가진 정통적인 교회의 신앙과 교리 그리고 신학과 교훈을 배척하는 집단을 말한다."라고 되어 있는데 본 연구자는 이에 동의한다. 우리 주변에서 끊임없이 생성되는 종교 집단이 정통인지 이단인지를 말하기란 쉽지 않다. 하지만 이단성 여부를 가늠할 수 있는 기준이 제시되었음으로 이에 근거하여 이단 여부를 식별할 수 있을 것으로 사료된다. 그리고 다음에 제시된 이단들은 연구기관에서 발표한 것을 수록한다(박재열, 1997, 8).

1) 국내에서 발생한 이단들

국내에서 발생한 이단종파로써는 문선명의 통일교, 권신찬의 구원파, 정명석의 애천교회(낙성대교회), 이영수의 에덴성회, 김풍일의 실로등대 중앙교회, 조희성의 영생교, 박태선의 전도관(일명 천부교), 이현석의 승리재단 광주 삼성교회, 예성실의 칠사도 교회, 김준건 + 임순옥(쌍두교주체제/雙頭敎主體制)의 중앙 예루살렘 심정교회, 김기엽의 혜성교회, 이교부의 주현교회(일명 삭발교), 김민석의 만교통화교(일명 에덴문화 연구원), 김월성의 예수님 개혁 그리스도의 교회, 이희동의 예수교 은행동 예배당(일명 하나님 어린 양 예수 그리스도의 교회), 안상홍의 하나님의 교회 안상홍 증인회, 박명호의 엘리야 복음선교원, 이뢰자의 여호와 새일교, 공용복의 새벽별 종말론, 구인회의 천국복음전도회(일명 새마을 전도회), 이만희의 안양 무료성경신학원, 오덕임의 대방주 교회, 이선아의 밤빌리아 추수꾼 집단, 양도천의 세계일가공회, 신동수의 신권도학 연구소, 노광공의 동방교, 강증산의 증산교(일명 대순진리회), 대한 천리교, 이장림의 다미선교회, 나충자의 벧엘 기도원, 김성복의 일월산 기도원, 나운몽의 용문산 기도원, 박윤식의 대성교회 등이 있다.

2) 국내에서 발생한 이설종파(異說宗派)

국내에서 발생한 이설종파(異說宗派)로서 김기동 목사의 베뢰아 귀신론과 성락교회, 이재록 목사의 만민중앙교회, 이명범의 레마복음선교회, 소계회의 서초동 기도훈련원, 김계화의 할렐루야 기도원 등이 있다.

3) 외국에서 수입된 이단

외국에서 발생한 이단종파가 없는 것은 아니다. 예를 들면, 여호와의 증인, 몰몬교, 하나님의 자녀단(일명 섹스교), 세계성부교회, 만인의 길 교회, TRES DIAS(트레스 디아스: T.D), 크리스챤 싸이언스, 기독교 단일파, 푸리머스 형제단(한국 기독교 동신회), 장미 십자교, 사단 숭배교, U.F.O교, 헤어 크리슈나, 초월적 명상, 신지학, EST, 오컬트적 점성술, 불랙매스, 에드가케이스와 A.R.E, 제인딕슨, 다우징, 교령술, 마법, 심령수술, 초심리학, 점판, 마술, 최면술, 환생요법, 점, 뉴에이지 운동, 종교다원주의, 포스토모던 신학, 기(氣), 단(丹), 도(道) 등이 있다.

4) 이방종교

이방종교로서는 힌두교, 자이나교, 불교, 일연종정불교회(남묘호랭게교), 유교, 도교, 신도교, 조로아스터교, 유대교, 이슬람교, 시크교 등이 있다.

5) 세속종교

세속종교로는 무신론, 불가지론, 회의론, 마르크스 공산주의, 세속적 인본주의, 실존주의 등이 있다.

(2) 성도들로 하여금 이단종파에 대한
그리스도인의 자세를 알게 해야 한다

이러한 이단종파에 대하여 그리스도인들은 어떤 자세로 임해야 할 것인가? 박재열은 다음과 같이 제시하고 있다.

첫째로, 이단종파들이 복음을 왜곡하는 일을 통분히 여기고 반박하며 우리의 신앙을 지혜롭게 변론해야 한다.

둘째로, 이단종파들의 교훈과 행동을 잘 연구하여 비진리적인 요소를 공격해야 한다.

셋째로, 이단종파들을 비판에만 급급할 것이 아니라 자신을 반성하고 회개해야 한다.

넷째로, 이단종파들의 장점을 연구하고 수용할 수 있어야 한다.

다섯째로, 이단종파보다 효과적인 교육방법과 전도 방안 등을 연구하고 보급해야 한다.

(3) 성도들로 하여금 이단에 대처하기 위한
기본지식을 알게 해야 한다

이단에 미혹된 성도를 회심키기 위해서는 이단종교를 대처하기 위하여 기본적으로 알아야 할 사항을 교육할 필요가 있다.

첫째로, 이단들도 성경을 인용하는바 성경을 인용하는 것만으로 정통으로 생각하고 그들을 용납해서는 안 된다. 왜냐하면 대부분의 이단들은 성경을 자기들의 입장에서 주관적으로 해석하고 합리화한다(벧후 3:16).

둘째로, 이단들에게도 '신유의 기적이 있다'는 것을 알아야 한다.

신유의 표적이 정통의 기준은 아니다(출 7:11, 8:7; 마 7:22).

셋째로, 참된 신자인지의 가늠은 복음의 핵심으로 판단해야 한다. 즉 성경 외에 다른 서적에 근거하지 않아야 하며(요8:28; 롬12:3), 믿지 않는 사람들에게 복음을 전해야 하며(행14:15, 벧전1:12), 예수가 메시아요, 그리스도시며, 성육하신 분임을 믿어야 한다(요1:1, 14; 마16:16). 그리고 예수의 보혈로서만 구원받으며(롬3:24, 25) 예수의 부활(롬10:9, 10)과 주님만을 구세주로 믿으며(요20:28), 구원은 하나님의 은혜요, 선물임을 믿어야 한다(엡 2:8).

(4) 성도들로 하여금 이단의 일반적인 특징을 규명하게 하고 교육해야 한다

이단종파의 일반적인 특징으로서는 시한부 말세 심판을 강조하고, 선민의식으로 가득하며, 기성교회를 부정하고, 각종교리를 혼합하여 사용한다. 또, 신비한 체험을 주장하고, 자기들의 교리나 주장을 믿어야 구원받는다고 주장하며, 자칭 종교개혁을 부르짖는다.

그리고 예수와 십자가 사건을 격하하고, 교파의 창시자나 교조, 교주를 신격화하며, 성육신을 부인한다.

이들은 성경과 비등한 권위를 부여한 경전(이 경전은 대개 교주의 어록이나, 직통계시와 신비한 체험으로 되었다고 주장하는 것들이다. -저자 주)이 있다.

예를 들면, 통일교-원리강론, 전도관-오묘경, 여호와의 증인-새세계 번역, 몰몬교-몰몬경, 안식교-앨렌, 지 화잇트의 교리문답서, 용문산 나운몽-운몽록, 세계일가공회-영약서, 하나님 성전의 정다윗-영원한 복음서, 바하이즘-숨겨진 말씀, 안상홍 하나님의 교회-

안상홍화 성경교리서, 크리스챤 사이언스-과학과 건강지, 여호와 새 일교-말세비밀 여호와의 책, 카톨릭이 사용하는 새 번역 성서-외경, 위경, 가경 등이 있다.

한편, 이들은 신앙의 가장 핵심이며 정상에 하나님보다 교주가 서는 경우가 많으며, 특수한 부분에서는 매력도 있다(신앙촌, 천년성 유토피아, 신유은사 등)(박재열, 1997, 14, 15).

(5) 성도들에게 이단종파들이 번창하는 원인을 교육해야 한다

이단의 특성은 예수에 대하여 모르는 사람에게 복음을 전하여 구원시키는 일을 주로 하지 않고 기성교회 교인들에게 접근하여 불안한 마음에 확신을 주려 하는 데 있다. 즉 성도들은 예수를 믿는다고 교회에는 다니지만 늘 불안하고 답답해한다. 자기가 구원받았는지조차 확실하지 않은 실정이다. 이처럼 불확실한 현실에서 자극적이고 권위적인 답변은 신빙성을 부여한다. 또한 인간의 기본욕구를 해소시켜 준다는 점에서도 매력을 가진다. 다시 말하면, 사람들은 누구나 사랑받고 싶은 욕구나, 인정받고 싶은 욕구나, 자기 인생이 의미 있다는 것을 확인받고 싶은 욕구들이 있는데 이단에서는 이러한 욕구를 충족시켜 자기 정체성을 갖게 하기 때문이다. 이런 점에서 대부분의 정통 그리스도인과 달리 이단들은 영향력 있는 신도로서 빛과 소금의 역할을 감당하여 아무것도 모르고 방황하는 영혼들에게 좋은 인상을 준다는 것도 그들이 번창하는 요인 중의 하나가 된다. 이것은 이단들에게 우리가 배워야 할 저들의 장점을 말한 것에 불과하지만 결함도 적지 않다.

　　그분이(예수님-저자 주) 사신 구속사업의 결과는 그분과 접촉한 경험이 있는 사람 중에 그 생애가 변화되지 않은 사람은 아무도 없습니다. 그들이 그분의 참 모습을 그대로 보았을 때 그분을 받아들이든지 아니면 거절하였습니다.

라고 주장하는 벤든처럼 우리는 '이단에 미혹된 성도들을 어떻게 대할 것인가?' 하는 고민을 해야 할 입장이다. 즉 '어떤 성도가 어떤 이단에 미혹되었으며 그들을 어떻게 대할 것인가?' 하는 점은 심각한 문제가 아닐 수 없다. 왜냐하면 모든 목회자들이 모든 이단을 모조리 섭렵하여 대응할 수도 없으며, 그렇다고 방치할 수도 없기 때문이다. 따라서 이단에 미혹된 성도를 회심시키기 위해서는 이단의 공통점을 찾아 대응책을 마련해야 할 것으로 사료된다.

　1880년대에 한국에 복음이 전파되어 큰 부흥과 발전이 있었으나 1910년에 이르러 이단도 우후죽순처럼 발생하기 시작했다는 것을 간과하지 않을 수 없다. 이러한 한국교회 이단의 특징을 요약한다면 광신적이고, 미신적이며, 무식하고, 무산대중(無産大衆)을 자극하는 것이라 할 수 있다. 또, 명예심을 고취시키고, 성경 외에 다른 경전을 가지고 있으며, 교주를 신격화하고, 계시의 계속성을 주장하는 것이 이단의 특징이다. 이를 형태를 분류하면 교권주의에 반발하여 나타난 이단, 교리적 성경해석상에 불만과 자기중심적인 해석으로 빠지는 이단, 신비운동으로 나타난 이단 그리고, 외식으로 이교를 기독교로 바꾸어 보려는 사이비 이단 등으로 나눌 수 있다.

　이러한 이단에 미혹된 성도를 회심시키기 위하여 다음과 같이 제안한다.

　첫째로, 많은 시간을 기다려야 한다. 한두 번의 권고로 회심하는 것은 아니기 때문이다.

둘째로, 곱지 않은 언행을 포용해야 한다. 이단에 미혹된 성도의 언행은 상식 이하의 경우가 종종 보이기 때문이다. 또, 회심하여 돌아왔다고 할지라도 하루아침에 엄청난 변화를 가져오는 것은 아니므로 '이단출신'이란 낙인보다 기다려 주는 인내가 필요하다. "무료성경신학원에서 배운 것을 모조리 지워 버리는 데는 족히 1년은 걸릴 것"이라는 한 전도사의 경험담을 간과해서는 안 될 것이다.

셋째로, 말씀으로만 말해야 한다. 이단에 미혹된 성도에게는 어떤 이론보다 말씀에 의하여 모순을 지적하고 깨우치게 해야 한다.

넷째로, 성도들의 욕구를 충족시키는 목회를 해야 한다. 영적으로는 물론 지적인 면에서도 알고자 하는 성도의 욕구가 충족되어야 한다.

다섯째로, 건전한 해석의 보급이 필요하다. 저들에게 미혹되었다가 회심한 성도의 고백에 따르면 기성교회에서 20-30년을 다녀도 알지 못했던 것들을 그곳에서 6개월의 훈련을 통하여 통달했다고 한다.

(6) 이단에 미혹되는 원인을 분석하고 교육해야 한다

이단이 나쁜 줄 알면서도 미혹되는 이유는

첫째로, 이단은 사단의 역사인데 귀신들과 악령과 미혹의 영과 거짓의 영과 더러운 영들의 정체를 알지 못하면 그들의 속임수에 빠지게 된다(딤전4:1). 따라서 선한 양심을 가져야 한다(딤전1:5; 딤후1:3; 벧전3:16).

둘째로, 사욕과 더러운 이를 추구하기 때문에 이단에 미혹된다(딛1:10, 11; 딤전6:5; 벧전3:16). 즉 약간의 유익을 추구하는 경우(겔13:19; 미3:5), 음란한 정욕(계2:15; 벧후2:2), 명예와 권세(행5:17, 15:5)에 사로잡혀 있기 때문이다.

셋째로, 호기심이나 교만 때문에 이단에 미혹된다. 즉 다른 복음(갈1:8), 다른 그리스도(마24:5)를 추구한다. 따라서 믿음의 분량대로 절제할 줄 알게 한다(골2:8).

넷째로, 이단의 주장에도 긍정적인 부분이 있기에 미혹된다(골2:4).

다섯째로, 우리가 방심하기 때문에 거짓 예언자들과 거짓 선생들이 몰래 이단을 끌어들인다(벧후2:1). 따라서 인정에 끌리지 말고 단호한 대처가 필요하다(딛3:10; 요이10-11).

여섯째로, 인간의 분열과 파당의 속성 때문이다. 이단의 특성은 파당을 짓는 데 있음으로(유1:18, 19) 그리스도의 몸 된 교회를 하나 되는 일에 힘써야 한다(요17:22).

일곱째로, 신비한 것을 추구하는 인간의 속성에서 이단에 미혹된다. 일반 교회에서 하는 성경해석보다 신비한 해석으로 접근하는 이단에 미혹되는 것이다. 성경의 올바른 해석에 대한 적절한 분별력이 필요하다 또한, 우리들은 성경적 상징주의 해석에 눈을 뜰 필요가 있다. 따라서

> (계시록은) 하나님이 보여주신 환상(사건)의 내용을 글로 증거 하는 형태로 기록 된 것이므로 상징의 해석과 상징적인 해석을 구분해야 한다(이광복. 2002. 7.1 p.9).

는 이광복의 주장에 동의한다. 즉 우리도 성경적 상징을 고려하여 하나님의 뜻을 훼손하지 않고 좀더 명확하고 쉽게 본문의 의도를 전할 필요가 있다.

(7) 이단을 이길 수 있는 방법을 제시해야 한다.

'정통 기독교'는 1세기에 교회가 시작된 이래로 대다수의 그리스도인들이 믿고 있는 믿음을 말한다. 이런 기초적인 믿음은 성경에 근거한 것으로서 하나님께서 육신이 되사 인간 예수로 오셨으며, 예수님께서 십자가에 돌아가심으로 인류의 죄를 대속하셨으며, 부활하셨고, 모든 성경은 하나님의 영감으로 쓰인 책으로서 하나님의 말씀인 것을 믿는다.

그러므로 이에 반하거나 도전하는 세력을 감당할 능력을 배양해야 한다.

첫째, 교제를 단절시켜야 한다(요이7-11). "예수께서도 저들의 표준을 따라 저들을 대하지 않으셨다. 저들의 형식과 예식을 존경하고 높이지 않았음은 물론이요, 저들을 멸시하고 모독했다"

둘째, 올바른 성경공부로 무장시켜야 한다(잠22:21).

하워드 A. 스나이더는 "많은 교회가 성장하고 부흥하는 모습을 보이기는 하지만, 성경적 신앙보다는 문화에 의하여 그 모습을 갖추는 경우가 더 많다"고 한다. 그러므로 올바른 성경공부를 통하여 세속화되거나 상대주의에 빠지거나 이단에 미혹되지 않도록 해야 한다.

셋째, 체계적이고 확실한 교리교육을 해야 한다(사55:3; 벧후1:19).

넷째, 이단보다 열심히 전도하게 해야 한다(벧전3:13).

다섯째, 사이비와 정통을 식별할 수 있는 영성을 키워야 한다(요8:32).

(8) 목사의 설교 패턴은 새로운 패러다임으로 연구해야 한다

기존의 설교 패턴이 단편적이었다. 즉 한 본문이 주어지면 그 본문에 충실하다 보니 '설교는 예수 중심적이어야 한다.'는 부분을 가벼이 취급하는 경향이 있었다. 모든 성경은 예수 이야기요(눅 24:27), 예수를 증거 하는 것이요(요 5:39), 예수를 통한 구약의 성취를 기록한 책이다(눅 24:44). 또 성경은 숨겨진 예수를 찾아내게 하는 책이요(행8:35), 예수를 위한 책이다(눅24:44). 따라서 성경을 본문으로 하는 모든 설교는 예수에게 귀결되어야 한다. 설교의 새로운 패턴으로 성도들의 지적 욕구를 충족시켜야 한다.

즉 구약의 창세기는 예수님께로 귀결되어야 하고, 출애굽기도 예수님께로 초점이 맞추어져야 한다. 그러므로 창세기를 본문으로 정했다 하더라도 예수 이야기를 해야 한다는 뜻이다. 결국 구약 36권은 오실 예수님에 대한 말씀이므로 구약을 읽을 때 아직 수건을 벗지 못한 사람처럼(고후3:15) 문자대로 현상만 보지 말고 그 속에 잠재하신 예수님의 모습을 소개해야 한다. 이런 점에서 구약의 모든 말씀은 오실 예수님에 대한 예언이라는 점을 감안하면 구약의 모든 말씀은 신약 4복음서와 연관되어야 한다. 그리고 4복음서를 통하여 예수님께서 구약의 예언을 성취하신 모습을 소개해야 한다. 또한 사도행전 이하 모든 신약은 예수님의 성취를 소개하는 4복음서를 사도들의 생애와 삶에 적용한 것을 나타내고 있는 것을 설교해야 한다. 다시 말하면, 구약은 오실 예수님에 대한 예언이요, 4복음서는 예수님의 성취요, 기타 모든 신약은 오신 예수님을 적용하는 사도들의 삶이요, 계시록은 오실 예수님에 대한 말씀이라는 관점에서 설교해야 한다.

이것을 도표화한다면 다음과 같다.

> ✝ 구약은 오실 예수님에 대한 선지자들의 예언
> ✝ 4복음서는 구약을 성취하신 예수님
> ✝ 기타 신약은 예수님의 삶(말씀)을 적용하는 사도
> ✝ 계시록은 다시 오실 예수님에 대한 예언
> ✝ 이 모든 것을 재현해야 하는 나

등으로 설교해야 한다.

만일 주어진 본문에만 국한되는 단편적이고 제한적인 설교에 익숙해져 어떤 교회에서 실권을 가진 사람을 하나님이 보내신 '두 증인'(계11:3)으로 둔갑시키는 경우가 있고, 하나님을 만나는 지성소(증거 장막/계15:5)를 자기(이단)들 집단을 지칭하는 것이라고 미혹하기 쉬우므로 모든 성경을 철저하게 예수님과 연결하는 해석법을 가르쳐야 한다. 선지자들을 통한 구약의 모든 말씀이 4복음서에서 성취되고, 성취된 말씀들이 사도들에 의하여 적용되어 사도행전 이하에 기록되었음을 주지시켜야 한다. 그리고 우리는 적용된 말씀을 재현하려는 삶이 있어야 함을 가르쳐야 한다. 이와 같은 맥락으로 해석하면 모든 초점이 예수에게로 고정되어 있기에 이단의 자기중심적인 왜곡된 해석에 미혹되지 않을 것이다.

참고문헌

1. 국내저자

간하배 1992. 〈현대신학해설〉 서울: 개혁주의신행협회.

강문석, 김일천 1991. 〈기독교 이단 제설〉 서울: 한국 로고스 연구원.

권성수 1993. 〈성경해석학(1)〉 서울: 총신대학출판부.

기독교문사 1994. 〈기독교 대백과 사전 1〉 서울: 기독교문사.

기독교문사 1994. 〈기독교 대백과 사전 2〉 서울: 기독교문사.

기독교문사 1994. 〈기독교 대백과 사전 6〉 서울: 기독교문사.

기독교문사 1994. 〈기독교 대백과 사전 7〉 서울: 기독교문사.

기독교문사 1994. 〈기독교 대백과 사전 12〉 서울: 기독교문사.

기독교문사 1994. 〈기독교 대백과 사전 13〉 서울: 기독교문사.

김득룡 1990. 〈현대목회 실천론 신강〉 서울: 총신대학출판부.

김성준 〈크리스챤 뉴스위크-만평〉 2003. 3. 15, p.15.김진형 1990. 9. 〈목
        회와 신학〉 서울: 두란노 출판사.

김인자 1993. 〈성도들이여, 생각할 줄 아는 사람이 됩시다〉 서울: 나침반사.

김진형 1990. 9. 〈목회와 신학〉 서울: 두란노 출판사.

남정녀 2002. 10 "하늘사다리 문화센터, 신천지교회의 전위부대인가? -
        문화사 역단체로 위장, 기독청년들에게 이만희 교리 전파 -" 서
        울: 월간 현대종교.

박경복 1996. 12 "무료성경신학원 이렇게 파고든다" 서울: 현대종교.

박영관 1999. 〈문선명 집단 비판〉 서울: 예수교 문서 선교회.

박영관 2002. 〈이단종파〉 13호. 서울: 한국기독교이단종파연구소.

박재열 1997. 〈기독교 이단종파와 타 종교 이해〉 서울: 동선교회.

박형택 〈신천지예수교(무료성경신학원·신온기독신학원/이만희)의 정체
　　　박형택 www.whapyung.org〉

박형택, "신천지예수교(무료성경신학원, 시온기독신학원/이만희)의 정체
　　　BMA(Bible Master Acadmy)", 합신 88총회 이단사이비대책위
　　　원회의 보고서.

사이비이단대책위원회/사이비이단문제상담소 편, 한국장로교출판사.

손기태, "무료성경신학원 왜 이단인가?", (서울: 월간 현대종교), p.108-115.

손두환 1992. 〈기독교회사(1)〉 서울: 총신대학 출판부.

심우영 1994. 3. "무료성경신학원 피해사례 갈수록 심각" 서울: 월간 현
　　　대종교.

심우영 1994. "예수는 실존 인물이 아니라는 자칭 예수" 서울: 월간 현
　　　대종교.

심재호 1993. 7 "그들은 결코 기독교가 아니다" 서울: 월간 현대종교.

안명복 1997. 〈강도사·목사고시대비〉 서울: 아가페문화사.

오철호 2001. 〈트리니티 말씀대전 21〉 서울: 도서출판 예광.

오철호 2001. 〈트리니티 말씀대전 25〉 서울: 도서출판 예광.

원문호 1995. 3 "이만희의 비복음 정체는 무엇인가?(1)" 서울: 월간 현
　　　대종교.

원문호 1996. 〈월간 현대종교 10월〉 서울: 현대종교.

원문호, 1996. 〈월간 현대종교 11월〉 서울: 현대종교.

이광복 1999. 〈계시록 난해 해설〉 서울: 도서출판 흰돌.

이단사이비대책위원회 2001. 「구원은 있는가? 2」 서울: 기독교대한성결교.

이단종파 2002년 여름호. "기독교회의 이단에 대한 성경적 정의" 서울:
　　　한국 기독교이단종파 연구소.

이단연구위원회 2003 "합신 88회 총회" 서울: 합신총회출판국.

이단종파 2003 여름. "기독교회의 이단에 대한 성경적 정의" 서울: 한국이단종파연구소.

이단종파 2003 여름. "기독교회의 이단에 대한 신학적 정의" 서울: 한국이단종파연구소.

이단종파 2003 여름. "기독교회의 이단에 대한 목회적 정의" 서울: 한국이단종파연구소.

이동길 2002. "말 많은 무료성경신학원 어떻게 가르치나" 서울: 월간 현대종교.

이만희 2003. 〈기독계에 알리는 반증문〉 서울: 신천지 총회 선교부.

이만희 2003. '한국교회 지도자님들께 드리는 글' 서울: 기독교 신문 2003. 3. 23일 15면.

이수영 1993. 1 "추적365일 무료성경신학 교재는 장막성전 분파 교리서" 서울: 현대종교.

이영호 2000. 3 "신천지교회의 실상" 서울: 월간 현대종교.

이영호 2000. "신천지교회의 실상". 〈월간 현대종교〉 여름호.

이원규 1998. 〈한국교회 무엇이 문제인가?〉 서울: 감리교신학대학교출판부.

이재영 1994. "총회보고서" 서울: 대한예수교장로회 합동.

이종영 1992. 〈영적 지도력〉 서울: 새한 기획출판부.

이한수/Max Turner 1992. 〈그리스도인과 성령〉 서울: 총신대학 출판부.

이홍민 1997. "신학 전과정 전액 무료 외치는 비진리의 현장" 서울: 월간 현대종교.

임일봉 1994. 10. "무료성경신학 무엇이 문제인가?" 서울: 현대종교.

정종성 2002. 2 "예수님의 비유를 어떻게 읽은 것인가" 서울: 월간 현대종교.

제자원 1993. 〈그랜드 종합주석 12권〉 서울: 성서교재 간행사.

제자원 1993. 〈그랜드 종합주석 13〉 서울: 성서교재 간행사.

제자원 1993. 〈그랜드 종합주석 14〉 서울: 성서교재 간행사.

제자원 1993. 〈그랜드 종합주석 15〉 서울: 성서교재 간행사.

제자원 1993. 〈그랜드 종합주석 16〉 서울: 성서교재 간행사.

진용식 1999. 3 "무료성경신학원의 정체" 서울: 월간 현대종교.

진용식 1999. 4 "무료성경신학원의 정체 ②" 서울: 월간 현대종교.

진용식 2002. 〈무료성경신학원 이단논쟁〉 서울: 도서출판 성산.

채은수 1991. 〈선교학 총론〉 서울: 기독지혜사.

크리스챤 저널 1991. 4.

탁명환 2003. 〈기독교 이단 연구〉 서울: 현대종교.

통합총회 84회 "종합 사이비이단 연구 보고" 서울: 대한예수교장로회총회.

트리니티 2001. 〈트리니티 말씀대전 21권〉 서울: 도서출판 예광.

하용조 2003. 〈생명의 삶〉 서울: 두란노서원.

합신 88회 총회 2003. "이단연구위원회 보고" 서울: 역삼동 화평교회.

헌법 1994. "신조" 서울: 대한예수교장로회 출판국.

헌법 1994. "성경소요리문답" 서울: 대한예수교장로회 출판국.

헌법 1994. "성경대요리문답" 서울: 대한예수교장로회 출판국.

헨드릭슨 1992. 〈헨드릭슨 주석 마태복음 (중)〉, 서울: 아가페 출판사.

[Blank] no date. "이만희 그는 누구?" 서울: 현대종교.

[Blank] 1994. 6. "유재열의 장막성전, 그 뿌리와 분열상" 서울: 월간
    현대종교.

[Blank] 1996. 4 "유재열의 장막성전, 그 뿌리와 분열상" 서울: 월간
    현대종교.

이광복. 2002. 7. 1. 계시록 설교노트. 도서출판 흰돌 p.9.

2. 외국저자

Anthony C. Thiselton no date. <u>The Two Horizons</u> 권성수/문석호 1992.
    〈두지평〉 서울: 총신대학 출판부.

Douglas Stuart/Gordon Fee no date. <u>How to Read the Bible for all</u>

ITS Worth 김의원 1992. 〈성경해석 방법론〉 서울: 기독교문서
선교회.

Frank E. Gaebelein no date. Expoitors Bible Commentary 강병도
1989. 〈성경연구 주석 갈라디아서〉 서울: 기독지혜사.

Frank E. Gaebelein, no date. Expositors Bible Commentary, 강병도
1989. 〈Expositors 성경연구 주석 디도서〉 서울: 기독지혜사.

Frank E. Gaebelein, no date. Expositors Bible Commentary, 강병도
1989. 〈Expositors 성경연구 주석 골로새서〉 서울: 기독지혜사.

Fritz Ridenour no date. So What's the Difference? [Blank] 1996. 〈무
엇이 다른가?〉 서울: 생명의 말씀사.

Gordon D. Fee & Douglas Stuart no date. Old and New Testament
Exegesis 오광만 역 1988. 〈성경을 어떻게 읽을 것인가?〉 서울:
한국성서유니온.

Howard A. Snyder, Foresight, Foresight 박이경/김기찬 역 1993. 〈21세
기 교회의 전망〉 서울: 아가페 출판사.

Jack Dean Kingsbury, The Christology of MARK'S Gospel 김근수
1994. 〈마가의 기독론〉 서울: 도서출판 나단.

Louis Berkhop no date. Manual of Christian Doctrine 신복윤 1993.
〈기독교 신학개론〉 서울: 성광문화사.

Lester Sumrall,(South Bend: 1991) Where Was God When Pagan
Religions Began? 류창경 역 1991. 〈이방종교에 대한 기독교적
접근〉 서울: 무림출판사.

J. I. Packer, God knowing, London, 1973. 정옥배 1999. 〈하나님을 아는
지식〉 서울: 한국기독학생회출판부.

Louis Berkhof no date. Manual of Christian Doctrine 신복윤 1993. 〈기
독교 신학개론〉 서울: 성광문화사.

Morris L. Venden, How Jesus Treated People, 전 다니엘 1989. 〈예수
님께서 사람들을 어떻게 대하셨는가?〉 서울: 국제 로고스 선교
회 출판국.

Robert Brow, no date. <u>Religion Origins and Ideas</u> 홍치모 1992. 〈종교의 기원과 사상〉 서울: 총신대학출판부.
Walter C. Kaiser, <u>Hard Sayings of the Old Testament</u>, U.S.A. 1991. 김지찬 1993. 〈구약난제해설〉 서울: 생명의 말씀사.
William Hendricson no date. 김경신 1993. 〈헨드릭슨 주석 갈라디아서〉 서울: 아가페 출판사.
William Hendricson no date. 김경신 1993. 〈헨드릭슨 주석 고린도전서〉 서울: 아가페 출판사.

3. 인터넷

박형택 www.whapyung.org
jnnam78@hotmail.com
한몸기도편지
고도원의 아침편지

4. 일간지

중앙일보 칼럼

· 저자 ·

안명복   **· 약 력 ·**
전주대학 미술학사
총신대학 동 선교대학원 선교신학석사
총신대학 Reformed Theological Seminary 신학박사
1992년 안양 신성고등학교 재직
1999년 총신대학교 재직
현, 안양 초원교회 담임

· 주요논저 ·
「강도사고시대비」(1997. 아가페 문화사)
외 다수

이단에 미혹된 성도, 어떻게 회심시킬 것인가?

· 초판 인쇄	2007년 12월 20일
· 초판 발행	2007년 12월 20일
· 지 은 이	안명복
· 펴 낸 이	채종준
· 펴 낸 곳	한국학술정보㈜
	경기도 파주시 교하읍 문발리 513-5
	파주출판문화정보산업단지
	전화 031) 908-3189(대표) · 팩스 031) 908-3160
	홈페이지 http://www.kstudy.com
	e-mail(출판사업부) publish@kstudy.com
· 등 록	제일산-115호(2000. 6. 19)
· 가 격	35,000원

ISBN   978-89-534-7689-9 93230 (Paper Book)
        978-89-534-7690-5 98230 (e-Book)